PLATO'S EUTHYPHRO

APOLOGY OF SOCRATES
AND CRITO

PLATO

EUTHYPHRO
APOLOGY OF SOCRATES
AND CRITO

EDITED WITH NOTES

BY

JOHN BURNET

CLARENDON PRESS · OXFORD

This book has been printed digitally and produced in a standard specification
in order to ensure its continuing availability

OXFORD
UNIVERSITY PRESS

Great Clarendon Street, Oxford OX2 6DP

Oxford University Press is a department of the University of Oxford.
It furthers the University's objective of excellence in research, scholarship,
and education by publishing worldwide in

Oxford New York

Auckland Bangkok Buenos Aires Cape Town Chennai
Dar es Salaam Delhi Hong Kong Istanbul Karachi Kolkata
Kuala Lumpur Madrid Melbourne Mexico City Mumbai Nairobi
São Paulo Shanghai Taipei Tokyo Toronto

Oxford is a registered trade mark of Oxford University Press
in the UK and in certain other countries

Published in the United States
by Oxford University Press Inc., New York

ISBN 0-19-814015-0

PREFACE

THIS volume is complementary to my edition of the *Phaedo* (Oxford, 1911) and, like it, is concerned in the first instance with the last days of Socrates. It is conceived, however, as part of a larger enterprise, that of replacing Socrates in the historical setting to which he really belongs. So far as we can see, he comes just between Herodotus and Thucydides,[1] and cannot, therefore, be properly understood unless we remember that his youth and early manhood belong to the period before the Peloponnesian War.

Now it is well known that our knowledge of the political and military history of this period, the so-called πεντη-κονταετία, is still meagre and unsatisfactory, though it was the age when Athens was truly great. How little we know of Ephialtes or Thucydides son of Melesias! On the other hand, we do know a great deal about the

---

[1] We know the date of Socrates within a year, but unfortunately we do not know the dates of Herodotus and Thucydides at all. We can only say that Herodotus cannot have joined the Periclean colony at Thurii before 444 B. C., when Socrates was at least twenty-five, and that his history was not finished in its present form before 430 B. C., when Socrates was about forty. As to Thucydides, I cannot understand the words αἰσθανόμενος τῇ ἡλικίᾳ (v. 26) except as meaning that he was old enough to follow events intelligently at the beginning of the Peloponnesian War. They could hardly have been written by a man who was over twenty-five at that date.

intellectual movement both in the east and in the west
of the Greek world just at this time, and we do know
that it was at Athens that eastern and western philosophy
and science came into contact just about the middle of
the fifth century B. C. For all that we have first-hand
evidence, and the text of the most important documents
has been in part preserved, thanks mainly to Simplicius,
the Neoplatonist commentator on Aristotle's *Physics*.
In fact, our knowledge of the fifth century B. C. on this
side is wonderfully complete as compared with our know-
ledge of the external history. It is antecedently im-
probable that Socrates, who grew up in a society to which
these matters were of absorbing interest, should have been
unaffected by the conflicting claims of Anaxagoreans and
Protagoreans on the one hand and of Pythagoreans and
Eleatics on the other. It is generally admitted now that
the evidence of his having been the disciple of Archelaus,
the successor of Anaxagoras, is far too strong to be re-
jected. That, however, was in his early youth. When
we come to his later years, we have to deal with certain
facts which cannot be explained away. It is certain, for
instance, that two young Thebans, Simmias and Cebes,
who had been disciples of Philolaus the Pythagorean,
attached themselves to Socrates, and that the Pytha-
goreans of Phlius, whom Aristoxenus knew, were de-
voted to him. Euclides of Megara, who was a follower
of Parmenides and Zeno, was also a follower of Socrates.
He must have been still living when Plato wrote the

introduction to the *Theaetetus* and certainly when he wrote the *Phaedo*, so this at least cannot be fiction. Indeed, the reputation of Socrates before the outbreak of the Peloponnesian War was so widespread in the Greek world that he even attracted disciples from Cyrene. These things are not denied by any one, so far as I know, and indeed they cannot be denied, but they are very commonly ignored. My contention is simply that, if we ignore them, we cannot give an account of Socrates which is even approximately correct.

J. B.

ΕΥΘΥΦΡΩΝ

ΕΥΘ. Τί νεώτερον, ὦ Σώκρατες, γέγονεν, ὅτι σὺ τὰς ἐν a
Λυκείῳ καταλιπὼν διατριβὰς ἐνθάδε νῦν διατρίβεις περὶ τὴν
τοῦ βασιλέως στοάν; οὐ γάρ που καὶ σοί γε δίκη τις οὖσα
τυγχάνει πρὸς τὸν βασιλέα ὥσπερ ἐμοί.

ΣΩ. Οὔτοι δὴ Ἀθηναῖοί γε, ὦ Εὐθύφρων, δίκην αὐτὴν 5
καλοῦσιν ἀλλὰ γραφήν.

ΕΥΘ. Τί φῄς; γραφὴν σέ τις, ὡς ἔοικε, γέγραπται· οὐ b
γὰρ ἐκεῖνό γε καταγνώσομαι, ὡς σὺ ἕτερον.

ΣΩ. Οὐ γὰρ οὖν.

ΕΥΘ. Ἀλλὰ σὲ ἄλλος;

ΣΩ. Πάνυ γε. 5

ΕΥΘ. Τίς οὗτος;

ΣΩ. Οὐδ᾽ αὐτὸς πάνυ τι γιγνώσκω, ὦ Εὐθύφρων, τὸν
ἄνδρα, νέος γάρ τίς μοι φαίνεται καὶ ἀγνώς· ὀνομάζουσι
μέντοι αὐτόν, ὡς ἐγῷμαι, Μέλητον. ἔστι δὲ τῶν δήμων
Πιτθεύς, εἴ τινα νῷ ἔχεις Πιτθέα Μέλητον οἷον τετανότριχα 10
καὶ οὐ πάνυ εὐγένειον, ἐπίγρυπον δέ.

ΕΥΘ. Οὐκ ἐννοῶ, ὦ Σώκρατες· ἀλλὰ δὴ τίνα γραφήν
σε γέγραπται; c

ΣΩ. Ἥντινα; οὐκ ἀγεννῆ, ἔμοιγε δοκεῖ· τὸ γὰρ νέον

a 3 γε B : om. T   a 5 ὦ Εὐθύφρων constanter B T, plerumque
W : ὦ Εὐθύφρον B²   b 2 σὺ B : σύ γε T   c 2 ὡς ἔμοιγε W t

I

ὄντα τοσοῦτον πρᾶγμα ἐγνωκέναι οὐ φαῦλόν ἐστιν. ἐκεῖνος
γάρ, ὥς φησιν, οἶδε τίνα τρόπον οἱ νέοι διαφθείρονται καὶ
5 τίνες οἱ διαφθείροντες αὐτούς. καὶ κινδυνεύει σοφός τις
εἶναι, καὶ τὴν ἐμὴν ἀμαθίαν κατιδὼν ὡς διαφθείροντος τοὺς
ἡλικιώτας αὐτοῦ, ἔρχεται κατηγορήσων μου ὥσπερ πρὸς
μητέρα πρὸς τὴν πόλιν. καὶ φαίνεταί μοι τῶν πολιτικῶν
d μόνος ἄρχεσθαι ὀρθῶς· ὀρθῶς γάρ ἐστι τῶν νέων πρῶτον
ἐπιμεληθῆναι ὅπως ἔσονται ὅτι ἄριστοι, ὥσπερ γεωργὸν
ἀγαθὸν τῶν νέων φυτῶν εἰκὸς πρῶτον ἐπιμεληθῆναι, μετὰ
δὲ τοῦτο καὶ τῶν ἄλλων. καὶ δὴ καὶ Μέλητος ἴσως πρῶτον
3 μὲν ἡμᾶς ἐκκαθαίρει τοὺς τῶν νέων τὰς βλάστας διαφθεί-
ροντας, ὥς φησιν· ἔπειτα μετὰ τοῦτο δῆλον ὅτι τῶν πρεσ-
βυτέρων ἐπιμεληθεὶς πλείστων καὶ μεγίστων ἀγαθῶν αἴτιος
τῇ πόλει γενήσεται, ὥς γε τὸ εἰκὸς συμβῆναι ἐκ τοιαύτης
5 ἀρχῆς ἀρξαμένῳ.

ΕΥΘ. Βουλοίμην ἄν, ὦ Σώκρατες, ἀλλ' ὀρρωδῶ μὴ τοὐ-
ναντίον γένηται· ἀτεχνῶς γάρ μοι δοκεῖ ἀφ' ἑστίας ἄρχεσθαι
κακουργεῖν τὴν πόλιν, ἐπιχειρῶν ἀδικεῖν σέ. καί μοι λέγε,
τί καὶ ποιοῦντά σέ φησι διαφθείρειν τοὺς νέους;

b ΣΩ. Ἄτοπα, ὦ θαυμάσιε, ὡς οὕτω γ' ἀκοῦσαι. φησὶ γάρ
με ποιητὴν εἶναι θεῶν, καὶ ὡς καινοὺς ποιοῦντα θεοὺς τοὺς
δ' ἀρχαίους οὐ νομίζοντα ἐγράψατο τούτων αὐτῶν ἕνεκα,
ὥς φησιν.

5 ΕΥΘ. Μανθάνω, ὦ Σώκρατες· ὅτι δὴ σὺ τὸ δαιμόνιον
φὴς σαυτῷ ἑκάστοτε γίγνεσθαι. ὡς οὖν καινοτομοῦντός
σου περὶ τὰ θεῖα γέγραπται ταύτην τὴν γραφήν, καὶ ὡς
διαβαλῶν δὴ ἔρχεται εἰς τὸ δικαστήριον, εἰδὼς ὅτι εὐδιά-
βολα τὰ τοιαῦτα πρὸς τοὺς πολλούς. καὶ ἐμοῦ γάρ τοι,
c ὅταν τι λέγω ἐν τῇ ἐκκλησίᾳ περὶ τῶν θείων, προλέγων
αὐτοῖς τὰ μέλλοντα, καταγελῶσιν ὡς μαινομένου· καίτοι

c 7 ὥσπερ T W : ὡς B   c 8 πρὸς om. al. Cobet   a 2 ὡς B T
γρ. W : τέως W   b 2 ποιητὴν εἶναί με T   b 8 διαβαλὼν (sic)
B T w : διαβάλλων W t : ἐν ἄλλῳ διαβάλλων B²

οὐδὲν ὅτι οὐκ ἀληθὲς εἴρηκα ὧν προεῖπον, ἀλλ' ὅμως φθο-
νοῦσιν ἡμῖν πᾶσι τοῖς τοιούτοις. ἀλλ' οὐδὲν αὐτῶν χρὴ
φροντίζειν, ἀλλ' ὁμόσε ἰέναι. 5

ΣΩ. Ὦ φίλε Εὐθύφρων, ἀλλὰ τὸ μὲν καταγελασθῆναι
ἴσως οὐδὲν πρᾶγμα. Ἀθηναίοις γάρ τοι, ὡς ἐμοὶ δοκεῖ,
οὐ σφόδρα μέλει ἄν τινα δεινὸν οἴωνται εἶναι, μὴ μέντοι
διδασκαλικὸν τῆς αὑτοῦ σοφίας· ὃν δ' ἂν καὶ ἄλλους οἴων-
ται ποιεῖν τοιούτους, θυμοῦνται, εἴτ' οὖν φθόνῳ ὡς σὺ λέγεις, d
εἴτε δι' ἄλλο τι.

ΕΥΘ. Τούτου οὖν πέρι ὅπως ποτὲ πρὸς ἐμὲ ἔχουσιν, οὐ
πάνυ ἐπιθυμῶ πειραθῆναι.

ΣΩ. Ἴσως γὰρ σὺ μὲν δοκεῖς σπάνιον σεαυτὸν παρέχειν 5
καὶ διδάσκειν οὐκ ἐθέλειν τὴν σεαυτοῦ σοφίαν· ἐγὼ δὲ
φοβοῦμαι μὴ ὑπὸ φιλανθρωπίας δοκῶ αὐτοῖς ὅτιπερ ἔχω
ἐκκεχυμένως παντὶ ἀνδρὶ λέγειν, οὐ μόνον ἄνευ μισθοῦ, ἀλλὰ
καὶ προστιθεὶς ἂν ἡδέως εἴ τίς μου ἐθέλει ἀκούειν. εἰ
μὲν οὖν, ὃ νυνδὴ ἔλεγον, μέλλοιέν μου καταγελᾶν ὥσπερ 10
σὺ φῂς σαυτοῦ, οὐδὲν ἂν εἴη ἀηδὲς παίζοντας καὶ γελῶντας e
ἐν τῷ δικαστηρίῳ διαγαγεῖν· εἰ δὲ σπουδάσονται, τοῦτ' ἤδη
ὅπῃ ἀποβήσεται ἄδηλον πλὴν ὑμῖν τοῖς μάντεσιν.

ΕΥΘ. Ἀλλ' ἴσως οὐδὲν ἔσται, ὦ Σώκρατες, πρᾶγμα, ἀλλὰ
σύ τε κατὰ νοῦν ἀγωνιῇ τὴν δίκην, οἶμαι δὲ καὶ ἐμὲ τὴν 5
ἐμήν.

ΣΩ. Ἔστιν δὲ δὴ σοί, ὦ Εὐθύφρων, τίς ἡ δίκη;
φεύγεις αὐτὴν ἢ διώκεις;

ΕΥΘ. Διώκω.

ΣΩ. Τίνα; 10

ΕΥΘ. Ὃν διώκων αὖ δοκῶ μαίνεσθαι. 4

ΣΩ. Τί δέ; πετόμενόν τινα διώκεις;

ΕΥΘ. Πολλοῦ γε δεῖ πέτεσθαι, ὅς γε τυγχάνει ὢν εὖ
μάλα πρεσβύτης.

d 7 ὅτι παρέχω pr. W   d 9 ἐθέλει T : ἐθέλοι B t   e 2 διάγειν
pr. W   σπουδάσονται B² T W Arm. : σπουδάζοντας B   a 3 γε
δεῖ B T : γε καὶ δεῖ W

5 ΣΩ. Τίς οὗτος;

ΕΥΘ. Ὁ ἐμὸς πατήρ.

ΣΩ. Ὁ σός, ὦ βέλτιστε;

ΕΥΘ. Πάνυ μὲν οὖν.

ΣΩ. Ἔστιν δὲ τί τὸ ἔγκλημα καὶ τίνος ἡ δίκη;

10 ΕΥΘ. Φόνου, ὦ Σώκρατες.

ΣΩ. Ἡράκλεις. ἦ που, ὦ Εὐθύφρων, ἀγνοεῖται ὑπὸ τῶν πολλῶν ὅπῃ ποτὲ ὀρθῶς ἔχει· οὐ γὰρ οἶμαί γε τοῦ ἐπιτυ-

b χόντος [ὀρθῶς] αὐτὸ πρᾶξαι ἀλλὰ πόρρω που ἤδη σοφίας ἐλαύνοντος.

ΕΥΘ. Πόρρω μέντοι νὴ Δία, ὦ Σώκρατες.

ΣΩ. Ἔστιν δὲ δὴ τῶν οἰκείων τις ὁ τεθνεὼς ὑπὸ τοῦ

5 σοῦ πατρός; ἢ δῆλα δή; οὐ γὰρ ἄν που ὑπέρ γε ἀλλο-τρίου ἐπεξῇσθα φόνου αὐτῷ.

ΕΥΘ. Γελοῖον, ὦ Σώκρατες, ὅτι οἴει τι διαφέρειν εἴτε ἀλλότριος εἴτε οἰκεῖος ὁ τεθνεώς, ἀλλ᾽ οὐ τοῦτο μόνον δεῖν φυλάττειν, εἴτε ἐν δίκῃ ἔκτεινεν ὁ κτείνας εἴτε μή, καὶ εἰ

10 μὲν ἐν δίκῃ, ἐᾶν, εἰ δὲ μή, ἐπεξιέναι, ἐάνπερ ὁ κτείνας συν-

c έστιός σοι καὶ ὁμοτράπεζος ᾖ· ἴσον γὰρ τὸ μίασμα γίγνεται ἐὰν συνῇς τῷ τοιούτῳ συνειδὼς καὶ μὴ ἀφοσιοῖς σεαυτόν τε καὶ ἐκεῖνον τῇ δίκῃ ἐπεξιών. ἐπεὶ ὅ γε ἀποθανὼν πελάτης τις ἦν ἐμός, καὶ ὡς ἐγεωργοῦμεν ἐν τῇ Νάξῳ, ἐθήτευεν

5 ἐκεῖ παρ᾽ ἡμῖν. παροινήσας οὖν καὶ ὀργισθεὶς τῶν οἰκετῶν τινι τῶν ἡμετέρων ἀποσφάττει αὐτόν. ὁ οὖν πατὴρ συνδή-σας τοὺς πόδας καὶ τὰς χεῖρας αὐτοῦ, καταβαλὼν εἰς τάφρον τινά, πέμπει δεῦρο ἄνδρα πευσόμενον τοῦ ἐξηγητοῦ ὅτι χρείη

d ποιεῖν. ἐν δὲ τούτῳ τῷ χρόνῳ τοῦ δεδεμένου ὠλιγώρει τε καὶ ἠμέλει ὡς ἀνδροφόνου καὶ οὐδὲν ὂν πρᾶγμα εἰ καὶ ἀπο-θάνοι, ὅπερ οὖν καὶ ἔπαθεν· ὑπὸ γὰρ λιμοῦ καὶ ῥίγους καὶ

a 12 ἐπιτυχόντος B : ἐπιτυχόντος εἶναι T W   b 1 ὀρθῶς seclusi
ἤδη BT : om. W   b 5 που ὑπέρ γε ἀλλοτρίου T : πού γε ὑπὲρ
ἀλλοτρίου B : ποτε ὑπὲρ ἀλλοτρίου γε W   c 8 χρείη pr. B Suidas :
χρὴ B² T W

4

τῶν δεσμῶν ἀποθνήσκει πρὶν τὸν ἄγγελον παρὰ τοῦ ἐξηγη-
τοῦ ἀφικέσθαι. ταῦτα δὴ οὖν καὶ ἀγανακτεῖ ὅ τε πατὴρ καὶ 5
οἱ ἄλλοι οἰκεῖοι, ὅτι ἐγὼ ὑπὲρ τοῦ ἀνδροφόνου τῷ πατρὶ
φόνου ἐπεξέρχομαι οὔτε ἀποκτείναντι, ὥς φασιν ἐκεῖνοι,
οὔτ' εἰ ὅτι μάλιστα ἀπέκτεινεν, ἀνδροφόνου γε ὄντος τοῦ
ἀποθανόντος, οὐ δεῖν φροντίζειν ὑπὲρ τοῦ τοιούτου—ἀνόσιον
γὰρ εἶναι τὸ ὑὸν πατρὶ φόνου ἐπεξιέναι—κακῶς εἰδότες, e
ὦ Σώκρατες, τὸ θεῖον ὡς ἔχει τοῦ ὁσίου τε πέρι καὶ τοῦ
ἀνοσίου.

ΣΩ. Σὺ δὲ δὴ πρὸς Διός, ὦ Εὐθύφρων, οὑτωσὶ ἀκριβῶς
οἴει ἐπίστασθαι περὶ τῶν θείων ὅπη ἔχει, καὶ τῶν ὁσίων τε 5
καὶ ἀνοσίων, ὥστε τούτων οὕτω πραχθέντων ὡς σὺ λέγεις,
οὐ φοβῇ δικαζόμενος τῷ πατρὶ ὅπως μὴ αὖ σὺ ἀνόσιον
πρᾶγμα τυγχάνῃς πράττων;

ΕΥΘ. Οὐδὲν γὰρ ἄν μου ὄφελος εἴη, ὦ Σώκρατες, οὐδέ
τῳ ἂν διαφέροι Εὐθύφρων τῶν πολλῶν ἀνθρώπων, εἰ μὴ τὰ 5
τοιαῦτα πάντα ἀκριβῶς εἰδείην.

ΣΩ. Ἆρ' οὖν μοι, ὦ θαυμάσιε Εὐθύφρων, κράτιστόν ἐστι
μαθητῇ σῷ γενέσθαι, καὶ πρὸ τῆς γραφῆς τῆς πρὸς Μέλητον
αὐτὰ ταῦτα προκαλεῖσθαι αὐτόν, λέγοντα ὅτι ἔγωγε καὶ ἐν 5
τῷ ἔμπροσθεν χρόνῳ τὰ θεῖα περὶ πολλοῦ ἐποιούμην εἰδέναι,
καὶ νῦν ἐπειδή με ἐκεῖνος αὐτοσχεδιάζοντά φησι καὶ καινοτο-
μοῦντα περὶ τῶν θείων ἐξαμαρτάνειν, μαθητὴς δὴ γέγονα σός
—"καὶ εἰ μέν, ὦ Μέλητε," φαίην ἄν, "Εὐθύφρονα ὁμολογεῖς
σοφὸν εἶναι τὰ τοιαῦτα, [καὶ] ὀρθῶς νομίζειν καὶ ἐμὲ ἡγοῦ b
καὶ μὴ δικάζου· εἰ δὲ μή, ἐκείνῳ τῷ διδασκάλῳ λάχε δίκην
πρότερον ἢ ἐμοί, ὡς τοὺς πρεσβυτέρους διαφθείροντι ἐμέ τε
καὶ τὸν αὑτοῦ πατέρα, ἐμὲ μὲν διδάσκοντι, ἐκεῖνον δὲ νουθε-
τοῦντί τε καὶ κολάζοντι"—καὶ ἂν μή μοι πείθηται μηδὲ ἀφίῃ 5

d 5 ταῦτα] ταύτῃ B²   d 7 ἐπεξέρχομαι B T : ἐξέρχομαι W
e 9 ἄν T : om. B   μου Heusde : μοι B T   a 7 φησι B : om. T
b 1 καὶ seclusi   καὶ ἐμὲ T W b Arm. : ἐμὲ B   b 4-5 διδάσκοντι
. . . νουθετοῦντι . . . κολάζοντι] διδάσκοντα . . . νουθετοῦντα . . . κολάζοντα
B T   b 5 τε B : om. T

τῆς δίκης ἢ ἀντ' ἐμοῦ γράφηται σέ, αὐτὰ ταῦτα λέγειν ἐν τῷ
δικαστηρίῳ ἃ προυκαλούμην αὐτόν;

ΕΥΘ. Ναὶ μὰ Δία, ὦ Σώκρατες, εἰ ἄρα ἐμὲ ἐπιχειρήσειε
c γράφεσθαι, εὕροιμ' ἄν, ὡς οἶμαι, ὅπῃ σαθρός ἐστιν, καὶ πολὺ
ἂν ἡμῖν πρότερον περὶ ἐκείνου λόγος ἐγένετο ἐν τῷ δικαστηρίῳ
ἢ περὶ ἐμοῦ.

ΣΩ. Καὶ ἐγώ τοι, ὦ φίλε ἑταῖρε, ταῦτα γιγνώσκων
5 μαθητὴς ἐπιθυμῶ γενέσθαι σός, εἰδὼς ὅτι καὶ ἄλλος πού τις
καὶ ὁ Μέλητος οὗτος σὲ μὲν οὐδὲ δοκεῖ ὁρᾶν, ἐμὲ δὲ οὕτως
ὀξέως [ἀτεχνῶς] καὶ ῥᾳδίως κατεῖδεν ὥστε ἀσεβείας ἐγρά-
ψατο. νῦν οὖν πρὸς Διὸς λέγε μοι ὃ νυνδὴ σαφῶς εἰδέναι
διισχυρίζου, ποῖόν τι τὸ εὐσεβὲς φῂς εἶναι καὶ τὸ ἀσεβὲς
d καὶ περὶ φόνου καὶ περὶ τῶν ἄλλων; ἢ οὐ ταὐτόν ἐστιν ἐν
πάσῃ πράξει τὸ ὅσιον αὐτὸ αὑτῷ, καὶ τὸ ἀνόσιον αὖ τοῦ μὲν
ὁσίου παντὸς ἐναντίον, αὐτὸ δὲ αὑτῷ ὅμοιον καὶ ἔχον μίαν
τινὰ ἰδέαν κατὰ τὴν ἀνοσιότητα πᾶν ὅτιπερ ἂν μέλλῃ
5 ἀνόσιον εἶναι;

ΕΥΘ. Πάντως δήπου, ὦ Σώκρατες.

ΣΩ. Λέγε δή, τί φῂς εἶναι τὸ ὅσιον καὶ τί τὸ ἀνόσιον;

ΕΥΘ. Λέγω τοίνυν ὅτι τὸ μὲν ὅσιόν ἐστιν ὅπερ ἐγὼ νῦν
ποιῶ, τῷ ἀδικοῦντι ἢ περὶ φόνους ἢ περὶ ἱερῶν κλοπὰς ἤ τι
10 ἄλλο τῶν τοιούτων ἐξαμαρτάνοντι ἐπεξιέναι, ἐάντε πατὴρ
e ὢν τυγχάνῃ ἐάντε μήτηρ ἐάντε ἄλλος ὁστισοῦν, τὸ δὲ μὴ
ἐπεξιέναι ἀνόσιον· ἐπεί, ὦ Σώκρατες, θέασαι ὡς μέγα σοι ἐρῶ
τεκμήριον τοῦ νόμου ὅτι οὕτως ἔχει—ὃ καὶ ἄλλοις ἤδη εἶπον,
ὅτι ταῦτα ὀρθῶς ἂν εἴη οὕτω γιγνόμενα—μὴ ἐπιτρέπειν τῷ ἀσε-
5 βοῦντι μηδ' ἂν ὁστισοῦν τυγχάνῃ ὤν. αὐτοὶ γὰρ οἱ ἄνθρωποι
τυγχάνουσι νομίζοντες τὸν Δία τῶν θεῶν ἄριστον καὶ δικαιό-

b 8 ἐμὲ T: με B   c 2 ἐγένετο B: γένοιτο B² T W Arm.
c 7 ἀτεχνῶς T: om. B   c 8 νῦν δὴ B: νῦν T (sed c 9 δὴ
supra τι)   d 4 ἀνοσιότητα T w: ὁσιότητα B: μὴ ὁσιότητα Arm.
d 7 καὶ τί τὸ B² T (ex emend.) W Arm.: καὶ τὸ B   e 3 τοῦ νομίμου
Baumann: an τοὐννόμου? Schanz   e 4-5 ὅτι . . . τυγχάνῃ ὤν secl.
Rassow: ὅτι . . . γιγνόμενα secl. Schanz

τατον, καὶ τοῦτον ὁμολογοῦσι τὸν αὐτοῦ πατέρα δῆσαι ὅτι 6
τοὺς ὑεῖς κατέπιεν οὐκ ἐν δίκῃ, κἀκεῖνόν γε αὖ τὸν αὐτοῦ
πατέρα ἐκτεμεῖν δι' ἕτερα τοιαῦτα· ἐμοὶ δὲ χαλεπαίνουσιν
ὅτι τῷ πατρὶ ἐπεξέρχομαι ἀδικοῦντι, καὶ οὕτως αὐτοὶ αὑτοῖς
τὰ ἐναντία λέγουσι περί τε τῶν θεῶν καὶ περὶ ἐμοῦ.   5

ΣΩ. Ἆρά γε, ὦ Εὐθύφρων, τοῦτ' ἔστιν [οὗ] οὕνεκα τὴν
γραφὴν φεύγω, ὅτι τὰ τοιαῦτα ἐπειδάν τις περὶ τῶν θεῶν
λέγῃ, δυσχερῶς πως ἀποδέχομαι; διὸ δή, ὡς ἔοικε, φήσει
τίς με ἐξαμαρτάνειν. νῦν οὖν εἰ καὶ σοὶ ταῦτα συνδοκεῖ τῷ
εὖ εἰδότι περὶ τῶν τοιούτων, ἀνάγκη δή, ὡς ἔοικε, καὶ ἡμῖν b
συγχωρεῖν. τί γὰρ καὶ φήσομεν, οἵ γε καὶ αὐτοὶ ὁμολο-
γοῦμεν περὶ αὐτῶν μηδὲν εἰδέναι; ἀλλά μοι εἰπὲ πρὸς
Φιλίου, σὺ ὡς ἀληθῶς ἡγῇ ταῦτα οὕτως γεγονέναι;

ΕΥΘ. Καὶ ἔτι γε τούτων θαυμασιώτερα, ὦ Σώκρατες, ἃ 5
οἱ πολλοὶ οὐκ ἴσασιν.

ΣΩ. Καὶ πόλεμον ἆρα ἡγῇ σὺ εἶναι τῷ ὄντι ἐν τοῖς θεοῖς
πρὸς ἀλλήλους, καὶ ἔχθρας γε δεινὰς καὶ μάχας καὶ ἄλλα
τοιαῦτα πολλά, οἷα λέγεταί τε ὑπὸ τῶν ποιητῶν, καὶ ὑπὸ τῶν
ἀγαθῶν γραφέων τά τε ἄλλα ἱερὰ ἡμῖν καταπεποίκιλται, καὶ c
δὴ καὶ τοῖς μεγάλοις Παναθηναίοις ὁ πέπλος μεστὸς τῶν
τοιούτων ποικιλμάτων ἀνάγεται εἰς τὴν ἀκρόπολιν; ταῦτα
ἀληθῆ φῶμεν εἶναι, ὦ Εὐθύφρων;

ΕΥΘ. Μὴ μόνον γε, ὦ Σώκρατες, ἀλλ' ὅπερ ἄρτι εἶπον, 5
καὶ ἄλλα σοι ἐγὼ πολλά, ἐάνπερ βούλῃ, περὶ τῶν θείων
διηγήσομαι, ἃ σὺ ἀκούων εὖ οἶδ' ὅτι ἐκπλαγήσῃ.

ΣΩ. Οὐκ ἂν θαυμάζοιμι. ἀλλὰ ταῦτα μέν μοι εἰς αὖθις
ἐπὶ σχολῆς διηγήσῃ· νυνὶ δὲ ὅπερ ἄρτι σε ἠρόμην πειρῶ
σαφέστερον εἰπεῖν. οὐ γάρ με, ὦ ἑταῖρε, τὸ πρότερον d
ἱκανῶς ἐδίδαξας ἐρωτήσαντα τὸ ὅσιον ὅτι ποτ' εἴη, ἀλλά μοι

a 6 οὕνεκα Schanz : οὗ οὕνεκα Β Τ (sed ἔ in marg. Τ)   a 8 διὸ Τ
(sed a supra versum) : δι' & Β Eusebius   b 2 καὶ αὐτοὶ Τ Arm. :
αὐτοὶ Β Eusebius   b 6 supra πολλοὶ add. λοιπ Τ   b 8 ἔχθρας γε
Β Eusebius : ἔχθρας Τ   b 9 λέγεταί τε Β Eusebius : λέγεται
Τ W Arm.   c 5 μόνον Β W : μόνα Β² Τ W² Eusebius   c 6 θείων]
θεῶν Arm. Eusebius   c 9 σχολὴν W

εἶπες ὅτι τοῦτο τυγχάνει ὅσιον ὂν ὃ σὺ νῦν ποιεῖς, φόνου
ἐπεξιὼν τῷ πατρί.

5 ΕΥΘ. Καὶ ἀληθῆ γε ἔλεγον, ὦ Σώκρατες.

ΣΩ. Ἴσως. ἀλλὰ γάρ, ὦ Εὐθύφρων, καὶ ἄλλα πολλὰ
φῂς εἶναι ὅσια.

ΕΥΘ. Καὶ γὰρ ἔστιν.

ΣΩ. Μέμνησαι οὖν ὅτι οὐ τοῦτό σοι διεκελευόμην, ἕν τι
10 ἢ δύο με διδάξαι τῶν πολλῶν ὁσίων, ἀλλ' ἐκεῖνο αὐτὸ τὸ
εἶδος ᾧ πάντα τὰ ὅσια ὅσιά ἐστιν; ἔφησθα γάρ που μιᾷ ἰδέᾳ
e τά τε ἀνόσια ἀνόσια εἶναι καὶ τὰ ὅσια ὅσια· ἢ οὐ μνημονεύεις;

ΕΥΘ. Ἔγωγε.

ΣΩ. Ταύτην τοίνυν με αὐτὴν δίδαξον τὴν ἰδέαν τίς ποτέ
ἐστιν, ἵνα εἰς ἐκείνην ἀποβλέπων καὶ χρώμενος αὐτῇ παρα-
5 δείγματι, ὃ μὲν ἂν τοιοῦτον ᾖ ὧν ἂν ἢ σὺ ἢ ἄλλος τις
πράττῃ φῶ ὅσιον εἶναι, ὃ δ' ἂν μὴ τοιοῦτον, μὴ φῶ.

ΕΥΘ. Ἀλλ' εἰ οὕτω βούλει, ὦ Σώκρατες, καὶ οὕτω σοι
φράσω.

ΣΩ. Ἀλλὰ μὴν βούλομαί γε.

10 ΕΥΘ. Ἔστι τοίνυν τὸ μὲν τοῖς θεοῖς προσφιλὲς ὅσιον, τὸ
7 δὲ μὴ προσφιλὲς ἀνόσιον.

ΣΩ. Παγκάλως, ὦ Εὐθύφρων, καὶ ὡς ἐγὼ ἐζήτουν ἀποκρίνα-
σθαί σε, οὕτω νῦν ἀπεκρίνω. εἰ μέντοι ἀληθῶς, τοῦτο οὔπω
οἶδα, ἀλλὰ σὺ δῆλον ὅτι ἐπεκδιδάξεις ὡς ἔστιν ἀληθῆ ἃ λέγεις.

5 ΕΥΘ. Πάνυ μὲν οὖν.

ΣΩ. Φέρε δή, ἐπισκεψώμεθα τί λέγομεν. τὸ μὲν θεο-
φιλές τε καὶ θεοφιλὴς ἄνθρωπος ὅσιος, τὸ δὲ θεομισὲς καὶ ὁ
θεομισὴς ἀνόσιος· οὐ ταὐτὸν δ' ἐστίν, ἀλλὰ τὸ ἐναντιώτατον,
τὸ ὅσιον τῷ ἀνοσίῳ· οὐχ οὕτως;

10 ΕΥΘ. Οὕτω μὲν οὖν.

ΣΩ. Καὶ εὖ γε φαίνεται εἰρῆσθαι;

b ΕΥΘ. Δοκῶ, ὦ Σώκρατες. [εἴρηται γάρ.]

---

d 3 σὺ om. pr. W   d 7 ὅσια post d 8 ἔστιν transp. B   a 3 ἀληθῶς
B : ὡς ἀληθῶς T   a 7 καὶ θεοφιλὴς W : καὶ ὁ θεοφιλὴς B T   b 1 εἴ-
ρηται γάρ secl. Naber

ΣΩ. Οὐκοῦν καὶ ὅτι στασιάζουσιν οἱ θεοί, ὦ Εὐθύφρων, καὶ διαφέρονται ἀλλήλοις καὶ ἔχθρα ἐστὶν ἐν αὐτοῖς πρὸς ἀλλήλους, καὶ τοῦτο εἴρηται;

ΕΥΘ. Εἴρηται γάρ.

ΣΩ. Ἔχθραν δὲ καὶ ὀργάς, ὦ ἄριστε, ἡ περὶ τίνων διαφορὰ ποιεῖ; ὧδε δὲ σκοπῶμεν. ἆρ' ἂν εἰ διαφεροίμεθα ἐγώ τε καὶ σὺ περὶ ἀριθμοῦ ὁπότερα πλείω, ἡ περὶ τούτων διαφορὰ ἐχθροὺς ἂν ἡμᾶς ποιοῖ καὶ ὀργίζεσθαι ἀλλήλοις, ἢ ἐπὶ λογισμὸν ἐλθόντες περί γε τῶν τοιούτων ταχὺ ἂν ἀπαλλαγεῖμεν; c

ΕΥΘ. Πάνυ γε.

ΣΩ. Οὐκοῦν καὶ περὶ τοῦ μείζονος καὶ ἐλάττονος εἰ διαφεροίμεθα, ἐπὶ τὸ μετρεῖν ἐλθόντες ταχὺ παυσαίμεθ' ἂν τῆς διαφορᾶς;

ΕΥΘ. Ἔστι ταῦτα.

ΣΩ. Καὶ ἐπί γε τὸ ἱστάναι ἐλθόντες, ὡς ἐγᾦμαι, περὶ τοῦ βαρυτέρου τε καὶ κουφοτέρου διακριθεῖμεν ἄν;

ΕΥΘ. Πῶς γὰρ οὔ;

ΣΩ. Περὶ τίνος δὲ δὴ διενεχθέντες καὶ ἐπὶ τίνα κρίσιν οὐ δυνάμενοι ἀφικέσθαι ἐχθροί γε ἂν ἀλλήλοις εἶμεν καὶ ὀργιζοίμεθα; ἴσως οὐ πρόχειρόν σοί ἐστιν, ἀλλ' ἐμοῦ λέγοντος σκόπει εἰ τάδε ἐστὶ τό τε δίκαιον καὶ τὸ ἄδικον καὶ d καλὸν καὶ αἰσχρὸν καὶ ἀγαθὸν καὶ κακόν. ἆρα οὐ ταῦτά ἐστιν περὶ ὧν διενεχθέντες καὶ οὐ δυνάμενοι ἐπὶ ἱκανὴν κρίσιν αὐτῶν ἐλθεῖν ἐχθροὶ ἀλλήλοις γιγνόμεθα, ὅταν γιγνώμεθα, καὶ ἐγὼ καὶ σὺ καὶ οἱ ἄλλοι ἄνθρωποι πάντες;

ΕΥΘ. Ἀλλ' ἔστιν αὕτη ἡ διαφορά, ὦ Σώκρατες, καὶ περὶ τούτων.

ΣΩ. Τί δὲ οἱ θεοί, ὦ Εὐθύφρων; οὐκ εἴπερ τι διαφέρονται, δι' αὐτὰ ταῦτα διαφέροιντ' ἄν;

b 2 ὦ Εὐθύφρων post b 3 ἀλλήλοις T   c 4 μετρεῖν T W Arm. : μέτριον B : μέτρον al.   c 10 ἐπὶ τίνα] ἐπί τινα Schanz   c 11 γε B : τε T   ἦμεν B : εἴημεν T   d 4 ἐχθροὶ B T : ἐχθροί γε W   d 9 δι' αὐτὰ ταῦτα T : διὰ ταῦτα B : διὰ ταῦτα ταῦτα W

10 ΕΥΘ. Πολλὴ ἀνάγκη.

e ΣΩ. Καὶ τῶν θεῶν ἄρα, ὦ γενναῖε Εὐθύφρων, ἄλλοι
ἄλλα δίκαια ἡγοῦνται κατὰ τὸν σὸν λόγον, καὶ καλὰ καὶ
αἰσχρὰ καὶ ἀγαθὰ καὶ κακά· οὐ γὰρ ἄν που ἐστασίαζον
ἀλλήλοις εἰ μὴ περὶ τούτων διεφέροντο· ἢ γάρ;

5 ΕΥΘ. Ὀρθῶς λέγεις.

ΣΩ. Οὐκοῦν ἅπερ καλὰ ἡγοῦνται ἕκαστοι καὶ ἀγαθὰ καὶ
δίκαια, ταῦτα καὶ φιλοῦσιν, τὰ δὲ ἐναντία τούτων μισοῦσιν;

ΕΥΘ. Πάνυ γε.

ΣΩ. Ταῦτὰ δέ γε, ὡς σὺ φῄς, οἱ μὲν δίκαια ἡγοῦνται,

8 οἱ δὲ ἄδικα, περὶ ἃ καὶ ἀμφισβητοῦντες στασιάζουσί τε καὶ
πολεμοῦσιν ἀλλήλοις· ἆρα οὐχ οὕτω;

ΕΥΘ. Οὕτω.

ΣΩ. Ταῦτ' ἄρα, ὡς ἔοικεν, μισεῖταί τε ὑπὸ τῶν θεῶν

5 καὶ φιλεῖται, καὶ θεομισῆ τε καὶ θεοφιλῆ ταῦτ' ἂν εἴη.

ΕΥΘ. Ἔοικεν.

ΣΩ. Καὶ ὅσια ἄρα καὶ ἀνόσια τὰ αὐτὰ ἂν εἴη, ὦ Εὐθύ-
φρων, τούτῳ τῷ λόγῳ.

ΕΥΘ. Κινδυνεύει.

10 ΣΩ. Οὐκ ἄρα ὃ ἠρόμην ἀπεκρίνω, ὦ θαυμάσιε. οὐ γὰρ
τοῦτό γε ἠρώτων, ὃ τυγχάνει ταὐτὸν ὂν ὅσιόν τε καὶ ἀνό-
σιον· ὃ δ' ἂν θεοφιλὲς ᾖ καὶ θεομισές ἐστιν, ὡς ἔοικεν.

b ὥστε, ὦ Εὐθύφρων, ὃ σὺ νῦν ποιεῖς τὸν πατέρα κολά-
ζων, οὐδὲν θαυμαστὸν εἰ τοῦτο δρῶν τῷ μὲν Διὶ προσφιλὲς
ποιεῖς, τῷ δὲ Κρόνῳ καὶ τῷ Οὐρανῷ ἐχθρόν, καὶ τῷ μὲν
Ἡφαίστῳ φίλον, τῇ δὲ Ἥρᾳ ἐχθρόν, καὶ εἴ τις ἄλλος τῶν

5 θεῶν ἕτερος ἑτέρῳ διαφέρεται περὶ αὐτοῦ, καὶ ἐκείνοις κατὰ
τὰ αὐτά.

ΕΥΘ. Ἀλλ' οἶμαι, ὦ Σώκρατες, περί γε τούτου τῶν
θεῶν οὐδένα ἕτερον ἑτέρῳ διαφέρεσθαι, ὡς οὐ δεῖ δίκην
διδόναι ἐκεῖνον ὃς ἂν ἀδίκως τινὰ ἀποκτείνῃ.

e 9 φῄς B T : ἔφης W   a 4 τε W : om. B T   a 11 δ] ᾧ al.
Schanz   b 6 τὰ αὐτά B : ταὐτά T : ταυτὰ αὐτά W   b 7 τούτου
B T : τούτων T² W

ΣΩ. Τί δέ; ἀνθρώπων, ὦ Εὐθύφρων, ἤδη τινὸς ἤκουσας 10
ἀμφισβητοῦντος ὡς τὸν ἀδίκως ἀποκτείναντα ἢ ἄλλο ἀδίκως c
ποιοῦντα ὁτιοῦν οὐ δεῖ δίκην διδόναι;

ΕΥΘ. Οὐδὲν μὲν οὖν παύονται ταῦτα ἀμφισβητοῦντες
καὶ ἄλλοθι καὶ ἐν τοῖς δικαστηρίοις· ἀδικοῦντες γὰρ πάμ-
πολλα, πάντα ποιοῦσι καὶ λέγουσι φεύγοντες τὴν δίκην. 5

ΣΩ. Ἦ καὶ ὁμολογοῦσιν, ὦ Εὐθύφρων, ἀδικεῖν, καὶ
ὁμολογοῦντες ὅμως οὐ δεῖν φασὶ σφᾶς διδόναι δίκην;

ΕΥΘ. Οὐδαμῶς τοῦτό γε.

ΣΩ. Οὐκ ἄρα πᾶν γε ποιοῦσι καὶ λέγουσι· τοῦτο γὰρ
οἶμαι οὐ τολμῶσι λέγειν οὐδ' ἀμφισβητεῖν, ὡς οὐχὶ εἴπερ 10
ἀδικοῦσί γε δοτέον δίκην, ἀλλ' οἶμαι οὔ φασιν ἀδικεῖν· ἢ d
γάρ;

ΕΥΘ. Ἀληθῆ λέγεις.

ΣΩ. Οὐκ ἄρα ἐκεῖνό γε ἀμφισβητοῦσιν, ὡς οὐ τὸν
ἀδικοῦντα δεῖ διδόναι δίκην, ἀλλ' ἐκεῖνο ἴσως ἀμφισβητοῦ- 5
σιν, τὸ τίς ἐστιν ὁ ἀδικῶν καὶ τί δρῶν καὶ πότε.

ΕΥΘ. Ἀληθῆ λέγεις.

ΣΩ. Οὐκοῦν αὐτά γε ταῦτα καὶ οἱ θεοὶ πεπόνθασιν,
εἴπερ στασιάζουσι περὶ τῶν δικαίων καὶ ἀδίκων ὡς ὁ σὸς
λόγος, καὶ οἱ μέν φασιν ἀλλήλους ἀδικεῖν, οἱ δὲ οὔ φασιν· 10
ἐπεὶ ἐκεῖνό γε δήπου, ὦ θαυμάσιε, οὐδεὶς οὔτε θεῶν οὔτε
ἀνθρώπων τολμᾷ λέγειν, ὡς οὐ τῷ γε ἀδικοῦντι δοτέον δίκην. e

ΕΥΘ. Ναί, τοῦτο μὲν ἀληθὲς λέγεις, ὦ Σώκρατες, τό γε
κεφάλαιον.

ΣΩ. Ἀλλ' ἕκαστόν γε οἶμαι, ὦ Εὐθύφρων, τῶν πρα-
χθέντων ἀμφισβητοῦσιν οἱ ἀμφισβητοῦντες, καὶ ἄνθρωποι 5
καὶ θεοί, εἴπερ ἀμφισβητοῦσιν θεοί· πράξεώς τινος πέρι
διαφερόμενοι οἱ μὲν δικαίως φασὶν αὐτὴν πεπρᾶχθαι, οἱ δὲ
ἀδίκως· ἆρ' οὐχ οὕτω;

c 7 οὐ δεῖν B² T W Arm. : οὐδέν B   c 10 εἴπερ ἀδικοῦσι B t : ὑπερ-
αδικοῦσι T   d 4 ἐκεῖνο T W Arm. Stobaeus : ἐκεῖνοι B   d 5 δεῖ
B² Arm. : om. T (in B W plurima desunt)   d 8 αὐτά B : ταῦτά
B² T   d 9 περὶ B : τε περὶ T   e 2 γε T : om. B : post ἀληθές W
e 4 ἕκαστον T W : ἑκάστων B

ΕΥΘ. Πάνυ γε.

9 ΣΩ. Ἴθι νυν, ὦ φίλε Εὐθύφρων, δίδαξον καὶ ἐμέ, ἵνα σοφώτερος γένωμαι, τί σοι τεκμήριόν ἐστιν ὡς πάντες θεοὶ ἡγοῦνται ἐκεῖνον ἀδίκως τεθνάναι, ὃς ἂν θητεύων ἀνδροφόνος γενόμενος, συνδεθεὶς ὑπὸ τοῦ δεσπότου τοῦ ἀποθανόντος,
5 φθάσῃ τελευτήσας διὰ τὰ δεσμὰ πρὶν τὸν συνδήσαντα παρὰ τῶν ἐξηγητῶν περὶ αὐτοῦ πυθέσθαι τί χρὴ ποιεῖν, καὶ ὑπὲρ τοῦ τοιούτου δὴ ὀρθῶς ἔχει ἐπεξιέναι καὶ ἐπισκήπτεσθαι φόνου τὸν ὑὸν τῷ πατρί; ἴθι, περὶ τούτων πειρῶ τί μοι
b σαφὲς ἐνδείξασθαι ὡς παντὸς μᾶλλον πάντες θεοὶ ἡγοῦνται ὀρθῶς ἔχειν ταύτην τὴν πρᾶξιν· κἄν μοι ἱκανῶς ἐνδείξῃ, ἐγκωμιάζων σε ἐπὶ σοφίᾳ οὐδέποτε παύσομαι.

ΕΥΘ. Ἀλλ᾽ ἴσως οὐκ ὀλίγου ἔργον ἐστίν, ὦ Σώκρατες,
5 ἐπεὶ πάνυ γε σαφῶς ἔχοιμι ἂν ἐπιδεῖξαί σοι.

ΣΩ. Μανθάνω· ὅτι σοι δοκῶ τῶν δικαστῶν δυσμαθέστερος εἶναι, ἐπεὶ ἐκείνοις γε ἐνδείξῃ δῆλον ὅτι ὡς ἄδικά τέ ἐστιν καὶ οἱ θεοὶ ἅπαντες τὰ τοιαῦτα μισοῦσιν.

ΕΥΘ. Πάνυ γε σαφῶς, ὦ Σώκρατες, ἐάνπερ ἀκούωσί γέ
10 μου λέγοντος.

c ΣΩ. Ἀλλ᾽ ἀκούσονται. ἐάνπερ εὖ δοκῇς λέγειν. τόδε δέ σου ἐνενόησα ἅμα λέγοντος καὶ πρὸς ἐμαυτὸν σκοπῶ· "Εἰ ὅτι μάλιστά με Εὐθύφρων διδάξειεν ὡς οἱ θεοὶ ἅπαντες τὸν τοιοῦτον θάνατον ἡγοῦνται ἄδικον . εἶναι, τί μᾶλλον ἐγὼ
5 μεμάθηκα παρ᾽ Εὐθύφρονος τί ποτ᾽ ἐστὶν τὸ ὅσιόν τε καὶ τὸ ἀνόσιον; θεομισὲς μὲν γὰρ τοῦτο τὸ ἔργον, ὡς ἔοικεν, εἴη ἄν. ἀλλὰ γὰρ οὐ τούτῳ ἐφάνη ἄρτι ὡρισμένα τὸ ὅσιον καὶ μή· τὸ γὰρ θεομισὲς ὂν καὶ θεοφιλὲς ἐφάνη." ὥστε τούτου μὲν ἀφίημί σε, ὦ Εὐθύφρων· εἰ βούλει, πάντες αὐτὸ
d ἡγείσθων θεοὶ ἄδικον καὶ πάντες μισούντων. ἀλλ᾽ ἆρα τοῦτο ὃ νῦν ἐπανορθούμεθα ἐν τῷ λόγῳ—ὡς ὃ μὲν ἂν πάντες οἱ

---

a 1 νῦν B : τοίνυν T   a 7 ἐπισκέπτεσθαι pr. B   b 2 κἄν B²TW
Arm. : καί B   b 8 πάντες T   c 2 ἐνενόησα B : ἐνόησα W :
ἔχομαι T   c 8 τὸ γὰρ ... ἐφάνη secl. Kleist   c 9 μὲν T : om.
B   εἰ Wb : καὶ εἰ Γ   d 2 ὃ νῦν ἐπανορθούμεθα BW Arm. : νῦν
ἐπανορθούμεθα T : νῦν ἐπανορθώμεθα al.

12

θεοὶ μισῶσιν ἀνόσιόν ἐστιν, ὃ δ᾽ ἂν φιλῶσιν, ὅσιον· ὃ δ᾽ ἂν
οἱ μὲν φιλῶσιν οἱ δὲ μισῶσιν, οὐδέτερα ἢ ἀμφότερα—ἆρ᾽ οὕτω
βούλει ἡμῖν ὡρίσθαι νῦν περὶ τοῦ ὁσίου καὶ τοῦ ἀνοσίου;   5
ΕΥΘ. Τί γὰρ κωλύει, ὦ Σώκρατες;
ΣΩ. Οὐδὲν ἐμέ γε, ὦ Εὐθύφρων, ἀλλὰ σὺ δὴ τὸ σὸν σκό-
πει, εἰ τοῦτο ὑποθέμενος οὕτω ῥᾳστά με διδάξεις ὃ ὑπέσχου.
ΕΥΘ. Ἀλλ᾽ ἔγωγε φαίην ἂν τοῦτο εἶναι τὸ ὅσιον ὃ ἂν e
πάντες οἱ θεοὶ φιλῶσιν, καὶ τὸ ἐναντίον, ὃ ἂν πάντες θεοὶ
μισῶσιν, ἀνόσιον.
ΣΩ. Οὐκοῦν ἐπισκοπῶμεν αὖ τοῦτο, ὦ Εὐθύφρων, εἰ
καλῶς λέγεται, ἢ ἐῶμεν καὶ οὕτω ἡμῶν τε αὐτῶν ἀποδεχώ- 5
μεθα καὶ τῶν ἄλλων, ἐὰν μόνον φῇ τίς τι ἔχειν οὕτω
συγχωροῦντες ἔχειν; ἢ σκεπτέον τί λέγει ὁ λέγων;
ΕΥΘ. Σκεπτέον· οἶμαι μέντοι ἔγωγε τοῦτο νυνὶ καλῶς
λέγεσθαι.
ΣΩ. Τάχ᾽, ὠγαθέ, βέλτιον εἰσόμεθα. ἐννόησον γὰρ τὸ 10
τοιόνδε· ἆρα τὸ ὅσιον ὅτι ὅσιόν ἐστιν φιλεῖται ὑπὸ τῶν
θεῶν, ἢ ὅτι φιλεῖται ὅσιόν ἐστιν;
ΕΥΘ. Οὐκ οἶδ᾽ ὅτι λέγεις, ὦ Σώκρατες.
ΣΩ. Ἀλλ᾽ ἐγὼ πειράσομαι σαφέστερον φράσαι. λέγο- 5
μέν τι φερόμενον καὶ φέρον καὶ ἀγόμενον καὶ ἄγον καὶ
ὁρώμενον καὶ ὁρῶν καὶ πάντα τὰ τοιαῦτα μανθάνεις ὅτι
ἕτερα ἀλλήλων ἐστὶ καὶ ᾗ ἕτερα;
ΕΥΘ. Ἔγωγέ μοι δοκῶ μανθάνειν.
ΣΩ. Οὐκοῦν καὶ φιλούμενόν τί ἐστιν καὶ τούτου ἕτερον 10
τὸ φιλοῦν;
ΕΥΘ. Πῶς γὰρ οὔ;
ΣΩ. Λέγε δή μοι, πότερον τὸ φερόμενον διότι φέρεται b
φερόμενόν ἐστιν, ἢ δι᾽ ἄλλο τι;
ΕΥΘ. Οὔκ, ἀλλὰ διὰ τοῦτο.
ΣΩ. Καὶ τὸ ἀγόμενον δὴ διότι ἄγεται, καὶ τὸ ὁρώμενον
διότι ὁρᾶται;   5

e 2 οἱ B : om. T W

13

ΕΥΘ. Πάνυ γε.

ΣΩ. Οὐκ ἄρα διότι ὁρώμενόν γέ ἐστιν, διὰ τοῦτο ὁρᾶται, ἀλλὰ τὸ ἐναντίον διότι ὁρᾶται, διὰ τοῦτο ὁρώμενον· οὐδὲ διότι ἀγόμενόν ἐστιν, διὰ τοῦτο ἄγεται, ἀλλὰ διότι ἄγεται,
10 διὰ τοῦτο ἀγόμενον· οὐδὲ διότι φερόμενον φέρεται, ἀλλὰ διότι φέρεται φερόμενον. ἆρα κατάδηλον, ὦ Εὐθύφρων, ὃ
c βούλομαι λέγειν; βούλομαι δὲ τόδε, ὅτι εἴ τι γίγνεται ἤ τι πάσχει, οὐχ ὅτι γιγνόμενόν ἐστι γίγνεται, ἀλλ᾽ ὅτι γίγνεται γιγνόμενόν ἐστιν· οὐδ᾽ ὅτι πάσχον ἐστὶ πάσχει, ἀλλ᾽ ὅτι πάσχει πάσχον ἐστίν· ἢ οὐ συγχωρεῖς οὕτω;
5 ΕΥΘ. Ἔγωγε.

ΣΩ. Οὐκοῦν καὶ τὸ φιλούμενον ἢ γιγνόμενόν τί ἐστιν ἢ πάσχον τι ὑπό του;

ΕΥΘ. Πάνυ γε.

ΣΩ. Καὶ τοῦτο ἄρα οὕτως ἔχει ὥσπερ τὰ πρότερα· οὐχ
10 ὅτι φιλούμενόν ἐστιν φιλεῖται ὑπὸ ὧν φιλεῖται, ἀλλ᾽ ὅτι φιλεῖται φιλούμενον;

ΕΥΘ. Ἀνάγκη.

d ΣΩ. Τί δὴ οὖν λέγομεν περὶ τοῦ ὁσίου, ὦ Εὐθύφρων; ἄλλο τι φιλεῖται ὑπὸ θεῶν πάντων, ὡς ὁ σὸς λόγος;

ΕΥΘ. Ναί.

ΣΩ. Ἆρα διὰ τοῦτο, ὅτι ὅσιόν ἐστιν, ἢ δι᾽ ἄλλο τι;
5 ΕΥΘ. Οὔκ, ἀλλὰ διὰ τοῦτο.

ΣΩ. Διότι ἄρα ὅσιόν ἐστιν φιλεῖται, ἀλλ᾽ οὐχ ὅτι φιλεῖται, διὰ τοῦτο ὅσιόν ἐστιν;

ΕΥΘ. Ἔοικεν.

ΣΩ. Ἀλλὰ μὲν δὴ διότι γε φιλεῖται ὑπὸ θεῶν φιλού-
10 μενόν ἐστι καὶ θεοφιλές.

ΕΥΘ. Πῶς γὰρ οὔ;

ΣΩ. Οὐκ ἄρα τὸ θεοφιλὲς ὅσιόν ἐστιν, ὦ Εὐθύφρων, οὐδὲ τὸ ὅσιον θεοφιλές, ὡς σὺ λέγεις, ἀλλ᾽ ἕτερον τοῦτο τούτου.

c 1 ἤ τι πάσχει B : ἢ εἴ τι πάσχει τι T   d 2 ἄλλο τι W : ἀλλ᾽ ὅτι B T Arm.

ΕΥΘ. Πῶς δή, ὦ Σώκρατες;   e

ΣΩ. Ὅτι ὁμολογοῦμεν τὸ μὲν ὅσιον διὰ τοῦτο φιλεῖσθαι,
ὅτι ὅσιόν ἐστιν, ἀλλ' οὐ διότι φιλεῖται ὅσιον εἶναι· ἢ γάρ;

ΕΥΘ. Ναί.

ΣΩ. Τὸ δέ γε θεοφιλὲς ὅτι φιλεῖται ὑπὸ θεῶν, αὐτῷ   5
τούτῳ τῷ φιλεῖσθαι θεοφιλὲς εἶναι, ἀλλ' οὐχ ὅτι θεοφιλές,
διὰ τοῦτο φιλεῖσθαι.

ΕΥΘ. Ἀληθῆ λέγεις.

ΣΩ. Ἀλλ' εἴ γε ταὐτὸν ἦν, ὦ φίλε Εὐθύφρων, τὸ
θεοφιλὲς καὶ τὸ ὅσιον, εἰ μὲν διὰ τὸ ὅσιον εἶναι ἐφιλεῖτο τὸ   10
ὅσιον, καὶ διὰ τὸ θεοφιλὲς εἶναι ἐφιλεῖτο ἂν τὸ θεοφιλές, εἰ   11
δὲ διὰ τὸ φιλεῖσθαι ὑπὸ θεῶν τὸ θεοφιλὲς θεοφιλὲς ἦν, καὶ
τὸ ὅσιον ἂν διὰ τὸ φιλεῖσθαι ὅσιον ἦν· νῦν δὲ ὁρᾷς ὅτι
ἐναντίως ἔχετον, ὡς παντάπασιν ἑτέρω ὄντε ἀλλήλων. τὸ
μὲν γάρ, ὅτι φιλεῖται, ἐστὶν οἷον φιλεῖσθαι· τὸ δ' ὅτι ἐστὶν   5
οἷον φιλεῖσθαι, διὰ τοῦτο φιλεῖται. καὶ κινδυνεύεις, ὦ Εὐθύ-
φρων, ἐρωτώμενος τὸ ὅσιον ὅτι ποτ' ἐστίν, τὴν μὲν οὐσίαν
μοι αὐτοῦ οὐ βούλεσθαι δηλῶσαι, πάθος δέ τι περὶ αὐτοῦ
λέγειν, ὅτι πέπονθε τοῦτο τὸ ὅσιον, φιλεῖσθαι ὑπὸ πάντων
θεῶν· ὅτι δὲ ὄν, οὔπω εἶπες. εἰ οὖν σοι φίλον, μή με ἀπο-   b
κρύψῃ ἀλλὰ πάλιν εἰπὲ ἐξ ἀρχῆς τί ποτε ὂν τὸ ὅσιον εἴτε
φιλεῖται ὑπὸ θεῶν εἴτε ὁτιδὴ πάσχει—οὐ γὰρ περὶ τούτου
διοισόμεθα—ἀλλ' εἰπὲ προθύμως τί ἐστιν τό τε ὅσιον καὶ
τὸ ἀνόσιον;   5

ΕΥΘ. Ἀλλ', ὦ Σώκρατες, οὐκ ἔχω ἔγωγε ὅπως σοι εἴπω
ὃ νοῶ· περιέρχεται γάρ πως ἡμῖν ἀεὶ ὃ ἂν προθώμεθα καὶ
οὐκ ἐθέλει μένειν ὅπου ἂν ἱδρυσώμεθα αὐτό.

ΣΩ. Τοῦ ἡμετέρου προγόνου, ὦ Εὐθύφρων, ἔοικεν εἶναι
Δαιδάλου τὰ ὑπὸ σοῦ λεγόμενα. καὶ εἰ μὲν αὐτὰ ἐγὼ ἔλεγον   c
καὶ ἐτιθέμην, ἴσως ἄν με ἐπέσκωπτες ὡς ἄρα καὶ ἐμοὶ κατὰ

---

e5 αὐτῷ B² T W Arm. : αὐτῶν B   a9 φιλεῖται T   b7 ἡμῖν
ἀεὶ B : ἀεὶ ἡμῖν T : ἡμῖν Arm.   προθώμεθα T b : προθυμώμεθα B
c2 ἀπέσκωπτες W

τὴν ἐκείνου συγγένειαν τὰ ἐν τοῖς λόγοις ἔργα ἀποδιδράσκει
καὶ οὐκ ἐθέλει μένειν ὅπου ἄν τις αὐτὰ θῇ· νῦν δὲ σαὶ γὰρ
5 αἱ ὑποθέσεις εἰσίν. ἄλλου δή τινος δεῖ σκώμματος· οὐ γὰρ
ἐθέλουσι σοὶ μένειν, ὡς καὶ αὐτῷ σοι δοκεῖ.
ΕΥΘ. Ἐμοὶ δὲ δοκεῖ σχεδόν τι τοῦ αὐτοῦ σκώμματος, ὦ
Σώκρατες, δεῖσθαι τὰ λεγόμενα· τὸ γὰρ περιιέναι αὐτοῖς
τοῦτο καὶ μὴ μένειν ἐν τῷ αὐτῷ οὐκ ἐγώ εἰμι ὁ ἐντιθείς,
d ἀλλὰ σύ μοι δοκεῖς ὁ Δαίδαλος, ἐπεὶ ἐμοῦ γε ἕνεκα ἔμενεν
ἂν ταῦτα οὕτως.
ΣΩ. Κινδυνεύω ἄρα, ὦ ἑταῖρε, ἐκείνου τοῦ ἀνδρὸς δεινό-
τερος γεγονέναι τὴν τέχνην τοσούτῳ, ὅσῳ ὁ μὲν τὰ αὐτοῦ
5 μόνα ἐποίει οὐ μένοντα, ἐγὼ δὲ πρὸς τοῖς ἐμαυτοῦ, ὡς ἔοικε,
καὶ τὰ ἀλλότρια. καὶ δῆτα τοῦτό μοι τῆς τέχνης ἐστὶ
κομψότατον, ὅτι ἄκων εἰμὶ σοφός· ἐβουλόμην γὰρ ἄν μοι
τοὺς λόγους μένειν καὶ ἀκινήτως ἱδρῦσθαι μᾶλλον ἢ πρὸς τῇ
e Δαιδάλου σοφίᾳ τὰ Ταντάλου χρήματα γενέσθαι. καὶ τού-
των μὲν ἄδην· ἐπειδὴ δέ μοι δοκεῖς σὺ τρυφᾶν, αὐτός σοι
συμπροθυμήσομαι [δεῖξαι] ὅπως ἄν με διδάξῃς περὶ τοῦ
ὁσίου. καὶ μὴ προαποκάμῃς· ἰδὲ γὰρ εἰ οὐκ ἀναγκαῖόν σοι
5 δοκεῖ δίκαιον εἶναι πᾶν τὸ ὅσιον.
ΕΥΘ. Ἔμοιγε.
ΣΩ. Ἆρ᾽ οὖν καὶ πᾶν τὸ δίκαιον ὅσιον; ἢ τὸ μὲν ὅσιον
12 πᾶν δίκαιον, τὸ δὲ δίκαιον οὐ πᾶν ὅσιον, ἀλλὰ τὸ μὲν αὐτοῦ
ὅσιον, τὸ δέ τι καὶ ἄλλο;
ΕΥΘ. Οὐχ ἕπομαι, ὦ Σώκρατες, τοῖς λεγομένοις.
ΣΩ. Καὶ μὴν νεώτερός γέ μου εἶ οὐκ ἔλαττον ἢ ὅσῳ
5 σοφώτερος· ἀλλ᾽, ὃ λέγω, τρυφᾷς ὑπὸ πλούτου τῆς σοφίας.
ἀλλ᾽, ὦ μακάριε, σύντεινε σαυτόν· καὶ γὰρ οὐδὲ χαλεπὸν
κατανοῆσαι ὃ λέγω. λέγω γὰρ δὴ τὸ ἐναντίον ἢ ὁ ποιητὴς
ἐποίησεν ὁ ποιήσας—

c 7 supra δὲ add. γε B² c 8 τὰ B²TW: τάδε B αὐτοῖς TW: τούτοις B θ 2 σὺ τρυφᾶν B: συντρυφᾶν T θ 3 δεῖξαι BT: om. W a 4 ἔλαττον TW: ἐλάττονι B a 6 οὐδὲ] οὐδὲν Naber

Ζῆνα δὲ τὸν [θ'] ἔρξαντα καὶ ὃς τάδε πάντ' ἐφύτευσεν
οὐκ ἐθέλει νεικεῖν· ἵνα γὰρ δέος ἔνθα καὶ αἰδώς.   b
ἐγὼ οὖν τούτῳ διαφέρομαι τῷ ποιητῇ. εἴπω σοι ὅπῃ;
ΕΥΘ. Πάνυ γε.
ΣΩ. Οὐ δοκεῖ μοι εἶναι "ἵνα δέος ἔνθα καὶ αἰδώς"·
πολλοὶ γάρ μοι δοκοῦσι καὶ νόσους καὶ πενίας καὶ ἄλλα 5
πολλὰ τοιαῦτα δεδιότες δεδιέναι μέν, αἰδεῖσθαι δὲ μηδὲν
ταῦτα ἃ δεδίασιν· οὐ καὶ σοὶ δοκεῖ;
ΕΥΘ. Πάνυ γε.
ΣΩ. Ἀλλ' ἵνα γε αἰδὼς ἔνθα καὶ δέος εἶναι· ἐπεὶ ἔστιν
ὅστις αἰδούμενός τι πρᾶγμα καὶ αἰσχυνόμενος οὐ πεφόβηταί 10
τε καὶ δέδοικεν ἅμα δόξαν πονηρίας;   c
ΕΥΘ. Δέδοικε μὲν οὖν.
ΣΩ. Οὐκ ἄρ' ὀρθῶς ἔχει λέγειν· "ἵνα γὰρ δέος ἔνθα καὶ
αἰδώς," ἀλλ' ἵνα μὲν αἰδὼς ἔνθα καὶ δέος, οὐ μέντοι ἵνα γε
δέος πανταχοῦ αἰδώς· ἐπὶ πλέον γὰρ οἶμαι δέος αἰδοῦς. 5
μόριον γὰρ αἰδὼς δέους ὥσπερ ἀριθμοῦ περιττόν, ὥστε οὐχ
ἵναπερ ἀριθμὸς ἔνθα καὶ περιττόν, ἵνα δὲ περιττὸν ἔνθα καὶ
ἀριθμός. ἔπῃ γάρ που νῦν γε;
ΕΥΘ. Πάνυ γε.
ΣΩ. Τὸ τοιοῦτον τοίνυν καὶ ἐκεῖ λέγων ἠρώτων· ἆρα ἵνα 10
δίκαιον ἔνθα καὶ ὅσιον; ἢ ἵνα μὲν ὅσιον ἔνθα καὶ δίκαιον, d
ἵνα δὲ δίκαιον οὐ πανταχοῦ ὅσιον· μόριον γὰρ τοῦ δικαίου
τὸ ὅσιον; οὕτω φῶμεν ἢ ἄλλως σοι δοκεῖ;
ΕΥΘ. Οὔκ, ἀλλ' οὕτω. φαίνῃ γάρ μοι ὀρθῶς λέγειν.
ΣΩ. Ὅρα δὴ τὸ μετὰ τοῦτο. εἰ γὰρ μέρος τὸ ὅσιον τοῦ 5
δικαίου, δεῖ δὴ ἡμᾶς, ὡς ἔοικεν, ἐξευρεῖν τὸ ποῖον μέρος ἂν
εἴη τοῦ δικαίου τὸ ὅσιον. εἰ μὲν οὖν σύ με ἠρώτας τι τῶν
νυνδή, οἷον ποῖον μέρος ἐστὶν ἀριθμοῦ τὸ ἄρτιον καὶ τίς ὢν

a 9 θέρξαντα Β : στέρξαντα Τ γρ. Β W : ῥέξαντα Stobaeus Apostolius
schol. ap. Cram. Anecd. Par. I, p. 399 : θ' ἔρξαντα Β² W   b 1 ἐθέλει
νεικεῖν scripsi : ἐθέλεις εἰπεῖν Β Τ (νείκεσιν schol. Τ): ἐθέλειν εἰπεῖν W
corr. Β² : ἐθέλειν εἴκειν schol. ap. Cram. l. c.   c 6 αἰδὼς δέους Β t :
αἰδοῦς δέος Τ

τυγχάνει οὗτος ὁ ἀριθμός, εἶπον ἂν ὅτι ὃς ἂν μὴ σκαληνὸς
10 ᾖ ἀλλ᾽ ἰσοσκελής· ἢ οὐ δοκεῖ σοι;
ΕΥΘ. Ἔμοιγε.

e ΣΩ. Πειρῶ δὴ καὶ σὺ ἐμὲ οὕτω διδάξαι τὸ ποῖον μέρος
τοῦ δικαίου ὅσιόν ἐστιν, ἵνα καὶ Μελήτῳ λέγωμεν μηκέθ᾽
ἡμᾶς ἀδικεῖν μηδὲ ἀσεβείας γράφεσθαι, ὡς ἱκανῶς ἤδη παρὰ
σοῦ μεμαθηκότας τά τε εὐσεβῆ καὶ ὅσια καὶ τὰ μή.

5 ΕΥΘ. Τοῦτο τοίνυν ἔμοιγε δοκεῖ, ὦ Σώκρατες, τὸ μέρος
τοῦ δικαίου εἶναι εὐσεβές τε καὶ ὅσιον, τὸ περὶ τὴν τῶν θεῶν
θεραπείαν, τὸ δὲ περὶ τὴν τῶν ἀνθρώπων τὸ λοιπὸν εἶναι
τοῦ δικαίου μέρος.

ΣΩ. Καὶ καλῶς γέ μοι, ὦ Εὐθύφρων, φαίνῃ λέγειν, ἀλλὰ
13 σμικροῦ τινος ἔτι ἐνδεής εἰμι· τὴν γὰρ θεραπείαν οὔπω
συνίημι ἥντινα ὀνομάζεις. οὐ γάρ που λέγεις γε, οἷαίπερ καὶ
αἱ περὶ τὰ ἄλλα θεραπεῖαί εἰσιν, τοιαύτην καὶ περὶ θεούς—
λέγομεν γάρ που—οἷόν φαμεν ἵππους οὐ πᾶς ἐπίσταται
5 θεραπεύειν ἀλλὰ ὁ ἱππικός· ἢ γάρ;
ΕΥΘ. Πάνυ γε.

ΣΩ. Ἡ γάρ που ἱππικὴ ἵππων θεραπεία.
ΕΥΘ. Ναί.

ΣΩ. Οὐδέ γε κύνας πᾶς ἐπίσταται θεραπεύειν ἀλλὰ ὁ
10 κυνηγετικός.
ΕΥΘ. Οὕτω.

ΣΩ. Ἡ γάρ που κυνηγετικὴ κυνῶν θεραπεία.
b ΕΥΘ. Ναί.

ΣΩ. Ἡ δέ γε βοηλατικὴ βοῶν.
ΕΥΘ. Πάνυ γε.

ΣΩ. Ἡ δὲ δὴ ὁσιότης τε καὶ εὐσέβεια θεῶν, ὦ Εὐθύ-
5 φρων; οὕτω λέγεις;
ΕΥΘ. Ἔγωγε.

ΣΩ. Οὐκοῦν θεραπεία γε πᾶσα ταὐτὸν διαπράττεται;
οἷον τοιόνδε· ἐπ᾽ ἀγαθῷ τινί ἐστι καὶ ὠφελίᾳ τοῦ θεραπευο-

b 2 γε Τ : om. B   b 8 ἐστι Β : ἔσται Τ

μένου, ὥσπερ ὁρᾷς δὴ ὅτι οἱ ἵπποι ὑπὸ τῆς ἱππικῆς θερα-
πευόμενοι ὠφελοῦνται καὶ βελτίους γίγνονται· ἢ οὐ δοκοῦσί 10
σοι;

ΕΥΘ. Ἔμοιγε.

ΣΩ. Καὶ οἱ κύνες γέ που ὑπὸ τῆς κυνηγετικῆς, καὶ οἱ
βόες ὑπὸ τῆς βοηλατικῆς, καὶ τἆλλα πάντα ὡσαύτως· ἢ ἐπὶ c
βλάβῃ οἴει τοῦ θεραπευομένου τὴν θεραπείαν εἶναι;

ΕΥΘ. Μὰ Δί᾽ οὐκ ἔγωγε.

ΣΩ. Ἀλλ᾽ ἐπ᾽ ὠφελίᾳ;

ΕΥΘ. Πῶς δ᾽ οὔ; 5

ΣΩ. Ἦ οὖν καὶ ἡ ὁσιότης θεραπεία οὖσα θεῶν ὠφελία
τέ ἐστι θεῶν καὶ βελτίους τοὺς θεοὺς ποιεῖ; καὶ σὺ τοῦτο
συγχωρήσαις ἄν, ὡς ἐπειδάν τι ὅσιον ποιῇς, βελτίω τινὰ
τῶν θεῶν ἀπεργάζῃ;

ΕΥΘ. Μὰ Δί᾽ οὐκ ἔγωγε. 10

ΣΩ. Οὐδὲ γὰρ ἐγώ, ὦ Εὐθύφρων, οἶμαί σε τοῦτο λέγειν
—πολλοῦ καὶ δέω—ἀλλὰ τούτου δὴ ἕνεκα καὶ ἀνηρόμην
τίνα ποτὲ λέγοις τὴν θεραπείαν τῶν θεῶν, οὐχ ἡγούμενός σε d
τοιαύτην λέγειν.

ΕΥΘ. Καὶ ὀρθῶς γε, ὦ Σώκρατες· οὐ γὰρ τοιαύτην λέγω.

ΣΩ. Εἶεν· ἀλλὰ τίς δὴ θεῶν θεραπεία εἴη ἂν ἡ ὁσιότης;

ΕΥΘ. Ἥπερ, ὦ Σώκρατες, οἱ δοῦλοι τοὺς δεσπότας 5
θεραπεύουσιν.

ΣΩ. Μανθάνω· ὑπηρετική τις ἄν, ὡς ἔοικεν, εἴη θεοῖς.

ΕΥΘ. Πάνυ μὲν οὖν.

ΣΩ. Ἔχοις ἂν οὖν εἰπεῖν ἡ ἰατροῖς ὑπηρετικὴ εἰς τίνος
ἔργου ἀπεργασίαν τυγχάνει οὖσα ὑπηρετική; οὐκ εἰς ὑγιείας 10
οἴει;

ΕΥΘ. Ἔγωγε.

ΣΩ. Τί δὲ ἡ ναυπηγοῖς ὑπηρετική; εἰς τίνος ἔργου e
ἀπεργασίαν ὑπηρετική ἐστιν;

ΕΥΘ. Δῆλον ὅτι, ὦ Σώκρατες, εἰς πλοίου.

d 1 λέγοις Β : λέγεις TW   d 5 ἥπερ TW : ᾗπερ Β   d 9 ἂν
TW : om. Β

ΣΩ. Καὶ ἡ οἰκοδόμοις γέ που εἰς οἰκίας;

5 ΕΥΘ. Ναί.

ΣΩ. Εἰπὲ δή, ὦ ἄριστε· ἡ δὲ θεοῖς ὑπηρετικὴ εἰς τίνος ἔργου ἀπεργασίαν ὑπηρετικὴ ἂν εἴη; δῆλον γὰρ ὅτι σὺ οἶσθα, ἐπειδήπερ τά γε θεῖα κάλλιστα φῂς εἰδέναι ἀνθρώπων.

ΕΥΘ. Καὶ ἀληθῆ γε λέγω, ὦ Σώκρατες.

10 ΣΩ. Εἰπὲ δὴ πρὸς Διὸς τί ποτέ ἐστιν ἐκεῖνο τὸ πάγκαλον ἔργον ὃ οἱ θεοὶ ἀπεργάζονται ἡμῖν ὑπηρέταις χρώμενοι;

ΕΥΘ. Πολλὰ καὶ καλά, ὦ Σώκρατες.

14 ΣΩ. Καὶ γὰρ οἱ στρατηγοί, ὦ φίλε· ἀλλ' ὅμως τὸ κεφάλαιον αὐτῶν ῥᾳδίως ἂν εἴποις, ὅτι νίκην ἐν τῷ πολέμῳ ἀπεργάζονται· ἢ οὔ;

ΕΥΘ. Πῶς δ' οὔ;

5 ΣΩ. Πολλὰ δέ γ', οἶμαι, καὶ καλὰ καὶ οἱ γεωργοί· ἀλλ' ὅμως τὸ κεφάλαιον αὐτῶν ἐστιν τῆς ἀπεργασίας ἡ ἐκ τῆς γῆς τροφή.

ΕΥΘ. Πάνυ γε.

ΣΩ. Τί δὲ δὴ τῶν πολλῶν καὶ καλῶν ἃ οἱ θεοὶ ἀπεργά-
10 ζονται; τί τὸ κεφάλαιόν ἐστι τῆς ἐργασίας;

ΕΥΘ. Καὶ ὀλίγον σοι πρότερον εἶπον, ὦ Σώκρατες, ὅτι
b πλείονος ἔργου ἐστὶν ἀκριβῶς πάντα ταῦτα ὡς ἔχει μαθεῖν· τόδε μέντοι σοι ἁπλῶς λέγω, ὅτι ἐὰν μὲν κεχαρισμένα τις ἐπίστηται τοῖς θεοῖς λέγειν τε καὶ πράττειν εὐχόμενός τε καὶ θύων, ταῦτ' ἔστι τὰ ὅσια, καὶ σῴζει τὰ τοιαῦτα τούς τε
5 ἰδίους οἴκους καὶ τὰ κοινὰ τῶν πόλεων· τὰ δ' ἐναντία τῶν κεχαρισμένων ἀσεβῆ, ἃ δὴ καὶ ἀνατρέπει ἅπαντα καὶ ἀπόλλυσιν.

ΣΩ. Ἦ πολύ μοι διὰ βραχυτέρων, ὦ Εὐθύφρων, εἰ ἐβούλου, εἶπες ἂν τὸ κεφάλαιον ὧν ἠρώτων· ἀλλὰ γὰρ οὐ
c πρόθυμός με εἶ διδάξαι—δῆλος εἶ. καὶ γὰρ νῦν ἐπειδὴ ἐπ' αὐτῷ ἦσθα ἀπετράπου, ὃ εἰ ἀπεκρίνω, ἱκανῶς ἂν ἤδη παρὰ

e 8 κάλλιστα T W Arm. : κάλλιστά γε B   a 2 ante αὐτῶν add.
τῆς ἀπεργασίας Schanz   a 10 ἐργασίας B : ἀπεργασίας T W Arm.
b 1 ἔχει B T : ἔχοι W t   c 2 ἱκανῶς B : ἴσως T

σοῦ τὴν ὁσιότητα ἐμεμαθήκη. νῦν δὲ ἀνάγκη γὰρ τὸν ἐρῶντα
τῷ ἐρωμένῳ ἀκολουθεῖν ὅπῃ ἂν ἐκεῖνος ὑπάγῃ, τί δὴ αὖ
λέγεις τὸ ὅσιον εἶναι καὶ τὴν ὁσιότητα; οὐχὶ ἐπιστήμην   5
τινὰ τοῦ θύειν τε καὶ εὔχεσθαι;
ΕΥΘ. Ἔγωγε.
ΣΩ. Οὐκοῦν τὸ θύειν δωρεῖσθαί ἐστι τοῖς θεοῖς, τὸ δ'
εὔχεσθαι αἰτεῖν τοὺς θεούς;
ΕΥΘ. Καὶ μάλα, ὦ Σώκρατες.   10
ΣΩ. Ἐπιστήμη ἄρα αἰτήσεως καὶ δόσεως θεοῖς ὁσιότης   d
ἂν εἴη ἐκ τούτου τοῦ λόγου.
ΕΥΘ. Πάνυ καλῶς, ὦ Σώκρατες, συνῆκας ὃ εἶπον.
ΣΩ. Ἐπιθυμητὴς γάρ εἰμι, ὦ φίλε, τῆς σῆς σοφίας καὶ
προσέχω τὸν νοῦν αὐτῇ, ὥστε οὐ χαμαὶ πεσεῖται ὅτι ἂν   5
εἴπῃς. ἀλλά μοι λέξον τίς αὕτη ἡ ὑπηρεσία ἐστὶ τοῖς θεοῖς;
αἰτεῖν τε φῂς αὐτοὺς καὶ διδόναι ἐκείνοις;
ΕΥΘ. Ἔγωγε.
ΣΩ. Ἆρ' οὖν οὐ τό γε ὀρθῶς αἰτεῖν ἂν εἴη ὧν δεόμεθα
παρ' ἐκείνων, ταῦτα αὐτοὺς αἰτεῖν;   10
ΕΥΘ. Ἀλλὰ τί;
ΣΩ. Καὶ αὖ τὸ διδόναι ὀρθῶς, ὧν ἐκεῖνοι τυγχάνουσιν   e
δεόμενοι παρ' ἡμῶν, ταῦτα ἐκείνοις αὖ ἀντιδωρεῖσθαι; οὐ
γάρ που τεχνικόν γ' ἂν εἴη δωροφορεῖν διδόντα τῳ ταῦτα ὧν
οὐδὲν δεῖται.
ΕΥΘ. Ἀληθῆ λέγεις, ὦ Σώκρατες.   5
ΣΩ. Ἐμπορικὴ ἄρα τις ἂν εἴη, ὦ Εὐθύφρων, τέχνη ἡ
ὁσιότης θεοῖς καὶ ἀνθρώποις παρ' ἀλλήλων.
ΕΥΘ. Ἐμπορική, εἰ οὕτως ἥδιόν σοι ὀνομάζειν.
ΣΩ. Ἀλλ' οὐδὲν ἥδιον ἔμοιγε, εἰ μὴ τυγχάνει ἀληθὲς ὄν.
φράσον δέ μοι, τίς ἡ ὠφελία τοῖς θεοῖς τυγχάνει οὖσα ἀπὸ 10
τῶν δώρων ὧν παρ' ἡμῶν λαμβάνουσιν; ἃ μὲν γὰρ διδόασι

c 3 δὲ] δὴ B T   ἐρῶντα B t : ἐρωτῶντα T W Arm.   c 4 ἐρω-
μένῳ B T : ἐρομένῳ W : ἐρωτωμένῳ Arm.   d 5 post χαμαὶ add.
ποτε in marg. T   d 9 γε T : om. B Arm. (lacunam indicat W)
e 9 τυγχάνει B T : τυγχάνοι W

a παντὶ δῆλον· οὐδὲν γὰρ ἡμῖν ἐστιν ἀγαθὸν ὅτι ἂν μὴ
ἐκεῖνοι δῶσιν. ἃ δὲ παρ' ἡμῶν λαμβάνουσιν, τί ὠφελοῦνται; ἢ
τοσοῦτον αὐτῶν πλεονεκτοῦμεν κατὰ τὴν ἐμπορίαν, ὥστε πάντα
τὰ ἀγαθὰ παρ' αὐτῶν λαμβάνομεν, ἐκεῖνοι δὲ παρ' ἡμῶν οὐδέν;

5 ΕΥΘ. Ἀλλ' οἴει, ὦ Σώκρατες, τοὺς θεοὺς ὠφελεῖσθαι
ἀπὸ τούτων ἃ παρ' ἡμῶν λαμβάνουσιν;

ΣΩ. Ἀλλὰ τί δήποτ' ἂν εἴη ταῦτα, ὦ Εὐθύφρων, τὰ παρ'
ἡμῶν δῶρα τοῖς θεοῖς;

ΕΥΘ. Τί δ' οἴει ἄλλο ἢ τιμή τε καὶ γέρα καί, ὅπερ ἐγὼ
10 ἄρτι ἔλεγον, χάρις;

b ΣΩ. Κεχαρισμένον ἄρα ἐστίν, ὦ Εὐθύφρων, τὸ ὅσιον,
ἀλλ' οὐχὶ ὠφέλιμον οὐδὲ φίλον τοῖς θεοῖς;

ΕΥΘ. Οἶμαι ἔγωγε πάντων γε μάλιστα φίλον.

ΣΩ. Τοῦτο ἄρ' ἐστὶν αὖ, ὡς ἔοικε, τὸ ὅσιον, τὸ τοῖς
5 θεοῖς φίλον.

ΕΥΘ. Μάλιστά γε.

ΣΩ. Θαυμάσῃ οὖν ταῦτα λέγων ἐάν σοι οἱ λόγοι φαίνων-
ται μὴ μένοντες ἀλλὰ βαδίζοντες, καὶ ἐμὲ αἰτιάσῃ τὸν
Δαίδαλον βαδίζοντας αὐτοὺς ποιεῖν, αὐτὸς ὢν πολύ γε
10 τεχνικώτερος τοῦ Δαιδάλου καὶ κύκλῳ περιιόντα ποιῶν; ἢ
οὐκ αἰσθάνῃ ὅτι ὁ λόγος ἡμῖν περιελθὼν πάλιν εἰς ταὐτὸν
c ἥκει; μέμνησαι γάρ που ὅτι ἐν τῷ πρόσθεν τό τε ὅσιον καὶ
τὸ θεοφιλὲς οὐ ταὐτὸν ἡμῖν ἐφάνη ἀλλ' ἕτερα ἀλλήλων· ἢ
οὐ μέμνησαι;

ΕΥΘ. Ἔγωγε.

5 ΣΩ. Νῦν οὖν οὐκ ἐννοεῖς ὅτι τὸ τοῖς θεοῖς φίλον φῂς
ὅσιον εἶναι; τοῦτο δ' ἄλλο τι ἢ θεοφιλὲς γίγνεται; ἢ οὔ;

ΕΥΘ. Πάνυ γε.

ΣΩ. Οὐκοῦν ἢ ἄρτι οὐ καλῶς ὡμολογοῦμεν, ἢ εἰ τότε
καλῶς, νῦν οὐκ ὀρθῶς τιθέμεθα.

a 1 ἐστιν ἡμῖν Τ   a 9 γέρα ΒΤ: δῶρα W: γρ. ἔργα W
b 9 Δαίδαλον] γρ. διδάσκαλον W   γε om. Τ   b 10 περιιόντα Β:
περιιόντας Τ (sed s supra versum) Arm.   c 1 πρόσθεν Τ: ἔμπροσθεν
Β   c 3 οὐ Β: οὐδὲ Τ   c 8 ὁμολογοῦμεν pr. ΒΤ

ΕΥΘ. Ἔοικεν.

ΣΩ. Ἐξ ἀρχῆς ἄρα ἡμῖν πάλιν σκεπτέον τί ἐστι τὸ
ὅσιον, ὡς ἐγὼ πρὶν ἂν μάθω ἑκὼν εἶναι οὐκ ἀποδειλιάσω.
ἀλλὰ μή με ἀτιμάσῃς ἀλλὰ παντὶ τρόπῳ προσσχὼν τὸν d
νοῦν ὅτι μάλιστα νῦν εἰπὲ τὴν ἀλήθειαν· οἶσθα γὰρ εἴπερ
τις ἄλλος ἀνθρώπων, καὶ οὐκ ἀφετέος εἶ ὥσπερ ὁ Πρωτεὺς
πρὶν ἂν εἴπῃς. εἰ γὰρ μὴ ᾔδησθα σαφῶς τό τε ὅσιον καὶ τὸ
ἀνόσιον, οὐκ ἔστιν ὅπως ἄν ποτε ἐπεχείρησας ὑπὲρ ἀνδρὸς 5
θητὸς ἄνδρα πρεσβύτην πατέρα διωκάθειν φόνου, ἀλλὰ καὶ
τοὺς θεοὺς ἂν ἔδεισας παρακινδυνεύειν μὴ οὐκ ὀρθῶς αὐτὸ
ποιήσοις, καὶ τοὺς ἀνθρώπους ᾐσχύνθης· νῦν δὲ εὖ οἶδα ὅτι
σαφῶς οἴει εἰδέναι τό τε ὅσιον καὶ μή. εἰπὲ οὖν, ὦ βέλτιστε e
Εὐθύφρων, καὶ μὴ ἀποκρύψῃ ὅτι αὐτὸ ἡγῇ.

ΕΥΘ. Εἰς αὖθις τοίνυν, ὦ Σώκρατες· νῦν γὰρ σπεύδω
ποι, καί μοι ὥρα ἀπιέναι.

ΣΩ. Οἷα ποιεῖς, ὦ ἑταῖρε. ἀπ' ἐλπίδος με καταβαλὼν 5
μεγάλης ἀπέρχῃ ἣν εἶχον, ὡς παρὰ σοῦ μαθὼν τά τε ὅσια
καὶ μὴ καὶ τῆς πρὸς Μέλητον γραφῆς ἀπαλλάξομαι, ἐνδειξά-
μενος ἐκείνῳ ὅτι σοφὸς ἤδη παρ' Εὐθύφρονος τὰ θεῖα γέγονα 16
καὶ ὅτι οὐκέτι ὑπ' ἀγνοίας αὐτοσχεδιάζω οὐδὲ καινοτομῶ
περὶ αὐτά, καὶ δὴ καὶ τὸν ἄλλον βίον ὅτι ἄμεινον βιω-
σοίμην.

c 11 τί ἐστιν ὅσιον Τ   d 1 προσσχὼν scripsi : προσέχων Β :
προσχὼν Τ   e 4 ποι] που pr. Τ   a 3 ὅτι secl. Schanz

ΑΠΟΛΟΓΙΑ ΣΩΚΡΑΤΟΥΣ

Ὅτι μὲν ὑμεῖς, ὦ ἄνδρες Ἀθηναῖοι, πεπόνθατε ὑπὸ τῶν **a**
ἐμῶν κατηγόρων, οὐκ οἶδα· ἐγὼ δ' οὖν καὶ αὐτὸς ὑπ' αὐτῶν
ὀλίγου ἐμαυτοῦ ἐπελαθόμην, οὕτω πιθανῶς ἔλεγον. καίτοι
ἀληθές γε ὡς ἔπος εἰπεῖν οὐδὲν εἰρήκασιν. μάλιστα δὲ
αὐτῶν ἓν ἐθαύμασα τῶν πολλῶν ὧν ἐψεύσαντο, τοῦτο ἐν ᾧ 5
ἔλεγον ὡς χρῆν ὑμᾶς εὐλαβεῖσθαι μὴ ὑπ' ἐμοῦ ἐξαπατηθῆτε
ὡς δεινοῦ ὄντος λέγειν. τὸ γὰρ μὴ αἰσχυνθῆναι ὅτι αὐτίκα **b**
ὑπ' ἐμοῦ ἐξελεγχθήσονται ἔργῳ, ἐπειδὰν μηδ' ὁπωστιοῦν
φαίνωμαι δεινὸς λέγειν, τοῦτό μοι ἔδοξεν αὐτῶν ἀναισχυν-
τότατον εἶναι, εἰ μὴ ἄρα δεινὸν καλοῦσιν οὗτοι λέγειν τὸν
τἀληθῆ λέγοντα· εἰ μὲν γὰρ τοῦτο λέγουσιν, ὁμολογοίην ἂν 5
ἔγωγε οὐ κατὰ τούτους εἶναι ῥήτωρ. οὗτοι μὲν οὖν, ὥσπερ
ἐγὼ λέγω, ἤ τι ἢ οὐδὲν ἀληθὲς εἰρήκασιν, ὑμεῖς δέ μου ἀκού-
σεσθε πᾶσαν τὴν ἀλήθειαν—οὐ μέντοι μὰ Δία, ὦ ἄνδρες
Ἀθηναῖοι, κεκαλλιεπημένους γε λόγους, ὥσπερ οἱ τούτων,
ῥήμασί τε καὶ ὀνόμασιν οὐδὲ κεκοσμημένους, ἀλλ' ἀκού- **c**
σεσθε εἰκῇ λεγόμενα τοῖς ἐπιτυχοῦσιν ὀνόμασιν—πιστεύω
γὰρ δίκαια εἶναι ἃ λέγω—καὶ μηδεὶς ὑμῶν προσδοκησάτω
ἄλλως· οὐδὲ γὰρ ἂν δήπου πρέποι, ὦ ἄνδρες, τῇδε τῇ
ἡλικίᾳ ὥσπερ μειρακίῳ πλάττοντι λόγους εἰς ὑμᾶς εἰσιέναι. 5
καὶ μέντοι καὶ πάνυ, ὦ ἄνδρες Ἀθηναῖοι, τοῦτο ὑμῶν δέομαι

---

a 2 ἐγὼ δ' οὖν B : ἔγωγ' οὖν T   a 3 ἐμαυτὸν T
B : χρὴν (sic) T   b 4 οὗτοι B : αὐτοὶ T   b 6 μὲν οὖν B T : μὲν
γ' οὖν B² W : μὲν γάρ Arm.   b 7 ἤ τι ἢ B : οὐ ἢ W (sed ου erasum
et ἢ s. v. W) : om. T

καὶ παρίεμαι· ἐὰν διὰ τῶν αὐτῶν λόγων ἀκούητέ μου ἀπο-
λογουμένου δι' ὧνπερ εἴωθα λέγειν καὶ ἐν ἀγορᾷ ἐπὶ τῶν
τραπεζῶν, ἵνα ὑμῶν πολλοὶ ἀκηκόασι, καὶ ἄλλοθι, μήτε
d θαυμάζειν μήτε θορυβεῖν τούτου ἕνεκα. ἔχει γὰρ οὑτωσί.
νῦν ἐγὼ πρῶτον ἐπὶ δικαστήριον ἀναβέβηκα, ἔτη γεγονὼς
ἑβδομήκοντα· ἀτεχνῶς οὖν ξένως ἔχω τῆς ἐνθάδε λέξεως.
ὥσπερ οὖν ἄν, εἰ τῷ ὄντι ξένος ἐτύγχανον ὤν, συνεγιγνώ-
5 σκετε δήπου ἄν μοι εἰ ἐν ἐκείνῃ τῇ φωνῇ τε καὶ τῷ τρόπῳ
18 ἔλεγον ἐν οἷσπερ ἐτεθράμμην, καὶ δὴ καὶ νῦν τοῦτο ὑμῶν
δέομαι δίκαιον, ὥς γέ μοι δοκῶ, τὸν μὲν τρόπον τῆς λέξεως
ἐᾶν—ἴσως μὲν γὰρ χείρων, ἴσως δὲ βελτίων ἂν εἴη—αὐτὸ
δὲ τοῦτο σκοπεῖν καὶ τούτῳ τὸν νοῦν προσέχειν, εἰ δίκαια
5 λέγω ἢ μή· δικαστοῦ μὲν γὰρ αὕτη ἀρετή, ῥήτορος δὲ
τἀληθῆ λέγειν.

Πρῶτον μὲν οὖν δίκαιός εἰμι ἀπολογήσασθαι, ὦ ἄνδρες
Ἀθηναῖοι, πρὸς τὰ πρῶτά μου ψευδῆ κατηγορημένα καὶ τοὺς
πρώτους κατηγόρους, ἔπειτα δὲ πρὸς τὰ ὕστερον καὶ τοὺς
b ὑστέρους. ἐμοῦ γὰρ πολλοὶ κατήγοροι γεγόνασι πρὸς ὑμᾶς
καὶ πάλαι πολλὰ ἤδη ἔτη καὶ οὐδὲν ἀληθὲς λέγοντες, οὓς
ἐγὼ μᾶλλον φοβοῦμαι ἢ τοὺς ἀμφὶ Ἄνυτον, καίπερ ὄντας
καὶ τούτους δεινούς· ἀλλ' ἐκεῖνοι δεινότεροι, ὦ ἄνδρες, οἳ
5 ὑμῶν τοὺς πολλοὺς ἐκ παίδων παραλαμβάνοντες ἔπειθόν
τε καὶ κατηγόρουν ἐμοῦ μᾶλλον οὐδὲν ἀληθές, ὡς ἔστιν τις
Σωκράτης σοφὸς ἀνήρ, τά τε μετέωρα φροντιστὴς καὶ τὰ
ὑπὸ γῆς πάντα ἀνεζητηκὼς καὶ τὸν ἥττω λόγον κρείττω
c ποιῶν. οὗτοι, ὦ ἄνδρες Ἀθηναῖοι, ⟨οἳ⟩ ταύτην τὴν φήμην
κατασκεδάσαντες, οἱ δεινοί εἰσίν μου κατήγοροι· οἱ γὰρ
ἀκούοντες ἡγοῦνται τοὺς ταῦτα ζητοῦντας οὐδὲ θεοὺς νομίζειν.
ἔπειτά εἰσιν οὗτοι οἱ κατήγοροι πολλοὶ καὶ πολὺν χρόνον

---

c 8 ἐπὶ T W Hipp. Min. 368 b : καὶ ἐπὶ B   c 9 πολλοὶ B : οἱ
πολλοὶ T   d 3 ἑβδομήκοντα B schol. ad Hermogenem : πλείω
ἑβδομήκοντα T   a 9 ὕστερον T W : ὕστερα B   b 2 καὶ ante
οὐδὲν secl. Schanz   b 6 μᾶλλον B : om. T   b 7 φροντιστὴς
secl. Bamberg   b 8 πάντα T : ἅπαντα B   c 1 οἳ add. Heindorf
c 3 ἀκούοντες B² T W : ἀκούσαντες B   c 4 ἤδη χρόνον T

ἤδη κατηγορηκότες, ἔτι δὲ καὶ ἐν ταύτῃ τῇ ἡλικίᾳ λέγοντες 5
πρὸς ὑμᾶς ἐν ᾗ ἂν μάλιστα ἐπιστεύσατε, παῖδες ὄντες ἔνιοι
ὑμῶν καὶ μειράκια, ἀτεχνῶς ἐρήμην κατηγοροῦντες ἀπολο-
γουμένου οὐδενός. ὃ δὲ πάντων ἀλογώτατον, ὅτι οὐδὲ τὰ
ὀνόματα οἷόν τε αὐτῶν εἰδέναι καὶ εἰπεῖν, πλὴν εἴ τις d
κωμῳδοποιὸς τυγχάνει ὤν. ὅσοι δὲ φθόνῳ καὶ διαβολῇ
χρώμενοι ὑμᾶς ἀνέπειθον—οἱ δὲ καὶ αὐτοὶ πεπεισμένοι
ἄλλους πείθοντες—οὗτοι πάντες ἀπορώτατοί εἰσιν· οὐδὲ γὰρ
ἀναβιβάσασθαι οἷόν τ᾽ ἐστὶν αὐτῶν ἐνταυθοῖ οὐδ᾽ ἐλέγξαι 5
οὐδένα, ἀλλ᾽ ἀνάγκη ἀτεχνῶς ὥσπερ σκιαμαχεῖν ἀπολογού-
μενόν τε καὶ ἐλέγχειν μηδενὸς ἀποκρινομένου. ἀξιώσατε
οὖν καὶ ὑμεῖς, ὥσπερ ἐγὼ λέγω, διττούς μου τοὺς κατηγόρους
γεγονέναι, ἑτέρους μὲν τοὺς ἄρτι κατηγορήσαντας, ἑτέρους δὲ
τοὺς πάλαι οὓς ἐγὼ λέγω, καὶ οἰήθητε δεῖν πρὸς ἐκείνους e
πρῶτόν με ἀπολογήσασθαι· καὶ γὰρ ὑμεῖς ἐκείνων πρότερον
ἠκούσατε κατηγορούντων καὶ πολὺ μᾶλλον ἢ τῶνδε τῶν
ὕστερον.

Εἶεν· ἀπολογητέον δή, ὦ ἄνδρες Ἀθηναῖοι, καὶ ἐπιχειρη-
τέον ὑμῶν ἐξελέσθαι τὴν διαβολὴν ἣν ὑμεῖς ἐν πολλῷ χρόνῳ 19
ἔσχετε ταύτην ἐν οὕτως ὀλίγῳ χρόνῳ. βουλοίμην μὲν οὖν
ἂν τοῦτο οὕτως γενέσθαι, εἴ τι ἄμεινον καὶ ὑμῖν καὶ ἐμοί,
καὶ πλέον τί με ποιῆσαι ἀπολογούμενον· οἶμαι δὲ αὐτὸ
χαλεπὸν εἶναι, καὶ οὐ πάνυ με λανθάνει οἷόν ἐστιν. ὅμως 5
τοῦτο μὲν ἴτω ὅπῃ τῷ θεῷ φίλον, τῷ δὲ νόμῳ πειστέον καὶ
ἀπολογητέον.

Ἀναλάβωμεν οὖν ἐξ ἀρχῆς τίς ἡ κατηγορία ἐστὶν ἐξ ἧς
ἡ ἐμὴ διαβολὴ γέγονεν, ᾗ δὴ καὶ πιστεύων Μέλητός με ἐγρά- b
ψατο τὴν γραφὴν ταύτην. εἶεν· τί δὴ λέγοντες διέβαλλον
οἱ διαβάλλοντες; ὥσπερ οὖν κατηγόρων τὴν ἀντωμοσίαν
δεῖ ἀναγνῶναι αὐτῶν· "Σωκράτης ἀδικεῖ καὶ περιεργάζεται
ζητῶν τά τε ὑπὸ γῆς καὶ οὐράνια καὶ τὸν ἥττω λόγον κρείττω 5

c 7 ὑμῶν T W Arm.: δ᾽ ὑμῶν B   d 1 εἰ μή τις W Arm.
d 4 πάντες B T W : πάντων Arm.   d 5 ἐνταυθῖ T   a 2 ἔχετε T
a 3 οὕτωσιν pr. T   a 5 ὅμως B: ὅμως δὲ T   b 1 ᾗ δὴ B : ἤδη
T   b 5 οὐράνια B : τὰ ἐπουράνια T

27

c ποιῶν καὶ ἄλλους ταὐτὰ ταῦτα διδάσκων." τοιαύτη τίς ἐστιν·
ταῦτα γὰρ ἑωρᾶτε καὶ αὐτοὶ ἐν τῇ Ἀριστοφάνους κωμῳδίᾳ,
Σωκράτη τινὰ ἐκεῖ περιφερόμενον, φάσκοντά τε ἀεροβατεῖν
καὶ ἄλλην πολλὴν φλυαρίαν φλυαροῦντα, ὧν ἐγὼ οὐδὲν οὔτε
5 μέγα οὔτε μικρὸν πέρι ἐπαίω. καὶ οὐχ ὡς ἀτιμάζων λέγω
τὴν τοιαύτην ἐπιστήμην, εἴ τις περὶ τῶν τοιούτων σοφός
ἐστιν—μή πως ἐγὼ ὑπὸ Μελήτου τοσαύτας δίκας φεύγοιμι—
ἀλλὰ γὰρ ἐμοὶ τούτων, ὦ ἄνδρες Ἀθηναῖοι, οὐδὲν μέτεστιν.

d μάρτυρας δὲ αὖ ὑμῶν τοὺς πολλοὺς παρέχομαι, καὶ ἀξιῶ
ὑμᾶς ἀλλήλους διδάσκειν τε καὶ φράζειν, ὅσοι ἐμοῦ πώποτε
ἀκηκόατε διαλεγομένου—πολλοὶ δὲ ὑμῶν οἱ τοιοῦτοί εἰσιν—
φράζετε οὖν ἀλλήλοις εἰ πώποτε ἢ μικρὸν ἢ μέγα ἤκουσέ
5 τις ὑμῶν ἐμοῦ περὶ τῶν τοιούτων διαλεγομένου, καὶ ἐκ
τούτου γνώσεσθε ὅτι τοιαῦτ' ἐστὶ καὶ τἆλλα περὶ ἐμοῦ ἃ οἱ
πολλοὶ λέγουσιν.

Ἀλλὰ γὰρ οὔτε τούτων οὐδέν ἐστιν, οὐδέ γ' εἴ τινος
ἀκηκόατε ὡς ἐγὼ παιδεύειν ἐπιχειρῶ ἀνθρώπους καὶ χρήματα
e πράττομαι, οὐδὲ τοῦτο ἀληθές. ἐπεὶ καὶ τοῦτό γέ μοι δοκεῖ
καλὸν εἶναι, εἴ τις οἷός τ' εἴη παιδεύειν ἀνθρώπους ὥσπερ
Γοργίας τε ὁ Λεοντῖνος καὶ Πρόδικος ὁ Κεῖος καὶ Ἱππίας ὁ
Ἠλεῖος. τούτων γὰρ ἕκαστος, ὦ ἄνδρες, οἷός τ' ἐστὶν ἰὼν
5 εἰς ἑκάστην τῶν πόλεων τοὺς νέους—οἷς ἔξεστι τῶν ἑαυτῶν
πολιτῶν προῖκα συνεῖναι ᾧ ἂν βούλωνται—τούτους πείθουσ·
20 τὰς ἐκείνων συνουσίας ἀπολιπόντας σφίσιν συνεῖναι χρή-
ματα διδόντας καὶ χάριν προσειδέναι. ἐπεὶ καὶ ἄλλος ἀνήρ
ἐστι Πάριος ἐνθάδε σοφὸς ὃν ἐγὼ ᾐσθόμην ἐπιδημοῦντα·
ἔτυχον γὰρ προσελθὼν ἀνδρὶ ὃς τετέλεκε χρήματα σοφισταῖς

c 1 τὰ αὐτὰ ταῦτα B w : ταῦτα T : τὰ αὐτὰ W   c 7 μή πως B T :
μήπω W et Arm. (ut videtur) : μή ποτ' b   φεύγοιμι T : φύγοιμι B
c 8 ἐμοὶ τούτων B : μοι τῶν τοιούτων T   d 1 δ' αὖ T : δὲ αὐτοὺς B :
δ' αὐτῶν Schanz   d 2 ἐμοῦ B : ὑμῶν T   d 6 τούτου T :
τούτων B   τἆλλα B² T W Arm. : πολλὰ B   e 2 ὥσπερ . . .
a 2 προσειδέναι cf. Theag 127 e   e 3 τε B : om. T   a 4 τετέλεκε
B : τετελέκει T

πλείω ἢ σύμπαντες οἱ ἄλλοι, Καλλίᾳ τῷ Ἱππονίκου· τοῦτον 5
οὖν ἀνηρόμην—ἐστὸν γὰρ αὐτῷ δύο ὑεῖ—"Ὦ Καλλία," ἦν
δ' ἐγώ, "εἰ μέν σου τὼ ὑεῖ πώλω ἢ μόσχω ἐγενέσθην,
εἴχομεν ἂν αὐτοῖν ἐπιστάτην λαβεῖν καὶ μισθώσασθαι ὃς
ἔμελλεν αὐτὼ καλώ τε κἀγαθὼ ποιήσειν τὴν προσήκουσαν b
ἀρετήν, ἦν δ' ἂν οὗτος ἢ τῶν ἱππικῶν τις ἢ τῶν γεωργικῶν·
νῦν δ' ἐπειδὴ ἀνθρώπω ἐστόν, τίνα αὐτοῖν ἐν νῷ ἔχεις
ἐπιστάτην λαβεῖν; τίς τῆς τοιαύτης ἀρετῆς, τῆς ἀνθρωπίνης
τε καὶ πολιτικῆς, ἐπιστήμων ἐστίν; οἶμαι γάρ σε ἐσκέφθαι 5
διὰ τὴν τῶν ὑέων κτῆσιν. ἔστιν τις," ἔφην ἐγώ, "ἢ οὔ;"
"Πάνυ γε," ἦ δ' ὅς. "Τίς," ἦν δ' ἐγώ, "καὶ ποδαπός, καὶ
πόσου διδάσκει;" "Εὔηνος," ἔφη, "ὦ Σώκρατες, Πάριος,
πέντε μνῶν." καὶ ἐγὼ τὸν Εὔηνον ἐμακάρισα εἰ ὡς ἀληθῶς
ἔχοι ταύτην τὴν τέχνην καὶ οὕτως ἐμμελῶς διδάσκει. ἐγὼ c
γοῦν καὶ αὐτὸς ἐκαλλυνόμην τε καὶ ἡβρυνόμην ἂν εἰ ἠπιστάμην
ταῦτα· ἀλλ' οὐ γὰρ ἐπίσταμαι, ὦ ἄνδρες Ἀθηναῖοι.

Ὑπολάβοι ἂν οὖν τις ὑμῶν ἴσως· "Ἀλλ', ὦ Σώκρατες,
τὸ σὸν τί ἐστι πρᾶγμα; πόθεν αἱ διαβολαί σοι αὗται γεγό- 5
νασιν; οὐ γὰρ δήπου σοῦ γε οὐδὲν τῶν ἄλλων περιττότερον
πραγματευομένου ἔπειτα τοσαύτη φήμη τε καὶ λόγος γέγονεν,
εἰ μή τι ἔπραττες ἀλλοῖον ἢ οἱ πολλοί. λέγε οὖν ἡμῖν τί
ἐστιν, ἵνα μὴ ἡμεῖς περὶ σοῦ αὐτοσχεδιάζωμεν." ταυτί μοι d
δοκεῖ δίκαια λέγειν ὁ λέγων, κἀγὼ ὑμῖν πειράσομαι ἀπο-
δεῖξαι τί ποτ' ἐστὶν τοῦτο ὃ ἐμοὶ πεποίηκεν τό τε ὄνομα
καὶ τὴν διαβολήν. ἀκούετε δή. καὶ ἴσως μὲν δόξω τισὶν
ὑμῶν παίζειν· εὖ μέντοι ἴστε, πᾶσαν ὑμῖν τὴν ἀλήθειαν 5
ἐρῶ. ἐγὼ γάρ, ὦ ἄνδρες Ἀθηναῖοι, δι' οὐδὲν ἀλλ' ἢ διὰ
σοφίαν τινὰ τοῦτο τὸ ὄνομα ἔσχηκα. ποίαν δὴ σοφίαν
ταύτην; ἥπερ ἐστὶν ἴσως ἀνθρωπίνη σοφία· τῷ ὄντι γὰρ
κινδυνεύω ταύτην εἶναι σοφός. οὗτοι δὲ τάχ' ἄν, οὓς ἄρτι

a 6 οὖν B T : γὰρ W   b 1 καλώ τε καὶ ἀγαθὼ B : καλὼ κἀγαθὼ T
1 1 ἔχοι B T W : ἔχει al.   διδάσκει B Arm. : διδάσκοι T W   ἔγωγ'
νῦν ex emend. T : ἐγὼ οὖν B pr. T   c 3 ὦ B : om. T   c 8 εἰ
μὴ . . . οἱ πολλοί secl. Cobet

e ἔλεγον, μείζω τινὰ ἢ κατ' ἄνθρωπον σοφίαν σοφοί εἶεν, ἢ
οὐκ ἔχω τί λέγω· οὐ γὰρ δὴ ἔγωγε αὐτὴν ἐπίσταμαι, ἀλλ'
ὅστις φησὶ ψεύδεταί τε καὶ ἐπὶ διαβολῇ τῇ ἐμῇ λέγει. καί
μοι, ὦ ἄνδρες Ἀθηναῖοι, μὴ θορυβήσητε, μηδ' ἐὰν δόξω τι
5 ὑμῖν μέγα λέγειν· οὐ γὰρ ἐμὸν ἐρῶ τὸν λόγον ὃν ἂν λέγω,
ἀλλ' εἰς ἀξιόχρεων ὑμῖν τὸν λέγοντα ἀνοίσω. τῆς γὰρ
ἐμῆς, εἰ δή τίς ἐστιν σοφία καὶ οἵα, μάρτυρα ὑμῖν παρέξομαι
τὸν θεὸν τὸν ἐν Δελφοῖς. Χαιρεφῶντα γὰρ ἴστε που. οὗτος
21 ἐμός τε ἑταῖρος ἦν ἐκ νέου καὶ ὑμῶν τῷ πλήθει ἑταῖρός τε
καὶ συνέφυγε τὴν φυγὴν ταύτην καὶ μεθ' ὑμῶν κατῆλθε.
καὶ ἴστε δὴ οἷος ἦν Χαιρεφῶν, ὡς σφοδρὸς ἐφ' ὅτι ὁρμήσειεν.
καὶ δή ποτε καὶ εἰς Δελφοὺς ἐλθὼν ἐτόλμησε τοῦτο μαντεύ-
5 σασθαι—καί, ὅπερ λέγω, μὴ θορυβεῖτε, ὦ ἄνδρες—ἤρετο γὰρ
δὴ εἴ τις ἐμοῦ εἴη σοφώτερος. ἀνεῖλεν οὖν ἡ Πυθία μηδένα
σοφώτερον εἶναι. καὶ τούτων πέρι ὁ ἀδελφὸς ὑμῖν αὐτοῦ
οὑτοσὶ μαρτυρήσει, ἐπειδὴ ἐκεῖνος τετελεύτηκεν.

b Σκέψασθε δὴ ὧν ἕνεκα ταῦτα λέγω· μέλλω γὰρ ὑμᾶς διδά-
ξειν ὅθεν μοι ἡ διαβολὴ γέγονεν. ταῦτα γὰρ ἐγὼ ἀκούσας
ἐνεθυμούμην οὑτωσί· "Τί ποτε λέγει ὁ θεός, καὶ τί ποτε
αἰνίττεται; ἐγὼ γὰρ δὴ οὔτε μέγα οὔτε σμικρὸν σύνοιδα
5 ἐμαυτῷ σοφὸς ὤν· τί οὖν ποτε λέγει φάσκων ἐμὲ σοφώ-
τατον εἶναι; οὐ γὰρ δήπου ψεύδεταί γε· οὐ γὰρ θέμις
αὐτῷ." καὶ πολὺν μὲν χρόνον ἠπόρουν τί ποτε λέγει·
ἔπειτα μόγις πάνυ ἐπὶ ζήτησιν αὐτοῦ τοιαύτην τινὰ ἐτραπό-
μην. ἦλθον ἐπί τινα τῶν δοκούντων σοφῶν εἶναι, ὡς
c ἐνταῦθα εἴπερ που ἐλέγξων τὸ μαντεῖον καὶ ἀποφανῶν τῷ
χρησμῷ ὅτι "Οὑτοσὶ ἐμοῦ σοφώτερός ἐστι, σὺ δ' ἐμὲ ἔφησθα."
διασκοπῶν οὖν τοῦτον—ὀνόματι γὰρ οὐδὲν δέομαι λέγειν,
ἦν δέ τις τῶν πολιτικῶν πρὸς ὃν ἐγὼ σκοπῶν τοιοῦτόν τι

e 2 τί Β : ὅτι Τ   e 4 μηδ' ἐὰν Heusde : μηδὲ ἂν Β : μηδὲν ἂν Τ
e 7 εἰ δή τί ἐστιν, σοφίας (om. καὶ οἵα) Arm.   a 1 τε ἑταῖρος]
ἑταῖρός τε Schanz   ἑταῖρός τε secl. Cobet : ἑταῖρός τε καὶ secl.
Ludwig   a 5 θορυβεῖτε W : θορυβῆτε Τ : θορυβεῖσθε Β   b 1 δὴ
Τ Arm.: δὲ Β² W   c 2 οὑτοσὶ ἐμοῦ Β· οὗτός γέ μου Τ   c 4 τοιουτον
τι Τ

ἔπαθον, ὦ ἄνδρες Ἀθηναῖοι, καὶ διαλεγόμενος αὐτῷ—ἔδοξέ 5
μοι οὗτος ὁ ἀνὴρ δοκεῖν μὲν εἶναι σοφὸς ἄλλοις τε πολλοῖς
ἀνθρώποις καὶ μάλιστα ἑαυτῷ, εἶναι δ᾽ οὔ· κἄπειτα ἐπειρώ-
μην αὐτῷ δεικνύναι ὅτι οἴοιτο μὲν εἶναι σοφός, εἴη δ᾽ οὔ.
ἐντεῦθεν οὖν τούτῳ τε ἀπηχθόμην καὶ πολλοῖς τῶν παρόντων· d
πρὸς ἐμαυτὸν δ᾽ οὖν ἀπιὼν ἐλογιζόμην ὅτι τούτου μὲν τοῦ
ἀνθρώπου ἐγὼ σοφώτερός εἰμι· κινδυνεύει μὲν γὰρ ἡμῶν
οὐδέτερος οὐδὲν καλὸν κἀγαθὸν εἰδέναι, ἀλλ᾽ οὗτος μὲν
οἴεταί τι εἰδέναι οὐκ εἰδώς, ἐγὼ δέ, ὥσπερ οὖν οὐκ οἶδα, 5
οὐδὲ οἴομαι· ἔοικα γοῦν τούτου γε σμικρῷ τινι αὐτῷ τούτῳ
σοφώτερος εἶναι, ὅτι ἃ μὴ οἶδα οὐδὲ οἴομαι εἰδέναι. ἐντεῦθεν
ἐπ᾽ ἄλλον ᾖα τῶν ἐκείνου δοκούντων σοφωτέρων εἶναι καί
μοι ταὐτὰ ταῦτα ἔδοξε, καὶ ἐνταῦθα κἀκείνῳ καὶ ἄλλοις e
πολλοῖς ἀπηχθόμην.

Μετὰ ταῦτ᾽ οὖν ἤδη ἐφεξῆς ᾖα, αἰσθανόμενος μὲν [καὶ]
λυπούμενος καὶ δεδιὼς ὅτι ἀπηχθανόμην, ὅμως δὲ ἀναγκαῖον
ἐδόκει εἶναι τὸ τοῦ θεοῦ περὶ πλείστου ποιεῖσθαι—ἰτέον 5
οὖν, σκοποῦντι τὸν χρησμὸν τί λέγει, ἐπὶ ἅπαντας τούς τι
δοκοῦντας εἰδέναι.   καὶ νὴ τὸν κύνα, ὦ ἄνδρες Ἀθηναῖοι— 22
δεῖ γὰρ πρὸς ὑμᾶς τἀληθῆ λέγειν—ἦ μὴν ἐγὼ ἔπαθόν τι
τοιοῦτον· οἱ μὲν μάλιστα εὐδοκιμοῦντες ἔδοξάν μοι ὀλίγου
δεῖν τοῦ πλείστου ἐνδεεῖς εἶναι ζητοῦντι κατὰ τὸν θεόν,
ἄλλοι δὲ δοκοῦντες φαυλότεροι ἐπιεικέστεροι εἶναι ἄνδρες 5
πρὸς τὸ φρονίμως ἔχειν.   δεῖ δὴ ὑμῖν τὴν ἐμὴν πλάνην
ἐπιδεῖξαι ὥσπερ πόνους τινὰς πονοῦντος ἵνα μοι καὶ ἀν-
έλεγκτος ἡ μαντεία γένοιτο.   μετὰ γὰρ τοὺς πολιτικοὺς ᾖα
ἐπὶ τοὺς ποιητὰς τούς τε τῶν τραγῳδιῶν καὶ τοὺς τῶν
διθυράμβων καὶ τοὺς ἄλλους, ὡς ἐνταῦθα ἐπ᾽ αὐτοφώρῳ b
καταληψόμενος ἐμαυτὸν ἀμαθέστερον ἐκείνων ὄντα.   ἀνα-
λαμβάνων οὖν αὐτῶν τὰ ποιήματα ἅ μοι ἐδόκει μάλιστα
πεπραγματεῦσθαι αὐτοῖς, διηρώτων ἂν αὐτοὺς τί λέγοιεν,

c 5 καὶ διαλεγόμενος αὐτῷ secl. Schanz   d 6 γε B T : om. W
e 3 καὶ secl. Cobet   e 5 ἰτέον οὖν B : ἰτέον οὖν ἐδόκει εἶναι Arm.:
καὶ ἰέναι T   a 7 μοι καὶ B T W : μή μοι Arm. al.

5 ἵν᾽ ἅμα τι καὶ μανθάνοιμι παρ᾽ αὐτῶν. αἰσχύνομαι οὖν
ὑμῖν εἰπεῖν, ὦ ἄνδρες, τἀληθῆ· ὅμως δὲ ῥητέον. ὡς ἔπος
γὰρ εἰπεῖν ὀλίγου αὐτῶν ἅπαντες οἱ παρόντες ἂν βέλτιον
ἔλεγον περὶ ὧν αὐτοὶ ἐπεποιήκεσαν. ἔγνων οὖν αὖ καὶ
περὶ τῶν ποιητῶν ἐν ὀλίγῳ τοῦτο, ὅτι οὐ σοφίᾳ ποιοῖεν
c ἃ ποιοῖεν, ἀλλὰ φύσει τινὶ καὶ ἐνθουσιάζοντες ὥσπερ οἱ
θεομάντεις καὶ οἱ χρησμῳδοί· καὶ γὰρ οὗτοι λέγουσι μὲν
πολλὰ καὶ καλά, ἴσασιν δὲ οὐδὲν ὧν λέγουσι. τοιοῦτόν
τί μοι ἐφάνησαν πάθος καὶ οἱ ποιηταὶ πεπονθότες, καὶ
5 ἅμα ᾐσθόμην αὐτῶν διὰ τὴν ποίησιν οἰομένων καὶ τἆλλα
σοφωτάτων εἶναι ἀνθρώπων ἃ οὐκ ἦσαν. ἀπῇα οὖν καὶ
ἐντεῦθεν τῷ αὐτῷ οἰόμενος περιγεγονέναι ᾧπερ καὶ τῶν
πολιτικῶν.

Τελευτῶν οὖν ἐπὶ τοὺς χειροτέχνας ᾖα· ἐμαυτῷ γὰρ
d συνῄδη οὐδὲν ἐπισταμένῳ ὡς ἔπος εἰπεῖν, τούτους δέ γ᾽ ᾔδη
ὅτι εὑρήσοιμι πολλὰ καὶ καλὰ ἐπισταμένους. καὶ τούτου
μὲν οὐκ ἐψεύσθην, ἀλλ᾽ ἠπίσταντο ἃ ἐγὼ οὐκ ἠπιστάμην
καί μου ταύτῃ σοφώτεροι ἦσαν. ἀλλ᾽, ὦ ἄνδρες Ἀθηναῖοι,
5 ταὐτόν μοι ἔδοξαν ἔχειν ἁμάρτημα ὅπερ καὶ οἱ ποιηταὶ καὶ
οἱ ἀγαθοὶ δημιουργοί—διὰ τὸ τὴν τέχνην καλῶς ἐξεργά-
ζεσθαι ἕκαστος ἠξίου καὶ τἆλλα τὰ μέγιστα σοφώτατος
εἶναι—καὶ αὐτῶν αὕτη ἡ πλημμέλεια ἐκείνην τὴν σοφίαν
e ἀποκρύπτειν· ὥστε με ἐμαυτὸν ἀνερωτᾶν ὑπὲρ τοῦ χρησμοῦ
πότερα δεξαίμην ἂν οὕτως ὥσπερ ἔχω ἔχειν, μήτε τι σοφὸς
ὢν τὴν ἐκείνων σοφίαν μήτε ἀμαθὴς τὴν ἀμαθίαν, ἢ ἀμ-
φότερα ἃ ἐκεῖνοι ἔχουσιν ἔχειν. ἀπεκρινάμην οὖν ἐμαυτῷ
5 καὶ τῷ χρησμῷ ὅτι μοι λυσιτελοῖ ὥσπερ ἔχω ἔχειν.

Ἐκ ταυτησὶ δὴ τῆς ἐξετάσεως, ὦ ἄνδρες Ἀθηναῖοι,
23 πολλαὶ μὲν ἀπέχθειαί μοι γεγόνασι καὶ οἷαι χαλεπώταται

b 8 αὖ T : om. B　　b 9 τοῦτο B T : τούτῳ W Arm.　　c 6 ἦσαν
B T γρ. W : ἤκουσαν W Arm.　　c 7 τῷ αὐτῷ B² T W : τὸ αὐτὸ B : τῷ
αὐτῷ αὐτῶν al. Schanz　　d 1 δέ γ᾽] δ᾽ εὖ Cobet　　e 1 ἀποκρύπτειν
W : ἀποκρύπτ ει B : ἀπέκρυπτεν T Arm.　　ὥστέ με ἐμαυτὸν B : ὥστε
με καὶ αὐτὸν T : ὥστ᾽ ἐμὲ ἐμαυτὸν Heindorf　　e 5 λυσιτελεῖ W
e 6 ταυτησὶ δὴ B T : ταύτης ἤδη W t　　ἐξετάσεως T W : ἕξεως B

καὶ βαρύταται, ὥστε πολλὰς διαβολὰς ἀπ' αὐτῶν γεγονέναι,
ὄνομα δὲ τοῦτο λέγεσθαι, σοφὸς εἶναι· οἴονται γάρ με
ἑκάστοτε οἱ παρόντες ταῦτα αὐτὸν εἶναι σοφὸν ἃ ἂν ἄλλον
ἐξελέγξω. τὸ δὲ κινδυνεύει, ὦ ἄνδρες, τῷ ὄντι ὁ θεὸς 5
σοφὸς εἶναι, καὶ ἐν τῷ χρησμῷ τούτῳ τοῦτο λέγειν, ὅτι ἡ
ἀνθρωπίνη σοφία ὀλίγου τινὸς ἀξία ἐστὶν καὶ οὐδενός. καὶ
φαίνεται τοῦτον λέγειν τὸν Σωκράτη, προσκεχρῆσθαι δὲ
τῷ ἐμῷ ὀνόματι, ἐμὲ παράδειγμα ποιούμενος, ὥσπερ ἂν b
⟨εἰ⟩ εἴποι ὅτι " Οὗτος ὑμῶν, ὦ ἄνθρωποι, σοφώτατός ἐστιν,
ὅστις ὥσπερ Σωκράτης ἔγνωκεν ὅτι οὐδενὸς ἄξιός ἐστι τῇ
ἀληθείᾳ πρὸς σοφίαν." ταῦτ' οὖν ἐγὼ μὲν ἔτι καὶ νῦν
περιιὼν ζητῶ καὶ ἐρευνῶ κατὰ τὸν θεὸν καὶ τῶν ἀστῶν καὶ 5
ξένων ἄν τινα οἴωμαι σοφὸν εἶναι· καὶ ἐπειδάν μοι μὴ
δοκῇ, τῷ θεῷ βοηθῶν ἐνδείκνυμαι ὅτι οὐκ ἔστι σοφός. καὶ
ὑπὸ ταύτης τῆς ἀσχολίας οὔτε τι τῶν τῆς πόλεως πρᾶξαί
μοι σχολὴ γέγονεν ἄξιον λόγου οὔτε τῶν οἰκείων, ἀλλ' ἐν
πενίᾳ μυρίᾳ εἰμὶ διὰ τὴν τοῦ θεοῦ λατρείαν. c
Πρὸς δὲ τούτοις οἱ νέοι μοι ἐπακολουθοῦντες—οἷς μά-
λιστα σχολή ἐστιν, οἱ τῶν πλουσιωτάτων—αὐτόματοι,
χαίρουσιν ἀκούοντες ἐξεταζομένων τῶν ἀνθρώπων, καὶ αὐτοὶ
πολλάκις ἐμὲ μιμοῦνται, εἶτα ἐπιχειροῦσιν ἄλλους ἐξετάζειν· 5
κἄπειτα οἶμαι εὑρίσκουσι πολλὴν ἀφθονίαν οἰομένων μὲν
εἰδέναι τι ἀνθρώπων, εἰδότων δὲ ὀλίγα ἢ οὐδέν. ἐντεῦθεν
οὖν οἱ ὑπ' αὐτῶν ἐξεταζόμενοι ἐμοὶ ὀργίζονται, οὐχ αὑτοῖς,
καὶ λέγουσιν ὡς Σωκράτης τίς ἐστι μιαρώτατος καὶ δια- d
φθείρει τοὺς νέους· καὶ ἐπειδάν τις αὐτοὺς ἐρωτᾷ ὅτι ποιῶν
καὶ ὅτι διδάσκων, ἔχουσι μὲν οὐδὲν εἰπεῖν ἀλλ' ἀγνοοῦσιν,

a 3 λέγεσθαι] λέγομαι Schanz   a 5 ἄνδρες B : ἄνδρες Ἀθηναῖοι T
a 8 τοῦτον] τοῦτ' οὐ F. A Wolf   b 1 ἐμὲ B t : ἐμὲ δὲ T   b 2 εἰ
add. Stephanus   b   ἔτι T W : ἔχων ἔτι b   b 5 ζητῶ B t :
ἐπιζητῶ T   b 6 ξένων B : τῶν ξένων T   C 4 ἐξεταζομένων B :
ἐξελεγχομένων T   c 7 ἰνθρώπων B : τῶν ἀνθρώπων T   ὀλίγα B :
ἢ ὀλίγα T   c 8 ουχ αὑ. 'ῖς T : ἀλλ' οὐχ αὑτοῖς B : ἀλλ' οὐκ αὑτοῖς
ex emend. W   d 1 ἐο ΐ τις W Arm.   d 3 ἀλλ' ἀγνοοῦσ:ʃ
secl. Cobet : ἀλλ' ἀμφιγνοοῦσ Schanz

ἵνα δὲ μὴ δοκῶσιν ἀπορεῖν, τὰ κατὰ πάντων τῶν φιλοσο-
5 φούντων πρόχειρα ταῦτα λέγουσιν, ὅτι "τὰ μετέωρα καὶ
τὰ ὑπὸ γῆς" καὶ "θεοὺς μὴ νομίζειν" καὶ "τὸν ἥττω
λόγον κρείττω ποιεῖν." τὰ γὰρ ἀληθῆ οἴομαι οὐκ ἂν
ἐθέλοιεν λέγειν, ὅτι κατάδηλοι γίγνονται προσποιούμενοι
μὲν εἰδέναι, εἰδότες δὲ οὐδέν. ἅτε οὖν οἶμαι φιλότιμοι
e ὄντες καὶ σφοδροὶ καὶ πολλοί, καὶ συντεταμένως καὶ πι-
θανῶς λέγοντες περὶ ἐμοῦ, ἐμπεπλήκασιν ὑμῶν τὰ ὦτα καὶ
πάλαι καὶ σφοδρῶς διαβάλλοντες. ἐκ τούτων καὶ Μέλητός
μοι ἐπέθετο καὶ Ἄνυτος καὶ Λύκων, Μέλητος μὲν ὑπὲρ τῶν
5 ποιητῶν ἀχθόμενος, Ἄνυτος δὲ ὑπὲρ τῶν δημιουργῶν καὶ
24 τῶν πολιτικῶν, Λύκων δὲ ὑπὲρ τῶν ῥητόρων· ὥστε, ὅπερ
ἀρχόμενος ἐγὼ ἔλεγον, θαυμάζοιμ' ἂν εἰ οἷός τ' εἴην ἐγὼ
ὑμῶν ταύτην τὴν διαβολὴν ἐξελέσθαι ἐν οὕτως ὀλίγῳ χρόνῳ
οὕτω πολλὴν γεγονυῖαν. ταῦτ' ἔστιν ὑμῖν, ὦ ἄνδρες Ἀθη-
5 ναῖοι, τἀληθῆ, καὶ ὑμᾶς οὔτε μέγα οὔτε μικρὸν ἀποκρυψά-
μενος ἐγὼ λέγω οὐδ' ὑποστειλάμενος. καίτοι οἶδα σχεδὸν
ὅτι αὐτοῖς τούτοις ἀπεχθάνομαι, ὃ καὶ τεκμήριον ὅτι ἀληθῆ
λέγω καὶ ὅτι αὕτη ἐστὶν ἡ διαβολὴ ἡ ἐμὴ καὶ τὰ αἴτια
b ταῦτά ἐστιν. καὶ ἐάντε νῦν ἐάντε αὖθις ζητήσητε ταῦτα,
οὕτως εὑρήσετε.

Περὶ μὲν οὖν ὧν οἱ πρῶτοί μου κατήγοροι κατηγόρουν
αὕτη ἔστω ἱκανὴ ἀπολογία πρὸς ὑμᾶς· πρὸς δὲ Μέλητον
5 τὸν ἀγαθὸν καὶ φιλόπολιν, ὥς φησι, καὶ τοὺς ὑστέρους
μετὰ ταῦτα πειράσομαι ἀπολογήσασθαι. αὖθις γὰρ δή,
ὥσπερ ἑτέρων τούτων ὄντων κατηγόρων, λάβωμεν αὖ τὴν
τούτων ἀντωμοσίαν. ἔχει δέ πως ὧδε· Σωκράτη φησὶν

d 7 ποιεῖν B t : ποιεῖ T   d 9 εἰδέναι τι Cobet et sic Arm.
e 1 συντεταμένως] ξυντεταγμένως B T W   e 3 πάλαι καὶ T W: πάλαι
καὶ νῦν b   σφοδρα B¹   e 5 καὶ τῶν πολιτικῶν secl. Cobet sed
legit Laertius   a 2 ἐγὼ ἀρχόμενος T   a 7 αὐτοῖς τούτοις Arm. :
τοῖς αὐτοῖς B T : τοῖς αὐτοῖς τούτοις Schanz   ἀληθῆ B : τἀληθῆ T
b 4 ἔστω B² T W Arm. : ἐστὶν B   ἀπολογία B : ἡ ἀπολογία Γ
b 5 ἀγαθὸν T : ἀγαθόν τε B   b 6 ἀπολογήσασθαι T: ἀπολο-
γεῖσθαι B t   b 7 τούτων ἑτέρων T   b 8 δὲ πῶς; ὧδε Herwerden

ἀδικεῖν τούς τε νέους διαφθείροντα καὶ θεοὺς οὓς ἡ πόλις
νομίζει οὐ νομίζοντα, ἕτερα δὲ δαιμόνια καινά. τὸ μὲν δὴ c
ἔγκλημα τοιοῦτόν ἐστιν· τούτου δὲ τοῦ ἐγκλήματος ἐν
ἕκαστον ἐξετάσωμεν.

Φησὶ γὰρ δὴ τοὺς νέους ἀδικεῖν με διαφθείροντα. ἐγὼ δέ
γε, ὦ ἄνδρες Ἀθηναῖοι, ἀδικεῖν φημι Μέλητον, ὅτι σπουδῇ 5
χαριεντίζεται, ῥᾳδίως εἰς ἀγῶνα καθιστὰς ἀνθρώπους, περὶ
πραγμάτων προσποιούμενος σπουδάζειν καὶ κήδεσθαι ὧν οὐδὲν
τούτῳ πώποτε ἐμέλησεν· ὡς δὲ τοῦτο οὕτως ἔχει, πειράσομαι
καὶ ὑμῖν ἐπιδεῖξαι. καί μοι δεῦρο, ὦ Μέλητε, εἰπέ· ἄλλο τι ἢ
περὶ πλείστου ποιῇ ὅπως ὡς βέλτιστοι οἱ νεώτεροι ἔσονται; d
Ἔγωγε.

Ἴθι δή νυν εἰπὲ τούτοις, τίς αὐτοὺς βελτίους ποιεῖ;
δῆλον γὰρ ὅτι οἶσθα, μέλον γέ σοι. τὸν μὲν γὰρ δια-
φθείροντα ἐξευρών, ὡς φῄς, ἐμέ, εἰσάγεις τουτοισὶ καὶ κατη- 5
γορεῖς· τὸν δὲ δὴ βελτίους ποιοῦντα ἴθι εἰπὲ καὶ μήνυσον
αὐτοῖς τίς ἐστιν.—Ὁρᾷς, ὦ Μέλητε, ὅτι σιγᾷς καὶ οὐκ
ἔχεις εἰπεῖν; καίτοι οὐκ αἰσχρόν σοι δοκεῖ εἶναι καὶ ἱκανὸν
τεκμήριον οὗ δὴ ἐγὼ λέγω, ὅτι σοι οὐδὲν μεμέληκεν; ἀλλ'
εἰπέ, ὠγαθέ, τίς αὐτοὺς ἀμείνους ποιεῖ; 10
Οἱ νόμοι.

Ἀλλ' οὐ τοῦτο ἐρωτῶ, ὦ βέλτιστε, ἀλλὰ τίς ἄνθρωπος, e
ὅστις πρῶτον καὶ αὐτὸ τοῦτο οἶδε, τοὺς νόμους;
Οὗτοι, ὦ Σώκρατες, οἱ δικασταί.

Πῶς λέγεις, ὦ Μέλητε; οἵδε τοὺς νέους παιδεύειν οἷοί
τέ εἰσι καὶ βελτίους ποιοῦσιν; 5
Μάλιστα.

Πότερον ἅπαντες, ἢ οἱ μὲν αὐτῶν, οἱ δ' οὔ;
Ἅπαντες.

b 9 ἀδικεῖν B² T W : ἀδικεῖ B   c 5 γε B : om. T   c 6 ἀγῶνας
W t Arm.   c 7 προσποιούμενος T : προσποιουμένους B   c 8 πώποτε
τούτῳ T   d 1 πλείστου T : πολλοῦ B   d 3 ἴθι B t : ἴσθι
T   d 5 τουτοισὶ] εἰς τουτουσὶ Cobet   e 4 οἶδε B t : οὐδὲ T
e 5 ποιοῦσιν B : ποιεῖν B² T W   e 7 ἅπαντες B : ἂν πάντες T

Εὖ γε νὴ τὴν "Ηραν λέγεις καὶ πολλὴν ἀφθονίαν τῶν
10 ὠφελούντων. τί δὲ δή; οἱ δὲ ἀκροαταὶ βελτίους ποιοῦσιν
25 ἢ οὔ;

Καὶ οὗτοι.

Τί δέ, οἱ βουλευταί;

Καὶ οἱ βουλευταί.

5 Ἀλλ' ἄρα, ὦ Μέλητε, μὴ οἱ ἐν τῇ ἐκκλησίᾳ, οἱ ἐκκλη-
σιασταί, διαφθείρουσι τοὺς νεωτέρους; ἢ κἀκεῖνοι βελτίους
ποιοῦσιν ἅπαντες;

Κἀκεῖνοι.

Πάντες ἄρα, ὡς ἔοικεν, Ἀθηναῖοι καλοὺς κἀγαθοὺς
10 ποιοῦσι πλὴν ἐμοῦ, ἐγὼ δὲ μόνος διαφθείρω. οὕτω λέγεις;

Πάνυ σφόδρα ταῦτα λέγω.

Πολλήν γέ μου κατέγνωκας δυστυχίαν. καί μοι ἀπό-
κριναι· ἢ καὶ περὶ ἵππους οὕτω σοι δοκεῖ ἔχειν; οἱ μὲν
b βελτίους ποιοῦντες αὐτοὺς πάντες ἄνθρωποι εἶναι, εἷς δέ
τις ὁ διαφθείρων; ἢ τοὐναντίον τούτου πᾶν εἷς μέν τις ὁ
βελτίους οἷός τ' ὢν ποιεῖν ἢ πάνυ ὀλίγοι, οἱ ἱππικοί, οἱ δὲ
πολλοὶ ἐάνπερ συνῶσι καὶ χρῶνται ἵπποις, διαφθείρουσιν;
5 οὐχ οὕτως ἔχει, ὦ Μέλητε, καὶ περὶ ἵππων καὶ τῶν ἄλλων
ἁπάντων ζῴων; πάντως δήπου, ἐάντε σὺ καὶ Ἄνυτος οὐ
φῆτε ἐάντε φῆτε· πολλὴ γὰρ ἄν τις εὐδαιμονία εἴη περὶ
τοὺς νέους εἰ εἷς μὲν μόνος αὐτοὺς διαφθείρει, οἱ δ' ἄλλοι
c ὠφελοῦσιν. ἀλλὰ γάρ, ὦ Μέλητε, ἱκανῶς ἐπιδείκνυσαι
ὅτι οὐδεπώποτε ἐφρόντισας τῶν νέων, καὶ σαφῶς ἀποφαί-
νεις τὴν σαυτοῦ ἀμέλειαν, ὅτι οὐδέν σοι μεμέληκεν περὶ ὧν
ἐμὲ εἰσάγεις.

5 Ἔτι δὲ ἡμῖν εἰπέ, ὦ πρὸς Διὸς Μέλητε, πότερόν ἐστιν
οἰκεῖν ἄμεινον ἐν πολίταις χρηστοῖς ἢ πονηροῖς; ὦ τάν, ἀπό-
κριναι· οὐδὲν γάρ τοι χαλεπὸν ἐρωτῶ. οὐχ οἱ μὲν πονηροὶ

---

e 10 οἱ δὲ T: οἵδε οἱ B   a 5 οἱ ἐκκλησιασταί secl. Hirschig
a 12 ἀτυχίαν T sed δυσ in marg.   b 1 πάντες B: ἅπαντες T
b 6 οὐ B t : μὴ T   c 2 ἀποφαίνῃ σαφῶς W Arm.   c 7 πονηροὶ
κακόν τι B : πονηροὶ ἀεὶ κακόν τι T : πονηροὶ κακὸν ἀεί τι W

κακόν τι ἐργάζονται τοὺς ἀεὶ ἐγγυτάτω αὐτῶν ὄντας, οἱ δ᾽
ἀγαθοὶ ἀγαθόν τι;

Πάνυ γε.   10

Ἔστιν οὖν ὅστις βούλεται ὑπὸ τῶν συνόντων βλάπτεσθαι   d
μᾶλλον ἢ ὠφελεῖσθαι; ἀποκρίνου, ὦ ἀγαθέ· καὶ γὰρ ὁ νόμος
κελεύει ἀποκρίνεσθαι.   ἔσθ᾽ ὅστις βούλεται βλάπτεσθαι;
Οὐ δῆτα.

Φέρε δή, πότερον ἐμὲ εἰσάγεις δεῦρο ὡς διαφθείροντα τοὺς 5
νέους καὶ πονηροτέρους ποιοῦντα ἑκόντα ἢ ἄκοντα;

Ἑκόντα ἔγωγε.

Τί δῆτα, ὦ Μέλητε; τοσοῦτον σὺ ἐμοῦ σοφώτερος εἶ τη-
λικούτου ὄντος τηλικόσδε ὤν, ὥστε σὺ μὲν ἔγνωκας ὅτι οἱ
μὲν κακοὶ κακόν τι ἐργάζονται ἀεὶ τοὺς μάλιστα πλησίον   10
ἑαυτῶν, οἱ δὲ ἀγαθοὶ ἀγαθόν, ἐγὼ δὲ δὴ εἰς τοσοῦτον ἀμα-   e
θίας ἥκω ὥστε καὶ τοῦτ᾽ ἀγνοῶ, ὅτι ἐάν τινα μοχθηρὸν
ποιήσω τῶν συνόντων, κινδυνεύσω κακόν τι λαβεῖν ὑπ᾽ αὐτοῦ,
ὥστε τοῦτο ⟨τὸ⟩ τοσοῦτον κακὸν ἑκὼν ποιῶ, ὡς φῂς σύ;
ταῦτα ἐγώ σοι οὐ πείθομαι, ὦ Μέλητε, οἶμαι δὲ οὐδὲ ἄλλον 5
ἀνθρώπων οὐδένα· ἀλλ᾽ ἢ οὐ διαφθείρω, ἢ εἰ διαφθείρω,
ἄκων, ὥστε σύ γε κατ᾽ ἀμφότερα ψεύδῃ. εἰ δὲ ἄκων δια-   26
φθείρω, τῶν τοιούτων [καὶ ἀκουσίων] ἁμαρτημάτων οὐ δεῦρο
νόμος εἰσάγειν ἐστίν, ἀλλὰ ἰδίᾳ λαβόντα διδάσκειν καὶ νου-
θετεῖν· δῆλον γὰρ ὅτι ἐὰν μάθω, παύσομαι ὅ γε ἄκων ποιῶ.
σὺ δὲ συγγενέσθαι μέν μοι καὶ διδάξαι ἔφυγες καὶ οὐκ   5
ἠθέλησας, δεῦρο δὲ εἰσάγεις, οἷ νόμος ἐστὶν εἰσάγειν τοὺς
κολάσεως δεομένους ἀλλ᾽ οὐ μαθήσεως.

Ἀλλὰ γάρ, ὦ ἄνδρες Ἀθηναῖοι, τοῦτο μὲν ἤδη δῆλον
οὑγὼ ἔλεγον, ὅτι Μελήτῳ τούτων οὔτε μέγα οὔτε μικρὸν   b
πώποτε ἐμέλησεν.   ὅμως δὲ δὴ λέγε ἡμῖν, πῶς με φῂς

d 2 ἀποκρίνου Β Τ : ἀπόκριναι Β² W   d 6 νέους Τ : νεωτέρους Β
d 8 δῆτα Β γρ. t : δή ποτε Τ   d 9 σὺ Β : εὖ Τ   e 1 ἀγαθόν τι
Τ Arm.   e 3 ὑπ᾽ Τ : ἀπ᾽ Β   e 4 τὸ om. Β Τ W   e 6 εἰ om.
Stephanus   διαφθείρω bis scripsit Naber   a 2 καὶ ἀκουσίων secl.
Cobet   a 4 ὅ] οὗ Schanz   a 8 ἤδη δῆλον W : δῆλον b : δῆλον
ἤδη ἐστίν Τ   b 1 οὑγὼ Τ W : ὃ ἐγὼ b   τούτων Β : τούτῳ Τ W

διαφθείρειν, ὦ Μέλητε, τοὺς νεωτέρους; ἢ δῆλον δὴ ὅτι
κατὰ τὴν γραφὴν ἣν ἐγράψω θεοὺς διδάσκοντα μὴ νομίζειν
5 οὓς ἡ πόλις νομίζει, ἕτερα δὲ δαιμόνια καινά; οὐ ταῦτα
λέγεις ὅτι διδάσκων διαφθείρω;
  Πάνυ μὲν οὖν σφόδρα ταῦτα λέγω.
  Πρὸς αὐτῶν τοίνυν, ὦ Μέλητε, τούτων τῶν θεῶν ὧν νῦν
ὁ λόγος ἐστίν, εἰπὲ ἔτι σαφέστερον καὶ ἐμοὶ καὶ τοῖς ἀν-
c δράσιν τουτοισί. ἐγὼ γὰρ οὐ δύναμαι μαθεῖν πότερον λέγεις
διδάσκειν με νομίζειν εἶναί τινας θεούς—καὶ αὐτὸς ἄρα νομίζω
εἶναι θεοὺς καὶ οὐκ εἰμὶ τὸ παράπαν ἄθεος οὐδὲ ταύτῃ ἀδικῶ
—οὐ μέντοι οὕσπερ γε ἡ πόλις ἀλλὰ ἑτέρους, καὶ τοῦτ' ἔστιν
5 ὅ μοι ἐγκαλεῖς, ὅτι ἑτέρους, ἢ παντάπασί με φῂς οὔτε
αὐτὸν νομίζειν θεοὺς τούς τε ἄλλους ταῦτα διδάσκειν.
  Ταῦτα λέγω, ὡς τὸ παράπαν οὐ νομίζεις θεούς.
d Ὦ θαυμάσιε Μέλητε, ἵνα τί ταῦτα λέγεις; οὐδὲ ἥλιον
οὐδὲ σελήνην ἄρα νομίζω θεοὺς εἶναι, ὥσπερ οἱ ἄλλοι ἄν-
θρωποι;
  Μὰ Δί', ὦ ἄνδρες δικασταί, ἐπεὶ τὸν μὲν ἥλιον λίθον
5 φησὶν εἶναι, τὴν δὲ σελήνην γῆν.
  Ἀναξαγόρου οἴει κατηγορεῖν, ὦ φίλε Μέλητε; καὶ οὕτω
καταφρονεῖς τῶνδε καὶ οἴει αὐτοὺς ἀπείρους γραμμάτων εἶναι
ὥστε οὐκ εἰδέναι ὅτι τὰ Ἀναξαγόρου βιβλία τοῦ Κλαζομε-
νίου γέμει τούτων τῶν λόγων; καὶ δὴ καὶ οἱ νέοι ταῦτα παρ'
10 ἐμοῦ μανθάνουσιν, ἃ ἔξεστιν ἐνίοτε εἰ πάνυ πολλοῦ δραχμῆς
e ἐκ τῆς ὀρχήστρας πριαμένοις Σωκράτους καταγελᾶν, ἐὰν
προσποιῆται ἑαυτοῦ εἶναι, ἄλλως τε καὶ οὕτως ἄτοπα ὄντα;
ἀλλ', ὦ πρὸς Διός, οὑτωσί σοι δοκῶ; οὐδένα νομίζω θεὸν
εἶναι;
5 Οὐ μέντοι μὰ Δία οὐδ' ὁπωστιοῦν.

b 3 δῆλον δὴ ὅτι B : δηλονότι T   c 1 τοῖς ἀνδράσιν secl. Cobet
c 1 τουτοισί B² T W : τούτοις B   d 1 ἵνα B t : om. T   d 6 Ἀναξα-
γόρου secl. Schanz   d 7 αὐτοὺς B : αὐτὸς T   e 1 πριαμένοις B :
πριάμενοι B T W   e 3 νομίζω B : νομίζειν T : ὡς νομίζω Arm. :
νομίζων W

Ἄπιστός γ' εἶ, ὦ Μέλητε, καὶ ταῦτα μέντοι, ὡς ἐμοὶ δοκεῖς, σαυτῷ. ἐμοὶ γὰρ δοκεῖ οὑτοσί, ὦ ἄνδρες Ἀθηναῖοι, πάνυ εἶναι ὑβριστὴς καὶ ἀκόλαστος, καὶ ἀτεχνῶς τὴν γραφὴν ταύτην ὕβρει τινὶ καὶ ἀκολασίᾳ καὶ νεότητι γράψασθαι. ἔοικεν γὰρ ὥσπερ αἴνιγμα συντιθέντι διαπειρωμένῳ "Ἆρα 27 γνώσεται Σωκράτης ὁ σοφὸς δὴ ἐμοῦ χαριεντιζομένου καὶ ἐναντί' ἐμαυτῷ λέγοντος, ἢ ἐξαπατήσω αὐτὸν καὶ τοὺς ἄλλους τοὺς ἀκούοντας;" οὗτος γὰρ ἐμοὶ φαίνεται τὰ ἐναντία λέγειν αὐτὸς ἑαυτῷ ἐν τῇ γραφῇ ὥσπερ ἂν εἰ εἴποι· "Ἀδικεῖ 5 Σωκράτης θεοὺς οὐ νομίζων, ἀλλὰ θεοὺς νομίζων." καίτοι τοῦτό ἐστι παίζοντος.

Συνεπισκέψασθε δή, ὦ ἄνδρες, ᾗ μοι φαίνεται ταῦτα λέγειν· σὺ δὲ ἡμῖν ἀπόκριναι, ὦ Μέλητε. ὑμεῖς δέ, ὅπερ κατ' ἀρχὰς ὑμᾶς παρῃτησάμην, μέμνησθέ μοι μὴ θορυβεῖν b ἐὰν ἐν τῷ εἰωθότι τρόπῳ τοὺς λόγους ποιῶμαι.

Ἔστιν ὅστις ἀνθρώπων, ὦ Μέλητε, ἀνθρώπεια μὲν νομίζει πράγματ' εἶναι, ἀνθρώπους δὲ οὐ νομίζει; ἀποκρινέσθω, ὦ ἄνδρες, καὶ μὴ ἄλλα καὶ ἄλλα θορυβείτω· ἔσθ' ὅστις ἵππους 5 μὲν οὐ νομίζει, ἱππικὰ δὲ πράγματα; ἢ αὐλητὰς μὲν οὐ νομίζει εἶναι, αὐλητικὰ δὲ πράγματα; οὐκ ἔστιν, ὦ ἄριστε ἀνδρῶν· εἰ μὴ σὺ βούλει ἀποκρίνεσθαι, ἐγὼ σοὶ λέγω καὶ τοῖς ἄλλοις τουτοισί. ἀλλὰ τὸ ἐπὶ τούτῳ γε ἀπόκριναι· ἔσθ' ὅστις δαιμόνια μὲν νομίζει πράγματ' εἶναι, δαίμονας δὲ c οὐ νομίζει;

Οὐκ ἔστιν.

Ὡς ὤνησας ὅτι μόγις ἀπεκρίνω ὑπὸ τουτωνὶ ἀναγκαζόμενος. οὐκοῦν δαιμόνια μὲν φῄς με καὶ νομίζειν καὶ διδά- 5 σκειν, εἴτ' οὖν καινὰ εἴτε παλαιά, ἀλλ' οὖν δαιμόνιά γε νομίζω κατὰ τὸν σὸν λόγον, καὶ ταῦτα καὶ διωμόσω ἐν τῇ ἀντιγραφῇ. εἰ δὲ δαιμόνια νομίζω, καὶ δαίμονας δήπου

e 7 γὰρ B : μὲν γὰρ T   a 1 post συντιθέντι add. ἢ T : καὶ Arm.
a 2 δὴ B t : om. T   a 4 οὕτως Arm. (recte fortasse) et mox λέγων
a 5 εἰ B² T W : om. B   a 8 δή B t : δέ T   μοι B t : ἐμοὶ T
b 8 ἀποκρίνεσθαι B T : ἀποκρίνασθαι W t   b 9 τὸ B t : τῷ T   c 7 τῇ
B t : om. T

πολλὴ ἀνάγκη νομίζειν μέ ἐστιν· οὐχ οὕτως ἔχει; ἔχει δή·
10 τίθημι γάρ σε ὁμολογοῦντα, ἐπειδὴ οὐκ ἀποκρίνῃ. τοὺς δὲ
d δαίμονας οὐχὶ ἤτοι θεούς γε ἡγούμεθα ἢ θεῶν παῖδας; φῂς
ἢ οὔ;

Πάνυ γε.

Οὐκοῦν εἴπερ δαίμονας ἡγοῦμαι, ὡς σὺ φῄς, εἰ μὲν θεοί
5 τινές εἰσιν οἱ δαίμονες, τοῦτ' ἂν εἴη ὃ ἐγώ φημί σε αἰνίτ-
τεσθαι καὶ χαριεντίζεσθαι, θεοὺς οὐχ ἡγούμενον φάναι με
θεοὺς αὖ ἡγεῖσθαι πάλιν, ἐπειδήπερ γε δαίμονας ἡγοῦμαι·
εἰ δ' αὖ οἱ δαίμονες θεῶν παῖδές εἰσιν νόθοι τινὲς ἢ ἐκ νυμ-
φῶν ἢ ἔκ τινων ἄλλων ὧν δὴ καὶ λέγονται, τίς ἂν ἀνθρώ-
10 πων θεῶν μὲν παῖδας ἡγοῖτο εἶναι, θεοὺς δὲ μή; ὁμοίως γὰρ
e ἂν ἄτοπον εἴη ὥσπερ ἂν εἴ τις ἵππων μὲν παῖδας ἡγοῖτο
ἢ καὶ ὄνων, τοὺς ἡμιόνους, ἵππους δὲ καὶ ὄνους μὴ ἡγοῖτο
εἶναι. ἀλλ', ὦ Μέλητε, οὐκ ἔστιν ὅπως σὺ ταῦτα οὐχὶ
ἀποπειρώμενος ἡμῶν ἐγράψω τὴν γραφὴν ταύτην ἢ ἀπορῶν
5 ὅτι ἐγκαλοῖς ἐμοὶ ἀληθὲς ἀδίκημα· ὅπως δὲ σύ τινα πείθοις
ἂν καὶ σμικρὸν νοῦν ἔχοντα ἀνθρώπων, ὡς οὐ τοῦ αὐτοῦ
ἔστιν καὶ δαιμόνια καὶ θεῖα ἡγεῖσθαι, καὶ αὖ τοῦ αὐτοῦ μήτε
28 δαίμονας μήτε θεοὺς μήτε ἥρωας, οὐδεμία μηχανή ἐστιν.

Ἀλλὰ γάρ, ὦ ἄνδρες Ἀθηναῖοι, ὡς μὲν ἐγὼ οὐκ ἀδικῶ
κατὰ τὴν Μελήτου γραφήν, οὐ πολλῆς μοι δοκεῖ εἶναι ἀπο-
λογίας, ἀλλὰ ἱκανὰ καὶ ταῦτα· ὃ δὲ καὶ ἐν τοῖς ἔμπροσθεν
5 ἔλεγον, ὅτι πολλή μοι ἀπέχθεια γέγονεν καὶ πρὸς πολλούς,
εὖ ἴστε ὅτι ἀληθές ἐστιν. καὶ τοῦτ' ἔστιν ὃ ἐμὲ αἱρεῖ, ἐάν-
περ αἱρῇ, οὐ Μέλητος οὐδὲ Ἄνυτος ἀλλ' ἡ τῶν πολλῶν δια-
βολή τε καὶ φθόνος. ἃ δὴ πολλοὺς καὶ ἄλλους καὶ ἀγαθοὺς

d 1 ἡγούμεθα Β : ἡγούμεθα εἶναι T   d 6 μέ T : ἐμέ Β   d 9 ἂν
Β² W t : om. B T   e 1 ὥσπερ ἂν T W : ὥσπερ B   e 2 ἢ secl.
Forster   τοὺς ἡμιόνους secl. Bäumlein sed legit Arrianus   e 3 σὺ
Β² T W : οὐ B   ταῦτα secl. Schanz   e 6 νοῦν T W : γ' οὖν
νοῦν Β   οὐ τοῦ αὐτοῦ Β : οὐ τοῦ αὐτοῦ ἀνδρὸς T : secl. Rieckher
a 6 ἀληθές Β : ἀληθής T   αἱρεῖ T : αἱρήσει Β   a 8 πολλοὺς καὶ
ἄλλους καὶ Β T : καὶ ἄλλους πολλοὺς καὶ coni. Schanz et sic
Arm.

ἄνδρας ἥρηκεν, οἶμαι δὲ καὶ αἱρήσει· οὐδὲν δὲ δεινὸν μὴ ἐν b
ἐμοὶ στῇ.

Ἴσως ἂν οὖν εἴποι τις· " Εἶτ' οὐκ αἰσχύνῃ, ὦ Σώκρατες,
τοιοῦτον ἐπιτήδευμα ἐπιτηδεύσας ἐξ οὗ κινδυνεύεις νυνὶ ἀπο-
θανεῖν;" ἐγὼ δὲ τούτῳ ἂν δίκαιον λόγον ἀντείποιμι, ὅτι "Οὐ 5
καλῶς λέγεις, ὦ ἄνθρωπε, εἰ οἴει δεῖν κίνδυνον ὑπολογίζεσθαι
τοῦ ζῆν ἢ τεθνάναι ἄνδρα ὅτου τι καὶ σμικρὸν ὄφελός ἐστιν,
ἀλλ' οὐκ ἐκεῖνο μόνον σκοπεῖν ὅταν πράττῃ, πότερον δίκαια ἢ
ἄδικα πράττει, καὶ ἀνδρὸς ἀγαθοῦ ἔργα ἢ κακοῦ. φαῦλοι
γὰρ ἂν τῷ γε σῷ λόγῳ εἶεν τῶν ἡμιθέων ὅσοι ἐν Τροίᾳ c
τετελευτήκασιν οἵ τε ἄλλοι καὶ ὁ τῆς Θέτιδος ὑός, ὃς
τοσοῦτον τοῦ κινδύνου κατεφρόνησεν παρὰ τὸ αἰσχρόν τι
ὑπομεῖναι ὥστε, ἐπειδὴ εἶπεν ἡ μήτηρ αὐτῷ προθυμουμένῳ
Ἕκτορα ἀποκτεῖναι, θεὸς οὖσα, οὑτωσί πως, ὡς ἐγὼ οἶμαι· 5
'Ὦ παῖ, εἰ τιμωρήσεις Πατρόκλῳ τῷ ἑταίρῳ τὸν φόνον
καὶ Ἕκτορα ἀποκτενεῖς, αὐτὸς ἀποθανῇ—αὐτίκα γάρ τοι,'
φησί, ' μεθ' Ἕκτορα πότμος ἑτοῖμος '—ὁ δὲ τοῦτο ἀκούσας
τοῦ μὲν θανάτου καὶ τοῦ κινδύνου ὠλιγώρησε, πολὺ δὲ μᾶλ-
λον δείσας τὸ ζῆν κακὸς ὢν καὶ τοῖς φίλοις μὴ τιμωρεῖν, d
' Αὐτίκα,' φησί, ' τεθναίην, δίκην ἐπιθεὶς τῷ ἀδικοῦντι,
ἵνα μὴ ἐνθάδε μένω καταγέλαστος παρὰ νηυσὶ κορωνίσιν
ἄχθος ἀρούρης.' μὴ αὐτὸν οἴει φροντίσαι θανάτου καὶ
κινδύνου;" 5

Οὕτω γὰρ ἔχει, ὦ ἄνδρες Ἀθηναῖοι, τῇ ἀληθείᾳ· οὗ ἄν τις
ἑαυτὸν τάξῃ ἡγησάμενος βέλτιστον εἶναι ἢ ὑπ' ἄρχοντος
ταχθῇ, ἐνταῦθα δεῖ, ὡς ἐμοὶ δοκεῖ, μένοντα κινδυνεύειν,
μηδὲν ὑπολογιζόμενον μήτε θάνατον μήτε ἄλλο μηδὲν πρὸ τοῦ
αἰσχροῦ. ἐγὼ οὖν δεινὰ ἂν εἴην εἰργασμένος, ὦ ἄνδρες 10
Ἀθηναῖοι, εἰ ὅτε μέν με οἱ ἄρχοντες ἔταττον, οὓς ὑμεῖς εἴλεσθε e

b 1 αἱρήσει Tb : αἱρήσειν B   b 3 ἂν T Eus. Stob. : δ' ἂν B t
b 5 οὐ B t : om. T   b 8 πότερον TW : πότερα B   c 5 οὑτωσί
B : οὕτως T   c 6 ὦ παῖ B²TW Arm. : om. B   c 8 τοῦτ' T :
ταῦτα B   d 2 δίκην B : τὴν δίκην T   d 3 κορωνίσιν T : κορωνηίσιν
B : ἐτώσιον Homerus Σ 104   d 7 ἢ ante ἡγυσάμενος add. B

ἄρχειν μου, καὶ ἐν Ποτειδαίᾳ καὶ ἐν Ἀμφιπόλει καὶ ἐπὶ
Δηλίῳ, τότε μὲν οὗ ἐκεῖνοι ἔταττον ἔμενον ὥσπερ καὶ ἄλλος
τις καὶ ἐκινδύνευον ἀποθανεῖν, τοῦ δὲ θεοῦ τάττοντος, ὡς ἐγὼ
5 ᾠήθην τε καὶ ὑπέλαβον, φιλοσοφοῦντά με δεῖν ζῆν καὶ ἐξετά-
ζοντα ἐμαυτὸν καὶ τοὺς ἄλλους, ἐνταῦθα δὲ φοβηθεὶς ἢ θάνατον
29 ἢ ἄλλ᾽ ὁτιοῦν πρᾶγμα λίποιμι τὴν τάξιν. δεινόν τἂν εἴη, καὶ
ὡς ἀληθῶς τότ᾽ ἄν με δικαίως εἰσάγοι τις εἰς δικαστήριον,
ὅτι οὐ νομίζω θεοὺς εἶναι ἀπειθῶν τῇ μαντείᾳ καὶ δεδιὼς
θάνατον καὶ οἰόμενος σοφὸς εἶναι οὐκ ὤν. τὸ γάρ τοι
5 θάνατον δεδιέναι, ὦ ἄνδρες, οὐδὲν ἄλλο ἐστὶν ἢ δοκεῖν σοφὸν
εἶναι μὴ ὄντα· δοκεῖν γὰρ εἰδέναι ἐστὶν ἃ οὐκ οἶδεν. οἶδε
μὲν γὰρ οὐδεὶς τὸν θάνατον οὐδ᾽ εἰ τυγχάνει τῷ ἀνθρώπῳ
πάντων μέγιστον ὂν τῶν ἀγαθῶν, δεδίασι δ᾽ ὡς εὖ εἰδότες
b ὅτι μέγιστον τῶν κακῶν ἐστι. καίτοι πῶς οὐκ ἀμαθία ἐστὶν
αὕτη ἡ ἐπονείδιστος, ἡ τοῦ οἴεσθαι εἰδέναι ἃ οὐκ οἶδεν; ἐγὼ
δ᾽, ὦ ἄνδρες, τούτῳ καὶ ἐνταῦθα ἴσως διαφέρω τῶν πολλῶν
ἀνθρώπων, καὶ εἰ δή τῳ σοφώτερός του φαίην εἶναι, τούτῳ
5 ἄν, ὅτι οὐκ εἰδὼς ἱκανῶς περὶ τῶν ἐν Ἅιδου οὕτω καὶ οἴομαι
οὐκ εἰδέναι· τὸ δὲ ἀδικεῖν καὶ ἀπειθεῖν τῷ βελτίονι καὶ θεῷ
καὶ ἀνθρώπῳ, ὅτι κακὸν καὶ αἰσχρόν ἐστιν οἶδα. πρὸ οὖν τῶν
κακῶν ὧν οἶδα ὅτι κακά ἐστιν, ἃ μὴ οἶδα εἰ καὶ ἀγαθὰ ὄντα
τυγχάνει οὐδέποτε φοβήσομαι οὐδὲ φεύξομαι· ὥστε οὐδ᾽ εἰ
c με νῦν ὑμεῖς ἀφίετε Ἀνύτῳ ἀπιστήσαντες, ὃς ἔφη ἢ τὴν
ἀρχὴν οὐ δεῖν ἐμὲ δεῦρο εἰσελθεῖν ἤ, ἐπειδὴ εἰσῆλθον, οὐχ
οἷόν τ᾽ εἶναι τὸ μὴ ἀποκτεῖναί με, λέγων πρὸς ὑμᾶς ὡς εἰ
διαφευξοίμην ἤδη [ἂν] ὑμῶν οἱ υἱεῖς ἐπιτηδεύοντες ἃ Σωκρά-
5 της διδάσκει πάντες παντάπασι διαφθαρήσονται,—εἴ μοι
πρὸς ταῦτα εἴποιτε· ''Ὦ Σώκρατες, νῦν μὲν Ἀνύτῳ οὐ πει-

e 5 δεῖν ζῆν] διαζῆν Stobaeus   a 1 λίποιμι B : λείποιμι T
τἂν B : μέντ᾽ ἂν T : ἂν Stobaeus   a 6 οὐκ] μὴ in marg. T
b 1 καίτοι Eusebius : καὶ τοῦτο B T W Stobacus : καὶ Arm.   b 2 αὕτη
ἡ om. Arm.   b 3 τούτῳ secl. Schanz   b 4 τούτῳ B² T W :
τοῦτ᾽ ⟩ B   b 8 εἰ καὶ Stobaeus Eusebius Theodoretus : εἰ B T
c 4 ἂν secl. Cobet   c 6 πειθόμεθα Baumann

42

σόμεθα ἀλλ' ἀφίεμέν σε, ἐπὶ τούτῳ μέντοι, ἐφ' ᾧτε μηκέτι
ἐν ταύτῃ τῇ ζητήσει διατρίβειν μηδὲ φιλοσοφεῖν· ἐὰν δὲ
ἁλῷς ἔτι τοῦτο πράττων, ἀποθανῇ "—εἰ οὖν με, ὅπερ εἶπον, d
ἐπὶ τούτοις ἀφίοιτε, εἴποιμ' ἂν ὑμῖν ὅτι "'Εγὼ ὑμᾶς, ὦ ἄνδρες
'Αθηναῖοι, ἀσπάζομαι μὲν καὶ φιλῶ, πείσομαι δὲ μᾶλλον τῷ
θεῷ ἢ ὑμῖν, καὶ ἕωσπερ ἂν ἐμπνέω καὶ οἷός τε ὦ, οὐ μὴ
παύσωμαι φιλοσοφῶν καὶ ὑμῖν παρακελευόμενός τε καὶ 5
ἐνδεικνύμενος ὅτῳ ἂν ἀεὶ ἐντυγχάνω ὑμῶν, λέγων οἷάπερ
εἴωθα, ὅτι "'Ω ἄριστε ἀνδρῶν, 'Αθηναῖος ὤν, πόλεως τῆς
μεγίστης καὶ εὐδοκιμωτάτης εἰς σοφίαν καὶ ἰσχύν, χρημάτων
μὲν οὐκ αἰσχύνῃ ἐπιμελούμενος ὅπως σοι ἔσται ὡς πλεῖστα,
καὶ δόξης καὶ τιμῆς, φρονήσεως δὲ καὶ ἀληθείας καὶ τῆς e
ψυχῆς ὅπως ὡς βελτίστη ἔσται οὐκ ἐπιμελῇ οὐδὲ φροντί-
ζεις;' καὶ ἐάν τις ὑμῶν ἀμφισβητήσῃ καὶ φῇ ἐπιμελεῖσθαι,
οὐκ εὐθὺς ἀφήσω αὐτὸν οὐδ' ἄπειμι, ἀλλ' ἐρήσομαι αὐτὸν καὶ
ἐξετάσω καὶ ἐλέγξω, καὶ ἐάν μοι μὴ δοκῇ κεκτῆσθαι ἀρετήν,
φάναι δέ, ὀνειδιῶ ὅτι τὰ πλείστου ἄξια περὶ ἐλαχίστου ποι- 30
εῖται, τὰ δὲ φαυλότερα περὶ πλείονος. ταῦτα καὶ νεωτέρῳ
καὶ πρεσβυτέρῳ ὅτῳ ἂν ἐντυγχάνω ποιήσω, καὶ ξένῳ καὶ
ἀστῷ, μᾶλλον δὲ τοῖς ἀστοῖς, ὅσῳ μου ἐγγυτέρω ἐστὲ γένει.
ταῦτα γὰρ κελεύει ὁ θεός, εὖ ἴστε, καὶ ἐγὼ οἴομαι οὐδέν πω 5
ὑμῖν μεῖζον ἀγαθὸν γενέσθαι ἐν τῇ πόλει ἢ τὴν ἐμὴν τῷ θεῷ
ὑπηρεσίαν. οὐδὲν γὰρ ἄλλο πράττων ἐγὼ περιέρχομαι ἢ
πείθων ὑμῶν καὶ νεωτέρους καὶ πρεσβυτέρους μήτε σωμάτων
ἐπιμελεῖσθαι μήτε χρημάτων πρότερον μηδὲ οὕτω σφόδρα b
ὡς τῆς ψυχῆς ὅπως ὡς ἀρίστη ἔσται, λέγων ὅτι 'Οὐκ ἐκ
χρημάτων ἀρετὴ γίγνεται, ἀλλ' ἐξ ἀρετῆς χρήματα καὶ τὰ
ἄλλα ἀγαθὰ τοῖς ἀνθρώποις ἅπαντα καὶ ἰδίᾳ καὶ δημοσίᾳ.'

d 2 ὦ TW : om. B   c 3 ἀμφισβητήσῃ Τ : ἀμφισβητῇ Β
a 1 ποιεῖται Β : ποιήσεται Τ   a 4 μου Β : μοι TW (sed ν supra ι Τ w)
b 1 μηδὲ] μὴ δὲ Β et (ut videtur) Stobaeus : μήτε ἄλλου τινὸς
Tb   b 2 ὅτι TW Arm. Stobaeus : om. B   b 3 ἀρετὴ
Β : ἡ ἀρετὴ Τ Stobaeus   τὰ χρήματα Stobaeus   b 4 ἅπαντα
om. Stobaeus

5 εἰ μὲν οὖν ταῦτα λέγων διαφθείρω τοὺς νέους, ταῦτ' ἂν εἴη
βλαβερά· εἰ δέ τίς μέ φησιν ἄλλα λέγειν ἢ ταῦτα, οὐδὲν
λέγει. πρὸς ταῦτα," φαίην ἄν, "ὦ ἄνδρες Ἀθηναῖοι, ἢ
πείθεσθε Ἀνύτῳ ἢ μή, καὶ ἢ ἀφίετέ με ἢ μή, ὡς ἐμοῦ οὐκ
c ἂν ποιήσαντος ἄλλα, οὐδ' εἰ μέλλω πολλάκις τεθνάναι."

Μὴ θορυβεῖτε, ὦ ἄνδρες Ἀθηναῖοι, ἀλλ' ἐμμείνατέ μοι
οἷς ἐδεήθην ὑμῶν, μὴ θορυβεῖν ἐφ' οἷς ἂν λέγω ἀλλ' ἀκούειν·
καὶ γάρ, ὡς ἐγὼ οἶμαι, ὀνήσεσθε ἀκούοντες. μέλλω γὰρ οὖν
5 ἄττα ὑμῖν ἐρεῖν καὶ ἄλλα ἐφ' οἷς ἴσως βοήσεσθε· ἀλλὰ
μηδαμῶς ποιεῖτε τοῦτο. εὖ γὰρ ἴστε, ἐάν με ἀποκτείνητε
τοιοῦτον ὄντα οἷον ἐγὼ λέγω, οὐκ ἐμὲ μείζω βλάψετε ἢ
ὑμᾶς αὐτούς· ἐμὲ μὲν γὰρ οὐδὲν ἂν βλάψειεν οὔτε Μέλητος
οὔτε Ἄνυτος—οὐδὲ γὰρ ἂν δύναιτο—οὐ γὰρ οἴομαι θεμιτὸν
d εἶναι ἀμείνονι ἀνδρὶ ὑπὸ χείρονος βλάπτεσθαι. ἀποκτείνειε
μεντἂν ἴσως ἢ ἐξελάσειεν ἢ ἀτιμώσειεν· ἀλλὰ ταῦτα οὗτος
μὲν ἴσως οἴεται καὶ ἄλλος τίς που μεγάλα κακά, ἐγὼ δ' οὐκ
οἴομαι, ἀλλὰ πολὺ μᾶλλον ποιεῖν ἃ οὑτοσὶ νῦν ποιεῖ, ἄνδρα
5 ἀδίκως ἐπιχειρεῖν ἀποκτεινύναι. νῦν οὖν, ὦ ἄνδρες Ἀθη-
ναῖοι, πολλοῦ δέω ἐγὼ ὑπὲρ ἐμαυτοῦ ἀπολογεῖσθαι, ὥς τις
ἂν οἴοιτο, ἀλλὰ ὑπὲρ ὑμῶν, μή τι ἐξαμάρτητε περὶ τὴν τοῦ
e θεοῦ δόσιν ὑμῖν ἐμοῦ καταψηφισάμενοι. ἐὰν γάρ με ἀπο-
κτείνητε, οὐ ῥᾳδίως ἄλλον τοιοῦτον εὑρήσετε, ἀτεχνῶς—εἰ
καὶ γελοιότερον εἰπεῖν—προσκείμενον τῇ πόλει ὑπὸ τοῦ θεοῦ
ὥσπερ ἵππῳ μεγάλῳ μὲν καὶ γενναίῳ, ὑπὸ μεγέθους δὲ νωθε-
5 στέρῳ καὶ δεομένῳ ἐγείρεσθαι ὑπὸ μύωπός τινος, οἷον δή
μοι δοκεῖ ὁ θεὸς ἐμὲ τῇ πόλει προστεθηκέναι τοιοῦτόν τινα,
ὃς ὑμᾶς ἐγείρων καὶ πείθων καὶ ὀνειδίζων ἕνα ἕκαστον
31 οὐδὲν παύομαι τὴν ἡμέραν ὅλην πανταχοῦ προσκαθίζων.

b 7 ἄνδρες T : om. B   b 8 με T : om B   ἢ μή T : ἢ μὴ ἀφίετε B
c 1 ποιήσαντος Cobet : ποιήσοντος B T   c 2 ὦ T : om. B   c 4 οὖν
om. W   c 5 ἐρεῖν ὑμῖν T   c 6 με T : ἐμὲ B   c 8 ἂν βλάψειεν
B : βλάψει T   c 9 δύναιντο Stobaeus et corr. pr. T   d 1 ἀποκτενεῖ
με T   d 2 ἀτιμώσειεν Stobaeus : ἀτιμάσειεν B T   d 4 οὑτοσὶ νῦν
T : οὗτος νυνὶ B   d 7 τι B : om. T W   τοῦ θεοῦ T W b : τῶν
θεῶν B   e 1 με T : ἐμὲ B   e 4 νωθροτέρῳ T

τοιοῦτος οὖν ἄλλος οὐ ῥᾳδίως ὑμῖν γενήσεται, ὦ ἄνδρες,
ἀλλ' ἐὰν ἐμοὶ πείθησθε, φείσεσθέ μου· ὑμεῖς δ' ἴσως τάχ'
ἂν ἀχθόμενοι, ὥσπερ οἱ νυστάζοντες ἐγειρόμενοι, κρούσαντες
ἄν με, πειθόμενοι Ἀνύτῳ, ῥᾳδίως ἂν ἀποκτείναιτε, εἶτα τὸν 5
λοιπὸν βίον καθεύδοντες διατελοῖτε ἄν, εἰ μή τινα ἄλλον ὁ
θεὸς ὑμῖν ἐπιπέμψειεν κηδόμενος ὑμῶν. ὅτι δ' ἐγὼ τυγχάνω
ὢν τοιοῦτος οἷος ὑπὸ τοῦ θεοῦ τῇ πόλει δεδόσθαι, ἐνθένδε
ἂν κατανοήσαιτε· οὐ γὰρ ἀνθρωπίνῳ ἔοικε τὸ ἐμὲ τῶν   b
μὲν ἐμαυτοῦ πάντων ἠμεληκέναι καὶ ἀνέχεσθαι τῶν οἰκείων
ἀμελουμένων τοσαῦτα ἤδη ἔτη, τὸ δὲ ὑμέτερον πράττειν ἀεί,
ἰδίᾳ ἑκάστῳ προσιόντα ὥσπερ πατέρα ἢ ἀδελφὸν πρεσβύ-
τερον πείθοντα ἐπιμελεῖσθαι ἀρετῆς. καὶ εἰ μέν τι ἀπὸ 5
τούτων ἀπέλαυον καὶ μισθὸν λαμβάνων ταῦτα παρεκε-
λευόμην, εἶχον ἄν τινα λόγον· νῦν δὲ ὁρᾶτε δὴ καὶ αὐτοὶ
ὅτι οἱ κατήγοροι τἆλλα πάντα ἀναισχύντως οὕτω κατη-
γοροῦντες τοῦτό γε οὐχ οἷοί τε ἐγένοντο ἀπαναισχυντῆσαι
παρασχόμενοι μάρτυρα, ὡς ἐγώ ποτέ τινα ἢ ἐπραξάμην   c
μισθὸν ἢ ᾔτησα. ἱκανὸν γάρ, οἶμαι, ἐγὼ παρέχομαι τὸν
μάρτυρα ὡς ἀληθῆ λέγω, τὴν πενίαν.

Ἴσως ἂν οὖν δόξειεν ἄτοπον εἶναι, ὅτι δὴ ἐγὼ ἰδίᾳ μὲν
ταῦτα συμβουλεύω περιιὼν καὶ πολυπραγμονῶ, δημοσίᾳ δὲ 5
οὐ τολμῶ ἀναβαίνων εἰς τὸ πλῆθος τὸ ὑμέτερον συμβου-
λεύειν τῇ πόλει. τούτου δὲ αἴτιόν ἐστιν ὃ ὑμεῖς ἐμοῦ
πολλάκις ἀκηκόατε πολλαχοῦ λέγοντος, ὅτι μοι θεῖόν τι καὶ
δαιμόνιον γίγνεται [φωνή], ὃ δὴ καὶ ἐν τῇ γραφῇ ἐπικω-   d
μῳδῶν Μέλητος ἐγράψατο. ἐμοὶ δὲ τοῦτ' ἔστιν ἐκ παιδὸς
ἀρξάμενον, φωνή τις γιγνομένη, ἣ ὅταν γένηται, ἀεὶ ἀπο-
τρέπει με τοῦτο ὃ ἂν μέλλω πράττειν, προτρέπει δὲ οὔποτε.
τοῦτ' ἔστιν ὅ μοι ἐναντιοῦται τὰ πολιτικὰ πράττειν, καὶ 5

a 5 ἂν post ῥᾳδίως om. T   a 6 βίον B γρ. t : χρόνον T   ὑμῖν
ὁ θεὸς T   b 2 πάντων T : ἀπάντων B   b 5 μέν τι W : μέντοί
τι B T (sed μέντί τι fuisse videtur in T)   b 7 εἶχον B : εἶχεν T
b 8 οὕτως ἀναισχύντως T   b 9 τε B : om. T   c 2 ἐγὼ om. T
τὸν B T : om. W   c 5 πολυπραγμονῶν T   d 1 φωνή secl.
Forster   d 4 τοῦτο B : τούτου T

παγκάλως γέ μοι δοκεῖ ἐναντιοῦσθαι· εὖ γὰρ ἴστε, ὦ ἄνδρες
Ἀθηναῖοι, εἰ ἐγὼ πάλαι ἐπεχείρησα πράττειν τὰ πολιτικὰ
πράγματα, πάλαι ἂν ἀπολώλη καὶ οὔτ᾽ ἂν ὑμᾶς ὠφελήκη
e οὐδὲν οὔτ᾽ ἂν ἐμαυτόν. καί μοι μὴ ἄχθεσθε λέγοντι τἀληθῆ·
οὐ γὰρ ἔστιν ὅστις ἀνθρώπων σωθήσεται οὔτε ὑμῖν οὔτε
ἄλλῳ πλήθει οὐδενὶ γνησίως ἐναντιούμενος καὶ διακωλύων
πολλὰ ἄδικα καὶ παράνομα ἐν τῇ πόλει γίγνεσθαι, ἀλλ᾽
32 ἀναγκαῖόν ἐστι τὸν τῷ ὄντι μαχούμενον ὑπὲρ τοῦ δικαίου,
καὶ εἰ μέλλει ὀλίγον χρόνον σωθήσεσθαι, ἰδιωτεύειν ἀλλὰ
μὴ δημοσιεύειν.

Μεγάλα δ᾽ ἔγωγε ὑμῖν τεκμήρια παρέξομαι τούτων, οὐ
5 λόγους ἀλλ᾽ ὃ ὑμεῖς τιμᾶτε, ἔργα. ἀκούσατε δή μοι τὰ
συμβεβηκότα, ἵνα εἰδῆτε ὅτι οὐδ᾽ ἂν ἑνὶ ὑπεικάθοιμι παρὰ
τὸ δίκαιον δείσας θάνατον, μὴ ὑπείκων δὲ ἀλλὰ κἂν ἀπο-
λοίμην. ἐρῶ δὲ ὑμῖν φορτικὰ μὲν καὶ δικανικά, ἀληθῆ δέ.
ἐγὼ γάρ, ὦ ἄνδρες Ἀθηναῖοι, ἄλλην μὲν ἀρχὴν οὐδεμίαν
b πώποτε ἦρξα ἐν τῇ πόλει, ἐβούλευσα δέ· καὶ ἔτυχεν ἡμῶν
ἡ φυλὴ Ἀντιοχὶς πρυτανεύουσα ὅτε ὑμεῖς τοὺς δέκα
στρατηγοὺς τοὺς οὐκ ἀνελομένους τοὺς ἐκ τῆς ναυμαχίας
ἐβουλεύσασθε ἀθρόους κρίνειν, παρανόμως, ὡς ἐν τῷ ὑστέρῳ
5 χρόνῳ πᾶσιν ὑμῖν ἔδοξεν. τότ᾽ ἐγὼ μόνος τῶν πρυτάνεων
ἠναντιώθην ὑμῖν μηδὲν ποιεῖν παρὰ τοὺς νόμους καὶ ἐναντία
ἐψηφισάμην· καὶ ἑτοίμων ὄντων ἐνδεικνύναι με καὶ ἀπάγειν
τῶν ῥητόρων, καὶ ὑμῶν κελευόντων καὶ βοώντων, μετὰ τοῦ
c νόμου καὶ τοῦ δικαίου ᾤμην μᾶλλόν με δεῖν διακινδυνεύειν
ἢ μεθ᾽ ὑμῶν γενέσθαι μὴ δίκαια βουλευομένων, φοβηθέντα
δεσμὸν ἢ θάνατον. καὶ ταῦτα μὲν ἦν ἔτι δημοκρατουμένης
τῆς πόλεως· ἐπειδὴ δὲ ὀλιγαρχία ἐγένετο, οἱ τριάκοντα αὖ

d 7 πάλαι secl. Cobet   e 3 οὐδενὶ πλήθει T   a 1 τὸν B : om. T
a 6 μοι τὰ T : μου τὰ ἐμοὶ B : μου τὰ W   a 7 δίκαιον B t : δέον T
ἀλλὰ κἂν scripsi : ἅμα καὶ ἅμα ἂν B : ἅμα καὶ T : ἀλλὰ καὶ ἅμ᾽ ἂν W
a 9 ἄνδρες T : om. B   b 2 φυλὴ B² T w : βουλὴ B   Ἀντιοχὶς
secl. Hirschig   b 4 ἐβουλεύσασθε T Arm. : ἐβούλεσθε B   παρα-
νόμως B t : παρανόμων T   b 6 ὑμῖν T W Arm. : om. B   καὶ
ἐναντία ἐψηφισάμην secl. Hermann

μεταπεμψάμενοί με πέμπτον αὐτὸν εἰς τὴν θόλον προσέταξαν 5
ἀγαγεῖν ἐκ Σαλαμῖνος Λέοντα τὸν Σαλαμίνιον ἵνα ἀποθάνοι,
οἷα δὴ καὶ ἄλλοις ἐκεῖνοι πολλοῖς πολλὰ προσέταττον, βου-
λόμενοι ὡς πλείστους ἀναπλῆσαι αἰτιῶν. τότε μέντοι ἐγὼ
οὐ λόγῳ ἀλλ᾽ ἔργῳ αὖ ἐνεδειξάμην ὅτι ἐμοὶ θανάτου μὲν d
μέλει, εἰ μὴ ἀγροικότερον ἦν εἰπεῖν, οὐδ᾽ ὁτιοῦν, τοῦ δὲ μηδὲν
ἄδικον μηδ᾽ ἀνόσιον ἐργάζεσθαι, τούτου δὲ τὸ πᾶν μέλει.
ἐμὲ γὰρ ἐκείνη ἡ ἀρχὴ οὐκ ἐξέπληξεν, οὕτως ἰσχυρὰ οὖσα,
ὥστε ἄδικόν τι ἐργάσασθαι, ἀλλ᾽ ἐπειδὴ ἐκ τῆς θόλου 5
ἐξήλθομεν, οἱ μὲν τέτταρες ᾤχοντο εἰς Σαλαμῖνα καὶ ἤγαγον
Λέοντα, ἐγὼ δὲ ᾠχόμην ἀπιὼν οἴκαδε. καὶ ἴσως ἂν διὰ
ταῦτα ἀπέθανον, εἰ μὴ ἡ ἀρχὴ διὰ ταχέων κατελύθη. καὶ
τούτων ὑμῖν ἔσονται πολλοὶ μάρτυρες. e
  Ἆρ᾽ οὖν ἄν με οἴεσθε τοσάδε ἔτη διαγενέσθαι εἰ ἔπραττον
τὰ δημόσια, καὶ πράττων ἀξίως ἀνδρὸς ἀγαθοῦ ἐβοήθουν
τοῖς δικαίοις καὶ ὥσπερ χρὴ τοῦτο περὶ πλείστου ἐποιούμην;
πολλοῦ γε δεῖ, ὦ ἄνδρες Ἀθηναῖοι· οὐδὲ γὰρ ἂν ἄλλος 5
ἀνθρώπων οὐδείς. ἀλλ᾽ ἐγὼ διὰ παντὸς τοῦ βίου δημοσίᾳ 33
τε εἴ πού τι ἔπραξα τοιοῦτος φανοῦμαι, καὶ ἰδίᾳ ὁ αὐτὸς
οὗτος, οὐδενὶ πώποτε συγχωρήσας οὐδὲν παρὰ τὸ δίκαιον
οὔτε ἄλλῳ οὔτε τούτων οὐδενὶ οὓς δὴ διαβάλλοντες ἐμέ
φασιν ἐμοὺς μαθητὰς εἶναι. ἐγὼ δὲ διδάσκαλος μὲν οὐδενὸς 5
πώποτ᾽ ἐγενόμην· εἰ δέ τίς μου λέγοντος καὶ τὰ ἐμαυτοῦ
πράττοντος ἐπιθυμοῖ ἀκούειν, εἴτε νεώτερος εἴτε πρεσβύτερος,
οὐδενὶ πώποτε ἐφθόνησα, οὐδὲ χρήματα μὲν λαμβάνων διαλέ-
γομαι μὴ λαμβάνων δὲ οὔ, ἀλλ᾽ ὁμοίως καὶ πλουσίῳ καὶ b
πένητι παρέχω ἐμαυτὸν ἐρωτᾶν, καὶ ἐάν τις βούληται
ἀποκρινόμενος ἀκούειν ὧν ἂν λέγω. καὶ τούτων ἐγὼ εἴτε
τις χρηστὸς γίγνεται εἴτε μή, οὐκ ἂν δικαίως τὴν αἰτίαν
ὑπέχοιμι, ὧν μήτε ὑπεσχόμην μηδενὶ μηδὲν πώποτε μάθημα 5
μήτε ἐδίδαξα· εἰ δέ τίς φησι παρ᾽ ἐμοῦ πώποτέ τι μαθεῖν ἢ

c 1 μὲν θανάτου T   e 1 ὑμῖν] ὑμῶν Hermann   e 5 δεῖ
B² T W : δὴ B   a 4 δὴ T : οἱ Bt   a 6 μου B : ἐμοῦ T
a 7 ἐπιθυμοῖ T : ἐπιθυμεῖ B : ἐπεθύμει Cobet   b 6 τι B : ἢ T

47

ΠΛΑΤΩΝΟΣ

ἀκοῦσαι ἰδίᾳ ὅτι μὴ καὶ οἱ ἄλλοι πάντες, εὖ ἴστε ὅτι οὐκ ἀληθῆ λέγει.

Ἀλλὰ διὰ τί δή ποτε μετ' ἐμοῦ χαίρουσί τινες πολὺν
c χρόνον διατρίβοντες; ἀκηκόατε, ὦ ἄνδρες Ἀθηναῖοι, πᾶσαν ὑμῖν τὴν ἀλήθειαν ἐγὼ εἶπον· ὅτι ἀκούοντες χαίρουσιν ἐξεταζομένοις τοῖς οἰομένοις μὲν εἶναι σοφοῖς, οὖσι δ' οὔ. ἔστι γὰρ οὐκ ἀηδές. ἐμοὶ δὲ τοῦτο, ὡς ἐγώ φημι, προστέ-
5 τακται ὑπὸ τοῦ θεοῦ πράττειν καὶ ἐκ μαντείων καὶ ἐξ ἐνυπνίων καὶ παντὶ τρόπῳ ᾧπέρ τίς ποτε καὶ ἄλλη θεία μοῖρα ἀνθρώπῳ καὶ ὁτιοῦν προσέταξε πράττειν. ταῦτα, ὦ ἄνδρες Ἀθηναῖοι, καὶ ἀληθῆ ἐστιν καὶ εὐέλεγκτα. εἰ γὰρ δὴ ἔγωγε τῶν νέων
d τοὺς μὲν διαφθείρω τοὺς δὲ διέφθαρκα, χρῆν δήπου, εἴτε τινὲς αὐτῶν πρεσβύτεροι γενόμενοι ἔγνωσαν ὅτι νέοις οὖσιν αὐτοῖς ἐγὼ κακὸν πώποτέ τι συνεβούλευσα, νυνὶ αὐτοὺς ἀναβαίνοντας ἐμοῦ κατηγορεῖν καὶ τιμωρεῖσθαι· εἰ δὲ μὴ
5 αὐτοὶ ἤθελον, τῶν οἰκείων τινὰς τῶν ἐκείνων, πατέρας καὶ ἀδελφοὺς καὶ ἄλλους τοὺς προσήκοντας, εἴπερ ὑπ' ἐμοῦ τι κακὸν ἐπεπόνθεσαν αὐτῶν οἱ οἰκεῖοι, νῦν μεμνῆσθαι καὶ τιμωρεῖσθαι. πάντως δὲ πάρεισιν αὐτῶν πολλοὶ ἐνταυθοῖ οὓς ἐγὼ ὁρῶ, πρῶτον μὲν Κρίτων οὑτοσί, ἐμὸς ἡλικιώτης
e καὶ δημότης, Κριτοβούλου τοῦδε πατήρ, ἔπειτα Λυσανίας ὁ Σφήττιος, Αἰσχίνου τοῦδε πατήρ, ἔτι δ' Ἀντιφῶν ὁ Κηφισιεὺς οὑτοσί, Ἐπιγένους πατήρ, ἄλλοι τοίνυν οὗτοι ὧν οἱ ἀδελφοὶ ἐν ταύτῃ τῇ διατριβῇ γεγόνασιν, Νικόστρατος
5 Θεοζοτίδου, ἀδελφὸς Θεοδότου—καὶ ὁ μὲν Θεόδοτος τετελεύτηκεν, ὥστε οὐκ ἂν ἐκεῖνός γε αὐτοῦ καταδεηθείη—καὶ Παράλιος ὅδε, ὁ Δημοδόκου, οὗ ἦν Θεάγης ἀδελφός· ὅδε δὲ
34 Ἀδείμαντος, ὁ Ἀρίστωνος, οὗ ἀδελφὸς οὑτοσὶ Πλάτων, καὶ

b 7 οἱ T W : om. B   c 6 ἄλλη] ἄλλῳ Arm.   θείᾳ μοίρᾳ T
c 7 ἄνδρες T : om. B   c 8 εὐεξέλεγκτα T   ἔγωγε B : ἐγὼ T
νέων B : νεωτέρων T   d 7 αὐτῶν om. T   καὶ τιμωρεῖσθαι om. T
e 1 τοῦδε B : τούτου T   e 2 ἔτι δ' T Arm. : ἔτι B   e 5 θεο-
ζοτίδου W cf. C I A ii. 2, no. 944 : θεοζωτίδου B : ὁ θεοσδοτίδου T : τε
ὁ ζοτίδου Arm.   e 7 Παράλιος Kirchner cf. C I A ii. 660 : πάραλος
T : πάραδος B W Arm.

48

Αἰαντόδωρος, οὗ Ἀπολλόδωρος ὅδε ἀδελφός. καὶ ἄλλους πολλοὺς ἐγὼ ἔχω ὑμῖν εἰπεῖν, ὧν τινα ἐχρῆν μάλιστα μὲν ἐν τῷ ἑαυτοῦ λόγῳ παρασχέσθαι Μέλητον μάρτυρα· εἰ δὲ τότε ἐπελάθετο, νῦν παρασχέσθω—ἐγὼ παραχωρῶ—καὶ λεγέτω 5 εἴ τι ἔχει τοιοῦτον. ἀλλὰ τούτου πᾶν τοὐναντίον εὑρήσετε, ὦ ἄνδρες, πάντας ἐμοὶ βοηθεῖν ἑτοίμους τῷ διαφθείροντι, τῷ κακὰ ἐργαζομένῳ τοὺς οἰκείους αὐτῶν, ὥς φασι Μέλητος καὶ Ἄνυτος. αὐτοὶ μὲν γὰρ οἱ διεφθαρμένοι τάχ᾽ ἂν λόγον b ἔχοιεν βοηθοῦντες· οἱ δὲ ἀδιάφθαρτοι, πρεσβύτεροι ἤδη ἄνδρες, οἱ τούτων προσήκοντες, τίνα ἄλλον ἔχουσι λόγον βοηθοῦντες ἐμοὶ ἀλλ᾽ ἢ τὸν ὀρθόν τε καὶ δίκαιον, ὅτι συνίσασι Μελήτῳ μὲν ψευδομένῳ, ἐμοὶ δὲ ἀληθεύοντι; 5

Εἶεν δή, ὦ ἄνδρες· ἃ μὲν ἐγὼ ἔχοιμ᾽ ἂν ἀπολογεῖσθαι, σχεδόν ἐστι ταῦτα καὶ ἄλλα ἴσως τοιαῦτα. τάχα δ᾽ ἄν τις ὑμῶν ἀγανακτήσειεν ἀναμνησθεὶς ἑαυτοῦ, εἰ ὁ μὲν καὶ ἐλάττω c τουτουὶ τοῦ ἀγῶνος ἀγῶνα ἀγωνιζόμενος ἐδεήθη τε καὶ ἱκέτευσε τοὺς δικαστὰς μετὰ πολλῶν δακρύων, παιδία τε αὐτοῦ ἀναβιβασάμενος ἵνα ὅτι μάλιστα ἐλεηθείη, καὶ ἄλλους τῶν οἰκείων καὶ φίλων πολλούς, ἐγὼ δὲ οὐδὲν ἄρα τούτων 5 ποιήσω, καὶ ταῦτα κινδυνεύων, ὡς ἂν δόξαιμι, τὸν ἔσχατον κίνδυνον. τάχ᾽ ἂν οὖν τις ταῦτα ἐννοήσας αὐθαδέστερον ἂν πρός με σχοίη καὶ ὀργισθεὶς αὐτοῖς τούτοις θεῖτο ἂν μετ᾽ ὀργῆς τὴν ψῆφον. εἰ δή τις ὑμῶν οὕτως ἔχει—οὐκ ἀξιῶ d μὲν γὰρ ἔγωγε, εἰ δ᾽ οὖν—ἐπιεικῆ ἄν μοι δοκῶ πρὸς τοῦτον λέγειν λέγων ὅτι "Ἐμοί, ὦ ἄριστε, εἰσὶν μέν πού τινες καὶ οἰκεῖοι· καὶ γὰρ τοῦτο αὐτὸ τὸ τοῦ Ὁμήρου, οὐδ᾽ ἐγὼ 'ἀπὸ δρυὸς οὐδ᾽ ἀπὸ πέτρης' πέφυκα ἀλλ᾽ ἐξ ἀνθρώπων, ὥστε 5 καὶ οἰκεῖοί μοί εἰσι καὶ ὑεῖς γε, ὦ ἄνδρες Ἀθηναῖοι, τρεῖς, εἷς μὲν μειράκιον ἤδη, δύο δὲ παιδία· ἀλλ᾽ ὅμως οὐδένα αὐτῶν

a 2 ὅδε B : ὁ T   a 3 ἐγὼ B : ἔγωγ᾽ T   a 4 παρέχεσθαι T
b 3 λόγον ἔχουσι T   b 4 ὅτι B : ὃν T   b 5 ξυνίσασι T b :
ξυνίασι B   ἀληθεύοντι B : ἀληθῆ λέγοντι T   c 2 ἐδεήθη B γρ. t :
δεδέηται T   c 5 φίλων B : φίλους T   c 6 ὡς B t : ᾧ T   c 7 τάχ᾽
ἂν οὖν scripsi : τάχ᾽ οὖν B : τάχα νοῦν T   d 6 γε T : om. B

49

δεῦρο ἀναβιβασάμενος δεήσομαι ὑμῶν ἀποψηφίσασθαι." τί

δὴ οὖν οὐδὲν τούτων ποιήσω; οὐκ αὐθαδιζόμενος, ὦ ἄνδρες

e Ἀθηναῖοι, οὐδ᾽ ὑμᾶς ἀτιμάζων, ἀλλ᾽ εἰ μὲν θαρραλέως ἐγὼ

ἔχω πρὸς θάνατον ἢ μή, ἄλλος λόγος, πρὸς δ᾽ οὖν δόξαν καὶ

ἐμοὶ καὶ ὑμῖν καὶ ὅλῃ τῇ πόλει οὔ μοι δοκεῖ καλὸν εἶναι ἐμὲ

τούτων οὐδὲν ποιεῖν καὶ τηλικόνδε ὄντα καὶ τοῦτο τοὔνομα

5 ἔχοντα, εἴτ᾽ οὖν ἀληθὲς εἴτ᾽ οὖν ψεῦδος, ἀλλ᾽ οὖν δεδογμένον

35 γέ ἐστί τῳ Σωκράτη διαφέρειν τῶν πολλῶν ἀνθρώπων. εἰ

οὖν ὑμῶν οἱ δοκοῦντες διαφέρειν εἴτε σοφίᾳ εἴτε ἀνδρείᾳ

εἴτε ἄλλῃ ἡτινιοῦν ἀρετῇ τοιοῦτοι ἔσονται, αἰσχρὸν ἂν εἴη·

οἷουσπερ ἐγὼ πολλάκις ἑώρακά τινας ὅταν κρίνωνται, δο-

5 κοῦντας μέν τι εἶναι, θαυμάσια δὲ ἐργαζομένους, ὡς δεινόν

τι οἰομένους πείσεσθαι εἰ ἀποθανοῦνται, ὥσπερ ἀθανάτων

ἐσομένων ἂν ὑμεῖς αὐτοὺς μὴ ἀποκτείνητε· οἳ ἐμοὶ δοκοῦσιν

αἰσχύνην τῇ πόλει περιάπτειν, ὥστ᾽ ἄν τινα καὶ τῶν ξένων

b ὑπολαβεῖν ὅτι οἱ διαφέροντες Ἀθηναίων εἰς ἀρετήν, οὓς

αὐτοὶ ἑαυτῶν ἔν τε ταῖς ἀρχαῖς καὶ ταῖς ἄλλαις τιμαῖς

προκρίνουσιν, οὗτοι γυναικῶν οὐδὲν διαφέρουσιν. ταῦτα γάρ,

ὦ ἄνδρες Ἀθηναῖοι, οὔτε ὑμᾶς χρὴ ποιεῖν τοὺς δοκοῦντας

5 καὶ ὁπηοῦν τι εἶναι, οὔτ᾽, ἂν ἡμεῖς ποιῶμεν, ὑμᾶς ἐπι-

τρέπειν, ἀλλὰ τοῦτο αὐτὸ ἐνδείκνυσθαι, ὅτι πολὺ μᾶλλον

καταψηφιεῖσθε τοῦ τὰ ἐλεινὰ ταῦτα δράματα εἰσάγοντος καὶ

καταγέλαστον τὴν πόλιν ποιοῦντος ἢ τοῦ ἡσυχίαν ἄγοντος.

Χωρὶς δὲ τῆς δόξης, ὦ ἄνδρες, οὐδὲ δίκαιόν μοι δοκεῖ

c εἶναι δεῖσθαι τοῦ δικαστοῦ οὐδὲ δεόμενον ἀποφεύγειν, ἀλλὰ

διδάσκειν καὶ πείθειν. οὐ γὰρ ἐπὶ τούτῳ κάθηται ὁ δικα-

στής, ἐπὶ τῷ καταχαρίζεσθαι τὰ δίκαια, ἀλλ᾽ ἐπὶ τῷ κρίνειν

ταῦτα· καὶ ὀμώμοκεν οὐ χαριεῖσθαι οἷς ἂν δοκῇ αὐτῷ, ἀλλὰ

5 δικάσειν κατὰ τοὺς νόμους. οὔκουν χρὴ οὔτε ἡμᾶς ἐθίζειν

d 9 δὴ οὖν B t : δὴ T : οὖν W   e 1 θαρραλέος T   a 1 τῳ
Σωκράτη scripsi : τῷ Σωκράτει B : τὸν Σωκράτη Tb : τὸ Σωκράτη
al.   διαφέρειν scripsi : διαφέρειν τινὶ B T W   b 4 ἡμᾶς Arm.
b 5 ὁπηοῦν τι Heindorf : ὅπη τι οὖν B T : ὁτιοῦν Arm.   b 9 δοκεῖ
εἶναί μοι T   c 2 τούτῳ B t : τοῦτο T   c 4 post χαριεῖσθαι add.
τὰ δίκαια T

ὑμᾶς ἐπιορκεῖν οὔθ᾽ ὑμᾶς ἐθίζεσθαι· οὐδέτεροι γὰρ ἂν ἡμῶν
εὐσεβοῖεν. μὴ οὖν ἀξιοῦτέ με, ὦ ἄνδρες Ἀθηναῖοι, τοιαῦτα
δεῖν πρὸς ὑμᾶς πράττειν ἃ μήτε ἡγοῦμαι καλὰ εἶναι μήτε
δίκαια μήτε ὅσια, ἄλλως τε μέντοι νὴ Δία πάντως καὶ ἀσε- d
βείας φεύγοντα ὑπὸ Μελήτου τουτουΐ. σαφῶς γὰρ ἄν, εἰ
πείθοιμι ὑμᾶς καὶ τῷ δεῖσθαι βιαζοίμην ὀμωμοκότας, θεοὺς
ἂν διδάσκοιμι μὴ ἡγεῖσθαι ὑμᾶς εἶναι, καὶ ἀτεχνῶς ἀπολο-
γούμενος κατηγοροίην ἂν ἐμαυτοῦ ὡς θεοὺς οὐ νομίζω. ἀλλὰ 5
πολλοῦ δεῖ οὕτως ἔχειν· νομίζω τε γάρ, ὦ ἄνδρες Ἀθηναῖοι,
ὡς οὐδεὶς τῶν ἐμῶν κατηγόρων, καὶ ὑμῖν ἐπιτρέπω καὶ τῷ θεῷ
κρῖναι περὶ ἐμοῦ ὅπῃ μέλλει ἐμοί τε ἄριστα εἶναι καὶ ὑμῖν.

Τὸ μὲν μὴ ἀγανακτεῖν, ὦ ἄνδρες Ἀθηναῖοι, ἐπὶ τούτῳ e
τῷ γεγονότι, ὅτι μου κατεψηφίσασθε, ἄλλα τέ μοι πολλὰ 36
συμβάλλεται, καὶ οὐκ ἀνέλπιστόν μοι γέγονεν τὸ γεγονὸς
τοῦτο, ἀλλὰ πολὺ μᾶλλον θαυμάζω ἑκατέρων τῶν ψήφων
τὸν γεγονότα ἀριθμόν. οὐ γὰρ ᾠόμην ἔγωγε οὕτω παρ᾽
ὀλίγον ἔσεσθαι ἀλλὰ παρὰ πολύ· νῦν δέ, ὡς ἔοικεν, εἰ 5
τριάκοντα μόναι μετέπεσον τῶν ψήφων, ἀπεπεφεύγη ἄν.
Μέλητον μὲν οὖν, ὡς ἐμοὶ δοκῶ, καὶ νῦν ἀποπέφευγα, καὶ
οὐ μόνον ἀποπέφευγα, ἀλλὰ παντὶ δῆλον τοῦτό γε, ὅτι εἰ μὴ
ἀνέβη Ἄνυτος καὶ Λύκων κατηγορήσοντες ἐμοῦ, κἂν ὦφλε
χιλίας δραχμάς, οὐ μεταλαβὼν τὸ πέμπτον μέρος τῶν b
ψήφων.

Τιμᾶται δ᾽ οὖν μοι ὁ ἀνὴρ θανάτου. εἶεν· ἐγὼ δὲ δὴ
τίνος ὑμῖν ἀντιτιμήσομαι, ὦ ἄνδρες Ἀθηναῖοι; ἢ δῆλον ὅτι
τῆς ἀξίας; τί οὖν; τί ἄξιός εἰμι παθεῖν ἢ ἀποτεῖσαι, ὅτι 5
μαθὼν ἐν τῷ βίῳ οὐχ ἡσυχίαν ἦγον, ἀλλ᾽ ἀμελήσας ὧνπερ
οἱ πολλοί, χρηματισμοῦ τε καὶ οἰκονομίας καὶ στρατηγιῶν

c 6 ἡμῶν B : ὑμῶν T   d 1 μέντοι νὴ Δία πάντως B : πάντως νὴ
Δία μέντοι T : νὴ Δία πάντως secl. Stallbaum : πάντως secl. Schanz
d 6 δεῖ B t : δεῖν T : δέω Cobet   a 6 τριάκοντα B γρ. t : τρὶς T :
τρεῖς t   a 9 ἀναβῇ pr. T   b 4 ἀντιτιμήσωμαι Hirschig   ἄνδρες
om. W   ἢ B t : om. T   b 6 μαθὼν] παθὼν Hermann
b 7 πολλοὶ οὔ Schanz et sic Arm.

καὶ δημηγοριῶν καὶ τῶν ἄλλων ἀρχῶν καὶ συνωμοσιῶν καὶ
στάσεων τῶν ἐν τῇ πόλει γιγνομένων, ἡγησάμενος ἐμαυτὸν
c τῷ ὄντι ἐπιεικέστερον εἶναι ἢ ὥστε εἰς ταῦτ' ἰόντα σῴζεσθαι,
ἐνταῦθα μὲν οὐκ ᾖα οἷ ἐλθὼν μήτε ὑμῖν μήτε ἐμαυτῷ ἔμελ-
λον μηδὲν ὄφελος εἶναι, ἐπὶ δὲ τὸ ἰδίᾳ ἕκαστον ἰὼν εὐεργε-
τεῖν τὴν μεγίστην εὐεργεσίαν, ὡς ἐγώ φημι, ἐνταῦθα ᾖα,
5 ἐπιχειρῶν ἕκαστον ὑμῶν πείθειν μὴ πρότερον μήτε τῶν
ἑαυτοῦ μηδενὸς ἐπιμελεῖσθαι πρὶν ἑαυτοῦ ἐπιμεληθείη ὅπως
ὡς βέλτιστος καὶ φρονιμώτατος ἔσοιτο, μήτε τῶν τῆς πό-
λεως, πρὶν αὐτῆς τῆς πόλεως, τῶν τε ἄλλων οὕτω κατὰ τὸν
d αὐτὸν τρόπον ἐπιμελεῖσθαι—τί οὖν εἰμι ἄξιος παθεῖν τοιοῦ-
τος ὤν; ἀγαθόν τι, ὦ ἄνδρες Ἀθηναῖοι, εἰ δεῖ γε κατὰ τὴν
ἀξίαν τῇ ἀληθείᾳ τιμᾶσθαι· καὶ ταῦτά γε ἀγαθὸν τοιοῦτον
ὅτι ἂν πρέποι ἐμοί. τί οὖν πρέπει ἀνδρὶ πένητι εὐεργέτῃ
5 δεομένῳ ἄγειν σχολὴν ἐπὶ τῇ ὑμετέρᾳ παρακελεύσει; οὐκ
ἔσθ' ὅτι μᾶλλον, ὦ ἄνδρες Ἀθηναῖοι, πρέπει οὕτως ὡς τὸν
τοιοῦτον ἄνδρα ἐν πρυτανείῳ σιτεῖσθαι, πολύ γε μᾶλλον ἢ
εἴ τις ὑμῶν ἵππῳ ἢ συνωρίδι ἢ ζεύγει νενίκηκεν Ὀλυμπία-
σιν· ὁ μὲν γὰρ ὑμᾶς ποιεῖ εὐδαίμονας δοκεῖν εἶναι, ἐγὼ δὲ
e εἶναι, καὶ ὁ μὲν τροφῆς οὐδὲν δεῖται, ἐγὼ δὲ δέομαι. εἰ
οὖν δεῖ με κατὰ τὸ δίκαιον τῆς ἀξίας τιμᾶσθαι, τούτου
37 τιμῶμαι, ἐν πρυτανείῳ σιτήσεως.

Ἴσως οὖν ὑμῖν καὶ ταυτὶ λέγων παραπλησίως δοκῶ λέγειν
ὥσπερ περὶ τοῦ οἴκτου καὶ τῆς ἀντιβολήσεως, ἀπαυθαδιζό-
μενος· τὸ δὲ οὐκ ἔστιν, ὦ ἄνδρες Ἀθηναῖοι, τοιοῦτον ἀλλὰ
5 τοιόνδε μᾶλλον. πέπεισμαι ἐγὼ ἑκὼν εἶναι μηδένα ἀδικεῖν
ἀνθρώπων, ἀλλὰ ὑμᾶς τοῦτο οὐ πείθω· ὀλίγον γὰρ χρόνον
ἀλλήλοις διειλέγμεθα. ἐπεί, ὡς ἐγῷμαι, εἰ ἦν ὑμῖν νόμος,
ὥσπερ καὶ ἄλλοις ἀνθρώποις, περὶ θανάτου μὴ μίαν ἡμέραν
b μόνον κρίνειν ἀλλὰ πολλάς, ἐπείσθητε ἄν· νῦν δ' οὐ ῥᾴδιον

c 1 ἰόντα T : ὄντα B   c 3 ἰὼν secl. Schanz   εὐεργετῶν Arm.
c 4 ἐνταῦθα ᾖα secl. Hermann   d 2 εἰ δέ γε ... τιμᾶσθε B W :
εἰ δή (sed corr. δεῖ pr. man.) γε ... τιμᾶσθε T : εἰ ... τιμᾶσθαι Arm.
d 6 μᾶλλον secl. Mudge : οὕτως secl. Adam   a 4 ἄνδρες T · om. B

52

ἐν χρόνῳ ὀλίγῳ μεγάλας διαβολὰς ἀπολύεσθαι. πεπεισμέ-
νος δὴ ἐγὼ μηδένα ἀδικεῖν πολλοῦ δέω ἐμαυτόν γε ἀδικήσειν
καὶ κατ' ἐμαυτοῦ ἐρεῖν αὐτὸς ὡς ἄξιός εἰμί του κακοῦ καὶ
τιμήσεσθαι τοιούτου τινὸς ἐμαυτῷ. τί δείσας; ἢ μὴ πάθω 5
τοῦτο οὗ Μέλητός μοι τιμᾶται, ὅ φημι οὐκ εἰδέναι οὔτ' εἰ
ἀγαθὸν οὔτ' εἰ κακόν ἐστιν; ἀντὶ τούτου δὴ ἕλωμαι ὧν εὖ
οἶδά τι κακῶν ὄντων τούτου τιμησάμενος; πότερον δεσμοῦ;
καὶ τί με δεῖ ζῆν ἐν δεσμωτηρίῳ, δουλεύοντα τῇ ἀεὶ καθι- c
σταμένῃ ἀρχῇ, τοῖς ἕνδεκα; ἀλλὰ χρημάτων καὶ δεδέσθαι
ἕως ἂν ἐκτείσω; ἀλλὰ ταὐτόν μοί ἐστιν ὅπερ νυνδὴ ἔλεγον·
οὐ γὰρ ἔστι μοι χρήματα ὁπόθεν ἐκτείσω. ἀλλὰ δὴ φυγῆς
τιμήσωμαι; ἴσως γὰρ ἄν μοι τούτου τιμήσαιτε. πολλὴ 5
μεντἂν με φιλοψυχία ἔχοι, ὦ ἄνδρες Ἀθηναῖοι, εἰ οὕτως
ἀλόγιστός εἰμι ὥστε μὴ δύνασθαι λογίζεσθαι ὅτι ὑμεῖς μὲν
ὄντες πολῖταί μου οὐχ οἷοί τε ἐγένεσθε ἐνεγκεῖν τὰς ἐμὰς
διατριβὰς καὶ τοὺς λόγους, ἀλλ' ὑμῖν βαρύτεραι γεγόνασιν d
καὶ ἐπιφθονώτεραι, ὥστε ζητεῖτε αὐτῶν νυνὶ ἀπαλλαγῆναι·
ἄλλοι δὲ ἄρα αὐτὰς οἴσουσι ῥᾳδίως; πολλοῦ γε δεῖ, ὦ ἄνδρες
Ἀθηναῖοι. καλὸς οὖν ἄν μοι ὁ βίος εἴη ἐξελθόντι τηλικῷδε
ἀνθρώπῳ ἄλλην ἐξ ἄλλης πόλεως ἀμειβομένῳ καὶ ἐξελαυνο- 5
μένῳ ζῆν. εὖ γὰρ οἶδ' ὅτι ὅποι ἂν ἔλθω, λέγοντος ἐμοῦ
ἀκροάσονται οἱ νέοι ὥσπερ ἐνθάδε· κἂν μὲν τούτους ἀπ-
ελαύνω, οὗτοί με αὐτοὶ ἐξελῶσι πείθοντες τοὺς πρεσβυτέρους·
ἐὰν δὲ μὴ ἀπελαύνω, οἱ τούτων πατέρες δὲ καὶ οἰκεῖοι δι' e
αὐτοὺς τούτους.
Ἴσως οὖν ἄν τις εἴποι· "Σιγῶν δὲ καὶ ἡσυχίαν ἄγων, ὦ
Σώκρατες, οὐχ οἷός τ' ἔσῃ ἡμῖν ἐξελθὼν ζῆν;" τουτὶ δή
ἐστι πάντων χαλεπώτατον πεῖσαί τινας ὑμῶν. ἐάντε γὰρ 5

b 3 δὴ B : δ' T   b 6 οὗ] δ in marg. B²   b 8 οἶδά τι Baumann :
οἶδ' ὅτι B T   τούτου] τοῦ Meiser   c 5 τιμήσωμαι B : τιμήσομαι
T W   τούτου B : τουτο T   c 6 ὦ ἄνδρες Ἀθηναῖοι T : om. B
d 3 ἄνδρες om. B   d 5 πόλεως] πόλιν Cobet : πόλιν πόλεως al.
d 6 ζῆν] γῆν πρὸ γῆς Cobet   d 8 με T : ἐμὲ B   αὐτοὶ] αὖ Schanz
e 1 δὲ καὶ B : τε καὶ T   e 4 οἷός Bt : οἷς T

λέγω ὅτι τῷ θεῷ ἀπειθεῖν τοῦτ' ἐστὶν καὶ διὰ τοῦτ' ἀδύνα-
38 τον ἡσυχίαν ἄγειν, οὐ πείσεσθέ μοι ὡς εἰρωνευομένῳ· ἐάντ'
αὖ λέγω ὅτι καὶ τυγχάνει μέγιστον ἀγαθὸν ὂν ἀνθρώπῳ
τοῦτο, ἑκάστης ἡμέρας περὶ ἀρετῆς τοὺς λόγους ποιεῖσθαι
καὶ τῶν ἄλλων περὶ ὧν ὑμεῖς ἐμοῦ ἀκούετε διαλεγομένου καὶ
5 ἐμαυτὸν καὶ ἄλλους ἐξετάζοντος, ὁ δὲ ἀνεξέταστος βίος οὐ
βιωτὸς ἀνθρώπῳ, ταῦτα δ' ἔτι ἧττον πείσεσθέ μοι λέγοντι.
τὰ δὲ ἔχει μὲν οὕτως, ὡς ἐγώ φημι, ὦ ἄνδρες, πείθειν δὲ οὐ
ῥᾴδιον. καὶ ἐγὼ ἅμα οὐκ εἴθισμαι ἐμαυτὸν ἀξιοῦν κακοῦ
b οὐδενός. εἰ μὲν γὰρ ἦν μοι χρήματα, ἐτιμησάμην ἂν χρη-
μάτων ὅσα ἔμελλον ἐκτείσειν, οὐδὲν γὰρ ἂν ἐβλάβην· νῦν
δὲ οὐ γὰρ ἔστιν, εἰ μὴ ἄρα ὅσον ἂν ἐγὼ δυναίμην ἐκτεῖσαι,
τοσούτου βούλεσθέ μοι τιμῆσαι. ἴσως δ' ἂν δυναίμην ἐκ-
5 τεῖσαι ὑμῖν που μνᾶν ἀργυρίου· τοσούτου οὖν τιμῶμαι.

Πλάτων δὲ ὅδε, ὦ ἄνδρες Ἀθηναῖοι, καὶ Κρίτων καὶ
Κριτόβουλος καὶ Ἀπολλόδωρος κελεύουσί με τριάκοντα μνῶν
τιμήσασθαι, αὐτοὶ δ' ἐγγυᾶσθαι· τιμῶμαι οὖν τοσούτου,
ἐγγυηταὶ δὲ ὑμῖν ἔσονται τοῦ ἀργυρίου οὗτοι ἀξιόχρεῳ.

c Οὐ πολλοῦ γ' ἕνεκα χρόνου, ὦ ἄνδρες Ἀθηναῖοι, ὄνομα
ἕξετε καὶ αἰτίαν ὑπὸ τῶν βουλομένων τὴν πόλιν λοιδορεῖν
ὡς Σωκράτη ἀπεκτόνατε, ἄνδρα σοφόν—φήσουσι γὰρ δὴ
σοφὸν εἶναι, εἰ καὶ μή εἰμι, οἱ βουλόμενοι ὑμῖν ὀνειδίζειν—
5 εἰ γοῦν περιεμείνατε ὀλίγον χρόνον, ἀπὸ τοῦ αὐτομάτου ἂν
ὑμῖν τοῦτο ἐγένετο· ὁρᾶτε γὰρ δὴ τὴν ἡλικίαν ὅτι πόρρω
ἤδη ἐστὶ τοῦ βίου θανάτου δὲ ἐγγύς. λέγω δὲ τοῦτο οὐ
d πρὸς πάντας ὑμᾶς, ἀλλὰ πρὸς τοὺς ἐμοῦ καταψηφισα-
μένους θάνατον. λέγω δὲ καὶ τόδε πρὸς τοὺς αὐτοὺς
τούτους. ἴσως με οἴεσθε, ὦ ἄνδρες Ἀθηναῖοι, ἀπορίᾳ λόγων

a 1 ἐάντ' αὖ Β⁻: ἐὰν ταῦτα Τ   a 2 ὂν Β : om. Τ   a 6 δ' ἔτι]
δέ τι Β Τ   a 8 ῥᾴδια Τ   ἅμα Β : & Τ   b 5 που Τ : om. Β
μίαν μνᾶν Arm.   c 3 post δὴ add. με Τ W   c 5 γοῦν Τ : οὖν Β
c 6 post ἐγένετο add. ἐμὲ τεθνάναι Τ   δὴ Β t : εἰς Τ   d 2 καὶ
τόδε Β t : om. Τ   d 3 Ἀθηναῖοι Τ : om. Β

ἑαλωκέναι τοιούτων οἷς ἂν ὑμᾶς ἔπεισα, εἰ ᾤμην δεῖν
ἅπαντα ποιεῖν καὶ λέγειν ὥστε ἀποφυγεῖν τὴν δίκην. 5
πολλοῦ γε δεῖ. ἀλλ' ἀπορίᾳ μὲν ἑάλωκα, οὐ μέντοι λόγων,
ἀλλὰ τόλμης καὶ ἀναισχυντίας καὶ τοῦ μὴ ἐθέλειν λέγειν
πρὸς ὑμᾶς τοιαῦτα οἷ' ἂν ὑμῖν μὲν ἥδιστα ἦν ἀκούειν—
θρηνοῦντός τέ μου καὶ ὀδυρομένου καὶ ἄλλα ποιοῦντος καὶ
λέγοντος πολλὰ καὶ ἀνάξια ἐμοῦ, ὡς ἐγώ φημι, οἷα δὴ καὶ e
εἴθισθε ὑμεῖς τῶν ἄλλων ἀκούειν. ἀλλ' οὔτε τότε ᾠήθην
δεῖν ἕνεκα τοῦ κινδύνου πρᾶξαι οὐδὲν ἀνελεύθερον, οὔτε νῦν
μοι μεταμέλει οὕτως ἀπολογησαμένῳ, ἀλλὰ πολὺ μᾶλλον
αἱροῦμαι ὧδε ἀπολογησάμενος τεθνάναι ἢ ἐκείνως ζῆν. οὔτε 5
γὰρ ἐν δίκῃ οὔτ' ἐν πολέμῳ οὔτ' ἐμὲ οὔτ' ἄλλον οὐδένα δεῖ
τοῦτο μηχανᾶσθαι, ὅπως ἀποφεύξεται πᾶν ποιῶν θάνατον. 39
καὶ γὰρ ἐν ταῖς μάχαις πολλάκις δῆλον γίγνεται ὅτι τό γε
ἀποθανεῖν ἄν τις ἐκφύγοι καὶ ὅπλα ἀφεὶς καὶ ἐφ' ἱκετείαν
τραπόμενος τῶν διωκόντων· καὶ ἄλλαι μηχαναὶ πολλαί εἰσιν
ἐν ἑκάστοις τοῖς κινδύνοις ὥστε διαφεύγειν θάνατον, ἐάν τις 5
τολμᾷ πᾶν ποιεῖν καὶ λέγειν. ἀλλὰ μὴ οὐ τοῦτ' ᾖ χαλεπόν,
ὦ ἄνδρες, θάνατον ἐκφυγεῖν, ἀλλὰ πολὺ χαλεπώτερον πονη-
ρίαν· θᾶττον γὰρ θανάτου θεῖ. καὶ νῦν ἐγὼ μὲν ἅτε βραδὺς b
ὢν καὶ πρεσβύτης ὑπὸ τοῦ βραδυτέρου ἑάλων, οἱ δ' ἐμοὶ
κατήγοροι ἅτε δεινοὶ καὶ ὀξεῖς ὄντες ὑπὸ τοῦ θάττονος, τῆς
κακίας. καὶ νῦν ἐγὼ μὲν ἄπειμι ὑφ' ὑμῶν θανάτου δίκην
ὀφλών, οὗτοι δ' ὑπὸ τῆς ἀληθείας ὠφληκότες μοχθηρίαν 5
καὶ ἀδικίαν. καὶ ἐγώ τε τῷ τιμήματι ἐμμένω καὶ οὗτοι.
ταῦτα μέν που ἴσως οὕτως καὶ ἔδει σχεῖν, καὶ οἶμαι αὐτὰ
μετρίως ἔχειν.

Τὸ δὲ δὴ μετὰ τοῦτο ἐπιθυμῶ ὑμῖν χρησμῳδῆσαι, ὦ κατα- c
ψηφισάμενοί μου· καὶ γάρ εἰμι ἤδη ἐνταῦθα ἐν ᾧ μάλιστα

d 7 μὴ T b Arm. : om. B   d 8 οἷα ... ἥδιστ' ἂν T   μὲν T :
om. B   d 9 τε B : om. T   e 5 ἀπολογησάμενος T W : ἀπο-
λογησόμενος B   a 1 μηχανήσασθαι Stobaeus   a 3 ἄν] ῥᾶον
ἄν Arm. al.   ὑπεκφύγοι Stobaeus   a 7 ὦ ἄνδρες Ἀθηναῖοι T b
b 2 δ' ἐμοὶ B : δέ μου T   b 4 νῦν B : νῦν δὴ T   ὑφ' W t : ἀφ' B T
b 6 ἐγώ τε Heindorf : ἔγωγε B T   b 7 μὲν οὖν * * * που T

ἄνθρωποι χρησμῳδοῦσιν, ὅταν μέλλωσιν ἀποθανεῖσθαι. φημὶ
γάρ, ὦ ἄνδρες οἳ ἐμὲ ἀπεκτόνατε, τιμωρίαν ὑμῖν ἥξειν εὐθὺς
5 μετὰ τὸν ἐμὸν θάνατον πολὺ χαλεπωτέραν νὴ Δία ἢ οἵαν
ἐμὲ ἀπεκτόνατε· νῦν γὰρ τοῦτο εἴργασθε οἰόμενοι μὲν ἀπαλ-
λάξεσθαι τοῦ διδόναι ἔλεγχον τοῦ βίου, τὸ δὲ ὑμῖν πολὺ
ἐναντίον ἀποβήσεται, ὡς ἐγώ φημι. πλείους ἔσονται ὑμᾶς
d οἱ ἐλέγχοντες, οὓς νῦν ἐγὼ κατεῖχον, ὑμεῖς δὲ οὐκ ᾐσθά-
νεσθε· καὶ χαλεπώτεροι ἔσονται ὅσῳ νεώτεροί εἰσιν, καὶ
ὑμεῖς μᾶλλον ἀγανακτήσετε. εἰ γὰρ οἴεσθε ἀποκτείνοντες
ἀνθρώπους ἐπισχήσειν τοῦ ὀνειδίζειν τινὰ ὑμῖν ὅτι οὐκ
5 ὀρθῶς ζῆτε, οὐ καλῶς διανοεῖσθε· οὐ γάρ ἐσθ' αὕτη ἡ ἀπαλ-
λαγὴ οὔτε πάνυ δυνατὴ οὔτε καλή, ἀλλ' ἐκείνη καὶ καλλίστη
καὶ ῥᾴστη, μὴ τοὺς ἄλλους κολούειν ἀλλ' ἑαυτὸν παρασκευά-
ζειν ὅπως ἔσται ὡς βέλτιστος. ταῦτα μὲν οὖν ὑμῖν τοῖς
καταψηφισαμένοις μαντευσάμενος ἀπαλλάττομαι.
e   Τοῖς δὲ ἀποψηφισαμένοις ἡδέως ἂν διαλεχθείην ὑπὲρ τοῦ
γεγονότος τουτουὶ πράγματος, ἐν ᾧ οἱ ἄρχοντες ἀσχολίαν
ἄγουσι καὶ οὔπω ἔρχομαι οἷ ἐλθόντα με δεῖ τεθνάναι. ἀλλά
μοι, ὦ ἄνδρες, παραμείνατε τοσοῦτον χρόνον· οὐδὲν γὰρ
5 κωλύει διαμυθολογῆσαι πρὸς ἀλλήλους ἕως ἔξεστιν. ὑμῖν
40 γὰρ ὡς φίλοις οὖσιν ἐπιδεῖξαι ἐθέλω τὸ νυνί μοι συμβεβη-
κὸς τί ποτε νοεῖ. ἐμοὶ γάρ, ὦ ἄνδρες δικασταί—ὑμᾶς γὰρ
δικαστὰς καλῶν ὀρθῶς ἂν καλοίην—θαυμάσιόν τι γέγονεν.
ἡ γὰρ εἰωθυῖά μοι μαντικὴ ἡ τοῦ δαιμονίου ἐν μὲν τῷ
5 πρόσθεν χρόνῳ παντὶ πάνυ πυκνὴ ἀεὶ ἦν καὶ πάνυ ἐπὶ
σμικροῖς ἐναντιουμένη, εἴ τι μέλλοιμι μὴ ὀρθῶς πράξειν.
νυνὶ δὲ συμβέβηκέ μοι ἅπερ ὁρᾶτε καὶ αὐτοί, ταυτὶ ἅ γε δὴ
οἰηθείη ἄν τις καὶ νομίζεται ἔσχατα κακῶν εἶναι· ἐμοὶ δὲ
b οὔτε ἐξιόντι ἕωθεν οἴκοθεν ἠναντιώθη τὸ τοῦ θεοῦ σημεῖον,

c 4 οἵ με ἀποκτενεῖτε T   c 6 ἀπεκτείνατε T   εἴργασθε T :
εἰργάσασθε B   οἰόμενοι μὲν Hermann : οἰόμενοί με B W : οἰόμενοι B² T
d 1 ἐλέγξοντες Schanz   d 5 οὐ καλῶς T : οὐκ ὀρθῶς B γρ. t
a 2 τί ποτ' ἐννοεῖ T   a 4 ἡ τοῦ δαιμονίου secl. Schleiermacher
a 8 καὶ νομίζεται secl. Schanz

οὔτε ἡνίκα ἀνέβαινον ἐνταυθοῖ ἐπὶ τὸ δικαστήριον, οὔτε ἐν
τῷ λόγῳ οὐδαμοῦ μέλλοντί τι ἐρεῖν. καίτοι ἐν ἄλλοις λόγοις
πολλαχοῦ δή με ἐπέσχε λέγοντα μεταξύ· νῦν δὲ οὐδαμοῦ
περὶ ταύτην τὴν πρᾶξιν οὔτ' ἐν ἔργῳ οὐδενὶ οὔτ' ἐν λόγῳ 5
ἠναντίωταί μοι. τί οὖν αἴτιον εἶναι ὑπολαμβάνω; ἐγὼ
ὑμῖν ἐρῶ· κινδυνεύει γάρ μοι τὸ συμβεβηκὸς τοῦτο ἀγαθὸν
γεγονέναι, καὶ οὐκ ἔσθ' ὅπως ἡμεῖς ὀρθῶς ὑπολαμβάνομεν,
ὅσοι οἰόμεθα κακὸν εἶναι τὸ τεθνάναι. μέγα μοι τεκμήριον c
τούτου γέγονεν· οὐ γὰρ ἔσθ' ὅπως οὐκ ἠναντιώθη ἄν μοι τὸ
εἰωθὸς σημεῖον, εἰ μή τι ἔμελλον ἐγὼ ἀγαθὸν πράξειν.
Ἐννοήσωμεν δὲ καὶ τῇδε ὡς πολλὴ ἐλπίς ἐστιν ἀγαθὸν
αὐτὸ εἶναι. δυοῖν γὰρ θάτερόν ἐστιν τὸ τεθνάναι· ἢ γὰρ 5
οἷον μηδὲν εἶναι μηδὲ αἴσθησιν μηδεμίαν μηδενὸς ἔχειν τὸν
τεθνεῶτα, ἢ κατὰ τὰ λεγόμενα μεταβολή τις τυγχάνει
οὖσα καὶ μετοίκησις τῇ ψυχῇ τοῦ τόπου τοῦ ἐνθένδε εἰς
ἄλλον τόπον. καὶ εἴτε δὴ μηδεμία αἴσθησίς ἐστιν ἀλλ'
οἷον ὕπνος ἐπειδάν τις καθεύδων μηδ' ὄναρ μηδὲν ὁρᾷ, θαυ- d
μάσιον κέρδος ἂν εἴη ὁ θάνατος—ἐγὼ γὰρ ἂν οἶμαι, εἴ τινα
ἐκλεξάμενον δέοι ταύτην τὴν νύκτα ἐν ᾗ οὕτω κατέδαρθεν
ὥστε μηδὲ ὄναρ ἰδεῖν, καὶ τὰς ἄλλας νύκτας τε καὶ ἡμέρας
τὰς τοῦ βίου τοῦ ἑαυτοῦ ἀντιπαραθέντα ταύτῃ τῇ νυκτὶ δέοι 5
σκεψάμενον εἰπεῖν πόσας ἄμεινον καὶ ἥδιον ἡμέρας καὶ
νύκτας ταύτης τῆς νυκτὸς βεβίωκεν ἐν τῷ ἑαυτοῦ βίῳ, οἶμαι
ἂν μὴ ὅτι ἰδιώτην τινά, ἀλλὰ τὸν μέγαν βασιλέα εὐαριθμή-
τους ἂν εὑρεῖν αὐτὸν ταύτας πρὸς τὰς ἄλλας ἡμέρας καὶ e
νύκτας—εἰ οὖν τοιοῦτον ὁ θάνατός ἐστιν, κέρδος ἔγωγε
λέγω· καὶ γὰρ οὐδὲν πλείων ὁ πᾶς χρόνος φαίνεται οὕτω
δὴ εἶναι ἢ μία νύξ. εἰ δ' αὖ οἷον ἀποδημῆσαί ἐστιν ὁ
θάνατος ἐνθένδε εἰς ἄλλον τόπον, καὶ ἀληθῆ ἐστιν τὰ 5

b 3 οὐδαμοῦ B : οὐδενὶ T   τι B TW : om. B   b 5 ταύτην T :
αὐτὴν B   b 6 ἠναντίωταί B : ἠναντιώθη T   c 2 τούτου B :
τοῦτο T   c 8 μετοίκισις Cobet   c 9 δὴ T : om. B   d 2 ἰ B t :
om. T   γὰρ ἂν] γὰρ δὴ Schanz   d 6 ὁπόσας T   e 1 αὐτὸν
om. Arm.   e 2 ἔγωγε B t : ἐγὼ T   e 4 εἰ δ'] εἴτ' Stobaeus

λεγόμενα, ὡς ἄρα ἐκεῖ εἰσι πάντες οἱ τεθνεῶτες, τί μεῖζον
ἀγαθὸν τούτου εἴη ἄν, ὦ ἄνδρες δικασταί; εἰ γάρ τις
41 ἀφικόμενος εἰς "Αιδου, ἀπαλλαγεὶς τουτωνὶ τῶν φασκόντων
δικαστῶν εἶναι, εὑρήσει τοὺς ὡς ἀληθῶς δικαστάς, οἵπερ
καὶ λέγονται ἐκεῖ δικάζειν, Μίνως τε καὶ Ῥαδάμανθυς καὶ
Αἰακὸς καὶ Τριπτόλεμος καὶ ἄλλοι ὅσοι τῶν ἡμιθέων δίκαιοι
5 ἐγένοντο ἐν τῷ ἑαυτῶν βίῳ, ἆρα φαύλη ἂν εἴη ἡ ἀποδημία;
ἢ αὖ Ὀρφεῖ συγγενέσθαι καὶ Μουσαίῳ καὶ Ἡσιόδῳ καὶ
Ὁμήρῳ ἐπὶ πόσῳ ἄν τις δέξαιτ' ἂν ὑμῶν; ἐγὼ μὲν γὰρ
πολλάκις ἐθέλω τεθνάναι εἰ ταῦτ' ἔστιν ἀληθῆ. ἐπεὶ
b ἔμοιγε καὶ αὐτῷ θαυμαστὴ ἂν εἴη ἡ διατριβὴ αὐτόθι, ὁπότε
ἐντύχοιμι Παλαμήδει καὶ Αἴαντι τῷ Τελαμῶνος καὶ εἴ τις
ἄλλος τῶν παλαιῶν διὰ κρίσιν ἄδικον τέθνηκεν, ἀντιπαρα-
βάλλοντι τὰ ἐμαυτοῦ πάθη πρὸς τὰ ἐκείνων—ὡς ἐγὼ οἶμαι,
5 οὐκ ἂν ἀηδὲς εἴη—καὶ δὴ τὸ μέγιστον, τοὺς ἐκεῖ ἐξετάζοντα
καὶ ἐρευνῶντα ὥσπερ τοὺς ἐνταῦθα διάγειν, τίς αὐτῶν σοφός
ἐστιν καὶ τίς οἴεται μέν, ἔστιν δ' οὔ. ἐπὶ πόσῳ δ' ἄν τις,
ὦ ἄνδρες δικασταί, δέξαιτο ἐξετάσαι τὸν ἐπὶ Τροίαν ἀγαγόντα
c τὴν πολλὴν στρατιὰν ἢ Ὀδυσσέα ἢ Σίσυφον ἢ ἄλλους
μυρίους ἄν τις εἴποι καὶ ἄνδρας καὶ γυναῖκας, οἷς ἐκεῖ
διαλέγεσθαι καὶ συνεῖναι καὶ ἐξετάζειν ἀμήχανον ἂν εἴη
εὐδαιμονίας; πάντως οὐ δήπου τούτου γε ἕνεκα οἱ ἐκεῖ
5 ἀποκτείνουσι· τά τε γὰρ ἄλλα εὐδαιμονέστεροί εἰσιν οἱ ἐκεῖ
τῶν ἐνθάδε, καὶ ἤδη τὸν λοιπὸν χρόνον ἀθάνατοί εἰσιν, εἴπερ
γε τὰ λεγόμενα ἀληθῆ.

Ἀλλὰ καὶ ὑμᾶς χρή, ὦ ἄνδρες δικασταί, εὐέλπιδας εἶναι
πρὸς τὸν θάνατον, καὶ ἕν τι τοῦτο διανοεῖσθαι ἀληθές, ὅτι
d οὐκ ἔστιν ἀνδρὶ ἀγαθῷ κακὸν οὐδὲν οὔτε ζῶντι οὔτε τελευ-
τήσαντι, οὐδὲ ἀμελεῖται ὑπὸ θεῶν τὰ τούτου πράγματα·

e 6 εἰσι πάντες Τ : εἰσιν ἅπαντες Β   e 7 ἄν om. Τ   a 1 του-
τωνὶ Τ : τούτων Β   a 2 ὡς Tb : om. Β   a 8 ἐθέλω Τ : θέλω Β ·
b 1 ὁπότε⟨τε⟩ Schanz   b 5 ἀηδὲς Β Arm. : ἀηδὴς Τ   καὶ δὴ Β :
καὶ δὴ καὶ Τ   b 6 τίς Τ : τίς ἂν Β   b 7 δᾶν (i. e. δὴ ἂν) Schanz
sublata distinctione post οὔ   b 8 ἀγαγόντα Τ : ἄγοντα Β   c 2 δια-
λέγεσθαι ἐκεῖ Τ   c 5 ἀποκτενοῦσι Τ   c 7 post ἀληθῆ add.
ἐστιν Β² Τ W

οὐδὲ τὰ ἐμὰ νῦν ἀπὸ τοῦ αὐτομάτου γέγονεν, ἀλλά μοι
δῆλόν ἐστι τοῦτο, ὅτι ἤδη τεθνάναι καὶ ἀπηλλάχθαι πρα-
γμάτων βέλτιον ἦν μοι. διὰ τοῦτο καὶ ἐμὲ οὐδαμοῦ ἀπέτρεψεν 5
τὸ σημεῖον, καὶ ἔγωγε τοῖς καταψηφισαμένοις μου καὶ τοῖς
κατηγόροις οὐ πάνυ χαλεπαίνω. καίτοι οὐ ταύτῃ τῇ διανοίᾳ
κατεψηφίζοντό μου καὶ κατηγόρουν, ἀλλ᾽ οἰόμενοι βλάπτειν·
τοῦτο αὐτοῖς ἄξιον μέμφεσθαι. τοσόνδε μέντοι αὐτῶν e
δέομαι· τοὺς ὑεῖς μου, ἐπειδὰν ἡβήσωσι, τιμωρήσασθε, ὦ
ἄνδρες, ταὐτὰ ταῦτα λυποῦντες ἅπερ ἐγὼ ὑμᾶς ἐλύπουν, ἐὰν
ὑμῖν δοκῶσιν ἢ χρημάτων ἢ ἄλλου του πρότερον ἐπι-
μελεῖσθαι ἢ ἀρετῆς, καὶ ἐὰν δοκῶσί τι εἶναι μηδὲν ὄντες, 5
ὀνειδίζετε αὐτοῖς ὥσπερ ἐγὼ ὑμῖν, ὅτι οὐκ ἐπιμελοῦνται ὧν
δεῖ, καὶ οἴονταί τι εἶναι ὄντες οὐδενὸς ἄξιοι. καὶ ἐὰν
ταῦτα ποιῆτε, δίκαια πεπονθὼς ἐγὼ ἔσομαι ὑφ᾽ ὑμῶν αὐτός 42
τε καὶ οἱ ὑεῖς. ἀλλὰ γὰρ ἤδη ὥρα ἀπιέναι, ἐμοὶ μὲν
ἀποθανουμένῳ, ὑμῖν δὲ βιωσομένοις· ὁπότεροι δὲ ἡμῶν
ἔρχονται ἐπὶ ἄμεινον πρᾶγμα, ἄδηλον παντὶ πλὴν ἢ
τῷ θεῷ. 5

d 5 τοῦτο B : ταυτὶ T   d 8 βλάπτειν τι T et Arm. (ut videtur)
e 1 μέντοι αὐτῶν δέομαι B² T W : δέομαι μέντοι αὐτῶν B   e 3 λυ-
ποῦντας T W   a 4 πλὴν ἢ B² T W² : πλὴν εἰ B W

ΚΡΙΤΩΝ

ΣΩΚΡΑΤΗΣ ΚΡΙΤΩΝ

ΣΩ. Τί τηνικάδε ἀφῖξαι, ὦ Κρίτων; ἢ οὐ πρῷ ἔτι ἐστίν; a

ΚΡ. Πάνυ μὲν οὖν.

ΣΩ. Πηνίκα μάλιστα;

ΚΡ. Ὄρθρος βαθύς.

ΣΩ. Θαυμάζω ὅπως ἠθέλησέ σοι ὁ τοῦ δεσμωτηρίου 5
φύλαξ ὑπακοῦσαι.

ΚΡ. Συνήθης ἤδη μοί ἐστιν, ὦ Σώκρατες, διὰ τὸ πολ-
λάκις δεῦρο φοιτᾶν, καί τι καὶ εὐεργέτηται ὑπ' ἐμοῦ.

ΣΩ. Ἄρτι δὲ ἥκεις ἢ πάλαι;

ΚΡ. Ἐπιεικῶς πάλαι. 10

ΣΩ. Εἶτα πῶς οὐκ εὐθὺς ἐπήγειράς με, ἀλλὰ σιγῇ παρα- b
κάθησαι;

ΚΡ. Οὐ μὰ τὸν Δία, ὦ Σώκρατες, οὐδ' ἂν αὐτὸς ἤθελον
ἐν τοσαύτῃ τε ἀγρυπνίᾳ καὶ λύπῃ εἶναι, ἀλλὰ καὶ σοῦ πάλαι
θαυμάζω αἰσθανόμενος ὡς ἡδέως καθεύδεις· καὶ ἐπίτηδές σε 5
οὐκ ἤγειρον ἵνα ὡς ἥδιστα διάγῃς. καὶ πολλάκις μὲν δή σε
καὶ πρότερον ἐν παντὶ τῷ βίῳ ηὐδαιμόνισα τοῦ τρόπου, πολὺ
δὲ μάλιστα ἐν τῇ νῦν παρεστώσῃ συμφορᾷ, ὡς ῥᾳδίως αὐτὴν
καὶ πρᾴως φέρεις.

a 5 ἠθέλησε B : ἤθελε T   b 1 πῶς B : ὡς T   b 4 ἀγρυπνίᾳ
τε W   b 8 νυνὶ W

61

10 ΣΩ. Καὶ γὰρ ἄν, ὦ Κρίτων, πλημμελὲς εἴη ἀγανακτεῖν
τηλικοῦτον ὄντα εἰ δεῖ ἤδη τελευτᾶν.

c ΚΡ. Καὶ ἄλλοι, ὦ Σώκρατες, τηλικοῦτοι ἐν τοιαύταις
συμφοραῖς ἁλίσκονται, ἀλλ' οὐδὲν αὐτοὺς ἐπιλύεται ἡ ἡλικία
τὸ μὴ οὐχὶ ἀγανακτεῖν τῇ παρούσῃ τύχῃ.

ΣΩ. Ἔστι ταῦτα. ἀλλὰ τί δὴ οὕτω πρῷ ἀφῖξαι;

5 ΚΡ. Ἀγγελίαν, ὦ Σώκρατες, φέρων χαλεπήν, οὐ σοί, ὡς
ἐμοὶ φαίνεται, ἀλλ' ἐμοὶ καὶ τοῖς σοῖς ἐπιτηδείοις πᾶσιν καὶ
χαλεπὴν καὶ βαρεῖαν, ἣν ἐγώ, ὡς ἐμοὶ δοκῶ, ἐν τοῖς βαρύ-
τατ' ἂν ἐνέγκαιμι.

ΣΩ. Τίνα ταύτην; ἢ τὸ πλοῖον ἀφῖκται ἐκ Δήλου, οὗ δεῖ
d ἀφικομένου τεθνάναι με;

ΚΡ. Οὔτοι δὴ ἀφῖκται, ἀλλὰ δοκεῖν μέν μοι ἥξει τήμε-
ρον ἐξ ὧν ἀπαγγέλλουσιν ἥκοντές τινες ἀπὸ Σουνίου καὶ
καταλιπόντες ἐκεῖ αὐτό. δῆλον οὖν ἐκ τούτων [τῶν ἀγγέ-
5 λων] ὅτι ἥξει τήμερον, καὶ ἀνάγκη δὴ εἰς αὔριον ἔσται, ὦ
Σώκρατες, τὸν βίον σε τελευτᾶν.

ΣΩ. Ἀλλ', ὦ Κρίτων, τύχῃ ἀγαθῇ, εἰ ταύτῃ τοῖς θεοῖς
φίλον, ταύτῃ ἔστω· οὐ μέντοι οἶμαι ἥξειν αὐτὸ τήμερον.

44 ΚΡ. Πόθεν τοῦτο τεκμαίρῃ;

ΣΩ. Ἐγώ σοι ἐρῶ. τῇ γάρ που ὑστεραίᾳ δεῖ με ἀπο-
θνῄσκειν ἢ ᾗ ἂν ἔλθῃ τὸ πλοῖον.

ΚΡ. Φασί γέ τοι δὴ οἱ τούτων κύριοι.

5 ΣΩ. Οὐ τοίνυν τῆς ἐπιούσης ἡμέρας οἶμαι αὐτὸ ἥξειν
ἀλλὰ τῆς ἑτέρας. τεκμαίρομαι δὲ ἔκ τινος ἐνυπνίου ὃ ἑώ-
ρακα ὀλίγον πρότερον ταύτης τῆς νυκτός· καὶ κινδυνεύεις ἐν
καιρῷ τινι οὐκ ἐγεῖραί με.

ΚΡ. Ἦν δὲ δὴ τί τὸ ἐνύπνιον;

10 ΣΩ. Ἐδόκει τίς μοι γυνὴ προσελθοῦσα καλὴ καὶ εὐειδής,
b λευκὰ ἱμάτια ἔχουσα, καλέσαι με καὶ εἰπεῖν· "Ὦ Σώκρατες,

---

c 2 αὐτοὺς B : αὐτοῖς T   c 5 post χαλεπὴν add. καὶ βαρεῖαν E
c 7 βαρύτατ' B t : βαρυτάτοις T (ut videtur)   d 2 δοκεῖν . . . ἥξει
Buttmann : δοκεῖν . . . ἥξειν B : δοκεῖ . . . ἥξειν B²TW   d 4 τῶν
ἀγγέλων B T et marg. W : secl. Hirschig : τῶν ἀγγελιῶν W

ἤματί κεν τριτάτῳ Φθίην ἐρίβωλον ἵκοιο."

ΚΡ. Ἄτοπον τὸ ἐνύπνιον, ὦ Σώκρατες.

ΣΩ. Ἐναργὲς μὲν οὖν, ὥς γέ μοι δοκεῖ, ὦ Κρίτων.

ΚΡ. Λίαν γε, ὡς ἔοικεν. ἀλλ', ὦ δαιμόνιε Σώκρατες, 5
ἔτι καὶ νῦν ἐμοὶ πιθοῦ καὶ σώθητι· ὡς ἐμοί, ἐὰν σὺ ἀπο-
θάνῃς, οὐ μία συμφορά ἐστιν, ἀλλὰ χωρὶς μὲν τοῦ ἐστερῆ-
σθαι τοιούτου ἐπιτηδείου οἷον ἐγὼ οὐδένα μή ποτε εὑρήσω,
ἔτι δὲ καὶ πολλοῖς δόξω, οἳ ἐμὲ καὶ σὲ μὴ σαφῶς ἴσασιν,
ὡς οἷός τ' ὢν σε σῴζειν εἰ ἤθελον ἀναλίσκειν χρήματα, c
ἀμελῆσαι. καίτοι τίς ἂν αἰσχίων εἴη ταύτης δόξα ἢ δοκεῖν
χρήματα περὶ πλείονος ποιεῖσθαι ἢ φίλους; οὐ γὰρ πείσον-
ται οἱ πολλοὶ ὡς σὺ αὐτὸς οὐκ ἠθέλησας ἀπιέναι ἐνθένδε
ἡμῶν προθυμουμένων. 5

ΣΩ. Ἀλλὰ τί ἡμῖν, ὦ μακάριε Κρίτων, οὕτω τῆς τῶν
πολλῶν δόξης μέλει; οἱ γὰρ ἐπιεικέστατοι, ὧν μᾶλλον ἄξιον
φροντίζειν, ἡγήσονται αὐτὰ οὕτω πεπρᾶχθαι ὥσπερ ἂν
πραχθῇ.

ΚΡ. Ἀλλ' ὁρᾷς δὴ ὅτι ἀνάγκη, ὦ Σώκρατες, καὶ τῆς τῶν d
πολλῶν δόξης μέλειν. αὐτὰ δὲ δῆλα τὰ παρόντα νυνὶ ὅτι οἷοί
τ' εἰσὶν οἱ πολλοὶ οὐ τὰ σμικρότατα τῶν κακῶν ἐξεργάζεσθαι
ἀλλὰ τὰ μέγιστα σχεδόν, ἐάν τις ἐν αὐτοῖς διαβεβλημέ-
νος ᾖ. 5

ΣΩ. Εἰ γὰρ ὤφελον, ὦ Κρίτων, οἷοί τ' εἶναι οἱ πολλοὶ
τὰ μέγιστα κακὰ ἐργάζεσθαι, ἵνα οἷοί τ' ἦσαν καὶ ἀγαθὰ τὰ
μέγιστα, καὶ καλῶς ἂν εἶχεν. νῦν δὲ οὐδέτερα οἷοί τε· οὔτε
γὰρ φρόνιμον οὔτε ἄφρονα δυνατοὶ ποιῆσαι, ποιοῦσι δὲ τοῦτο
ὅτι ἂν τύχωσι. 10

ΚΡ. Ταῦτα μὲν δὴ οὕτως ἐχέτω· τάδε δέ, ὦ Σώκρατες, e

b 3 ἄτοπον B : ὡς ἄτοπον T Proclus   b 4 γέ μοι B : ἐμοὶ T
b 6 πιθοῦ Burges : πείθου B T   b 7 οὐ μία T : οὐδεμία B   τοῦ
Sallier : σοῦ B T   b 9 δὲ secl. Schanz   c 1 ὡς secl. Cobet
d 2 δῆλα] δηλοῖ Cornarius   d 4 σχεδὸν τὰ μέγιστα T   d 7 ἐργά-
ζεσθαι B : ἐξεργάζεσθαι T W   καὶ B T : αὖ καὶ W   τὰ μέγιστα
ἀγαθά W : τἀγαθὰ τὰ μέγιστα Cobet

εἰπέ μοι. ἆρά γε μὴ ἐμοῦ προμηθῇ καὶ τῶν ἄλλων ἐπιτηδείων μή, ἐὰν σὺ ἐνθένδε ἐξέλθῃς, οἱ συκοφάνται ἡμῖν πράγματα παρέχωσιν ὡς σὲ ἐνθένδε ἐκκλέψασιν, καὶ ἀναγ-
5 κασθῶμεν ἢ καὶ πᾶσαν τὴν οὐσίαν ἀποβαλεῖν ἢ συχνὰ χρήματα, ἢ καὶ ἄλλο τι πρὸς τούτοις παθεῖν; εἰ γάρ τι
45 τοιοῦτον φοβῇ, ἔασον αὐτὸ χαίρειν· ἡμεῖς γάρ που δίκαιοί ἐσμεν σώσαντές σε κινδυνεύειν τοῦτον τὸν κίνδυνον καὶ ἐὰν δέῃ ἔτι τούτου μείζω. ἀλλ' ἐμοὶ πείθου καὶ μὴ ἄλλως ποίει.
ΣΩ. Καὶ ταῦτα προμηθοῦμαι, ὦ Κρίτων, καὶ ἄλλα
5 πολλά.
ΚΡ. Μήτε τοίνυν ταῦτα φοβοῦ—καὶ γὰρ οὐδὲ πολὺ τἀργύριόν ἐστιν ὃ θέλουσι λαβόντες τινὲς σῶσαί σε καὶ ἐξαγαγεῖν ἐνθένδε. ἔπειτα οὐχ ὁρᾷς τούτους τοὺς συκοφάντας ὡς εὐτελεῖς, καὶ οὐδὲν ἂν δέοι ἐπ' αὐτοὺς πολλοῦ ἀργυρίου;
b σοὶ δὲ ὑπάρχει μὲν τὰ ἐμὰ χρήματα, ὡς ἐγὼ οἶμαι, ἱκανά· ἔπειτα καὶ εἴ τι ἐμοῦ κηδόμενος οὐκ οἴει δεῖν ἀναλίσκειν τἀμά, ξένοι οὗτοι ἐνθάδε ἕτοιμοι ἀναλίσκειν· εἷς δὲ καὶ κεκόμικεν ἐπ' αὐτὸ τοῦτο ἀργύριον ἱκανόν, Σιμμίας ὁ Θη-
5 βαῖος, ἕτοιμος δὲ καὶ Κέβης καὶ ἄλλοι πολλοὶ πάνυ. ὥστε, ὅπερ λέγω, μήτε ταῦτα φοβούμενος ἀποκάμῃς σαυτὸν σῶσαι, μήτε, ὃ ἔλεγες ἐν τῷ δικαστηρίῳ, δυσχερές σοι γενέσθω ὅτι οὐκ ἂν ἔχοις ἐξελθὼν ὅτι χρῷο σαυτῷ· πολ-
c λαχοῦ μὲν γὰρ καὶ ἄλλοσε ὅποι ἂν ἀφίκῃ ἀγαπήσουσί σε· ἐὰν δὲ βούλῃ εἰς Θετταλίαν ἰέναι, εἰσὶν ἐμοὶ ἐκεῖ ξένοι οἵ σε περὶ πολλοῦ ποιήσονται καὶ ἀσφάλειάν σοι παρέξονται, ὥστε σε μηδένα λυπεῖν τῶν κατὰ Θετταλίαν.
5 Ἔτι δέ, ὦ Σώκρατες, οὐδὲ δίκαιόν μοι δοκεῖς ἐπιχειρεῖν πρᾶγμα, σαυτὸν προδοῦναι, ἐξὸν σωθῆναι, καὶ τοιαῦτα σπεύδεις περὶ σαυτὸν γενέσθαι ἅπερ ἂν καὶ οἱ ἐχθροί σου σπεύσαιέν τε καὶ ἔσπευσαν σὲ διαφθεῖραι βουλόμενοι. πρὸς δὲ τούτοις

e 2 μὴ B T : om. W   e 6 τούτοις T b : τούτους B   a 6 μήτε B :
μὴ T W   b 3 οὗτοι] τοι Schanz   καὶ B T : om. W   b 6 μήτε
B t : μὴ T   σῶσαι σαυτόν T W   c 1 ἄλλοσε] ἄλλοθι Schanz
c 6 σπεύδειν Stephanus

καὶ τοὺς υἱεῖς τοὺς σαυτοῦ ἔμοιγε δοκεῖς προδιδόναι, οὕς σοι
ἐξὸν καὶ ἐκθρέψαι καὶ ἐκπαιδεῦσαι οἰχήσῃ καταλιπών, καὶ d
τὸ σὸν μέρος ὅτι ἂν τύχωσι τοῦτο πράξουσιν· τεύξονται δέ,
ὡς τὸ εἰκός, τοιούτων οἷάπερ εἴωθεν γίγνεσθαι ἐν ταῖς
ὀρφανίαις περὶ τοὺς ὀρφανούς. ἢ γὰρ οὐ χρὴ ποιεῖσθαι
παῖδας ἢ συνδιαταλαιπωρεῖν καὶ τρέφοντα καὶ παιδεύοντα, σὺ 5
δέ μοι δοκεῖς τὰ ῥᾳθυμότατα αἱρεῖσθαι. χρὴ δέ, ἅπερ ἂν ἀνὴρ
ἀγαθὸς καὶ ἀνδρεῖος ἕλοιτο, ταῦτα αἱρεῖσθαι, φάσκοντά γε δὴ
ἀρετῆς διὰ παντὸς τοῦ βίου ἐπιμελεῖσθαι· ὡς ἔγωγε καὶ
ὑπὲρ σοῦ καὶ ὑπὲρ ἡμῶν τῶν σῶν ἐπιτηδείων αἰσχύνομαι μὴ e
δόξῃ ἅπαν τὸ πρᾶγμα τὸ περὶ σὲ ἀνανδρίᾳ τινὶ τῇ ἡμετέρᾳ
πεπρᾶχθαι, καὶ ἡ εἴσοδος τῆς δίκης εἰς τὸ δικαστήριον ὡς
εἰσῆλθεν ἐξὸν μὴ εἰσελθεῖν, καὶ αὐτὸς ὁ ἀγὼν τῆς δίκης
ὡς ἐγένετο, καὶ τὸ τελευταῖον δὴ τουτί, ὥσπερ κατάγελως 5
τῆς πράξεως, κακίᾳ τινὶ καὶ ἀνανδρίᾳ τῇ ἡμετέρᾳ διαπεφευ-
γέναι ἡμᾶς δοκεῖν, οἵτινές σε οὐχὶ ἐσώσαμεν οὐδὲ σὺ σαυτόν, 46
οἷόν τε ὂν καὶ δυνατὸν εἴ τι καὶ μικρὸν ἡμῶν ὄφελος ἦν.
ταῦτα οὖν, ὦ Σώκρατες, ὅρα μὴ ἅμα τῷ κακῷ καὶ αἰσχρὰ ᾖ
σοί τε καὶ ἡμῖν. ἀλλὰ βουλεύου—μᾶλλον δὲ οὐδὲ βου-
λεύεσθαι ἔτι ὥρα ἀλλὰ βεβουλεῦσθαι—μία δὲ βουλή· τῆς 5
γὰρ ἐπιούσης νυκτὸς πάντα ταῦτα δεῖ πεπρᾶχθαι, εἰ δ' ἔτι
περιμενοῦμεν, ἀδύνατον καὶ οὐκέτι οἷόν τε. ἀλλὰ παντὶ
τρόπῳ, ὦ Σώκρατες, πείθου μοι καὶ μηδαμῶς ἄλλως ποίει.

ΣΩ. Ὦ φίλε Κρίτων, ἡ προθυμία σου πολλοῦ ἀξία εἰ b
μετά τινος ὀρθότητος εἴη· εἰ δὲ μή, ὅσῳ μείζων τοσούτῳ
χαλεπωτέρα. σκοπεῖσθαι οὖν χρὴ ἡμᾶς εἴτε ταῦτα πρακτέον
εἴτε μή· ὡς ἐγὼ οὐ νῦν πρῶτον ἀλλὰ καὶ ἀεὶ τοιοῦτος οἷος
τῶν ἐμῶν μηδενὶ ἄλλῳ πείθεσθαι ἢ τῷ λόγῳ ὃς ἄν μοι 5
λογιζομένῳ βέλτιστος φαίνηται. τοὺς δὴ λόγους οὓς ἐν τῷ

d 2 δὲ Β Τ : τε W   d 4 χρὴ Β : χρὴν (sic) Τ   e 4 εἰσῆλθεν
Β : εἰσῆλθες Τ b   e 5 δὴ τουτί Τ : δήπου τουτί Β : δὴ ἢουτί W
a 1 οὐχὶ Β : οὐκ Τ   a 4 οὐδὲ om. Τ   a 6 δ' ἔτι Β : δὲ Τ
b 4 οὐ νῦν πρῶτον herma Socratis C I G iii, 843. no. 6115 : οὐ μόνον
νῦν Β Τ Eusebius   b 6 δὴ Τ W Eusebius : δὲ Β

ἔμπροσθεν ἔλεγον οὐ δύναμαι νῦν ἐκβαλεῖν, ἐπειδή μοι
ἥδε ἡ τύχη γέγονεν, ἀλλὰ σχεδόν τι ὅμοιοι φαίνονταί μοι,
c καὶ τοὺς αὐτοὺς πρεσβεύω καὶ τιμῶ οὕσπερ καὶ πρότερον·
ὧν ἐὰν μὴ βελτίω ἔχωμεν λέγειν ἐν τῷ παρόντι, εὖ ἴσθι
ὅτι οὐ μή σοι συγχωρήσω, οὐδ' ἂν πλείω τῶν νῦν παρόν-
των ἡ τῶν πολλῶν δύναμις ὥσπερ παῖδας ἡμᾶς μορμο-
5 λύττηται, δεσμοὺς καὶ θανάτους ἐπιπέμπουσα καὶ χρημάτων
ἀφαιρέσεις. πῶς οὖν ἂν μετριώτατα σκοποίμεθα αὐτά; εἰ
πρῶτον μὲν τοῦτον τὸν λόγον ἀναλάβοιμεν, ὃν σὺ λέγεις
περὶ τῶν δοξῶν. πότερον καλῶς ἐλέγετο ἑκάστοτε ἢ οὔ,
d ὅτι ταῖς μὲν δεῖ τῶν δοξῶν προσέχειν τὸν νοῦν, ταῖς
δὲ οὔ; ἢ πρὶν μὲν ἐμὲ δεῖν ἀποθνήσκειν καλῶς ἐλέγετο,
νῦν δὲ κατάδηλος ἄρα ἐγένετο ὅτι ἄλλως ἕνεκα λόγου
ἐλέγετο, ἦν δὲ παιδιὰ καὶ φλυαρία ὡς ἀληθῶς; ἐπιθυμῶ
5 δ' ἔγωγ' ἐπισκέψασθαι, ὦ Κρίτων, κοινῇ μετὰ σοῦ εἴ τί
μοι ἀλλοιότερος φανεῖται, ἐπειδὴ ὧδε ἔχω, ἢ ὁ αὐτός,
καὶ ἐάσομεν χαίρειν ἢ πεισόμεθα αὐτῷ. ἐλέγετο δέ πως,
ὡς ἐγῷμαι, ἑκάστοτε ὧδε ὑπὸ τῶν οἰομένων τὶ λέγειν,
ὥσπερ νυνδὴ ἐγὼ ἔλεγον, ὅτι τῶν δοξῶν ἃς οἱ ἄνθρωποι
e δοξάζουσιν δέοι τὰς μὲν περὶ πολλοῦ ποιεῖσθαι, τὰς δὲ μή.
τοῦτο πρὸς θεῶν, ὦ Κρίτων, οὐ δοκεῖ καλῶς σοι λέγεσθαι;
—σὺ γάρ, ὅσα γε τἀνθρώπεια, ἐκτὸς εἶ τοῦ μέλλειν ἀπο-
47 θνήσκειν αὔριον, καὶ οὐκ ἂν σὲ παρακρούοι ἡ παροῦσα συμ-
φορά· σκόπει δή—οὐχ ἱκανῶς δοκεῖ σοι λέγεσθαι ὅτι οὐ
πάσας χρὴ τὰς δόξας τῶν ἀνθρώπων τιμᾶν ἀλλὰ τὰς μέν,
τὰς δ' οὔ, οὐδὲ πάντων ἀλλὰ τῶν μέν, τῶν δ' οὔ; τί φῄς;
5 ταῦτα οὐχὶ καλῶς λέγεται;
ΚΡ. Καλῶς.
ΣΩ. Οὐκοῦν τὰς μὲν χρηστὰς τιμᾶν, τὰς δὲ πονηρὰς μή;
ΚΡ. Ναί.

c 8 περὶ] τὸν περὶ Eusebius   d 3 κατάδηλος Β γρ. t : καὶ ἄδηλος Τ
d 6 φαίνεται Β²   d 7 ἐάσομεν Β t : ἐάσωμεν Τ   a 1 παρακρούοιθ'
Cobet   a 3 τῶν Β Τ : τὰς τῶν W Eusebius   a 4 οὐδὲ ... δ'
οὔ Τ W Eusebius : om. Β

ΣΩ. Χρησταὶ δὲ οὐχ αἱ τῶν φρονίμων, πονηραὶ δὲ αἱ 10
τῶν ἀφρόνων;

ΚΡ. Πῶς δ' οὔ;

ΣΩ. Φέρε δή, πῶς αὖ τὰ τοιαῦτα ἐλέγετο; γυμναζόμενος
ἀνὴρ καὶ τοῦτο πράττων πότερον παντὸς ἀνδρὸς ἐπαίνῳ καὶ b
ψόγῳ καὶ δόξῃ τὸν νοῦν προσέχει, ἢ ἑνὸς μόνου ἐκείνου ὃς
ἂν τυγχάνῃ ἰατρὸς ἢ παιδοτρίβης ὤν;

ΚΡ. Ἑνὸς μόνου.

ΣΩ. Οὐκοῦν φοβεῖσθαι χρὴ τοὺς ψόγους καὶ ἀσπάζεσθαι 5
τοὺς ἐπαίνους τοὺς τοῦ ἑνὸς ἐκείνου ἀλλὰ μὴ τοὺς τῶν
πολλῶν.

ΚΡ. Δῆλα δή.

ΣΩ. Ταύτῃ ἄρα αὐτῷ πρακτέον καὶ γυμναστέον καὶ
ἐδεστέον γε καὶ ποτέον, ᾗ ἂν τῷ ἑνὶ δοκῇ, τῷ ἐπιστάτῃ καὶ 10
ἐπαΐοντι, μᾶλλον ἢ ᾗ σύμπασι τοῖς ἄλλοις.

ΚΡ. Ἔστι ταῦτα.

ΣΩ. Εἶεν. ἀπειθήσας δὲ τῷ ἑνὶ καὶ ἀτιμάσας αὐτοῦ τὴν c
δόξαν καὶ τοὺς ἐπαίνους, τιμήσας δὲ τοὺς τῶν πολλῶν [λό-
γους] καὶ μηδὲν ἐπαϊόντων, ἆρα οὐδὲν κακὸν πείσεται;

ΚΡ. Πῶς γὰρ οὔ;

ΣΩ. Τί δ' ἔστι τὸ κακὸν τοῦτο, καὶ ποῖ τείνει, καὶ εἰς 5
τί τῶν τοῦ ἀπειθοῦντος;

ΚΡ. Δῆλον ὅτι εἰς τὸ σῶμα· τοῦτο γὰρ διόλλυσι.

ΣΩ. Καλῶς λέγεις. οὐκοῦν καὶ τἆλλα, ὦ Κρίτων, οὕτως,
ἵνα μὴ πάντα διίωμεν, καὶ δὴ καὶ περὶ τῶν δικαίων καὶ
ἀδίκων καὶ αἰσχρῶν καὶ καλῶν καὶ ἀγαθῶν καὶ κακῶν, περὶ 10
ὧν νῦν ἡ βουλὴ ἡμῖν ἐστιν, πότερον τῇ τῶν πολλῶν δόξῃ
δεῖ ἡμᾶς ἕπεσθαι καὶ φοβεῖσθαι αὐτὴν ἢ τῇ τοῦ ἑνός, εἴ τίς d
ἐστιν ἐπαΐων, ὃν δεῖ καὶ αἰσχύνεσθαι καὶ φοβεῖσθαι μᾶλλον
ἢ σύμπαντας τοὺς ἄλλους; ᾧ εἰ μὴ ἀκολουθήσομεν, δια-

b 2 προσέχει τὸν νοῦν pr. T   b 11 ᾗ T : εἰ B   c 2 λόγους
B : om. T Eusebius   c 5 τὸ B Eusebius : om. T   c 7 διολλύει
B (ut videtur) W   c 11 ἡ βουλὴ post ἐστιν transp. T

φθεροῦμεν ἐκεῖνο καὶ λωβησόμεθα, ὃ τῷ μὲν δικαίῳ βέλτιον
5 ἐγίγνετο τῷ δὲ ἀδίκῳ ἀπώλλυτο. ἢ οὐδέν ἐστι τοῦτο;
  ΚΡ. Οἶμαι ἔγωγε, ὦ Σώκρατες.

  ΣΩ. Φέρε δή, ἐὰν τὸ ὑπὸ τοῦ ὑγιεινοῦ μὲν βέλτιον
γιγνόμενον, ὑπὸ τοῦ νοσώδους δὲ διαφθειρόμενον διολέσωμεν
πειθόμενοι μὴ τῇ τῶν ἐπαϊόντων δόξῃ, ἆρα βιωτὸν ἡμῖν ἐστιν
e διεφθαρμένου αὐτοῦ; ἔστι δέ που τοῦτο σῶμα· ἢ οὐχί;
  ΚΡ. Ναί.

  ΣΩ. Ἆρ' οὖν βιωτὸν ἡμῖν ἐστιν μετὰ μοχθηροῦ καὶ
διεφθαρμένου σώματος;
5 ΚΡ. Οὐδαμῶς.

  ΣΩ. Ἀλλὰ μετ' ἐκείνου ἆρ' ἡμῖν βιωτὸν διεφθαρμένου,
ᾧ τὸ ἄδικον μὲν λωβᾶται, τὸ δὲ δίκαιον ὀνίνησιν; ἢ φαυλό-
τερον ἡγούμεθα εἶναι τοῦ σώματος ἐκεῖνο, ὅτι ποτ' ἐστὶ τῶν
48 ἡμετέρων, περὶ ὃ ἥ τε ἀδικία καὶ ἡ δικαιοσύνη ἐστίν;
  ΚΡ. Οὐδαμῶς.

  ΣΩ. Ἀλλὰ τιμιώτερον;
  ΚΡ. Πολύ γε.

5 ΣΩ. Οὐκ ἄρα, ὦ βέλτιστε, πάνυ ἡμῖν οὕτω φροντιστέον
τί ἐροῦσιν οἱ πολλοὶ ἡμᾶς, ἀλλ' ὅτι ὁ ἐπαΐων περὶ τῶν
δικαίων καὶ ἀδίκων, ὁ εἷς καὶ αὐτὴ ἡ ἀλήθεια. ὥστε πρῶτον
μὲν ταύτῃ οὐκ ὀρθῶς εἰσηγῇ, εἰσηγούμενος τῆς τῶν πολλῶν
δόξης δεῖν ἡμᾶς φροντίζειν περὶ τῶν δικαίων καὶ καλῶν καὶ
10 ἀγαθῶν καὶ τῶν ἐναντίων. "Ἀλλὰ μὲν δή," φαίη γ' ἄν
τις, "οἷοί τέ εἰσιν ἡμᾶς οἱ πολλοὶ ἀποκτεινύναι."

b ΚΡ. Δῆλα δὴ καὶ ταῦτα· φαίη γὰρ ἄν, ὦ Σώκρατες.
ἀληθῆ λέγεις.

  ΣΩ. Ἀλλ', ὦ θαυμάσιε, οὗτός τε ὁ λόγος ὃν διεληλύθα-
μεν ἔμοιγε δοκεῖ ἔτι ὅμοιος εἶναι καὶ πρότερον· καὶ τόνδε δὲ

e 1 τοῦτο T : τοῦτο τὸ B   e 7 ᵹ̅ B : ᵹ̅ ex ᵹ̅ T : ᵹ̅ supra versum
W : ᵹ̅ Eusebius   a 6 τί B : ὅτι T   ἀλλ' ὅτι B T : ἀλλὰ τί Eusebius
ᵹ̅ om. T   a 11 τέ B : τέ γ' T   b 1 φαίη γὰρ ἄν secl. Schanz
b 4 ἔτι ὅμοιος B Priscianus : ἀνόμοιος T   καὶ πρότερον Priscianus :
τῷ καὶ πρότερον B w : καὶ πρότερος T : τῷ πρότερον W   δὲ T : om. B

αὖ σκόπει εἰ ἔτι μένει ἡμῖν ἢ οὔ, ὅτι οὐ τὸ ζῆν περὶ πλεί- 5
στου ποιητέον ἀλλὰ τὸ εὖ ζῆν.

ΚΡ. Ἀλλὰ μένει.

ΣΩ. Τὸ δὲ εὖ καὶ καλῶς καὶ δικαίως ὅτι ταὐτόν ἐστιν,
μένει ἢ οὐ μένει;

ΚΡ. Μένει. 10

ΣΩ. Οὐκοῦν ἐκ τῶν ὁμολογουμένων τοῦτο σκεπτέον,
πότερον δίκαιον ἐμὲ ἐνθένδε πειρᾶσθαι ἐξιέναι μὴ ἀφιέντων
Ἀθηναίων ἢ οὐ δίκαιον· καὶ ἐὰν μὲν φαίνηται δίκαιον, c
πειρώμεθα, εἰ δὲ μή, ἐῶμεν. ἃς δὲ σὺ λέγεις τὰς σκέψεις
περί τε ἀναλώσεως χρημάτων καὶ δόξης καὶ παίδων τροφῆς,
μὴ ὡς ἀληθῶς ταῦτα, ὦ Κρίτων, σκέμματα ᾖ τῶν ῥᾳδίως
ἀποκτεινύντων καὶ ἀναβιωσκομένων γ' ἄν, εἰ οἷοί τ' ἦσαν, 5
οὐδενὶ ξὺν νῷ, τούτων τῶν πολλῶν. ἡμῖν δ', ἐπειδὴ ὁ λόγος
οὕτως αἱρεῖ, μὴ οὐδὲν ἄλλο σκεπτέον ᾖ ἢ ὅπερ νυνδὴ ἐλέγο-
μεν, πότερον δίκαια πράξομεν καὶ χρήματα τελοῦντες τούτοις
τοῖς ἐμὲ ἐνθένδε ἐξάξουσιν καὶ χάριτας, καὶ αὐτοὶ ἐξάγοντές d
τε καὶ ἐξαγόμενοι, ἢ τῇ ἀληθείᾳ ἀδικήσομεν πάντα ταῦτα
ποιοῦντες· κἂν φαινώμεθα ἄδικα αὐτὰ ἐργαζόμενοι, μὴ οὐ
δέῃ ὑπολογίζεσθαι οὔτ' εἰ ἀποθνῄσκειν δεῖ παραμένοντας καὶ
ἡσυχίαν ἄγοντας, οὔτε ἄλλο ὁτιοῦν πάσχειν πρὸ τοῦ ἀδικεῖν. 5

ΚΡ. Καλῶς μέν μοι δοκεῖς λέγειν, ὦ Σώκρατες, ὅρα δὲ
τί δρῶμεν.

ΣΩ. Σκοπῶμεν, ὦ ἀγαθέ, κοινῇ, καὶ εἴ πῃ ἔχεις ἀντι-
λέγειν ἐμοῦ λέγοντος, ἀντίλεγε καί σοι πείσομαι· εἰ δὲ μή, e
παῦσαι ἤδη, ὦ μακάριε, πολλάκις μοι λέγων τὸν αὐτὸν
λόγον, ὡς χρὴ ἐνθένδε ἀκόντων Ἀθηναίων ἐμὲ ἀπιέναι· ὡς
ἐγὼ περὶ πολλοῦ ποιοῦμαι πείσας σε ταῦτα πράττειν, ἀλλὰ
μὴ ἄκοντος. ὅρα δὲ δὴ τῆς σκέψεως τὴν ἀρχὴν ἐάν σοι 5
ἱκανῶς λέγηται, καὶ πειρῶ ἀποκρίνεσθαι τὸ ἐρωτώμενον ᾖ 49
ἂν μάλιστα οἴῃ.

c 3 χρημάτων ἀναλώσεως Τ   c 8 τελοῦντες ΒΤ marg. W :
πράττοντες W   e 4 πείσας Buttmann : πεῖσαί Β : πεῖσαι (sic) Τ

ΚΡ. Ἀλλὰ πειράσομαι.

ΣΩ. Οὐδενὶ τρόπῳ φαμὲν ἑκόντας ἀδικητέον εἶναι, ἢ
5 τινὶ μὲν ἀδικητέον τρόπῳ τινὶ δὲ οὔ; ἢ οὐδαμῶς τό γε
ἀδικεῖν οὔτε ἀγαθὸν οὔτε καλόν, ὡς πολλάκις ἡμῖν καὶ ἐν
τῷ ἔμπροσθεν χρόνῳ ὡμολογήθη; [ὅπερ καὶ ἄρτι ἐλέγετο]
ἢ πᾶσαι ἡμῖν ἐκεῖναι αἱ πρόσθεν ὁμολογίαι ἐν ταῖσδε ταῖς
ὀλίγαις ἡμέραις ἐκκεχυμέναι εἰσίν, καὶ πάλαι, ὦ Κρίτων,
10 ἄρα τηλικοίδε [γέροντες] ἄνδρες πρὸς ἀλλήλους σπουδῇ δια-
b λεγόμενοι ἐλάθομεν ἡμᾶς αὐτοὺς παίδων οὐδὲν διαφέροντες;
ἢ παντὸς μᾶλλον οὕτως ἔχει ὥσπερ τότε ἐλέγετο ἡμῖν·
εἴτε φασὶν οἱ πολλοὶ εἴτε μή, καὶ εἴτε δεῖ ἡμᾶς ἔτι τῶνδε
χαλεπώτερα πάσχειν εἴτε καὶ πρᾳότερα, ὅμως τό γε ἀδικεῖν
5 τῷ ἀδικοῦντι καὶ κακὸν καὶ αἰσχρὸν τυγχάνει ὂν παντὶ
τρόπῳ; φαμὲν ἢ οὔ;

ΚΡ. Φαμέν.

ΣΩ. Οὐδαμῶς ἄρα δεῖ ἀδικεῖν.

ΚΡ. Οὐ δῆτα.

10 ΣΩ. Οὐδὲ ἀδικούμενον ἄρα ἀνταδικεῖν, ὡς οἱ πολλοὶ
οἴονται, ἐπειδή γε οὐδαμῶς δεῖ ἀδικεῖν.

c ΚΡ. Οὐ φαίνεται.

ΣΩ. Τί δὲ δή; κακουργεῖν δεῖ, ὦ Κρίτων, ἢ οὔ;

ΚΡ. Οὐ δεῖ δήπου, ὦ Σώκρατες.

ΣΩ. Τί δέ; ἀντικακουργεῖν κακῶς πάσχοντα, ὡς οἱ
5 πολλοί φασιν, δίκαιον ἢ οὐ δίκαιον;

ΚΡ. Οὐδαμῶς.

ΣΩ. Τὸ γάρ που κακῶς ποιεῖν ἀνθρώπους τοῦ ἀδικεῖν
οὐδὲν διαφέρει.

ΚΡ. Ἀληθῆ λέγεις.

10 ΣΩ. Οὔτε ἄρα ἀνταδικεῖν δεῖ οὔτε κακῶς ποιεῖν οὐδένα
ἀνθρώπων, οὐδ' ἂν ὁτιοῦν πάσχῃ ὑπ' αὐτῶν. καὶ ὅρα, ὦ
d Κρίτων, ταῦτα καθομολογῶν, ὅπως μὴ παρὰ δόξαν ὁμολογῇς·

a 6 οὔτε καλὸν οὔτε ἀγαθόν W Eusebius a 7 ὅπερ ... ἐλέγετο
secl. Burges a 10 γέροντες secl. Jacobs b 2 ἐλέγετο ἡμῖν
B Eusebius : ἡμῖν ἐλέγετο T d 1 καθομολογῶν B Eusebius Sto-
baeus : ὁμολογῶν T

οἶδα γὰρ ὅτι ὀλίγοις τισὶ ταῦτα καὶ δοκεῖ καὶ δόξει. οἷς
οὖν οὕτω δέδοκται καὶ οἷς μή, τούτοις οὐκ ἔστι κοινὴ βουλή,
ἀλλὰ ἀνάγκη τούτους ἀλλήλων καταφρονεῖν ὁρῶντας ἀλλή-
λων τὰ βουλεύματα. σκόπει δὴ οὖν καὶ σὺ εὖ μάλα πότε- 5
ρον κοινωνεῖς καὶ συνδοκεῖ σοι καὶ ἀρχώμεθα ἐντεῦθεν
βουλευόμενοι, ὡς οὐδέποτε ὀρθῶς ἔχοντος οὔτε τοῦ ἀδικεῖν
οὔτε τοῦ ἀνταδικεῖν οὔτε κακῶς πάσχοντα ἀμύνεσθαι ἀντι-
δρῶντα κακῶς, ἢ ἀφίστασαι καὶ οὐ κοινωνεῖς τῆς ἀρχῆς;
ἐμοὶ μὲν γὰρ καὶ πάλαι οὕτω καὶ νῦν ἔτι δοκεῖ, σοὶ δὲ εἴ e
πῃ ἄλλῃ δέδοκται, λέγε καὶ δίδασκε. εἰ δ᾽ ἐμμένεις τοῖς
πρόσθε, τὸ μετὰ τοῦτο ἄκουε.

ΚΡ. Ἀλλ᾽ ἐμμένω τε καὶ συνδοκεῖ μοι· ἀλλὰ λέγε.

ΣΩ. Λέγω δὴ αὖ τὸ μετὰ τοῦτο, μᾶλλον δ᾽ ἐρωτῶ· 5
πότερον ἃ ἄν τις ὁμολογήσῃ τῳ δίκαια ὄντα ποιητέον ἢ
ἐξαπατητέον;

ΚΡ. Ποιητέον.

ΣΩ. Ἐκ τούτων δὴ ἄθρει. ἀπιόντες ἐνθένδε ἡμεῖς μὴ
πείσαντες τὴν πόλιν πότερον κακῶς τινας ποιοῦμεν, καὶ 50
ταῦτα οὓς ἥκιστα δεῖ, ἢ οὔ; καὶ ἐμμένομεν οἷς ὡμολογή-
σαμεν δικαίοις οὖσιν ἢ οὔ;

ΚΡ. Οὐκ ἔχω, ὦ Σώκρατες, ἀποκρίνασθαι πρὸς ὃ ἐρωτᾷς·
οὐ γὰρ ἐννοῶ. 5

ΣΩ. Ἀλλ᾽ ὧδε σκόπει. εἰ μέλλουσιν ἡμῖν ἐνθένδε εἴτε
ἀποδιδράσκειν, εἴθ᾽ ὅπως δεῖ ὀνομάσαι τοῦτο, ἐλθόντες οἱ
νόμοι καὶ τὸ κοινὸν τῆς πόλεως ἐπιστάντες ἔροιντο· " Εἰπέ
μοι, ὦ Σώκρατες, τί ἐν νῷ ἔχεις ποιεῖν; ἄλλο τι ἢ τούτῳ
τῷ ἔργῳ ᾧ ἐπιχειρεῖς διανοῇ τούς τε νόμους ἡμᾶς ἀπολέσαι b
καὶ σύμπασαν τὴν πόλιν τὸ σὸν μέρος; ἢ δοκεῖ σοι οἷόν τε
ἔτι ἐκείνην τὴν πόλιν εἶναι καὶ μὴ ἀνατετράφθαι, ἐν ᾗ ἂν
αἱ γενόμεναι δίκαι μηδὲν ἰσχύωσιν ἀλλὰ ὑπὸ ἰδιωτῶν ἄκυροί
τε γίγνωνται καὶ . διαφθείρωνται;" τί ἐροῦμεν, ὦ Κρίτων, 5

d 4 ἀλλήλων τὰ Τ : τὰ ἀλλήλων Β   d 5 δὴ οὖν Β : οὖν δὴ Τ
d 8 ἀντιδρῶντας Τ   b 3 ἂν Τ W : om. B   b 4 ἰσχύωσιν Β Τ W
b 5 γίγνωνται ... διαφθείρωνται Τ : γίγνονται ... διαφθείρονται Β W

πρὸς ταῦτα καὶ ἄλλα τοιαῦτα; πολλὰ γὰρ ἄν τις ἔχοι,
ἄλλως τε καὶ ῥήτωρ, εἰπεῖν ὑπὲρ τούτου τοῦ νόμου ἀπολλυ-
μένου ὃς τὰς δίκας τὰς δικασθείσας προστάττει κυρίας εἶναι.
c ἢ ἐροῦμεν πρὸς αὐτοὺς ὅτι " Ἠδίκει γὰρ ἡμᾶς ἡ πόλις καὶ
οὐκ ὀρθῶς τὴν δίκην ἔκρινεν; " ταῦτα ἢ τί ἐροῦμεν;
ΚΡ. Ταῦτα νὴ Δία, ὦ Σώκρατες.

ΣΩ. Τί οὖν ἂν εἴπωσιν οἱ νόμοι· " Ὦ Σώκρατες, ἢ
5 καὶ ταῦτα ὡμολόγητο ἡμῖν τε καὶ σοί, ἢ ἐμμενεῖν ταῖς
δίκαις αἷς ἂν ἡ πόλις δικάζῃ;" εἰ οὖν αὐτῶν θαυμάζοιμεν
λεγόντων, ἴσως ἂν εἴποιεν ὅτι " Ὦ Σώκρατες, μὴ θαύμαζε
τὰ λεγόμενα ἀλλ᾽ ἀποκρίνου, ἐπειδὴ καὶ εἴωθας χρῆσθαι
τῷ ἐρωτᾶν τε καὶ ἀποκρίνεσθαι. φέρε γάρ, τί ἐγκαλῶν
d ἡμῖν καὶ τῇ πόλει ἐπιχειρεῖς ἡμᾶς ἀπολλύναι; οὐ πρῶτον
μέν σε ἐγεννήσαμεν ἡμεῖς, καὶ δι᾽ ἡμῶν ἔλαβε τὴν μητέρα
σου ὁ πατὴρ καὶ ἐφύτευσέν σε; φράσον οὖν, τούτοις ἡμῶν,
τοῖς νόμοις τοῖς περὶ τοὺς γάμους, μέμφῃ τι ὡς οὐ καλῶς
5 ἔχουσιν;" "Οὐ μέμφομαι," φαίην ἄν. "᾽Αλλὰ τοῖς περὶ
τὴν τοῦ γενομένου τροφήν τε καὶ παιδείαν ἐν ᾗ καὶ σὺ
ἐπαιδεύθης; ἢ οὐ καλῶς προσέταττον ἡμῶν οἱ ἐπὶ τούτῳ
τεταγμένοι νόμοι, παραγγέλλοντες τῷ πατρὶ τῷ σῷ σε ἐν
e μουσικῇ καὶ γυμναστικῇ παιδεύειν;" " Καλῶς," φαίην ἄν.
"Εἶεν. ἐπειδὴ δὲ ἐγένου τε καὶ ἐξετράφης καὶ ἐπαιδεύθης,
ἔχοις ἂν εἰπεῖν πρῶτον μὲν ὡς οὐχὶ ἡμέτερος ἦσθα καὶ ἔκγονος
καὶ δοῦλος, αὐτός τε καὶ οἱ σοὶ πρόγονοι; καὶ εἰ τοῦθ᾽ οὕτως
5 ἔχει, ἆρ᾽ ἐξ ἴσου οἴει εἶναι σοὶ τὸ δίκαιον καὶ ἡμῖν, καὶ ἅττ᾽
ἂν ἡμεῖς σε ἐπιχειρῶμεν ποιεῖν, καὶ σοὶ ταῦτα ἀντιποιεῖν
οἴει δίκαιον εἶναι; ἢ πρὸς μὲν ἄρα σοι τὸν πατέρα οὐκ ἐξ
ἴσου ἦν τὸ δίκαιον καὶ πρὸς δεσπότην, εἴ σοι ὢν ἐτύγχανεν,
ὥστε ἅπερ πάσχοις ταῦτα καὶ ἀντιποιεῖν, οὔτε κακῶς ἀκού-

b 8 δίκας τὰς T W b : om. B   c 1 ἠδίκει] ἀδικεῖ Heindorf
c 5 ἐμμενεῖν Stephanus : ἐμμένειν B : ἐμμένειν T   d 2 ἔλαβε T W :
ἐλάμβανεν B   d 4 τοῖς νόμοις secl. Stallbaum   d 7 ἐπὶ τούτῳ T
ex ἐπὶ τοῦτο : ἐπὶ τούτοις B   d 8 νόμοι secl. Stallbaum   e 1 καὶ
B : καὶ ἐν T   e 8 δεσπότην W : τὸν δεσπότην B T (sed τὸν punctis
notatum in T)

72

οντα ἀντιλέγειν οὔτε τυπτόμενον ἀντιτύπτειν οὔτε ἄλλα 51
τοιαῦτα πολλά· πρὸς δὲ τὴν πατρίδα ἄρα καὶ τοὺς νόμους
ἐξέσται σοι, ὥστε, ἐάν σε ἐπιχειρῶμεν ἡμεῖς ἀπολλύναι
δίκαιον ἡγούμενοι εἶναι, καὶ σὺ δὲ ἡμᾶς τοὺς νόμους καὶ
τὴν πατρίδα καθ᾿ ὅσον δύνασαι ἐπιχειρήσεις ἀνταπολλύναι, 5
καὶ φήσεις ταῦτα ποιῶν δίκαια πράττειν, ὁ τῇ ἀληθείᾳ τῆς
ἀρετῆς ἐπιμελόμενος; ἢ οὕτως εἶ σοφὸς ὥστε λέληθέν σε
ὅτι μητρός τε καὶ πατρὸς καὶ τῶν ἄλλων προγόνων ἁπάντων
τιμιώτερόν ἐστιν πατρὶς καὶ σεμνότερον καὶ ἁγιώτερον
καὶ ἐν μείζονι μοίρᾳ καὶ παρὰ θεοῖς καὶ παρ᾿ ἀνθρώποις b
τοῖς νοῦν ἔχουσι, καὶ σέβεσθαι δεῖ καὶ μᾶλλον ὑπείκειν καὶ
θωπεύειν πατρίδα χαλεπαίνουσαν ἢ πατέρα, καὶ ἢ πείθειν ἢ
ποιεῖν ἃ ἂν κελεύῃ, καὶ πάσχειν ἐάν τι προστάττῃ παθεῖν
ἡσυχίαν ἄγοντα, ἐάντε τύπτεσθαι ἐάντε δεῖσθαι, ἐάντε εἰς 5
πόλεμον ἄγῃ τρωθησόμενον ἢ ἀποθανούμενον, ποιητέον
ταῦτα, καὶ τὸ δίκαιον οὕτως ἔχει, καὶ οὐχὶ ὑπεικτέον οὐδὲ
ἀναχωρητέον οὐδὲ λειπτέον τὴν τάξιν, ἀλλὰ καὶ ἐν πολέμῳ
καὶ ἐν δικαστηρίῳ καὶ πανταχοῦ ποιητέον ἃ ἂν κελεύῃ ἡ
πόλις καὶ ἡ πατρίς, ἢ πείθειν αὐτὴν ᾗ τὸ δίκαιον πέφυκε· c
βιάζεσθαι δὲ οὐχ ὅσιον οὔτε μητέρα οὔτε πατέρα, πολὺ δὲ
τούτων ἔτι ἧττον τὴν πατρίδα;" τί φήσομεν πρὸς ταῦτα, ὦ
Κρίτων; ἀληθῆ λέγειν τοὺς νόμους ἢ οὔ;

ΚΡ. Ἔμοιγε δοκεῖ.

ΣΩ. "Σκόπει τοίνυν, ὦ Σώκρατες," φαῖεν ἂν ἴσως οἱ 5
νόμοι, " εἰ ἡμεῖς ταῦτα ἀληθῆ λέγομεν, ὅτι οὐ δίκαια ἡμᾶς
ἐπιχειρεῖς δρᾶν ἃ νῦν ἐπιχειρεῖς. ἡμεῖς γάρ σε γεννήσαντες,
ἐκθρέψαντες, παιδεύσαντες, μεταδόντες ἁπάντων ὧν οἷοί τ᾿
ἦμεν καλῶν σοὶ καὶ τοῖς ἄλλοις πᾶσιν πολίταις, ὅμως προ- d
αγορεύομεν τῷ ἐξουσίαν πεποιηκέναι Ἀθηναίων τῷ βουλομένῳ,

a 3 ἐξέσται⌉ ἔσται Schanz   a 4 δὲ] γε al. Schanz   a 9 ἐστι
Τ : ἐ.τιν ἡ Β : om. Stobaeus   b 3 πατέρα] πατέρα καὶ μητέρα
Stobaeus   ἢ πείθειν secl. Schanz   b 4 ἃ] ᾗ Stobaeus
b 6 ποιητέα W Stobaeus   b 9 ἃ ἂν vel ᾗ ἂν Stobaeus   c 1 καὶ
Β : τε καὶ Τ   ἢ καὶ πείθειν Stobaeus   ᾗ τὸ om. Stobaeus

ἐπειδὰν δοκιμασθῇ καὶ ἴδῃ τὰ ἐν τῇ πόλει πράγματα καὶ
ἡμᾶς τοὺς νόμους, ᾧ ἂν μὴ ἀρέσκωμεν ἡμεῖς, ἐξεῖναι λαβόντα
5 τὰ αὑτοῦ ἀπιέναι ὅποι ἂν βούληται. καὶ οὐδεὶς ἡμῶν τῶν
νόμων ἐμποδών ἐστιν οὐδ' ἀπαγορεύει, ἐάντε τις βούληται
ὑμῶν εἰς ἀποικίαν ἰέναι, εἰ μὴ ἀρέσκοιμεν ἡμεῖς τε καὶ ἡ
πόλις, ἐάντε μετοικεῖν ἄλλοσέ ποι ἐλθών, ἰέναι ἐκεῖσε ὅποι
e ἂν βούληται, ἔχοντα τὰ αὑτοῦ. ὃς δ' ἂν ὑμῶν παραμείνῃ,
ὁρῶν ὃν τρόπον ἡμεῖς τάς τε δίκας δικάζομεν καὶ τἆλλα τὴν
πόλιν διοικοῦμεν, ἤδη φαμὲν τοῦτον ὡμολογηκέναι ἔργῳ ἡμῖν
ἃ ἂν ἡμεῖς κελεύωμεν ποιήσειν ταῦτα, καὶ τὸν μὴ πειθόμενον
5 τριχῇ φαμεν ἀδικεῖν, ὅτι τε γεννηταῖς οὖσιν ἡμῖν οὐ πεί-
θεται, καὶ ὅτι τροφεῦσι, καὶ ὅτι ὁμολογήσας ἡμῖν πείσεσθαι
οὔτε πείθεται οὔτε πείθει ἡμᾶς, εἰ μὴ καλῶς τι ποιοῦμεν,
52 προτιθέντων ἡμῶν καὶ οὐκ ἀγρίως ἐπιταττόντων ποιεῖν ἃ ἂν
κελεύωμεν, ἀλλὰ ἐφιέντων δυοῖν θάτερα, ἢ πείθειν ἡμᾶς ἢ
ποιεῖν, τούτων οὐδέτερα ποιεῖ. ταύταις δή φαμεν καὶ σέ, ὦ
Σώκρατες, ταῖς αἰτίαις ἐνέξεσθαι, εἴπερ ποιήσεις ἃ ἐπινοεῖς,
5 καὶ οὐχ ἥκιστα Ἀθηναίων σέ, ἀλλ' ἐν τοῖς μάλιστα." εἰ οὖν
ἐγὼ εἴποιμι· "Διὰ τί δή;" ἴσως ἄν μου δικαίως καθάπτοιντο
λέγοντες ὅτι ἐν τοῖς μάλιστα Ἀθηναίων ἐγὼ αὐτοῖς ὡμολο-
γηκὼς τυγχάνω ταύτην τὴν ὁμολογίαν. φαῖεν γὰρ ἂν ὅτι
b "Ὦ Σώκρατες, μεγάλα ἡμῖν τούτων τεκμήριά ἐστιν, ὅτι σοι
καὶ ἡμεῖς ἠρέσκομεν καὶ ἡ πόλις· οὐ γὰρ ἄν ποτε τῶν ἄλλων
Ἀθηναίων ἁπάντων διαφερόντως ἐν αὐτῇ ἐπεδήμεις εἰ μή σοι
διαφερόντως ἤρεσκεν, καὶ οὔτ' ἐπὶ θεωρίαν πώποτ' ἐκ τῆς
5 πόλεως ἐξῆλθες, ὅτι μὴ ἅπαξ εἰς Ἰσθμόν, οὔτε ἄλλοσε
οὐδαμόσε, εἰ μή ποι στρατευσόμενος, οὔτε ἄλλην ἀποδημίαν
ἐποιήσω πώποτε ὥσπερ οἱ ἄλλοι ἄνθρωποι, οὐδ' ἐπιθυμία σε
ἄλλης πόλεως οὐδὲ ἄλλων νόμων ἔλαβεν εἰδέναι, ἀλλὰ ἡμεῖς

d 5, 6 καὶ . . . βούληται B²TW : om. B   d 8 ποι B²TW : om. B
e 6 ὁμολογήσας] ὁμόσας M. Schmidt   ἡμῖν πείσεσθαι W : ἡμῖν πείθεσθαι
B : ἢ μὴν πείθεσθαι Tb : ἢ μὴν πείσεσθαι Buttmann   a 3 ὦ om. B
b 3 εἰ μὴ . . . ἤρεσκεν secl. Cobet   b 5 ὅτι μὴ . . . Ἰσθμόν add. T
et in marg. w : om. BW sed legit Athenaeus   b 6 ἐποιήσω
ἀποδημίαν T   b 7 ἄλλοι B : om. T

74

σοι ἱκανοὶ ἦμεν καὶ ἡ ἡμετέρα πόλις· οὕτω σφόδρα ἡμᾶς c
ἠροῦ καὶ ὡμολόγεις καθ᾽ ἡμᾶς πολιτεύσεσθαι, τά τε ἄλλα καὶ
παῖδας ἐν αὐτῇ ἐποιήσω, ὡς ἀρεσκούσης σοι τῆς πόλεως. ἔτι
τοίνυν ἐν αὐτῇ τῇ δίκῃ ἐξῆν σοι φυγῆς τιμήσασθαι εἰ ἐβού-
λου, καὶ ὅπερ νῦν ἀκούσης τῆς πόλεως ἐπιχειρεῖς, τότε 5
ἑκούσης ποιῆσαι. σὺ δὲ τότε μὲν ἐκαλλωπίζου ὡς οὐκ ἀγα-
νακτῶν εἰ δέοι τεθνάναι σε, ἀλλὰ ᾑροῦ, ὡς ἔφησθα, πρὸ τῆς
φυγῆς θάνατον· νῦν δὲ οὔτ᾽ ἐκείνους τοὺς λόγους αἰσχύνῃ,
οὔτε ἡμῶν τῶν νόμων ἐντρέπῃ, ἐπιχειρῶν διαφθεῖραι, πράτ-
τεις τε ἅπερ ἂν δοῦλος ὁ φαυλότατος πράξειεν, ἀποδιδράσκειν d
ἐπιχειρῶν παρὰ τὰς συνθήκας τε καὶ τὰς ὁμολογίας καθ᾽ ἃς
ἡμῖν συνέθου πολιτεύεσθαι. πρῶτον μὲν οὖν ἡμῖν τοῦτ᾽ αὐτὸ
ἀπόκριναι, εἰ ἀληθῆ λέγομεν φάσκοντές σε ὡμολογηκέναι
πολιτεύσεσθαι καθ᾽ ἡμᾶς ἔργῳ ἀλλ᾽ οὐ λόγῳ, ἢ οὐκ ἀληθῆ." 5
τί φῶμεν πρὸς ταῦτα, ὦ Κρίτων; ἄλλο τι ἢ ὁμολογῶμεν;
ΚΡ. Ἀνάγκη, ὦ Σώκρατες.
ΣΩ. "Ἄλλο τι οὖν," ἂν φαῖεν, "ἢ συνθήκας τὰς πρὸς
ἡμᾶς αὐτοὺς καὶ ὁμολογίας παραβαίνεις, οὐχ ὑπὸ ἀνάγκης e
ὁμολογήσας οὐδὲ ἀπατηθεὶς οὐδὲ ἐν ὀλίγῳ χρόνῳ ἀναγκασθεὶς
βουλεύσασθαι, ἀλλ᾽ ἐν ἔτεσιν ἑβδομήκοντα, ἐν οἷς ἐξῆν σοι
ἀπιέναι, εἰ μὴ ἠρέσκομεν ἡμεῖς μηδὲ δίκαιαι ἐφαίνοντό σοι
αἱ ὁμολογίαι εἶναι. σὺ δὲ οὔτε Λακεδαίμονα προῃροῦ οὔτε 5
Κρήτην, ἃς δὴ ἑκάστοτε φῂς εὐνομεῖσθαι, οὔτε ἄλλην οὐδε-
μίαν τῶν Ἑλληνίδων πόλεων οὐδὲ τῶν βαρβαρικῶν, ἀλλὰ 53
ἐλάττω ἐξ αὐτῆς ἀπεδήμησας ἢ οἱ χωλοί τε καὶ τυφλοὶ καὶ
οἱ ἄλλοι ἀνάπηροι· οὕτω σοι διαφερόντως τῶν ἄλλων Ἀθη-
ναίων ἤρεσκεν ἡ πόλις τε καὶ ἡμεῖς οἱ νόμοι δῆλον ὅτι· τίνι
γὰρ ἂν πόλις ἀρέσκοι ἄνευ νόμων; νῦν δὲ δὴ οὐκ ἐμμενεῖς 5
τοῖς ὡμολογημένοις; ἐὰν ἡμῖν γε πείθῃ, ὦ Σώκρατες· καὶ
οὐ καταγέλαστός γε ἔσῃ ἐκ τῆς πόλεως ἐξελθών.

c 2 πολιτεύσεσθαι B : πολιτεύεσθαι T W   d 1 δ T Eusebius : om. B
d 3 μὲν B : om. T Eusebius   d 5 πολιτεύσεσθαι T : πολιτεύεσθαι B
e 5 δὲ B : τε T   a 1 οὔτε τῶν βαρβάρων T   a 7 γε T : τε B
(sed ex emend.) W

"Σκόπει γὰρ δή, ταῦτα παραβὰς καὶ ἐξαμαρτάνων τι τούτων τί ἀγαθὸν ἐργάσῃ σαυτὸν ἢ τοὺς ἐπιτηδείους τοὺς
b σαυτοῦ. ὅτι μὲν γὰρ κινδυνεύσουσί γέ σου οἱ ἐπιτήδειοι καὶ αὐτοὶ φεύγειν καὶ στερηθῆναι τῆς πόλεως ἢ τὴν οὐσίαν ἀπολέσαι, σχεδόν τι δῆλον· αὐτὸς δὲ πρῶτον μὲν ἐὰν εἰς τῶν ἐγγύτατά τινα πόλεων ἔλθῃς, ἢ Θήβαζε ἢ Μέγαράδε—
5 εὐνομοῦνται γὰρ ἀμφότεραι—πολέμιος ἥξεις, ὦ Σώκρατες, τῇ τούτων πολιτείᾳ, καὶ ὅσοιπερ κήδονται τῶν αὐτῶν πόλεων ὑποβλέψονταί σε διαφθορέα ἡγούμενοι τῶν νόμων, καὶ βεβαιώσεις τοῖς δικασταῖς τὴν δόξαν, ὥστε δοκεῖν ὀρθῶς τὴν.
c δίκην δικάσαι· ὅστις γὰρ νόμων διαφθορεύς ἐστιν σφόδρα που δόξειεν ἂν νέων γε καὶ ἀνοήτων ἀνθρώπων διαφθορεὺς εἶναι. πότερον οὖν φεύξῃ τάς τε εὐνομουμένας πόλεις καὶ τῶν ἀνδρῶν τοὺς κοσμιωτάτους; καὶ τοῦτο ποιοῦντι ἆρα ἄξιόν
5 σοι ζῆν ἔσται; ἢ πλησιάσεις τούτοις καὶ ἀναισχυντήσεις διαλεγόμενος—τίνας λόγους, ὦ Σώκρατες; ἢ οὕσπερ ἐνθάδε, ὡς ἡ ἀρετὴ καὶ ἡ δικαιοσύνη πλείστου ἄξιον τοῖς ἀνθρώποις καὶ τὰ νόμιμα καὶ οἱ νόμοι; καὶ οὐκ οἴει ἄσχημον [ἂν]
d φανεῖσθαι τὸ τοῦ Σωκράτους πρᾶγμα; οἴεσθαί γε χρή. ἀλλ᾽ ἐκ μὲν τούτων τῶν τόπων ἀπαρεῖς, ἥξεις δὲ εἰς Θετταλίαν παρὰ τοὺς ξένους τοὺς Κρίτωνος; ἐκεῖ γὰρ δὴ πλείστη ἀταξία καὶ ἀκολασία, καὶ ἴσως ἂν ἡδέως σου ἀκούοιεν ὡς γελοίως
5 ἐκ τοῦ δεσμωτηρίου ἀπεδίδρασκες σκευήν τέ τινα περιθέμενος, ἢ διφθέραν λαβὼν ἢ ἄλλα οἷα δὴ εἰώθασιν ἐνσκευάζεσθαι οἱ ἀποδιδράσκοντες, καὶ τὸ σχῆμα τὸ σαυτοῦ μεταλλάξας· ὅτι δὲ γέρων ἀνήρ, σμικροῦ χρόνου τῷ βίῳ λοιποῦ ὄντος ὡς τὸ
e εἰκός, ἐτόλμησας οὕτω γλίσχρως ἐπιθυμεῖν ζῆν, νόμους τοὺς μεγίστους παραβάς, οὐδεὶς ὃς ἐρεῖ; ἴσως, ἂν μή τινα λυπῇς· εἰ δὲ μή, ἀκούσῃ, ὦ Σώκρατες, πολλὰ καὶ ἀνάξια σαυτοῦ.

a 8 ἐξαμαρτῶν T   c 5 ἔστι σοι ζῆν T   c 8 ἂν B : om. T Eusebius   d 2 τόπων B Eusebius : πόλεων T   d 3 τοὺς Κρίτωνος B Eusebius : τοῦ Κρίτωνος T   d 7 μεταλλάξας T Eusebius : καταλλάξας B   e 1 οὕτω γλίσχρως T W (in marg.) Eusebius : οὕτως αἰσχρῶς B W : γρ. οὕτω γ᾽ αἰσχρῶς in marg. t

ὑπερχόμενος δὴ βιώσῃ πάντας ἀνθρώπους καὶ δουλεύων—
τί ποιῶν ἢ εὐωχούμενος ἐν Θετταλίᾳ, ὥσπερ ἐπὶ δεῖπνον 5
ἀποδεδημηκὼς εἰς Θετταλίαν; λόγοι δὲ ἐκεῖνοι οἱ περὶ
δικαιοσύνης τε καὶ τῆς ἄλλης ἀρετῆς ποῦ ἡμῖν ἔσονται; ἀλλὰ 54
δὴ τῶν παίδων ἕνεκα βούλει ζῆν, ἵνα αὐτοὺς ἐκθρέψῃς καὶ
παιδεύσῃς; τί δέ; εἰς Θετταλίαν αὐτοὺς ἀγαγὼν θρέψεις τε
καὶ παιδεύσεις, ξένους ποιήσας, ἵνα καὶ τοῦτο ἀπολαύσωσιν;
ἢ τοῦτο μὲν οὔ, αὐτοῦ δὲ τρεφόμενοι σοῦ ζῶντος βέλτιον 5
θρέψονται καὶ παιδεύσονται μὴ συνόντος σοῦ αὐτοῖς; οἱ γὰρ
ἐπιτήδειοι οἱ σοὶ ἐπιμελήσονται αὐτῶν. πότερον ἐὰν μὲν εἰς
Θετταλίαν ἀποδημήσῃς, ἐπιμελήσονται, ἐὰν δὲ εἰς Ἅιδου
ἀποδημήσῃς, οὐχὶ ἐπιμελήσονται; εἴπερ γέ τι ὄφελος αὐτῶν
ἐστιν τῶν σοι φασκόντων ἐπιτηδείων εἶναι, οἴεσθαί γε χρή. b
"'Ἀλλ', ὦ Σώκρατες, πειθόμενος ἡμῖν τοῖς σοῖς τροφεῦσι
μήτε παῖδας περὶ πλείονος ποιοῦ μήτε τὸ ζῆν μήτε ἄλλο
μηδὲν πρὸ τοῦ δικαίου, ἵνα εἰς Ἅιδου ἐλθὼν ἔχῃς πάντα
ταῦτα ἀπολογήσασθαι τοῖς ἐκεῖ ἄρχουσιν· οὔτε γὰρ ἐνθάδε 5
σοι φαίνεται ταῦτα πράττοντι ἄμεινον εἶναι οὐδὲ δικαιότερον
οὐδὲ ὁσιώτερον, οὐδὲ ἄλλῳ τῶν σῶν οὐδενί, οὔτε ἐκεῖσε
ἀφικομένῳ ἄμεινον ἔσται. ἀλλὰ νῦν μὲν ἠδικημένος ἄπει,
ἐὰν ἀπίῃς, οὐχ ὑφ' ἡμῶν τῶν νόμων ἀλλὰ ὑπ' ἀνθρώπων· c
ἐὰν δὲ ἐξέλθῃς οὕτως αἰσχρῶς ἀνταδικήσας τε καὶ ἀντικα-
κουργήσας, τὰς σαυτοῦ ὁμολογίας τε καὶ συνθήκας τὰς πρὸς
ἡμᾶς παραβὰς καὶ κακὰ ἐργασάμενος τούτους οὓς ἥκιστα
ἔδει, σαυτόν τε καὶ φίλους καὶ πατρίδα καὶ ἡμᾶς, ἡμεῖς τέ 5
σοι χαλεπανοῦμεν ζῶντι, καὶ ἐκεῖ οἱ ἡμέτεροι ἀδελφοὶ οἱ ἐν
Ἅιδου νόμοι οὐκ εὐμενῶς σε ὑποδέξονται, εἰδότες ὅτι καὶ
ἡμᾶς ἐπεχείρησας ἀπολέσαι τὸ σὸν μέρος. ἀλλὰ μή σε
πείσῃ Κρίτων ποιεῖν ἃ λέγει μᾶλλον ἢ ἡμεῖς." d
Ταῦτα, ὦ φίλε ἑταῖρε Κρίτων, εὖ ἴσθι ὅτι ἐγὼ δοκῶ

---

e 4 ὑπερχόμενος B Eusebius: ὑπεχόμενος T   πάντας ἀνθρώπους
βιώσει T   a 4 τοῦτο B T: τοῦτό σου W   a 7 ἐὰν μὲν T:
ἐὰν B   b 4 πρὸ secl. Cobet   ταῦτα πάντα T Eusebius   b 7 οὐδὲ
ὁσιώτερον T Eusebius: οὔτε ὁσιώτερον B

ἀκούειν, ὥσπερ οἱ κορυβαντιῶντες τῶν αὐλῶν δοκοῦσιν
ἀκούειν, καὶ ἐν ἐμοὶ αὕτη ἡ ἠχὴ τούτων τῶν λόγων βομβεῖ
5 καὶ ποιεῖ μὴ δύνασθαι τῶν ἄλλων ἀκούειν· ἀλλὰ ἴσθι, ὅσα γε
τὰ νῦν ἐμοὶ δοκοῦντα, ἐὰν λέγῃς παρὰ ταῦτα, μάτην ἐρεῖς.
ὅμως μέντοι εἴ τι οἴει πλέον ποιήσειν, λέγε.

ΚΡ. Ἀλλ', ὦ Σώκρατες, οὐκ ἔχω λέγειν.

e   ΣΩ. Ἔα τοίνυν, ὦ Κρίτων, καὶ πράττωμεν ταύτῃ, ἐπειδὴ
ταύτῃ ὁ θεὸς ὑφηγεῖται.

d6 ἐὰν BT : ἐάν τι Wt : ὡς ἐὰν B² (ὡς s. v.)

NOTES

NOTES

LIST OF ABBREVIATIONS

Ar. u. Ath. Wilamowitz, *Aristoteles und Athen.*

Att. Ber. Blass, *Attische Beredsamkeit* (2nd edition).

Att. Proc. Meier und Schömann, *Der Attische Process,* ed. Lipsius.

B.A. *Proceedings of the British Academy.*

C.I.A. *Corpus Inscriptionum Atticarum* (= I.G. i–iii).

C.G.S. Farnell, *Cults of the Greek States.*

C.Q. *Classical Quarterly.*

C.R. *Classical Review.*

Dict. Ant. Smith's *Dictionary of Antiquities* (3rd edition).

Diels, *Vors.* Diels, *Fragmente der Vorsokratiker* (3rd edition).

Ditt. *Syll.* Dittenberger, *Sylloge Inscriptionum Graecarum* (2nd edition).

E. Gr. Phil. Burnet, *Early Greek Philosophy* (3rd edition).

E.R.E. Hastings, *Encyclopaedia of Religion and Ethics.*

G. d. A. E. Meyer, *Geschichte des Alterthums.*

G.M.T. Goodwin, *Greek Moods and Tenses* (3rd edition).

Gr. Phil. I. Burnet, *Greek Philosophy, Part I, Thales to Plato.*

Grote. Grote's *History of Greece.*

H. Gr. Monro, *Homeric Grammar* (2nd edition).

K.-G. Kühner-Gerth, *Ausführliche Grammatik der griechischen Sprache,* iii, iv.

J. Phil. *Journal of Philology.*

Photius, *Anf.* Der Anfang des Photius, Reitzenstein.

Pros. Att. Kirchner, *Prosopographia Attica.*

R.E. *Realencyklopädie der klassischen Altertumswissenschaft.*

S.C.G. Gildersleeve, *Syntax of Classical Greek.*

Tim. *Lex.* Timaeus, *Lexicon Platonicum,* ed. Ruhnken.

Var. Soc. Taylor, *Varia Socratica.*

EUTHYPHRO

INTRODUCTORY NOTE

THE situation assumed in the *Euthyphro* is that indicated at the end of the *Theaetetus* (a much later dialogue), where Socrates says he has an appointment at the Hall of the 'King' with reference to a charge brought against him by Meletus (210 d 1) νῦν μὲν οὖν ἀπαντητέον μοι εἰς τὴν τοῦ βασιλέως στοὰν ἐπὶ τὴν Μελήτου γραφὴν ἥν με γέγραπται). Socrates has kept this appointment, and is waiting outside till his turn comes, when he is accosted by Euthyphro. As Euthyphro too had a case before the 'King', and as, at the end of the dialogue, he suddenly remembers another engagement (15 e 3), we must suppose that his business here is over for the present, and that he is coming out of the βασίλειος στοά when he sees Socrates.

The βασιλεύς was the second of the nine archons, and had succeeded to the religious functions of the ancient kings. All the most ancient public sacrifices were therefore performed by him. Otherwise, since he was now appointed by lot and for a single year, his duties were largely formal and administrative.

Cf. Plato, *Polit.* 290 e 6 τῷ γὰρ λαχόντι βασιλεῖ φασιν τῇδε τὰ σεμνότατα καὶ μάλιστα πάτρια τῶν ἀρχαίων θυσιῶν ἀποδεδόσθαι, Ar. Ἀθ. Πολ. 57, 1 ὡς δ' ἔπος εἰπεῖν καὶ τὰς πατρίους θυσίας διοικεῖ οὗτος πάσας. In particular, he was responsible for the Eleusinia.

The judicial competence of the βασιλεύς naturally extended to all cases involving the state religion. In these he had the ἡγεμονία τοῦ δικαστηρίου and the whole charge of the preliminary instruction (ἀνάκρισις). His duties in connexion with the latter were by no means purely formal; for he had to receive the depositions of all witnesses whose testimony was to be used at the trial, and to see that the whole procedure was in order from the πρόσκλησις down to the final adjustment of the ἀντωμοσίαι. As Socrates was charged with ἀσέβεια, that is, with an offence against the state religion, he has to appear before the βασιλεύς for this preliminary business.

I have used the continental term 'instruction' for ἀνάκρισις, as the thing has no real equivalent in this country. The preliminary proceedings before the magistrate or the Grand Jury, or (in Scotland), the Procurator-Fiscal, are something rather different.

EUTHYPHRO

Euthyphro, on the other hand, is bringing a charge of homicide (φόνος), and that too fell within the competence of the βασιλεύς, since the state only took cognizance of homicide in so far as it created a religious pollution (ἄγος, μίασμα) which would affect the whole community unless it were purged (cf. 4 c 1). Apart from this, φόνος was a private wrong which concerned primarily the family of the slain. From that point of view, it might have seemed appropriate that it should be dealt with by the Archon rather than the King; for matters of family law fell within the Archon's competence. The religious view prevailed; but even so φόνος was never treated as an offence against the state in the strict sense. If it had been, the procedure would have been by γραφή (cf. 2 a 5 n.), and it would have been open to any Athenian citizen to institute a prosecution for it, whereas the right to prosecute for φόνος was confined to near relatives of the slain man, or, in the case of a slave, his master. We never hear of a γραφὴ φόνου except in modern text-books.

The γραφὴ φόνου appears in Meier and Schömann, *Der Attische Process*, even as revised by Lipsius (1883-7), but antiquity knows only of φονικαὶ δίκαι. For the limitation of the right to prosecute to near relatives cf. 4 b 4 n.

The βασίλειος στοά, outside which this dialogue is supposed to take place, is said by Pausanias to have been the first building on the right as you entered the Agora from the Ceramicus.

Paus. i. 3, 1 πρώτη δέ ἐστιν ἐν δεξιᾷ καλουμένη στοὰ βασίλειος, ἔνθα καθίζει βασιλεὺς ἐνιαυσίαν ἄρχων ἀρχὴν καλουμένην βασιλείαν. In C.I.A. i. 61 (Hicks and Hill, p. 112, no. 59), a psephism of 409/8 B.C. prescribing the setting up of Draco's law of φόνος, we have καταθέντων πρόσθεν τῆς στοᾶς τῆς βασιλείας. Aristotle says ('Αθ. Πολ. 7, 1) that the κύρβεις with the laws of Solon were set up ἐν τῇ στοᾷ τῇ βασιλείῳ. There is no evidence that it was ever called βασιλική (the true reading in *Charm.* 153 a 4 is τοῦ τῆς Βασίλης ἱεροῦ), so the statement that the Roman *basilica* is derived from the βασίλειος στοά is groundless. More probably it is a Hellenistic term.

The *Euthyphro* belongs to the class of dialogues in which Socrates has to do with a single interlocutor, and the impression it leaves is that no one else is supposed to be present. It is not, therefore, to be regarded as a report of an actual conversation. On the other hand, the figure of Euthyphro is clearly a portrait, and Plato must have known him well. It is surely inconceivable that he should have invented the story of Euthyphro's attempt to prosecute his father. We may be certain too that Plato would have shrunk from misrepresenting the attitude of Socrates on the question which this dialogue treats. It must have been discussed in his presence, especially during these last days when all the associates of Socrates knew that their Master was to be tried for his life on a charge of irreligion. We are, therefore, entitled to regard the *Euthyphro* as a valuable historical document, though not quite in the same sense as the *Apology*.

The language of the *Euthyphro* and the fact that it is in dramatic (not narrated) form (cf. Gr. Phil. I § 177) show that it belongs to the earliest group of Plato's dialogues, but such tests do not tell us anything more definite as to the actual date of its composition. It should be unnecessary at the present day to discuss the hypothesis that it was published during the preliminary instruction and before the trial took place. Its position as the first dialogue of the first tetralogy is due solely to the consideration that, in the story of the trial and death of Socrates, it comes before the *Apology* just as the *Crito* comes after it. I can find nothing, however, in the dialogue itself inconsistent with a date in the early nineties, not very long after the death of Socrates.

C. Ritter (*Platon* i. 67, 273) accepts Schleiermacher's view that the *Euthyphro* was composed in the interval between the institution of proceedings before the βασιλεύς and the actual trial. Wilamowitz, on the other hand, finds this 'inconceivable' (*Platon* i. 201, *n.*), and most people will agree with him so far. He does, however, hold with Ritter that certain dialogues, and notably the *Protagoras*, were written in the lifetime of Socrates, and that is as 'inconceivable' to me as it was to Grote (*Plato* i. 196 sqq.). I hope to deal with the date of the *Protagoras* on another occasion

Introductory dialogue (2 a 1-5 d 7).

The indictment of Socrates on the charge of irreligion (ἀσέβεια) and Euthyphro's prosecution of his father on the religious charge of homicide (φόνος) raise the question, 'What *is* the religious (τὸ ὅσιον, τὸ εὐσεβές)?', or, as we should say, 'What do we mean by religion?'

a 1 ΕΥΘΥΦΡΩΝ. It is probable that this is the Euthyphro referred to once or twice in the *Cratylus* as an enthusiastic etymologist. Cf. especially 396 d 2 Καὶ μὲν δή, ὦ Σώκρατες, ἀτεχνῶς γέ μοι δοκεῖς ὥσπερ οἱ ἐνθουσιῶντες ἐξαίφνης χρησμῳδεῖν.—Καὶ αἰτιῶμαί γε, ὦ Ἑρμόγενες, μάλιστα αὐτὴν (sc. τὴν σοφίαν) ἀπὸ Εὐθύφρονος τοῦ Προσπαλτίου προσπεπτωκέναι μοι· ἕωθεν γὰρ πολλὰ αὐτῷ συνῆ καὶ παρεῖχον τὰ ὦτα. κινδυνεύει οὖν ἐνθουσιῶν οὐ μόνον τὰ ὦτά μου ἐμπλῆσαι τῆς δαιμονίας σοφίας, ἀλλὰ καὶ τῆς ψυχῆς ἐπειλῆφθαι. We are told (3 e 3) that the Euthyphro of this dialogue was a μάντις, and the language of the passage quoted from the *Cratylus* (χρησμῳδεῖν, ἐνθουσιῶν, τῆς δαιμονίας σοφίας) would be appropriate in speaking of such a person. Moreover, we learn (5 e 5 sqq.) that our Euthyphro was an authority on Ouranos, Kronos, and Zeus, and it is just in connexion with their names that he is first mentioned in the *Cratylus* (*loc. cit.*). In any case, he was certainly familiar with Socrates. He knows about the 'divine sign' (3 b 5), and he is an enthusiastic admirer of the philosopher (3 a 6 sqq.).

Euthyphro, indeed, is often regarded as a representative of the 'orthodoxy' which was answerable for the death of Socrates. The very latest commentator, M. Croiset, speaks of him in the *Notice* prefixed to his translation as a man *tout imbu des croyances traditionnelles* (p. 178), and as *une sorte de docteur en théologie traditionnelle* (p. 179). That he professes to be a *docteur en théologie* is certain, but to call that theology 'traditional' is misleading if it is meant that it, or anything like it, was accepted by the Athenians as a basis for their religious practice. On the contrary, we are told (3 c 1) that Euthyphro's assumption of wisdom with regard to 'things divine' made him an object of ridicule and suspicion to ordinary people. Athenian religion was a matter of practice, not of belief, and the conception of 'orthodoxy' in the sense of assent to statements of an historical character or to speculative dogmas did not exist. As will appear, everything points rather to the conclusion that Euthyphro was a sectary of some kind, and it may be significant that he had spent his youth in the island of Naxos (4 c 4), one of the chief centres of Dionysiac worship. It may be even more significant that Paros, just six miles across the water, was one of the seats of the Pythagorean dispersion. In the Catalogue of Pythagoreans preserved by Iamblichus from

Aristoxenus (Diels, *Vors.*³ i. 344 sq.) there are no fewer than ten Parians, including the celebrated mathematician Thymaridas (E. Gr. Phil.³ p. 101, *n.* 2).

In fact, it is easiest to understand Euthyphro as a companion figure to the extreme Pythagorist Telauges whom Aeschines of Sphettos (*Ap.* 33 e 2 *n.*) introduced, in a dialogue called by his name, as discussing the subject of asceticism with Socrates. That is evidence that Socrates really did consort with such persons. It also helps us to understand why Plato is so careful to mark the difference between him and the Orphics and Pythagorists, whom he is always represented as treating with a certain good-humoured condescension (cf. Gr. Phil. I § 101 and my notes on *Phaedo* 62 b 5, 63 c 1, 69 c 4). On the other hand, Plato never attempts to conceal the fact that Socrates rejected polytheistic mythology, and he makes it perfectly clear in this very dialogue (6 a 6 sqq.).

For the *Telauges* of Aeschines see Dittmar, *Aischines von Sphettos* 213 sqq. He seems to have been described as a person of most unpleasant habits. I do not know why Dittmar thinks it an anachronism that he should be represented as conversing with Socrates at a time when Critobulus is still young. It is true that we hear most of the Pythagorists from the comic poets of the fourth century (E. Gr. Phil.³ p. 94, *n.* 3), but they really represent the most primitive element in the order founded by Pythagoras, and must have been quite familiar figures ever since the Pythagorean dispersion in the middle of the fifth century, which was brought about by their extravagances, and not by the mathematical studies of the more enlightened members of the society (see my article *Pythagoras* in E.R.E. vol. x, p. 520).

It is certain at all events that Plato does not mean us to regard Euthyphro as having anything to do with the party which was responsible for the death of Socrates. From the very first page of the dialogue we learn that he is ignorant not only of the grounds of the accusation, but even of the fact that Socrates has been accused at all. If he in any way represented 'Athenian orthodoxy', he could not have been ignorant of these things. In fact, as Plato represents him, Euthyphro regards Socrates as a kindred spirit (3 c 4 ἡμῖν πᾶσι τοῖς τοιούτοις, where the context shows that Socrates is included in ἡμῖν), and he instinctively takes his side when he hears that he is accused of 'making new gods'. He also urges him to show a bold front to his accusers (3 c 5 ὁμόσε ἰέναι), and is confident of his acquittal (3 e 4). Plato, then, means us to think of Euthyphro as having nothing in common with the accusers of Socrates and the religious prejudices to which they appealed. He even makes a point of letting us know that he had never even heard of Meletus (2 b 12). Meletus was probably a fanatic too (2 b 9 *n.*), but of a different type.

a 1 Τί νεώτερον ... γέγονεν, ὅτι κτλ. Euthyphro's surprise is natural, for Socrates had never yet appeared before a court (*Ap.* 17 d 2).

The use of ὅτι 'to state a consequence as a ground of inference', or in the sense of 'to explain the fact that', is somewhat rare in Attic, but not infrequent in Homer, e. g. *Od.* v. 339 τίπτε τοι ὧδε Ποσειδάων ἐνοσίχθων | ὠδύσατ' ἐκπάγλως, ὅτι τοι κακὰ πολλὰ φυτεύει; see H. Gr. § 269 (2).

τὰς ἐν Λυκείῳ ... διατριβάς. The Lyceum was one of the three great gymnasia outside the walls of Athens, the other two being the Cynosarges and the Academy. It was dedicated to Apollo Lykeios, and was situated in the eastern suburb, not far from the Ilisos. Plato represents it as having been the favourite resort of Socrates for years. Cf. *Euthyd.* 271 a 1 Τίς ἦν, ὦ Σώκρατες ᾧ χθὲς ἐν Λυκείῳ διελέγου; *Symp.* 223 d 8 τὸν οὖν Σωκράτη ... ἐλθόντα εἰς Λύκειον ... ὥσπερ ἄλλοτε τὴν ἄλλην ἡμέραν διατρίβειν. In *Lys.* 203 a 1 he is represented as walking to it by the road outside the wall (ἐπορευόμην ... ἐξ Ἀκαδημείας εὐθὺ Λυκείου τὴν ἔξω τείχους), and at the beginning of the *Phaedrus* he is doubtless making his way to it by the Ilisos. Cf. also Aeschines of Sphettos fr. 2 (Dittmar) ἐκαθήμεθα μὲν ἐπὶ τῶν θάκων ἐν Λυκείῳ, οὗ οἱ ἀθλοθέται τὸν ἀγῶνα διατιθέασιν (probably from the opening of the *Alcibiades*). Euthyphro is astonished to find Socrates in the ἀγορά instead of in a suburban gymnasium. Mr. Zimmern's contrast of Socrates with Plato and Aristotle in this respect (*Greek Commonwealth*, p. 56, *n.* 2) is not, therefore, quite accurate. Of course, as we know from *Ap.* 17 c 8, Socrates was sometimes to be heard talking ἐν ἀγορᾷ ἐπὶ τῶν τραπεζῶν, but his regular haunt was the Lyceum. It was there, and not in the ἀγορά, or the streets of Athens, that his serious conversations took place.

a 2 διατριβάς, 'haunts', 'resorts'. Cf. *Charm.* 153 a 2 ᾖα ἐπὶ τὰς συνήθεις διατριβάς. We see from ἐνθάδε νῦν διατρίβεις that the word is not used here in its derivative sense of philosophical discussions, for which cf. *Ap.* 33 e 4 *n.* and 37 d 1 *n.*

2 a 2 τὴν τοῦ βασιλέως στοάν. See *Introductory Note*.

a 4 πρὸς τὸν βασιλία, 'before the King'. Cf. Hyperides, *pro Eux.* 6 ἀσεβεῖ τις περὶ τὰ ἱερά; γραφαὶ ἀσεβείας εἰσὶ πρὸς τὸν βασιλέα.

The regular equivalent of *coram* is ἐν, but this cannot be used with a singular noun, and πρός is found even with plurals, where ἐν could stand. Cf. e. g. ἀγωνίζεσθαι πρὸς τοὺς δικαστάς, κατηγορεῖν, ἀπολογεῖσθαι πρὸς τοὺς δικαστάς.

a 5 ΣΩΚΡΑΤΗΣ. In this dialogue we are to think of Socrates as about seventy years old. See *Ap.* 17 d 2 *n.*

ὦ Εὐθύφρων. For the form of the vocative (which is that given in the best MSS.) see C.Q. viii. 232.

δίκην ... γραφήν. Socrates only means that the regular name of the process was γραφὴ ἀσεβείας. The general term is δίκη, but there were ἴδιαι δίκαι and δημόσιαι δίκαι, the latter being specially called γραφαί (ἐκαλοῦντο αἱ γραφαὶ καὶ δίκαι, οὐ μέντοι καὶ αἱ δίκαι γραφαί Pollux viii. 41). In a private suit, the prosecutor seeks reparation for an injury done to himself (δίκη ἡ ὑπὲρ ἰδιωτικῶν ἐγκλημάτων κρίσις schol. T); in a public suit, he demands punishment for an injury done to the state. Even, however, in a δημοσία δίκη or γραφή the state does not prosecute; a private citizen ('Aθηναίων ὁ βουλόμενος οἷς ἔξεστιν), in this case Meletus, must take the responsibility of doing that. The charge against Socrates was one of ἀσέβεια, i. e. of an offence against the *state* religion, and the procedure was therefore by γραφή.

The distinction is clearly formulated in legal language by Plato in *Laws* 767 b 5 τὸ μὲν ὅταν τίς τινα ἰδιώτην ἰδιώτης, ἐπαιτιώμενος ἀδικεῖν αὐτόν (*sic legendum*), ἄγων εἰς δίκην βούληται διακριθῆναι ('to have a decision given between them'), τὸ δ' ὁπόταν τὸ δημόσιον ὑπό τινος τῶν πολιτῶν ἡγῆταί τις ἀδικεῖσθαι καὶ βουληθῇ τῷ κοινῷ βοηθεῖν. See further Calhoun, *Greek Criminal Law* (Proceedings of the Classical Association xviii, p. 87 sqq.). Professor Calhoun is clearly right in holding that homicide had nothing to do with the development of criminal law and the recognition of punishable offences against the community. On the other hand, if he means to deny that the idea of religious pollution from bloodguiltiness was primitive in such regions as Attica, I cannot follow him. The very fact that φόνος lay within the competence of the βασιλεύς is proof of the contrary. It may be true that there is no express mention to purification (κάθαρσις) for φόνος in Homer, but this is just one of the things that make it impossible to regard Homer as primitive, and it must be considered along with other facts of the same nature.

2 b 1 οὐ ... καταγνώσομαι ὡς ..., 'I will not think it of you that ...'.
Plato takes the first opportunity of indicating that Euthyphro is an
admirer of Socrates.

For καταγιγνώσκειν τί τινος cf. *Ap.* 25 a 12 *n.*, *Phaed.* 116 c 1
οὐ καταγνώσομαί γε σοῦ ὅπερ ἄλλων καταγιγνώσκω. Here the genitive
is omitted as the reference is made clear by the words ὡς σὺ ἕτερον.
Cf. Isocr. 9 § 78 καὶ μὴ νόμιζέ με καταγιγνώσκειν ὡς νῦν ἀμελεῖς.

b 8 ἀγνώς, 'unknown', is the regular opposite of γνώριμος in Attic.
In Plato ἄγνωστος means 'unknowable', not 'unknown'.

b 9 Μέλητον. From *Ap.* 23 e 4 it has been inferred that Meletus
was a poet (see, however, note *in loc.*), but he is certainly not to
be identified with the poet of that name alluded to in the *Frogs*
(1302). Socrates could not call a man 'young and unknown' in
399 B.C. if he had been satirized by Aristophanes (in itself a certi-
ficate of notoriety) in 405 B.C., and certainly not if he had already
produced a trilogy on the story of Oedipus, as Wilamowitz says he
had (*Platon* i. 153). Moreover, there is good ground for holding
that the tragic poet Meletus had already been attacked by Aristo-
phanes at a much earlier date. On the other hand, in this very
year (399 B.C.), one of the accusers of Andocides was called Meletus,
and it is at least a remarkable coincidence that the name Meletus
(not a common one) should figure in two cases of ἀσέβεια in the
same year. There are only two objections of any weight to the
identification of our Meletus with the Meletus who spoke against
Andocides. In the first place, Andocides tells us (1 § 94) that the
latter was one of those who arrested Leon of Salamis, and Socrates
relates the story in the *Apology* without a hint that his accuser
had anything to do with it. That, I think, can be explained
(*Ap.* 32 d 6 *n.*). In the second place, Andocides (1 § 150) is able
to call Anytus to speak in his favour; but that was no doubt
because the accusation was a flagrant violation of the Amnesty, to
which Anytus was conspicuously loyal (*Ap.* 24 b 2 sqq. *n.*). Now
Blass suggested (*Att. Ber.* i. 568), and Wilamowitz undertook to
prove (*Ar. u. Ath.* ii. 74, *n.* 5), that the speech against Andocides
preserved among those of Lysias is really that delivered by the
Meletus who spoke in that trial. It is a most interesting document,
for it is almost the only monument of religious fanaticism that has
come down to us from antiquity. The speaker belonged to the
priestly γένος of the Eumolpidae, from which the Eleusinian

hierophant was chosen, and we know from Thucydides that the Eleusinian priesthood took a leading part in the agitation against the recall of Alcibiades in 408 B.C. (viii. 53, 2 καὶ Εὐμολπιδῶν καὶ Κηρύκων περὶ τῶν μυστικῶν, δι' ἅπερ ἔφυγε, μαρτυρομένων καὶ ἐπιθεια-ζόντων μὴ κατάγειν). The speaker of [Lysias] 6 is filled with sincere horror at the sacrileges of the time just before the Sicilian expedition, and scouts the idea that the Amnesty can override the 'unwritten laws' καθ' οὓς Εὐμολπίδαι ἐξηγοῦνται (§ 10). Now, I have pointed out elsewhere (Gr. Phil. I § 146) that a good many friends of Socrates were implicated in the affair of the profanation of the Mysteries in 415 B.C., so that, if we identify our Meletus with the speaker of [Lysias] 6, we at once get an intelligible motive for the prosecution. At the very least, the speech against Andocides and the reply of Andocides to it (Περὶ τῶν μυστηρίων) are first-hand evidence for the state of some people's minds in 399 B.C., and thus help to make the condemnation of Socrates intelligible. That remains true, even if we adopt the hypothesis that there were two like-minded persons called Meletus who came forward as champions of religion in the same year.

The identification of our Meletus with the tragic poet rests on nothing better than a partly illegible scholium on *Ap.* 23 e in B. That, however, does not represent any ancient tradition. It only means that Arethas, at the end of the ninth century A.D., looked up his handbook of κωμῳδούμενοι and transcribed the article on the only man of the name he could find. This man, however, as the scholium itself tells us, was attacked in the Γεωργοί of Aristophanes which, as Clinton pointed out (*Fasti Hellenici* ii. 91), was exhibited more than fourteen years before the death of Socrates. Wilamowitz (*Platon* ii. 47) says 'over twenty years earlier', and admits that this is inconsistent with the youth of Meletus in 399 B.C. He therefore assumes that the Meletus of the Γεωργοί was the father of our Meletus, but he still holds that the son was also a tragic poet and author of the trilogy on Oedipus. That is based on the scholium as printed, where we read ἐπεὶ ᾧ ἔτει οἱ Πελαργοὶ ἐδιδά-σκοντο καὶ ὁ Μέλητος Οἰδιπόδειαν ἔθηκεν, ὡς Ἀριστοτέλης Διδασκαλίαις. But the words ἐπεὶ ᾧ ἔτει, on which all depends, are not legible in the MS., and such traces as are visible do not suggest them. In any case, Meletus senior may quite well have gone on writing tragedies long after the Γεωργοί, and we do not know the date of the Πελαργοί. There is nothing, then, to be made of this. Kirchner's suggestion (*Pros. Att.* no. 9825) that the Meletus who spoke against Andocides may be the Meletus who was informed against for mutilating the Hermae and profaning the mysteries, and who went into exile rather than stand his trial, is inadmissible. A man with such a record would not have ventured to take part in the trial of Andocides for ἀσέβεια. If he had, Andocides was not the man to let him down as easily as he does. It should be added that there are some slight traces of a Eumolpid family belonging to the same deme as our Meletus. We know of a Διοκλῆς Πιθεύς from Isaeus (8 § 19 sq.) and Demosthenes (21 § 62), and Diocles is the name of one of the ancient kings of Eleusis to whom, along with Tripto-lemus, Eumolpus, and Celeus, Demeter is said in the Homeric Hymn (474) to have entrusted the ὄργια. The grandfather of the speaker of [Lysias] 6 was also a Diocles, the son of the hierophant Zacorus. At a rather later date, we find a Μουσαῖος Ἰσηγόρου Πιθεύς (C.I.A. ii. 2479), and Musaeus is not a likely name for any one unconnected with the Eumolpidae to bear. There is only one other Musaeus in *Pros. Att.*, and he was of Phlya, which suggests the Lycomidae (cf. C.G.S. iii. 163). Lastly, if our Meletus was the son of the tragic poet, we can see how the latter was said to be Θρᾷξ γένος. Eumolpus was represented as a Thracian in the later legend at least.

2 b 9 τῶν δήμων Πιτθεύς. This is the official formula since the reforms of Cleisthenes. Cf. Ar. Ἀθ. Πολ. 21, 4 καὶ δημότας ἐποίησεν ἀλλήλων τοὺς οἰκοῦντας ἐν ἑκάστῳ τῶν δήμων, ἵνα μὴ πατρόθεν προσαγορεύοντες ἐξελέγχωσιν τοὺς νεοπολίτας, ἀλλὰ τῶν δήμων ἀναγορεύωσιν· ὅθεν καὶ καλοῦσιν Ἀθηναῖοι σφᾶς αὐτοὺς τῶν δήμων. So Dem. 39 § 30 εἰπέ μοι, Βοιωτέ, πόθεν νῦν Ἀκαμαντίδος φυλῆς γέγονας καὶ τῶν δήμων Θορίκιος; At the δοκιμασία of the nine archons, they were asked for the names of their fathers and mothers and of their father's and mother's fathers, and their respective demes. The formula was καὶ πόθεν τῶν δήμων; (Ar. Ἀθ. Πολ. 55, 3).

The spelling Πιτθεύς does not appear on inscriptions till imperial times (Meisterhans § 30, 10), and it is probable that Plato wrote Πιθεύς, the only form attested for an earlier date. It occurs in some of the MSS. of Demosthenes.

b 10 εἰ . . . νῷ ἔχεις, 'if you remember' (cf. *Rep.* 490 a 1), but ἐν νῷ ἔχω is 'I intend' (cf. *Ap.* 20 b 3). The verb ἐννοῶ has both meanings (so the answer to this is οὐκ ἐννοῶ b 12).

τετανότριχα, 'lanky-haired'. The adj. τετανός means 'rigid' in the medical writers (cf. the subst. ὁ τέτανος, *tetanus*). Sextus Empiricus opposes τετανόθριξ to οὐλόκομος, 'curly-haired' (*adv. Math.* p. 249, 8 Bekker). There is no suggestion that his hair was long, as some editors suppose. The late astrological fancy that a man born under Virgo would be τετανόθριξ (*adv. Math.* p. 746, 1 Bekker) shows that the word refers to the nature of the hair, not to the accident of its length.

2 b 11 ἐπίγρυπον δέ. A hook nose was regarded as majestic. Cf. *Rep.* 474 d 7 ὁ μέν, ὅτι σιμός, ἐπίχαρις κληθεὶς ἐπαινεθήσεται ὑφ᾽ ὑμῶν, τοῦ δὲ τὸ γρυπὸν βασιλικόν φατε εἶναι. The straight hair, scanty beard, and beak of Meletus bring the young man vividly before us.

c 2 οὐκ ἀγεννῆ, 'rather a grand one'. Plato uses οὐκ ἀγεννής, both of persons and of things, as equivalent to γενναῖος in the ironical sense of that word.

c 3 ἐγνωκέναι, 'to have come to a knowledge of', 'to have discerned', not 'to be resolved on', as is shown by the explanation οἶδε in the next line.

οὐ φαῦλόν ἐστιν, 'is no small thing', 'no mean achievement'. We see from this how φαῦλος came to be used as an equivalent of ῥᾴδιος.

c 4 τίνα τρόπον οἱ νέοι διαφθείρονται κτλ. For the charge of διαφθορὰ τῶν νέων cf. the version of the ἀντωμοσία given in the *Apology* (24 b 9 with the notes). Plato always makes Socrates speak of this as the head and front of the accusation. It was a serious charge if it could be brought home to him, and he showed that he was sensitive about it (*Ap.* 33 d 1 *n.*). On the other hand, he can never bring himself to take the accusation of introducing καινὰ δαιμόνια seriously.

c 6 τὴν ἐμὴν ἀμαθίαν κατιδών, 'observing my stupidity'. The regular opposites of σοφός, σοφία are ἀμαθής, ἀμαθία, while φρόνιμος, φρόνησις are contrasted with ἄφρων, ἀφροσύνη. In Plato there is no distinction between σοφός and φρόνιμος, except that the former may be used ironically, like our 'clever', while the latter never is.

The argument of H. Maier's *Sokrates* is vitiated by his importation of the Aristotelian use of φρόνησις for practical wisdom, as opposed to σοφία, theoretical wisdom, into the language of Plato. See especially p. 351, *n.* 1.

c 7 ὥσπερ πρὸς μητέρα πρὸς τὴν πόλιν. In such phrases the preposition is not as a rule repeated, and some editors delete the second πρός with Cobet. See my note on *Phaed.* 67 d 1.

c 8 τῶν πολιτικῶν μόνος ἄρχεσθαι ὀρθῶς, 'to be the only man who is beginning his political career in the right way'. Cf. *Gorg.* 527 d 3 τότε ἤδη . . . ἐπιθησόμεθα τοῖς πολιτικοῖς.

Not 'the only one of the public men who begins in the right way' (Fowler), which would leave the sense of ἄρχεσθαι too vague. Besides, Meletus is νέος τις καὶ ἀγνώς and could hardly be called a πολιτικός yet.

2 d 1 ὀρθῶς γάρ ἐστι, 'for the right way (to begin) is'. For this elliptical use of the adverb cf. *Hipparch.* 227 c 10 εἴ τις ... ὀρθῶς λαμβάνοι τὸν φιλοκερδῆ· ὀρθῶς δ' ἐστὶ τοῦτον ἡγεῖσθαι φιλοκερδῆ κτλ., *Laws* 697 b 1 δεῖ ... τιμάς τε καὶ ἀτιμίας διανέμειν ὀρθῶς· ἔστιν δὲ ὀρθῶς ἄρα τιμιώτατα ... καὶ πρῶτα τὰ περὶ τὴν ψυχὴν ἀγαθὰ κεῖσθαι. For καλῶς used in a similar way cf. *Crat.* 388 c 5.

3 a 1 ἡμᾶς ἐκκαθαίρει, like weeds. Cf. Xen. *Oec.* 20, 11 καθαίρειν δὲ δεῖ τὴν γῆν τὸν μέλλοντα σπείρειν.

τῶν νέων τὰς βλάστας. The difficulties which have been felt about this phrase (cf. C.Q. viii. 232) are imaginary. The βλάσται are the young sprouts, and the crop is a crop of νέοι. We might speak of weeds as choking τῶν πυρῶν τὰς βλάστας.

a 4 ὥς γε τὸ εἰκὸς συμβῆναι κτλ., 'as would be the natural result of making such a start'.

The construction is similar to ὡς ἐμοὶ δοκεῖν, ὡς ἔπος εἰπεῖν, and ὡς οὕτω γ' ἀκοῦσαι below (b 1). The more usual ὡς εἰκός (sc. ἐστὶ) συμβῆναι is different in so far as the infinitive depends on εἰκός and does not go with ὡς.

a 6 μὴ τοὐναντίον γένηται, 'lest it turn out, prove, the opposite'.

a 7 ἀτεχνῶς, 'simply'. This colloquial Attic adverb (which is not found even in the orators, but is practically confined to the comic poets and Plato) introduces metaphors, comparisons (ἀτεχνῶς ὥσπερ), and, as here, proverbs. It emphasizes the appositeness of quotations or the essential accuracy of apparently hyperbolical expressions. We sometimes use 'literally' in the same way.

ἀφ' ἑστίας ἄρχεσθαι. Cf. Ar. *Wasps* 845 ἵνα | ἀφ' ἑστίας ἀρχόμενος ἐπιτρίψω τινά. These seem to be the only passages where this phrase occurs in classical Greek, and they both refer to damage. This in itself makes it unlikely that it alludes to the ritual precedence of Hestia, for which cf. *Crat.* 401 d 1 τὸ ... πρὸ πάντων θεῶν τῇ Ἑστίᾳ πρώτῃ προθύειν (C.G.S. v. 345 sqq.). The meaning required here is rather that given by Church's rendering 'striking a blow at the heart of the state'. Meletus professes that his chief care is for Athens (*Ap.* 24 b 5), but it is Athens that will suffer from his misguided zeal. The enthusiastic admiration of Euthyphro for Socrates must not be missed.

One of the scholia in T runs ἀπὸ τῶν οἰκειοτάτων· ἑστία γὰρ ἡ οἰκία. παροιμία ἐπὶ τῶν ἐν δυνάμει γενομένων καὶ πρώτους ἀδικούντων τοὺς οἰκείους. Forster pointed out that Philo (*Leg. ad Gaium*, p. 995 P.), speaking of Caligula's treatment of his own family, says τὸ λεγόμενον δὴ τοῦτο, ἀφ' ἑστίας ἤρξατο, which agrees exactly with the interpretation of the scholium. It is not to the point to say with Süss (R.E. viii. 1275) that Socrates was not a relative of Meletus. It is much more likely that there is an allusion to the ἑστία τῆς πόλεως.

3 b 1　　ὡς οὕτω γ' ἀκοῦσαι, lit. 'just to hear it without more ado'. Tr. 'He says I do what sounds very strange on a first hearing'.

Cf. *Lys.* 216 a 3 εὖ γε (δοκεῖ λέγειν) . . . ὥς γε οὑτωσὶ ἀκοῦσαι, Dem. 19 § 47 ἀκοῦσαι μὲν γὰρ οὑτωσὶ παγκάλως ἔχει. In Dem. 20 § 18 οὑτωσὶ μὲν ἀκοῦσαι is opposed to εἰ δέ τις αὐτὸ ἀκριβῶς ἐξετάσειε.

b 2　　ποιητὴν . . . θεῶν, 'a manufacturer of gods'. Cf. *Rep.* 597 d 11 δημιουργὸν καὶ ποιητὴν τοῦ τοιούτου (sc. κλίνης).

καινοὺς . . . θεούς, 'strange gods'. This is not the charge actually made in the ἀντωμοσία as finally adjusted (*Ap.* 24 b 9 *n.*) ; for, as we shall see, the phrase καινὰ δαιμόνια means something rather different. It is, however, definitely made in the *Clouds* of Aristophanes (423 B.C.), and it is quite probable that it was repeated by Meletus before the βασιλεύς. There can be no doubt what Aristophanes meant by it. The Ionian φυσιολόγοι were in the habit of using the word θεός in a way of their own, applying it to whatever they regarded as the primary substance and also to the world or worlds (E. Gr. Phil.³, *Introd.* p. 14). Now it is a well-attested fact that Socrates at an early age attached himself to Archelaus, the successor of Anaxagoras at Athens (cf. my article *Socrates* in E.R.E. vol xi), and Aristophanes shows a pretty accurate knowledge of the doctrines taught in that school. The whole 'school of Anaximenes' (E. Gr. Phil.³ § 31), which was represented at Athens by Anaxagoras, held that the life of the world was kept up by the respiration of the boundless 'air' outside it (E. Gr. Phil.³ § 28), which they spoke of as a 'god', and it is therefore quite in order that Socrates should swear by Respiration, Chaos, and Air (*Clouds* 627 μὰ τὴν Ἀναπνοήν, μὰ τὸ Χάος, μὰ τὸν Ἀέρα). It is also quite correct, from this point of view, to say (ib. 828) Δῖνος βασιλεύει τὸν Δί' ἐξεληλακώς, since the δῖνος or δίνη, the rotary or vortex motion, which Anaxagoras also called περιχώρησις, was the most important agent in the cosmology of the school (E. Gr. Phil.³ § 133). Finally, the chorus consists of Clouds just because clouds are the first result of the condensation of 'air', and therefore the first stage in the genesis of the visible and tangible world. Aristophanes, then, gives a perfectly legitimate burlesque of the teaching of a school to which Socrates had notoriously belonged in his youth. When we come to the *Apology*, we shall have to consider why this particular charge of making 'new gods' was not explicitly put forward at the trial, but at most hinted in a disguised form. That it was what Meletus really meant is made plain enough by Plato, not only here, but also in the *Apology* 26 b 8 sqq.

3 b 3   οὐ νομίζοντα, 'not worshipping'. For the phrase νομίζειν θεούς cf. also *Ap.* 24 c 1 *n.* It means a great deal more than 'believing in', for it refers primarily to religious 'practice' (τὰ νομιζόμενα) rather than to religious belief. In [Lysias] 6 (Meletus?) the phrase occurs twice. In § 19 it is best translated 'has no fear of the gods', and in § 51 we have θεῶν, οὓς ἡμεῖς θεοὺς νομίζομεν καὶ θερα-πεύοντες καὶ ἁγνεύοντες θύομεν καὶ προσευχόμεθα, where the words καὶ θεραπεύοντες κτλ. are explanatory of νομίζομεν.

b 5   Μανθάνω, 'I see'; ὅτι δή, *quod scilicet*, 'No doubt because ...' (for the colloquial idiom see below 9 b 6). This is a natural sug-gestion for Euthyphro to make, since he was a μάντις, and it was very likely the 'divine sign' that attracted him to Socrates as much as anything else. On the other hand, we are not entitled to infer that Plato accepted or meant us to accept this explanation. Socrates takes no notice of it here, and a little farther on (6 a 6 sqq.) he puts forward an altogether different suggestion himself. The point Plato is really anxious to make is that neither Socrates nor any one else knows for certain what the charge meant (see further *Ap.* 31 d 1 *n.*). Xenophon (who had a good deal in common with Euthyphro) adopts the suggestion here made, but even he gives it only as a conjecture. Cf. *Mem.* i. 1, 2 διετεθρύλητο γὰρ ὡς φαίη Σωκράτης τὸ δαιμόνιον ἑαυτῷ σημαίνειν· ὅθεν δὴ καὶ μάλιστά μοι δοκοῦσιν αὐτὸν αἰτιάσασθαι καινὰ δαιμόνια εἰσφέρειν. He goes on, however, to observe quite justly that there was no 'innovation' or 'impiety' in that, since all who believed in μαντική were in the like case. It is true, of course, that Xenophon left Athens a year or two before the trial, and that he had not many opportunities of informing himself later when he was in exile; but there is no doubt that he read all the Socratic literature he could come by, and it is hard to believe that he would not have spoken more positively if he had anywhere found a distinct statement to the effect that the καινὰ δαιμόνια really meant the δαιμόνιον σημεῖον. In fact, it seems very improbable that he had anything at all to go upon except this very passage of the *Euthyphro*, which is really, if read aright, inconsistent with it, and the passage of the *Apology* dealing with the 'divine sign', which is even more so (see *Ap.* 31 d 1 *n.*). It is to be noted further that the δαιμόνιον σημεῖον was regarded by Socrates as something almost peculiar to himself (*Rep.* 496 c 3 τὸ δ' ἡμέτερον οὐκ ἄξιον λέγειν, τὸ δαιμόνιον σημεῖον· ἦ γάρ πού τινι ἄλλῳ ἢ οὐδενὶ τῶν ἔμπροσθεν γέγονεν). There could be no question, then, of corrupting the youth by teaching them to believe in it.

3 b 5   τὸ δαιμόνιον . . . σαυτῷ . . . γίγνεσθαι. See *Ap.* 31 c 8 sqq. with the notes. The only strict parallel in Plato to this quasi-substantival use of τὸ δαιμόνιον for the 'divine sign', if we except *Ap.* 40 a 4 (where see note), is *Theaet.* 151 a 4 τὸ γιγνόμενόν μοι δαιμόνιον. That clearly means 'the divine something (*divinum quiddam*, Cic. *de Div.* i. § 122) that comes to me', and so we must understand the words here. There is no such noun-substantive as δαιμόνιον in classical Greek. That makes its first appearance in the Septuagint, where it is pretty clearly a diminutive of δαίμων rather than the neuter of δαιμόνιος. The regular use of γίγνεσθαι in this connexion proves that the 'divine something' is not a 'genius' or familiar spirit of any kind, as it was supposed to have been in later days. The 'sign' is never called a δαίμων, though the idea of the δαίμων as a guardian spirit was quite familiar (cf. my note on *Phaedo* 107 d 6 with *Rep.* 617 e 1 and 620 d 8). It always remains strictly impersonal. It comes from God, but it is not a 'divinity' of any kind. Characteristic ways of speaking are *Ap.* 31 c 8 ὅτι μοι θεῖόν τι καὶ δαιμόνιον γίγνεται, *Euthyd.* 272 e 3 ἐγένετο τὸ εἰωθὸς σημεῖον τὸ δαιμόνιον, *Phaedr.* 242 b 8 τὸ δαιμόνιόν τε καὶ τὸ εἰωθὸς σημεῖόν μοι γίγνεσθαι ἐγένετο. It is also to be observed that Socrates is always represented by Plato (though not, of course, by Xenophon) as speaking quite lightly, and even ironically, of the 'divine sign'. It belonged to the 'irrational part' of his soul, even more than dreams (cf. *Crito* 44 a 6), which sometimes did give positive in-

structions (*Phaed.* 60 e 1 sqq.) as the 'divine sign' never did (*Ap.* 31 d 3). That being so, it is obviously futile to rationalize it. We must simply accept the fact that it was a perfectly real experience to Socrates, though not apparently of paramount importance. It served to justify certain instinctive reluctances of which he was unable to give a clear account (λόγον διδόναι) to himself. But he believed in it all the same, and actually heard the 'voice' (*Ap.* 31 d 3 *n.*).

See H. Jackson, 'The δαιμόνιον σημεῖον of Socrates' (J. Phil. v. 232), and, for a careful examination of Xenophon's usage, Macnaghten in C.R. xxviii. 185. On δαιμόνιον as a substantive in Hellenistic Greek (LXX, N.T., and magical papyri) see Dibelius, *Die Geisterwelt im Glauben des Paulus* (1909), pp. 225 sqq. Tertullian is doubtless right in saying that *this* δαιμόνιον is a diminutive of δαίμων cf. the passage quoted in the Thesaurus s.v. *daemonium*). It is used of evil spirits and of the gods of the heathen (so 1 Cor. 10²⁰), and is the origin of the modern 'demon'.

3 b 6 ἑκάστοτε, 'from time to time', 'on occasion'. Nearly all the recorded instances of the 'divine sign' occurred on indifferent, and even trivial, occasions (cf. *Ap.* 40 a 5 πάνυ ἐπὶ σμικροῖς), and only inhibited acts which would have unfortunate consequences. Socrates never appeals to it on questions of serious moment involving considerations of right and wrong. In particular, the 'sign' is not represented as having anything to do with the mission to his fellow-citizens with which he believed he had been charged by God (*Ap.* 28 e 4 sqq.). It has nothing in common, then, with 'Conscience'.

καινοτομοῦντος, 'innovating', a metaphor from mining (not from the mint, as Adam says), lit. 'opening a new vein'.

Cobet, *V.L.* p. 243 *Verbum hoc natum est in metallis Laureoticis, in quibus quid sit* καινοτομεῖν *luculenter monstrabit Xenophon de Vectigalibus cap. IV.* § 27 καὶ μὴν καινοτομεῖν γε οὐδὲν ἧττον ἔξεστι νῦν ἢ πρότερον. οὐ τοίνυν οὐδ᾽ εἰπεῖν ἂν ἔχοι οὐδεὶς πότερον ἐν τοῖς κατατετμημένοις πλείων ἀργυρῖτις ἢ ἐν τοῖς ἀτμήτοις ἐστίν, *et sic saepius in sequentibus.* Τέμνειν, κατατέμνειν, ἐπικατατέμνειν *propria sunt in metallis vocabula, et hinc* καινοτομεῖν *sponte natum est. Perspexit hoc olim grammaticus, cuius locum Photius servavit in v.* Καινοτομεῖν: καινὴν λατομίαν τέμνειν κυρίως, *nisi quod* λατομίαν *solam ponit, quod in omnibus metallis proprium est.* Cf. also Hyperides, *pro Eux.* § 36 τοιγαροῦν αἱ καινοτομίαι πρότερον ἐκλελειμμέναι διὰ τὸν φόβον νῦν ἐνεργοί ('the new veins are being worked').

b 7 τὰ θεῖα, *res divinae*, 'religion'. Cf. Ar. *Birds* 961 ὦ δαιμόνιε, τὰ θεῖα μὴ φαύλως φέρε. The word was used in this sense in the psephism of Diopeithes directed against Anaxagoras (Plut. *Per.* 32 εἰσαγγέλλεσθαι τοὺς τὰ θεῖα μὴ νομίζοντας ἢ λόγους περὶ τῶν μεταρσίων διδάσκοντας). Cf. also Soph. *O. T.* 910 ἔρρει δὲ τὰ θεῖα, *O. C.* 1537 τὰ θεῖ' ἀφείς.

3 b 7   ὡς διαβαλῶν, 'with the intention of misrepresenting you'. The literal meaning of διαβάλλειν is 'to set at variance', 'make a quarrel between' (cf. e.g. *Symp.* 222 c 7 πάντα τούτου ἔνεκα εἰρηκώς, τοῦ ἐμὲ καὶ Ἀγάθωνα διαβάλλειν). Like all verbs of making friends and enemies it can take the dative or πρός c. acc. with the name of one of the parties, and thus acquires the meaning of 'misrepresent', which it regularly has in reference to the charges made against Socrates. Accordingly, the διαβολή, of which we hear so much, is either 'misrepresentation' or 'misunderstanding', 'prejudice' according to the context.

b 8   δή, *igitur*, 'so'.

εὐδιάβολα, 'easily misrepresented'. So Phavorinus καὶ εὐδιάβολον παρὰ Πλάτωνι τὸ εὐκόλως διαβαλλόμενον. Although belief in a 'divine sign' could not in itself be regarded as an offence against the state religion, the Athenians would certainly be jealous of any supernatural private communications from which other citizens were debarred, and Euthyphro fears that the 'divine sign' might be so regarded. This implies that the judges would admit the divine origin of the sign, so no question of 'orthodoxy' is involved. Xenophon puts the point clearly in his *Apology*, when he says (§ 14) ταῦτα ἀκούοντες οἱ δικασταὶ ἐθορύβουν, οἱ μὲν ἀπιστοῦντες τοῖς λεγομένοις (these would be the same people who laughed at Euthyphro, c 2), οἱ δὲ καὶ φθονοῦντες (cf c 3 φθονοῦσιν), εἰ καὶ παρὰ θεῶν μειζόνων ἢ αὐτοὶ τυγχάνοι.

b 9   καὶ ἐμοῦ γάρ τοι κτλ. Note how Euthyphro sympathizes with Socrates as a fellow-heretic, and the *naïveté* of ἡμῖν πᾶσι τοῖς τοιούτοις (c 4). Those who regard Euthyphro as the representative of 'orthodoxy', and believe that the accusation of Socrates was based on the 'sign', have to explain why Euthyphro is not shocked by it.

c 2   καίτοι . . . ἀλλ' ὅμως . . ., 'and yet . . . 'but all the same'. Cf. *Phaed.* 68 e 3 *n.*, Ar. *Frogs* 43 καίτοι δάκνω γ' ἐμαυτόν, ἀλλ' ὅμως γελῶ.

3 c 5 ὁμόσε ἰέναι, i. q. εἰς ταὐτὸν ἰέναι. We must 'face them' boldly, 'come to close quarters with them'. Cf. Homer, *Il.* xiii. 337 ὡς ἄρα τῶν ὁμόσ' ἦλθε μάχη. So *Euthyd.* 294 d 5 τὼ δὲ ἀνδρειότατα ὁμόσε ᾔτην τοῖς ἐρωτήμασιν, *Theaet.* 166 a 1 καὶ ὁμόσε οἶμαι χωρήσεται καταφρονῶν ἡμῶν, *Rep.* 610 c 6 ἐὰν δέ γέ τις ... ὁμόσε τῷ λόγῳ τολμᾷ ἰέναι κτλ., Hyperides, *c. Athenog.* § 21 ἀλλ' ὁμόσε βούλομαι τῷ λόγῳ σου τούτῳ ἐλθεῖν.

c 6 Ὦ φίλε Εὐθύφρων. The rare position of the vocative at the beginning of the sentence is emotional. Here it expresses remonstrance as also in *Crito* 46 b 1. In such cases we say 'My dear so-and-so'. S.C.G. § 23.

c 7 οὐδὲν πρᾶγμα, 'doesn't matter', ' is of no consequence'. Cf. 3 e 4 οὐδὲν ἔσται πρᾶγμα, 4 d 2 οὐδὲν ὂν πρᾶγμα.

c 9 ὃν δ' ἂν ... οἴωνται ... θυμοῦνται. When the antecedent is suppressed, the relative clause may be regarded as equivalent to a noun or pronoun in any case required by the governing verb. This is as old as Homer (H. Gr. § 267, 2 (a)). Here the relative clause is equivalent to a dative (τῷ ἄλλους ποιοῦντι τοιούτους).

d 3 Τούτου ... πέρι κτλ., 'I am not particularly anxious to ascertain their disposition to me on this point by experiment'.

d 5 Ἴσως γὰρ κτλ., 'no doubt they think you do not make yourself common '. The idea is that Euthyphro holds up his wisdom and puts a fancy price on it, so that it is not very dangerous.

d 8 ἐκκεχυμένως, *effuse*, ' prodigally', 'lavishly'. Isocrates (15 § 207) has ἐκκεχυμένως ζῆν (from ἐκχεῖν, ' to spill '). For the readiness with which Socrates talked to any one who cared to question him cf. *Ap.* 33 a 5 sqq.

d 9 προστιθεὶς ἂν ἡδέως, 'I should willingly be out of pocket by it '. For this use of προστιθέναι cf. Iambl. *Protr.* p. 53, 23 Pistelli (from Aristoxenus) καὶ τὰ Διονύσια δὲ θεωροῦμεν οὐχ ὡς ληψόμενοί τι παρὰ τῶν ὑποκριτῶν ἀλλὰ καὶ προσθέντες. The opposite is προσλαμβάνειν, cf. Ar. *Eth. Nic.* 1130 a 24 ἔτι εἰ ὁ μὲν τοῦ κερδαίνειν ἕνεκα μοιχεύει καὶ προσλαμβάνων (' making money by it '), ὁ δὲ προστιθεὶς καὶ ζημιούμενος (' out of pocket and losing by it ').

εἴ τίς μου ἐθέλει ἀκούειν, 'if any one cares (not ' wishes') to hear me.'

BW have the more formally correct ἐθέλοι, but this may be

a grammarian's correction, so I have preferred the more colloquial and idiomatic ἐθέλει of T.

d 10   ὃ νυνδὴ ἔλεγον, 'as I said just now'.

When νῦν δή means ὀλίγον πρότερον (a striking parallel to the English 'just now'), the grammarians tell us to write it νυνδή. The MSS. of Plato do not observe this rule, but it is at least a useful convention, and is confirmed by the fact that we sometimes find νῦν δὴ μέν, i. e. νυνδὴ μέν. Cf. Cobet, V.L. p. 233.

e 2   εἰ δὲ σπουδάσονται, 'if they are going to be in earnest'. The fut. ind. in a 'minatory or monitory' protasis (Gildersleeve).

τοῦτ' ἤδη, hoc demum, 'then we come to something of which the issue is obscure'. The adv. ἤδη marks that a certain stage has been reached, οὔπω that it has not yet been reached, οὐκέτι that it has been passed.

e 3   ὅπη ἀποβήσεται, 'what the issue will be'. Cf. Ap. 19 a 6 τοῦτο μὲν ἴτω ὅπη τῷ θεῷ φίλον, Lys. 206 a 2 δεδιὼς τὸ μέλλον ὅπη ἀποβήσεται. So Herod. i. 32 σκοπέειν δὲ χρὴ παντὸς χρήματος τὴν τελευτὴν κῇ ἀποβήσεται and elsewhere.

e 4   ἴσως οὐδὲν ἔσται ... πρᾶγμα, 'I dare say it will not matter', 'it will doubtless come to nothing' (ἴσως, opinor, does not necessarily imply real uncertainty). Euthyphro shows himself quite aware that no serious charge of ἀσέβεια could be based on the 'divine sign'; it could only be used to excite prejudice (διαβολή). Cf. 3 b 8.

e 5   κατὰ νοῦν, ex sententia, 'satisfactorily'.

ἀγωνιῇ τὴν δίκην. All δίκαι are regarded as ἀγῶνες, and in particular as a race between the prosecutor or plaintiff (ὁ διώκων, Scotice the 'pursuer') and the defendant (ὁ φεύγων). To win a suit or to convict an accused person is αἱρεῖν ('to catch'), and to be acquitted is ἀποφεύγειν ('to get clear away'). Observe that δίκη here includes both the δίκη in the narrower sense and the γραφή (δημόσιος ἀγών). Cf. 2 a 5 n.

οἶμαι δὲ καὶ ἐμὲ τὴν ἐμήν. The phrase οἶμαι δὲ καὶ may be followed either by the acc. ✓ c. inf. (expressed or understood), e.g. Lach. 180 a 7 οἶμαι δὲ καὶ Λάχητα τόνδε, or by the nom., e.g. Crat. 402 b 5 οἶμαι δὲ καὶ Ἡσίοδος.

e 8   φεύγεις αὐτὴν ἢ διώκεις. We can say both διώκειν (φεύγειν, αἱρεῖν, ἀποφεύγειν) τὴν δίκην and διώκειν τὸν φεύγοντα. We have the latter construction in τίνα and ὅν just below.

4 a 1   αὖ δοκῶ, 'I am once more thought', just as when I foretell the future in the Assembly (3 c 2).

4 a 2 πετόμενόν τινα διώκεις. There was a proverb τὰ πετόμενα διώκειν used, as Adam neatly says, of any 'wild goose chase'. Aristotle (*Met*. Γ. 5, 1009 b 37) says it is a wonder that philosophers do not despair when they consider the views that have been held about truth ; τὸ γὰρ τὰ πετόμενα διώκειν τὸ ζητεῖν ἂν εἴη τὴν ἀλήθειαν. Aeschylus (*Ag*. 394) has the variant διώκει παῖς ποτανὸν ὄρνιν, and in *Euthyd*. 291 b 2 we have ὥσπερ τὰ παιδία τὰ τοὺς κορύδους διώκοντα.

a 7 ὁ σός, 'Your *father*!' In answers to questions and in exclamatory repetitions, the Greeks often repeat only a part of the previous speaker's phrase, and it is not always that which we should naturally repeat. The inflected character of the language makes this easier. It appears clearly from this passage that there was no legal bar to an action by a son against his father as there was at Rome. It shocked public sentiment, and might even be regarded as ἀνόσιον (4 e 7), but there was nothing in this to prevent the βασιλεύς entertaining the action (cf. *Att. Proc*. p. 763).

a 9 τί τὸ ἔγκλημα καὶ τίνος ἡ δίκη; The ἔγκλημα is the 'charge' (ὁ ἐγκαλεῖ τίς τινι) and τίνος is the same genitive as is found after *verba iudicialia*.

a 12 ὅπῃ ποτὲ ὀρθῶς ἔχει, 'what is the right way ' (to go about things), 'what is the right thing '.

I can see no difficulty in taking ὀρθῶς ἔχει impersonally (C.Q. viii. 233), and I think it unnecessary to discuss the interpretations and emendations which have been suggested. The trouble is not here, but in the next clause.

οὐ γὰρ οἶμαί γε κτλ. I take the meaning of the whole sentence to be ' Good gracious ! Most people must be in the dark as to what is the right thing. It isn't every one, I should say, who would do what you speak of (αὐτό), but only a man of advanced wisdom like yourself.'

My deletion of ὀρθῶς, which I suppose to have been accidentally repeated, afterwards occurred independently to Gomperz (C.Q. *loc. cit.*).

τοῦ ἐπιτυχόντος, ' the first comer ', 'anybody'.

Eupolis used the phrase 'the man in the street' in this sense. Cf. Photius, *Anf*. 140, 15 Ἄνθρωπος ἐξ ὁδοῦ· ἄνθρωπος ἐπιτυχὼν καὶ τῶν πολλῶν τῶν ἐν ταῖς ὁδοῖς καλινδουμένων. Εὔπολις.

b 1 πόρρω ... σοφίας ἐλαύνοντος, a metaphor from the chariot-race.

Cf. *Crat.* 410 e 3 πόρρω ἤδη οἶμαι σοφίας ἐλαύνειν, *Gorg.* 486 a 6 τοὺς πόρρω ἀεὶ φιλοσοφίας ἐλαύνοντας, Xen. *Cyr.* i. 6, 39 πρόσω ἐλάσαι τῆς πλεονεξίας. So ἐγγύς, ὁμοῦ τι ἐλαύνειν, 'to run hard' (cf. *Phaed.* 65 a 6 *n.*).

4 b 3   Πόρρω μέντοι νὴ Δία. When a previous speaker's words are adopted with conviction, that is expressed by μέντοι or νὴ Δία or by both together, as here (cf. *Ap.* 35 d 1). If Euthyphro were a representative of Athenian 'orthodoxy', he would not accept the imputation of σοφία in this complacent manner.

b 4   τῶν οἰκείων τις, 'one of your family' (opp. ἀλλοτρίου b 5). The right to institute φονικαὶ δίκαι was confined to near relatives (or, in the case of slaves, their master). This shows clearly that they are not γραφαί (cf. 2 a 5 *n.*). There is, of course, no question here of the jurisdiction of the Areopagus, since it is not a case of φόνος ἐκ προνοίας. As appears from 9 b 6, Euthyphro proposes to prosecute his father in an ordinary heliastic court.

For the restriction of the right of prosecuting to οἰκεῖοι cf. the law quoted in Dem. 43 § 57 προειπεῖν τῷ κτείναντι ἐν ἀγορᾷ ἐντὸς ἀνεψιότητος, συνδιώκειν δὲ καὶ ἀνεψιῶν παῖδας καὶ γαμβροὺς καὶ πενθεροὺς καὶ φράτορας. The verb προειπεῖν here refers to the public notice (πρόρρησις) to the homicide to keep away from public places and sacrifices on account of the μίασμα, which was the first stage of a δίκη φόνου. Dict. Ant. s.v. *Phonos.*

b 6   ἐπεξῇσθα φόνου αὐτῷ. Since ἐπεξιέναι as a legal term can take the accusative of the charge (Antipho, *Tetr.* A. α § 2 ἡμεῖς δ' οἱ ἐπεξερχόμενοι τὸν φόνον, *ib.* Γ. γ § 6 ἡμᾶς οἳ τὸ τούτου μίασμα ἐπεξερχόμεθα, Plato, *Laws* 866 b 5 ἐπεξελθὼν τούτῳ δίκην), its original meaning must be 'to follow up' a charge by a formal prosecution (cf. 9 a 7 *n.*). Where δίκην or the like is omitted, the person accused is in the dative and the charge in the genitive. Cf. *Laws* 866 b 1 ἐπεξίτω . φόνου τῷ κτείναντι. From Dem. 20 § 145 σε . . . γραψάμενοι . . οὐκ ἐπεξῆλθον we see the distinction between γράφεσθαι and ἐπεξιέναι.

b 9   εἴτε ἐν δίκῃ ἔκτεινεν ὁ κτείνας, legal language (ἐν δίκῃ = *iure*). In Attic ἀποκτείνω is normal and κτείνω is poetical (like 'slay' for 'kill'). The archaic simple verb is also, however, the legal term. Plato has it in the *Laws* fairly often in connexion with homicide. So Lysias 10 § 11 (of the procedure before the Areopagus) ὁ μὲν γὰρ διώκων ὡς ἔκτεινε διόμνυται, ὁ δὲ φεύγων ὡς οὐκ ἔκτεινεν.

b 10   ἐάνπερ ὁ κτείνας κτλ., 'if, that is to say, the slayer ...'. It is just because he is συνέστιος and ὁμοτράπεζος with his father that Euthyphro feels bound to prosecute him. He is exposed to the contagion of his pollution (μίασμα).

Schanz makes nonsense of the passage by reading ἐάνπερ χὠ κτείνας, 'even if the slayer ...' (C.Q. viii. 233). There is no inconsistency such as he finds between the reading of the text and the natural meaning of ὁστισοῦν in 5 e 1 and e 5. The use of the ritual terms shows clearly what the meaning must be. See next note.

συνέστιος ... καὶ ὁμοτράπεζος, 'sharing hearth and board'. Other terms used in this connexion are ὁμωρόφιος (sub isdem ... trabibus, Hor. C. iii. 2, 27) and ὁμόσπονδος. Cf. Antipho, Tetr. A. α § 10 ἀσύμφορον δ' ὑμῖν ἐστι τόνδε μιαρὸν καὶ ἄναγνον ὄντα ... ἐπὶ ... τὰς αὐτὰς τραπέζας ἰόντα συγκαταπιμπλάναι ('to infect' with his μίασμα) τοὺς ἀναιτίους. Dem. 18 § 287 μήθ' ὁμωρόφιον μήθ' ὁμόσπονδον γεγενημένον, Dinarch. 1 § 24 ἧς (πόλεως) ὁμόσπονδος καὶ ὁμοτράπεζος πολλάκις γέγονεν, Plato, Laws 868 e 3 κατελθὼν δὲ ὅ τι τοιοῦτον δράσας τοῖς αὑτοῦ παισὶν ἱερῶν μὴ κοινωνείτω μηδὲ ὁμοτράπεζος γιγνέσθω ποτέ, Soph. Ant. 372 μήτ' ἐμοὶ παρέστιος | γένοιτο μήτ' ἴσον φρονῶν | ὃς τάδ' ἔρδει, Dem. 21 § 120 πῶς οὐ δεινὸν ... φόνον μὲν ὀνειδίζειν, τούτῳ δ' ὁμωρόφιον γίγνεσθαι; The feeling about this was so strong that all φονικαὶ δίκαι were tried in the open air, as Antipho says (5 § 11) οὐδενὸς ἄλλου ἕνεκα ἢ ἵνα τοῦτο μὲν οἱ δικασταὶ μὴ ἴωσιν εἰς τὸ αὐτὸ τοῖς μὴ καθαροῖς τὰς χεῖρας, τοῦτο δὲ ὁ διώκων τὴν δίκην τοῦ φόνου ἵνα μὴ ὁμωρόφιος γίγνηται τῷ αὐθέντῃ. From Dem. 22 § 2 it appears that a man might lay himself open to a γραφὴ ἀσεβείας by becoming ὁμωρόφιος to a parricide (κατασκευάσας ἀσεβείας γραφὴν οὐκ ἐπ' ἐμὲ ἀλλ' ἐπὶ τὸν θεῖόν μου, γράψας ἀσεβεῖν ἐμοὶ συνιόντα εἰς ταὐτὸν ὡς πεποιηκότι ταῦτα).

c 1   ἴσον ... τὸ μίασμα γίγνεται, 'the pollution is equal', whether the slain man is οἰκεῖος or ἀλλότριος. This is the purely ceremonial view of the case. It does not matter who the person is, so far as the danger of infection is concerned.

c 2   συνειδώς, conscius, here in its original sense of 'sharing the knowledge of' another's guilt.

καὶ μὴ ἀφοσιοῖς σεαυτόν, nec te religione exsolvas. So Laws 873 b 7 ἀφοσιούτω τὴν πόλιν ὅλην (also of purging the μίασμα of φόνος).

4 c 3   καὶ ἐκεῖνον. It is worthy of note that the δίκη is held to disinfect
the homicide also from the μίασμα.

ἐπεὶ ὅ γε ἀποθανὼν κτλ., 'though, for the matter of that, the
slain man (was not really ἀλλότριος. He) was a day-labourer of
mine'. Euthyphro is explaining his *locus standi*, and this accounts
for the emphatic ἐμός.

In sentences like this ἐπεὶ . . . γε appears to mean 'although ', but
that is only because it gives the reason for an antithesis not ex-
plicitly stated. Our idiom ' for the matter of that ' often serves to
bring out the implication. Cf. below 9 b 5, *Ap.* 19 e 1, G.M.T.
§ 719, 2.

πελάτης, 'a day-labourer ', ὁ ἀντὶ τροφῶν ὑπηρετῶν καὶ προσπελάζων
(Tim. *Lex.* s.v.) ; πελάται δὲ καὶ θῆτες ἐλευθέρων ἐστὶν ὀνόματα, διὰ
πενίαν ἐπ' ἀργυρίῳ δουλευόντων (Pollux iii. 82). Aristotle, 'Αθ. Πολ.
1, 2 applies the term to the ἐκτήμοροι of Solon's time. The man was
a free labourer (θής 15 d 6, cf. ἐθήτευεν c 4) who worked for his keep.
The word πελάτης is used by Plutarch to translate the Roman *cliens*,
and this has suggested to some that the employer could sue on
behalf of such a labourer just as the προστάτης (*patronus*) could sue
on behalf of a μέτοικος. Euthyphro may have thought so, but it is
contrary to everything we know of Athenian law, and there can be
little doubt that he was non-suited in the end by the βασιλεύς.

There is a narrative in [Dem.] 47 § 55 sqq. which throws light
on this. Here an old woman had been killed who had been the
speaker's nurse and was afterwards freed by his father. She
had then married, but on her husband's death she came back to
her foster-son and remained a member of his household. The
case was laid before the ἐξηγηταί (cf. c 8 *n.*), who asked the speaker
whether they should simply expound the νόμιμα or should also
advise him. Requested to do both, they told him to take a spear
to the funeral, to make a proclamation at the grave for any relative
of the deceased, and to mount guard at the grave for three days.
Their advice was that, after this, he should make the usual
πρόρρησις, without mentioning any names, but simply saying τοῖς
δεδρακόσι τε καὶ κτείνασι ('a person or persons unknown '), and that
he should not make himself a party to an action before the βασιλεύς.
That, they said, was not lawful ; οὐ γὰρ ἐν γένει σοι ἡ ἄνθρωπος οὐδὲ
θεράπαινα. The law was τοὺς προσήκοντας ἐπεξιέναι μέχρι ἀνεψιαδῶν
(and it was necessary in that case to declare on oath what was the
relation of the prosecutor to the deceased), nor was the woman his
slave since she had been freed by his father. If she had not been
freed, there would have been no difficulty ; for the law was τῷ

δεσπότῃ, ἂν δοκῇ, ἐπεξελθεῖν ὑπὲρ τοῦ δούλου (Antipho 5 § 48). As things were, no one had a right to prosecute the murderers of the poor old lady.

4 C 4   ὡς ἐγεωργοῦμεν ἐν τῇ Νάξῳ. It is generally assumed that they were κληροῦχοι, and it is pointed out that the Athenians had to give up their κληρουχίαι in 404 B.C. Surprise is expressed that Euthyphro should have waited five years before trying to get rid of the pollution, and Schanz (Introd. p. 11) infers that Plato has committed a deliberate anachronism in order to bring Euthyphro's case into connexion with that of Socrates. This argument, however, ignores the peculiar legal situation existing at the time. After the restoration of the democracy in 403 B.C., the laws of Solon and Draco were provisionally adopted, but there was great uncertainty about their application, and a commission was appointed to revise and codify the laws of Athens, which did not complete its work till the archonship of Xenaenetus, i.e. 401/0 B.C. (Ar. 'Αθ. Πολ. 40, 4), and it seems that the courts were practically inactive till that date. It is no doubt for this reason that the trials of Andocides and Socrates did not come on till 399 B.C. In the case of Euthyphro, the proceedings would be specially long and complicated. From d 5 we learn that his father and the rest of the family resisted him vigorously, and there were good grounds for maintaining that the action was not εἰσαγώγιμος at all (cf. 4 c 3 n.). This would give endless opportunities for ὑπωμοσίαι, παραγραφαί and the like (Att. Proc. pp. 832 sqq.). Moreover, we know from Antipho's speech Περὶ τοῦ χορευτοῦ § 42 that in φονικαὶ δίκαι the βασιλεύς was bound to allow three προδικασίαι extending over three successive months and not to bring the case into court (εἰσάγειν) till the fourth. In the case of the χορευτής the βασιλεύς refused even to enter the action for instruction (ἀπογράφεσθαι τὴν δίκην), on the ground that his term of office expired in two months and that it was illegal for him to hand over an incomplete instruction to his successor. In the circumstances it would be surprising if Euthyphro's case came on even in 399 B.C., and I do not believe that it ever came on at all. In any case E. Meyer's remark (G. d. A. iv. § 396 n.) that the κληρουχίαι are 'feigned' to be still in existence in 399 B.C. is quite unjustified. Euthyphro is speaking at a date which is more probably 400 than 399 B.C., and he uses the past tense.

For the psephism of Tisamenus on the revision of the laws see

Andocides 1 § 83, and, for the judicial delays which it caused, Lysias 17 § 3, from which it appears that the first opportunity of getting a judgement even for payment of interest on a debt was in the archonship of Xenaenetus. Matters like φόνος and ἀσέβεια would be still more exposed to delay.

4 c 5   **παροινήσας,** 'in a fit of drunken violence'. The words παροινῶ, παροινία (from παρ' οἶνον, *inter pocula*) regularly imply violence in word or deed, and ἀποσφάττει αὐτόν means 'cuts his throat'.

c 6   **ὁ οὖν πατὴρ κτλ.** Euthyphro's father acts quite correctly, since the murdered man was his slave.

c 8   **τοῦ ἐξηγητοῦ,** 'the expounder of religious law'. Cf. Tim. *Lex.* s.v. Ἐξηγηταὶ τρεῖς γίνονται Πυθόχρηστοι, οἷς μέλει καθαίρειν τοὺς ἄγει τινὶ ἐνισχηθέντας, καὶ οἱ ἐξηγούμενοι τὰ πάτρια (sc. τὰ Εὐμολπιδῶν καὶ Εὐπατριδῶν). Here one of the Πυθόχρηστοι ἐξηγηταί is meant; for there is no question of the Eleusinia, with which the ἐξηγηταὶ ἐξ Εὐμολπιδῶν had to do, or of anything which can be plausibly referred to the ἐξηγηταὶ ἐξ Εὐπατριδῶν. In Isaeus 8 § 39 the speaker says he consulted the ἐξηγητής on a question of funeral expenses. Cf. Theophrastus, *Char.* 16, 6 (of the δεισιδαίμων) καὶ ἐὰν μῦς θύλακον διαφάγῃ, πρὸς τὸν ἐξηγητὴν ἐλθὼν ἐρωτᾶν τί χρὴ ποιεῖν. Aeschylus refers to this institution when he makes Orestes ask Apollo himself to act as ἐξηγητής in his case (*Eum.* 609 ἐξηγοῦ δέ μοι | Ἄπολλον, εἰ σφε σὺν δίκῃ κατέκτανον). All this explains why Socrates refers to the god of Delphi as πάτριος ἐξηγητής in *Rep.* 427 c 3.

Cf. C.I.A. iii. 241 (on a seat in the theatre of Dionysus) Πυθοχρήστου ἐξηγητοῦ. This might suggest that there was only one, but they are spoken of in the plural below (9 a 6) and in the passage from [Dem.] 47 quoted in the next note. The elaborate method of appointment laid down in Plato's *Laws* (759 d 5 sqq.), which is doubtless modelled on Athenian practice, confirms the statement that there were three (cf. especially the words ἐννέα πέμπειν εἰς Δελφοὺς ἀνελεῖν ἐξ ἑκάστης τριάδος ἕνα). I have not therefore adopted the proposal of Toepffer (*Attische Genealogie*, p. 70) to punctuate after τρεῖς in the article of Timaeus and to understand the word as 'three kinds of . . .'.

ὅτι χρείη ποιεῖν seems to have been the regular formula. Cf. Theophrastus quoted in last note and [Dem.] 47 § 68 ἐπειδὴ τοίνυν ἐτελεύτησεν (ἡ τίτθη), ἦλθον ὡς τοὺς ἐξηγητάς, ἵνα εἰδείην ὅτι με χρὴ ποιεῖν περὶ τούτων κτλ.

In B χρὴ is apparently a correction by B² of an original χρείη, which is also the reading of Suidas (s.v. χρή). D (which is a copy of B) has χρείη. I have preferred χρείη, as χρή, which is also in TW, may be the correction of a grammarian who did not understand the optative after an historical present. (Croiset's critical note inverts the facts.)

4 d 2 ὡς ἀνδροφόνου καὶ οὐδὲν ὅν πρᾶγμα, 'as a homicide, and thinking it did not matter' (cf. 3 c 7; e 4). There is a slight zeugma here. With ἀνδροφόνου, ὡς is simply 'as', but it also serves to introduce the accusative absolute.

d 3 ὑπὸ... τῶν δεσμῶν, 'he died of hunger and cold and his bonds'. From 9 a 5 διὰ τὰ δεσμά we see that the actual bonds are meant; for when δεσμός means 'bond' it usually has δεσμά in the plural, when it means 'imprisonment' it always has δεσμοί.

d 5 ταῦτα δὴ οὖν καὶ... ὅτι... 'That's just why... because...'. Cf. Ap. 23 b 4, Prot. 310 e 2 αὐτὰ ταῦτα νῦν ἥκω παρὰ σέ (Riddell, Dig. § 18).

d 7 οὔτε ἀποκτείναντι κτλ. These are alternative pleas which might be urged before the βασιλεύς. In the first place (1) there has been no φόνος and therefore no μίασμα, since the man died a natural death; in the second place (2) the killing of a homicide does not create a μίασμα but removes one.

d 8 εἰ ὅτι μάλιστα ἀπέκτεινεν, 'were it never so true that he had killed him'. For εἰ ὅτι μάλιστα, si vel maxime, cf. 9 c 2.

d 9 οὐ δεῖν κτλ. The construction is accommodated to the parenthetic ὥς φασιν ἐκεῖνοι, and the οὐ is retained, in spite of οὔτε preceding, because the construction has shifted.

This accommodation is particularly common in Herodotus (e.g. i. 65 ὡς δ' αὐτοὶ Λακεδαιμόνιοι λέγουσι, Λυκοῦργον... ἐκ Κρήτης ἀγαγέσθαι ταῦτα) and is by no means rare in Plato (Riddell, Dig. § 276). There is no need, then, to regard δεῖν as a by-form of δέον, with Schanz.

e 2 τὸ θεῖον ὡς ἔχει, 'the attitude of the deity to...', 'how Heaven regards...'. The expression τὸ θεῖον (abstract collective like τὸ Ἑλληνικόν) is commonly used as a euphemism (in the proper sense of the term) for οἱ θεοί, ὁ θεός, like 'Heaven' in modern languages, and when so used it has a suggestion of monotheism. It is naturally commonest in Ionic writers (Herodotus, Hippocrates). It is not, of course, the singular of τὰ θεῖα (3 b 7 n.), since it cannot in the nature of things have a plural. We find τὸ δαιμόνιον used in a precisely similar way in Herod. ii 120 τοῦ δαιμονίου παρασκευάζοντος ὅκως κτλ., and very commonly in Xenophon (cf. Macnaghten, C.R. xxviii. 185). In Dem. 14 § 36 ἡ τύχη καὶ τὸ δαιμόνιον means exactly the same thing as τὸ τῶν θεῶν ... καὶ τὸ τῆς τύχης in 4 § 45. In 19 § 239 we have οἱ θεοὶ ... καὶ τὸ δαιμόνιον. In *Rep.* 382 e 6 τὸ δαιμόνιόν τε καὶ τὸ θεῖον is a euphemism for ὁ θεός. Euthyphro is here represented as appealing from human judgements to a divine law which he professes to know.

Not seeing this, Schanz supposed τὸ θεῖον to be a corruption of τὸ ὅσιον (ΘΕΙΟC and ΟCΙΟC are often confused), and regarded τὸ ὅσιον ὡς ἔχει as a marginal interpretation of the following words. Ficino's *ius divinum* is substantially right.

4 e 5　περὶ τῶν θείων κτλ.: cf. 4 e 2 *n.*

e 7　ὅπως μὴ αὖ σὺ ..., 'lest you in turn', like those you condemn.

e 9　Οὐδὲν γὰρ ἄν μου ὄφελος εἴη, 'I should be good for nothing if I did not'. The positive form is seen in *Crito* 46 a 2 εἴ τι καὶ μικρὸν ἡμῶν ὄφελος ἦν, 'if we had been good for anything at all'.

The MSS. have μοι, which does not seem appropriate ('It would be no good to me'), and Heusde's correction, μου, is generally accepted.

οὐδέ τῳ ἂν διαφέροι κτλ., 'nor would Euthyphro surpass the mass of men in aught'. The self-conscious third person passes into the normal first person (εἰδείην), as it regularly does (Jebb on Soph. *Ai.* 864).

5 a 4　πρὸ τῆς γραφῆς τῆς πρὸς Μέλητον. Here γραφή is treated as if it were a noun expressing contention (like ἀγών) and accordingly takes πρός, 'with'.

a 5　αὐτὰ ταῦτα προκαλεῖσθαι αὐτόν, 'challenge him on this very point'. The procedure known as πρόκλησις was for one of the parties to make an offer to, or a demand of, the other in the course of the instruction (ἀνάκρισις). These were recorded and preserved along with the evidence and the documents in the case, and might be referred to at the trial. If one of the parties declined a reasonable πρόκλησις, that would prejudice his case.

λέγοντα, though μοι precedes. The shift to the accusative is due to the infinitive (προκαλεῖσθαι), and is normal in such cases. Cf. *Crito* 51 d 4.

Cf. schol. B (Arethas) σημείωσαι πῶς οὐ πρὸς δοτικὴν ἀπέδωκεν τὸ λοιπὸν τοῦ λόγου, ἀλλ' αἰτιατικὴν ἐπήνεγκεν, οἷον κράτιστόν ἐστι μαθητῇ σῷ γενέσθαι αὐτὰ ταῦτα λέγοντα.

a 7 αὐτοσχεδιάζοντα, 'judging rashly', from αὐτόσχεδον, 'on the spot', a strengthened form of σχεδόν found in this sense in Apollonius Rhodius alone, but implied by ἐξ αὐτοσχεδίης πειρώμενος in the Homeric Hymn to Hermes 55. It is used in the neutral sense of 'to improvise', but it often means to speak, think, or act in an 'offhand' or 'temerarious' manner. Cf. *Ap.* 20 d 1.

καὶ καινοτομοῦντα. Cf. 3 b 6 *n.*

Cobet (Mnem. 1875, p. 281) deleted these words on the ground that the construction is καινοτομεῖν περί τι, not περί τινος. The principle is that verbs of saying and thinking take περί c. gen., verbs of action, περί c. acc. In the present passage αὐτοσχεδιάζοντα as a verb of saying determines the construction, while καὶ καινοτομοῦντα is a mere adjunct to it.

b 1 ὀρθῶς νομίζειν καὶ ἐμὲ ἡγοῦ. Here it is clear that ὀρθῶς νομίζειν refers to correct religious *practice*, not to correct religious *opinions* (cf. 3 b 3 *n.*). The assumption that Meletus would admit Euthyphro to be σοφὸς τὰ τοιαῦτα is, of course, ironical. Socrates had suggested (4 b 1) that Euthyphro's action (not his religious opinions) in prosecuting his father implied that he was possessed of exceptional σοφία and Euthyphro had acknowledged it. Here too it is his action that is in question (μὴ αὖ σὺ ἀνόσιον πρᾶγμα τυγχάνῃς πράττων 4 e 7).

The omission of the καί before ἐμέ in B is clearly accidental, since it is in TW and is implied by the Armenian version. On the other hand, the καί before ὀρθῶς might easily have been interpolated from a mistaken notion that σοφὸν εἶναι ... καὶ ὀρθῶς νομίζειν go together. It can be construed (see Adam), but is much better away.

b 2 καὶ μὴ δικάζου, 'and drop the case' (μή with the present imperative requesting *discontinuance* of something already begun, as often).

ἐκείνῳ τῷ διδασκάλῳ, 'against him, my teacher'. It hardly seemed worth while to insert a comma, but perhaps it would have avoided ambiguity.

λάχε δίκην. The technical phrase for 'sisting' oneself as a party is δίκην λαγχάνειν.

b 4 διδάσκοντι ... νουθετοῦντι ... κολάζοντι, 'by instructing me and by rebuking and chastising him'. The three verbs form a series of ascending severity, and are often found together or in pairs.

It is remarkable that BTW all have the impossible reading

διδάσκοντα . . . νουθετοῦντα . . . κολάζοντα. The correction was apparently first made in Vat. 225 (fifteenth cent.).

5 b 6　αὐτὰ ταῦτα λέγειν dependent on Ἀρ᾽ οὖν μοι . . . κράτιστόν ἐστι (5 a 3), the intervening direct speech being parenthetical. We see how the shirking of a πρόκλησις in the ἀνάκρισις could be made use of at the actual trial.

c 1　ὅπη σαθρός ἐστιν, 'his weak point' (lit. 'in what direction he is unsound'). The adj. σαθρός, 'cracked', 'flawed', 'unsound' (opp. ὑγιής), must not be confused with σαπρός, 'rotten'. It is used primarily of pottery or metal vessels, &c., e.g. *Gorg.* 493 e 7 ἀγγεῖα τετρημένα καὶ σαθρά, *Theaet.* 179 d 2 σκεπτέον . . . διακρούοντα εἴτε ὑγιές εἴτε σαθρὸν φθέγγεται, *Phil.* 55 c 6 εἴ πῇ τι σαθρὸν ἔχει (ἠχεῖ Wyttenbach), πᾶν περικρούωμεν. In the medical writers, the word is used of unsound parts of the body, and that is the metaphor here. Cf. Dem. 4 § 44 εὑρήσει τὰ σαθρὰ . . . τῶν ἐκείνου πραγμάτων αὐτὸς ὁ πόλεμος, 2 § 21 ὥσπερ γὰρ ἐν τοῖς σώμασιν . . . ἐπὰν . . . ἀρρώστημά τι συμβῇ, πάντα κινεῖται, κἂν ῥῆγμα (' rupture') κἂν στρέμμα (' sprain ') κἂν ἄλλο τι τῶν ὑπαρχόντων σαθρὸν ᾖ.

πολὺ ἂν . . . πρότερον . . . λόγος ἐγένετο, 'he would have been the subject of discussion in court long before I should '.

I have kept the ἐγένετο of B, in spite of the fact that TW have the normal γένοιτο, which may be a grammarian's correction. Euthyphro uses the past rather than the future potential because of what Adam calls his ' growing self-confidence '.

c 6　ὁ Μέλητος οὗτος, *Meletus iste.*

σὲ μὲν οὐδὲ δοκεῖ ὁρᾶν, 'pretends not even to see you '. Just as οὔ φημι means ' I say that . . . not . . . ', so οὐ δοκῶ means ' I pretend not to . . . '. Cf. Ar. *Knights* 1146 οὐδὲ δοκῶν ὁρᾶν, *Peace* 1051 μή νυν ὁρᾶν δοκῶμεν αὐτόν, *Plut.* 837 οἱ δ᾽ ἐξετρέποντο κοὐκ ἐδόκουν ὁρᾶν μ᾽ ἔτι, Eur. *Hippol.* 463 μὴ δοκεῖν ὁρᾶν, Xen. *Hell.* iv. 5,6 ὁ δὲ Ἀγησίλαος μάλα μεγαλοφρόνως τούτους μὲν οὐδ᾽ ὁρᾶν ἐδόκει. So Eur. *Med.* 67 ἤκουσά του λέγοντος οὐ δοκῶν κλύειν, *Hippol.* 119 μὴ δόκει τούτου κλύειν, 'feign not to hear him ', Pherecrates fr. 163 ἀτόπως καθίζων κοὐδὲ γιγνώσκειν δοκῶν. Euthyphro is ironically supposed to be so formidable that Meletus thinks it wiser to shut his eyes to his proceedings.

I now think with Richards that the ἀτεχνῶς given by T in the next line really belongs here, and that the original reading was σὲ μὲν ἀτεχνῶς οὐδὲ δοκεῖ ὁρᾶν (C.Q. viii. 234).

5 c 9 ποῖόν τι κτλ. The subject of the dialogue is now formulated. What do we mean by ' holy ' or ' religious ' ?

d 1 ἐν πάσῃ πράξει. These words are of vital importance for the argument which follows. It is a universal for which we are looking. Note also that it is a question of πρᾶξις, not of belief.

d 3 ἔχον μίαν τινὰ ἰδέαν, ' possessing a single form ' or characteristic nature which makes it what it is. The closest parallel is *Meno* 72 c 6 οὕτω δὴ καὶ περὶ τῶν ἀρετῶν· κἂν εἰ πολλαὶ καὶ παντοδαπαί εἰσιν, ἕν γέ τι εἶδος ταὐτὸν ἅπασαι ἔχουσιν δι' ὃ εἰσὶν ἀρεταί. It is impossible to draw any distinction between εἶδος and ἰδέα, and what is called ἰδέα here is referred to as εἶδος below (6 d 11). To explain this terminology we must start as usual from mathematics. It seems to me certain that εἶδος was the original word for a geometrical figure, though it was almost entirely superseded by σχῆμα in later days. Now, when we say ' This is a triangle ', the predicate 'triangle' has exactly the same meaning, whatever may be the lengths of the sides of the particular triangle which is the subject of the judgement. In the same way, we wish to find a definition of ' holy ' which will be identical with itself and contrary to ' unholy ' in every judgement into which it enters. That is all we require for the present passage, but we are not entitled to infer that the metaphysical doctrine of ' forms ' had not been formulated when this was written. The words εἶδος and ἰδέα would not naturally have been chosen to express a purely logical relation, and the occurrence of παράδειγμα below (6 e 4) indicates that the developed doctrine is assumed by Socrates. I think Professor Stewart is right in saying (*Plato's Doctrine of Ideas*, p. 17, *n.* 1) that the terms ἰδέα, εἶδος, and παράδειγμα ' are used here exactly as they are in the later Dialogues '. The view that they are not is only an attempt to bolster up the hypothesis that neither Socrates nor Plato in his earlier writings knew anything about the ' ideas '. (Cf. Gr. Phil. I § 119.)

This is not the place for a full discussion of the word εἶδος, but it may be observed that Aristotle (who generally uses σχῆμα), in discussing the Pythagorean theory of gnomons, adopts the term εἶδος for ' figure ' or ' pattern '. Cf. *Phys.* 203 a 14 ὅτε μὲν ἄλλο ἀεὶ γίγνεσθαι τὸ εἶδος, ὅτε δὲ ἕν. (See E. Gr. Phil.³ p. 103, *n.* 2). It is also important to remember that μορφή can be used as a synonym of εἶδος or ἰδέα. Cf. *Phaed.* 103 e 5.

5 d 4 κατὰ τὴν ἀνοσιότητα, 'in respect of its unholiness'.

B and the first hand of W have κατὰ τὴν ὁσιότητα, which Adam defends and renders 'like holiness, as holiness is like itself'. In any case, his argument from the 'scholiast', who says ἀντὶ τοῦ ὁμοίως, παραπλησίως τῇ ὁσιότητι, is of no weight. That is not an old scholium, but a note written in the margin of B by Arethas, who had to interpret the text before him as well as he could.

d 6 Πάντως δήπου. Euthyphro appears to be quite familiar with the terminology used by Socrates, and accepts it without demur. That becomes all the more striking when we find him boggling later at much more elementary things. Plato always represents the matter in this way. No one ever hesitates for a moment when Socrates talks of ἰδέαι and εἴδη, and Socrates never finds it necessary to explain the terms. Cf. my notes on *Phaed.* 65 d 4 and d 6.

First definition of τὸ ὅσιον (5 d 8-6 e 9). Τὸ ὅσιον is to prosecute offenders against religion.

In several of Plato's dialogues Socrates is made to criticize the confusion of the universal (εἶδος, ἰδέα) with some particular of which it is predicated. Cf. *Lach.* 191 a 1 sqq., *Meno* 71 e 1 sqq., *Theaet.* 146 c 7 sqq. In the present instance a particular act which may be called ὅσιον is adduced, but no account is given of what it is that makes that and all other religious acts religious.

d 9 τῷ ἀδικοῦντι ... ἐξαμαρτάνοντι, 'the man who is guilty of an offence either in respect of homicide or theft of consecrated property or anything else of the sort'. The Greek for 'to be guilty of' is ἀδικεῖν with a participle, e.g. Σωκράτης ἀδικει θεοὺς οὐ νομίζων. In the present passage a slight obscurity arises for us because the principal verb is also a participle, but the meaning was doubtless clear to a Greek reader, since it was quite common for one participle to depend on another.

φόνους ... ἱερῶν κλοπάς, 'acts of homicide' ... 'acts of sacrilege'. Euthyphro is really trying to find a universal, so he adds ἱερῶν κλοπή (which was punishable by death) to φόνος as another conspicuous example of a religious offence, and then tries to generalize it by means of an '&c.'. He does not see that even a complete enumeration, if that were possible, would not yield a universal.

e 3 τοῦ νόμου ὅτι οὕτως ἔχει. Euthyphro would have no occasion to cite τεκμήρια to show what the law of Athens was; he is referring to the divine law which he professes to know better than other people, and his words are practically equivalent to τὸ θεῖον ὡς ἔχει τοῦ ὁσίου τε πέρι καὶ τοῦ ἀνοσίου (4 e 2). That can only be shown by τεκμήρια, since the divine law is an ἄγραφος νόμος (C.Q. viii. 234). All the difficulties which have been raised about this passage come from failure to observe that Euthyphro sets himself above the merely human law of Athens, according to which, as we have seen, he had probably no case. That is why he sympathizes with Socrates as a kindred spirit.

5 e 3 ὃ ... εἶπον, 'a proof that I have already stated to other people'. The antecedent of ὅ is τεκμήριον, not the sentence as a whole.

e 4 ὅτι, 'to show that'. This is quite a common meaning of ὅτι, especially after τεκμήριον, which is represented by ὅ in this clause. The behaviour of Zeus to Kronos and of Kronos to Ouranos is a sufficient τεκμήριον that the behaviour of Euthyphro to his father is in accord with divine law, whatever mere human beings may think of it.

μὴ ἐπιτρέπειν κτλ., 'not to give way to, &c.' This explains οὕτως ἔχει above and formulates the divine law which Euthyphro infers from the conduct of the gods. The intervening words are parenthetical. For the objectless use of ἐπιτρέπειν cf. Herod. ii. 120 ἀδικέοντι τῷ ἀδελφεῷ ἐπιτρέπειν.

e 5 αὐτοὶ γὰρ οἱ ἄνθρωποι κτλ. The τεκμήριον is introduced by γάρ as usual. The point is that the very human beings, against whom Euthyphro is appealing to the example of the gods, admit the facts he is about to state. It is clear that this particular argument was used in fifth-century discussions about νόμος and φύσις. Aeschylus puts it into the mouth of the Erinyes, who say (Eum. 640) πατρὸς προτιμᾷ Ζεὺς μόρον τῷ σῷ λόγῳ· | αὐτὸς δ' ἔδησε πατέρα πρεσβύτην Κρόνον. | πῶς ταῦτα τούτοις οὐκ ἐναντίως λέγεις; In the Clouds of Aristophanes the Ἄδικος λόγος says (904) πῶς δῆτα δίκης οὔσης ὁ Ζεὺς | οὐκ ἀπόλωλεν τὸν πατέρ' αὑτοῦ | δήσας;

Adam says 'we might expect Ἀθηναῖοι for ἄνθρωποι', but that is because he failed to understand that Euthyphro is appealing from human to divine law.

e 6 τυγχάνουσι νομίζοντες κτλ., 'at the same time acknowledge Zeus

as the best and most righteous of the gods . . .'. The verb τυγχάνω
with a participle expresses simultaneity or coincidence.

6 a 2   κατέπινεν, 'swallowed'. The same verb is used in this connexion
by Hesiod, *Theog.* 459 καὶ τοὺς μὲν κατέπινε Κρόνος μέγας. Note that
καταπίνω is used as often of solids as of liquids or oftener (see
Liddell and Scott). It implies swallowing at one gulp.
οὐκ ἐν δίκῃ: cf. 4 b 9 *n.*
κἀκεῖνόν γε αὖ κτλ. See Hes. *Theog.* 176–82.

a 5   περί τε τῶν θεῶν καὶ περὶ ἐμοῦ. This delightfully *naïf* remark
shows clearly that Euthyphro is appealing from human to divine
law.

a 6   Ἀρά γε . . . τοῦτ' ἔστιν οὕνεκα κτλ. 'Can this be why . . .?' As
has been noted (3 b 5 *n.*), Socrates altogether ignores Euthyphro's
guess that the accusation was aimed at the 'divine sign' and makes
a quite different suggestion of his own.

a 8   δυσχερῶς πως ἀποδέχομαι, 'I shrink from accepting them'. Cf.
Antipho, *Tetr.* B. β § 2 δυσχερῶς ἀποδεξαμένους μου τὴν ἀπολογίαν.
The δυσχερής is literally the person who does not like to soil his
fingers (opp. εὐχερής), and δυσχεραίνειν is to be 'fastidious', 'nice',
or 'squeamish'. This sentiment is quite definitely attributed here
to the 'historical' Socrates, since it is suggested that it may possibly
explain the charge of ἀσέβεια that has been brought against him.
What Socrates says in Book II of the *Republic* is therefore perfectly
in character. Cf. esp. 378 b 2 οὐδ' αὖ (λεκτέον νέῳ ἀκούοντι ὡς οὐδὲν
ἂν θαυμαστὸν ποιοῖ) ἀδικοῦντα πατέρα κολάζων παντὶ τρόπῳ, ἀλλὰ δρώη
ἂν ὅπερ θεῶν οἱ πρῶτοί τε καὶ μέγιστοι.

διὸ δὴ . . . φήσει τις κτλ. The suggestion is clearly marked as
a conjecture and is not to be taken any more seriously than
Euthyphro's above. No one could be prosecuted for disbelieving
Hesiod's *Theogony* any more than for believing in a 'divine sign'.
The conception of orthodoxy as implying assent to the historical
character of certain documents was unknown to ordinary Greeks,
who had no 'sacred books'. We find these for the first time in the
Orphic sect. Indeed Socrates was by no means peculiar in rejecting
the horrible tales here referred to. We learn what was thought of
them by respectable Athenians from Isocrates, who thus addresses
Polycrates, the author of the pamphlet accusing Socrates, ἀλλὰ γὰρ
οὐδέν σοι τῆς ἀληθείας ἐμέλησεν, ἀλλὰ ταῖς τῶν ποιητῶν βλασφημίαις

ἐπηκολούθησας, οἱ δεινότερα μὲν πεποιηκότας καὶ πεπονθότας ἀποφαίνουσι
τοὺς ἐκ τῶν ἀθανάτων γεγονότας ἢ τοὺς ἐκ τῶν ἀνθρώπων τῶν ἀνοσιωτάτων,
τοιούτους δὲ λόγους περὶ αὐτῶν τῶν θεῶν εἰρήκασιν, οἵους οὐδεὶς ἂν περὶ
τῶν ἐχθρῶν εἰπεῖν τολμήσειεν· οὐ γὰρ μόνον κλοπὰς καὶ μοιχείας καὶ παρ'
ἀνθρώποις θητείας (Apollo in the service of Admetus) αὐτοῖς ὠνείδισαν
ἀλλὰ καὶ παίδων βρώσεις καὶ πατέρων ἐκτομὰς καὶ μητέρων δεσμοὺς (cf.
8 b 3 n.) καὶ πολλὰς ἄλλας ἀνομίας κατ' αὐτῶν ἐλογοποίησαν (Busiris
§ 38). He concludes (§ 40) νομιοῦμεν ὁμοίως ἀσεβεῖν τούς τε λέγοντας
τὰ τοιαῦτα καὶ τοὺς πιστεύοντας αὐτοῖς. So far is Isocrates from
thinking it ἀσέβεια to disbelieve such stories. So, when Euripides
makes Heracles exclaim that they are 'the sorry tales of poets'
(Her. Fur. 1346 ἀοιδῶν οἵδε δύστηνοι λόγοι) he was saying nothing to
shock Athenian sentiment. So far as we know, Xenophanes was
the first to protest (E. Gr. Phil.² § 56 sq.), but neither in his case
nor in that of anyone else do we hear that this was made a ground
of complaint.

In § 39 Isocrates says of the mythologizing poets ὑπὲρ ὧν τὴν μὲν
ἀξίαν δίκην οὐκ ἔδοσαν, οὐ μὴν ἀτιμώρητοί γε διέφυγον, ἀλλ' οἱ μὲν αὐτῶν
ἀλῆται καὶ τῶν καθ' ἡμέραν ἐνδεεῖς κατέστησαν (Homer), οἱ δ' ἐτυφλώ-
θησαν (Stesichorus), ἄλλος δὲ φεύγων τὴν πατρίδα καὶ τοῖς οἰκειοτάτοις
πολεμῶν ἅπαντα τὸν χρόνον διετέλεσεν (Hesiod?), 'Ορφεὺς δ' ὁ μάλιστα
τούτων τῶν λόγων ἁψάμενος διασπασθεὶς τὸν βίον ἐτελεύτησεν. The
reference to Hesiod which I have suggested seems more probable
than Wolf's suggested reference to Archilochus. According to one
account Hesiod was already born when his father left Cyme, and
his quarrel with his brother is notorious. Isocrates would hardly
omit him.

6 b 1   καὶ ἡμῖν, nous autres, i. e. ignorant people, like me (not equivalent
to ἐμοί, as nobis might be in Latin).

b 3   πρὸς Φιλίου: more fully πρὸς Διὸς φιλίου Phaedr. 234 e 2. The
effect of this adjuration is practically 'Tell me frankly, as a friend'.

b 5   ἃ οἱ πολλοὶ οὐκ ἴσασιν. This is a clear indication that Euthyphro
belonged to some peculiar sect. We have seen already (6 a 8 n.)
that Isocrates regarded 'Orpheus' as the worst offender in this
respect, and there are indications that the Pythagorists (if not
Pythagoras himself) were open to the same censure. Cf. what
Plato makes Agathon say in Symp. 195 c 1 τὰ δὲ παλαιὰ πράγματα
περὶ θεούς, ἃ Ἡσίοδος καὶ Παρμενίδης λέγουσιν, Ἀνάγκῃ καὶ οὐκ Ἔρωτι
γεγονέναι, εἰ ἐκεῖνοι ἀληθῆ ἔλεγον· οὐ γὰρ ἂν ἐκτομαὶ οὐδὲ δεσμοὶ
ἀλλήλων ἐγίγνοντο καὶ ἄλλα πολλὰ καὶ βίαια, εἰ Ἔρως ἐν αὐτοῖς ἦν.

This must refer to the Second Part of the poem of Parmenides, and there are good reasons for holding that this embodied an account of contemporary Pythagorean doctrine. (See E. Gr. Phil.³ § 91.)

6 b 7　Καὶ πόλεμον ἄρα κτλ. Just so in the passage of the *Republic* already referred to (378 b 8) Socrates goes on οὐδέ γε (λεκτέον) . . . τὸ παράπαν ὡς θεοὶ θεοῖς πολεμοῦσί τε καὶ ἐπιβουλεύουσι καὶ μάχονται. Pindar had said as much. Cf. *Ol.* ix. 40 ἔα πόλεμον μάχαν τε πᾶσαν | χωρὶς ἀθανάτων.

b 9　καὶ . . . καταπεποίκιλται, 'and *with which* (the relative in a different case omitted after καί as regularly) our temples are embellished by our good friends the painters'. The last words are plainly ironical (not 'by the great painters' as Fowler translates). For a striking instance of such a painting see below 8 b 3 *n.*

c 2　τοῖς μεγάλοις Παναθηναίοις. There was a festival called Panathenaea every year, but every fourth year (διὰ πεντετηρίδος Harpocr.) it was celebrated with unusual magnificence and was then called the Great Panathenaea (C.G.S. i. 294 sqq.).

This passage seems to decide the point, which Farnell (*loc. cit.*, p. 296, note c) considers doubtful, that the πέπλος was woven only for the Great Panathenaea.

ὁ πέπλος, the robe embroidered by the ἐργαστῖναι for the ancient statue of Athena Polias, and representing the battle of the gods and giants, especially the victory of Athena over Enceladus. It is referred to in the same passage of the *Republic* (378 c 3) πολλοῦ δεῖ γιγαντομαχίας τε μυθολογητέον αὐτοῖς καὶ ποικιλτέον κτλ.

c 8　εἰς αὖθις, 'another time' (εἰς of time looked forward to).

d 3　ὅτι τοῦτο τυγχάνει ὅσιον ὄν, 'that "holy" is just this'.

d 8　καὶ γὰρ ἔστιν, 'and so there are'.

It is true that BW add ὅσια, but they also omit the word after εἶναι in the line above, where it can hardly be spared. We have to do, then, with an accidental displacement, and the reading of T is to be preferred.

d 9　ἕν τι ἢ δύο . . . τῶν πολλῶν ὁσίων, i. e. one or two particulars of which τὸ ὅσιον may be predicated.

d 11　εἶδος . . . ἰδέᾳ. There is clearly no distinction of meaning here between these two terms, for which see 5 d 3 *n.*

ᾧ . . . μιᾷ ἰδέᾳ. The instrumental dative is regularly used of the form' to express the fact that the universal makes the particulars what they are. If the same predicate can be rightly applied to many things, we must take its sameness strictly.

6 e 4 χρώμενος αὐτῇ παραδείγματι, 'using it as a standard'. We can only tell whether a particular act is ὅσιον or not, if we know the 'form' of τὸ ὅσιον, which will be expressed in a definition (λόγος τῆς οὐσίας), by which we can test it. The verb ἀποβλέπειν εἰς is regularly used of referring to a standard in this connexion. Cf. *Meno* 72 c 7 ἕν γέ τι εἶδος ταὐτὸν ἔχουσιν . . . εἰς ὃ καλῶς που ἔχει ἀποβλέψαντα . . . δηλῶσαι κτλ. The identical 'form' will not be fully embodied in any of the particulars, but it is the exemplar to which they more or less closely approximate (cf. *Phaed.* 74 d 1 sqq. with the notes).

e 7 εἰ οὕτω βούλει. Though Euthyphro at first fell into the popular error of enumerating particular instances, he is not put out by this demand. Cf. 5 d 6 *n.*

Second definition of τὸ ὅσιον (6 e 10–11 b 5).

(*a*) *First statement* (6 e 10–8 b 6). Τὸ ὅσιον is what is dear to the gods. It is shown that since, according to Euthyphro, the gods differ in their likes and dislikes, what is dear to (some) gods may be hateful to (other) gods.

7 a 2 Παγκάλως κτλ. The definition is at any rate formally correct; for it is in appearance a universal. We must see, however, whether it really is one.

a 4 ἐπεκδιδάξεις: cf. *Prot.* 328 e 4 σμικρόν τί μοι ἐμποδών, ὃ δῆλον ὅτι Πρωταγόρας ῥᾳδίως ἐπεκδιδάξει, ἐπειδὴ καὶ τὰ πολλὰ ταῦτα ἐξεδίδαξεν.

b 1 Δοκῶ, 'I think so'. For this use of δοκῶ, which is not very uncommon in Plato, cf. e. g. *Rep.* 554 b 5 Οὐ δοκῶ, ἔφη.

[εἴρηται γάρ.] 'It is' (sc. 'a correct statement', εὖ being omitted as πατήρ is above 4 a 7). I think this is an ancient alternative reading, such as we sometimes find in the Platonic text. Some of them may be due to Plato himself.

b 6 Ἔχθραν δὲ κτλ. Plato here suggests how Socrates was led to discuss ethical questions. There were arts of counting, measurement, and weighing by which all questions of number, magnitude, and weight could be settled. Was it possible to find anything of the same sort by which questions of good and bad, right and wrong, fair and foul, could be determined? This point is made also in the *First Alcibiades* (see the following notes), which appears to be an early Academic introduction to the Socratic philosophy. There seems to be an echo of the same thing in Xen. *Mem.* i. 1, 9 ἃ ἔξεστιν ἀριθμήσαντας ἢ μετρήσαντας ἢ στήσαντας εἰδέναι, τοὺς τὸ τοιαῦτα παρὰ τῶν θεῶν πυνθανομένους ἀθέμιστα ποιεῖν ἡγεῖτο, though the application to oracles is no doubt Xenophon's own.

7 b 8   περὶ ἀριθμοῦ ὁπότερα πλείω, 'on a question of number, which of two groups of things is more numerous' (not 'which of two numbers is the greater', a matter hardly open to dispute).

b 10   ἐπὶ λογισμὸν ἐλθόντες, 'having recourse to counting', the original sense of the word λογισμός (λογίζεσθαι, 'to reckon', whence λογιστική, *calcul*, 'reckoning', as distinguished from ἀριθμητική, the theory of numbers). In the similar argument in *Alc.* 126 c 6 we have Διὰ τίν' οὖν τέχνην ὁμονοοῦσιν αἱ πόλεις περὶ ἀριθμούς;—Διὰ τὴν ἀριθμητικήν.

c 3   περὶ τοῦ μείζονος καὶ ἐλάττονος, 'on a question of magnitude' (μέγεθος as distinguished from ἀριθμός). In this case measurement takes the place of counting. Cf. *Alc.* 126 c 13 Διὰ τίνα δὲ τέχνην ἕκαστος αὐτὸς αὐτῷ ὁμονοεῖ περὶ σπιθαμῆς ('span') καὶ πηχέως ('ell') ὁπότερον μεῖζον; οὐ διὰ τὴν μετρητικήν;

c 7   ἐπί... τὸ ἱστάναι ἐλθόντες, 'having recourse to weighing'. So *Alc.* 126 d 6 Τί δε; περὶ σταθμοῦ οὐχ ὡσαύτως; There are arts of λογιστική, μετρητική, and στατική, and it is just the absence of any corresponding art which gives rise to quarrels about right and wrong, &c. The art of weighing (στατική, *statics*) is similarly coupled with λογιστική in *Charm.* 166 a 5 sqq. and with ἀριθμητική and μετρητική in *Phil.* 55 e 1 sqq.

c 8   διακριθεῖμεν ἄν, 'we should be brought to a settlement of our dispute'. The term διακριθῆναι is specially used of the parties to an arbitration. Cf. *Laws* 956 c 3 ἂν μὴ διακριθῶσιν ἐν τοῖς πρώτοις (sc. ἐν τοῖς διαιτηταῖς). So in the Doric treaty ap. Thuc. v. 79 αἱ δέ τινι τᾶν πολίων ᾖ ἀμφίλλογα ... αἴτε περὶ ὅρων αἴτε περὶ ἄλλου τινός, διακριθῆμεν.

c 10   καὶ ἐπὶ τίνα κρίσιν κτλ., 'and what is the settlement we fail to arrive at?'. The δια- of διακριθεῖμεν ἂν is carried on, so that κρίσιν stands for διάκρισιν.

Schanz reads ἐπί τινα κρίσιν, which misses the point that κρίσις represents διάκρισις. Moreover, it is very doubtful Greek. If the meaning were, as he thinks, 'being unable to reach any decision', we should surely have ἐπ' οὐδεμίαν κρίσιν δυνάμενοι ἀφικέσθαι. In

a negative phrase the negative is usually expressed at the outset.
Cf. d 3 οὐ δυνάμενοι ἐπὶ ἱκανὴν κρίσιν αὐτῶν ἐλθεῖν.

7 C 12 οὐ πρόχειρόν σοί ἐστιν, 'you cannot answer offhand'. That is
πρόχειρον which lies 'ready to hand', whether a weapon or a missile
or anything else. Cf. Thuc. iv. 34 ἔβαλλον λίθοις τε καὶ τοξεύμασι
καὶ ἀκοντίοις, ὡς ἕκαστός τι πρόχειρον εἶχε. For the present use
cf. *Symp.* 204 d 10 Οὐ πάνυ ἔφην ἔτι ἔχειν ἐγὼ πρὸς ταύτην τὴν ἐρώτησιν
προχείρως ἀποκρίνασθαι, and for a slightly different sense cf. *Ap.*
23 d 5 *n.*

d 1 τό τε δίκαιον κτλ. (Observe the characteristic avoidance of formal
symmetry in the use of the article.) Right and wrong, fair and
foul, good and bad, were just the topics to the investigation of
which Socrates sought to apply the methods which had proved
so successful in mathematics.

d 4 ὅταν γιγνώμεθα, 'on occasion'. The addition of such clauses is
almost a mannerism, and the meaning is much the same as that of
ἑκάστοτε.

d 8 Τί δὲ οἱ θεοί κτλ. Euthyphro's argument from gods to men
above (6 a 5 *n.*) has laid him open to this argument from men to
gods. Socrates is careful to indicate that he himself does not
believe in quarrels among the gods, and the argument is strictly
ad hominem. So below 7 e 2 κατὰ τὸν σὸν λόγον, e 9 ὡς σὺ φής,
8 d 9 ὡς ὁ σὸς λόγος, e 6 εἴπερ ἀμφισβητοῦσιν θεοί.

d 9 δι' αὐτὰ ταῦτα T: διὰ ταῦτα B. As often, we find an earlier stage
of the corruption in W which has διὰ ταῦτα ταῦτα.

e 1 ἄλλοι ἄλλα, 'one set of gods... another set of gods...'. So
e 6 ἕκαστοι, 'each set of gods', i.e. 'each party among them'
(cf. e 3 ἐστασίαζον). In the *First Alcibiades* (112 b 4) the *Iliad*
and *Odyssey* are said to be poems περὶ διαφορᾶς δικαίων τε καὶ
ἀδίκων, and no doubt this idea is suggested by the support
given to the Achaians by one set of gods, and to the Trojans by
another.

8 a 11 ὃ τυγχάνει ταὐτὸν ὂν ὅσιόν τε καὶ ἀνόσιον, 'which, being the same,
is at once (τυγχάνει ὄν) holy and unholy'. Socrates means: 'I asked
for a universal which should be identical in every action rightly
called holy, and for another which should be identical in every
action rightly called unholy; but you have given me one which is
identical in holy and unholy actions alike, seeing that what is loved

by (some) gods is hated by (other) gods.' With Adam I take
ὅ ... ταὐτόν closely together (*quod idem*), comparing *Rep.* 435 a 5
ὅ γε ταὐτὸν ἄν τις προσείποι μεῖζόν τε καὶ ἔλαττον, and I render
τυγχάνει ... ὂν ὅσιόν τε καὶ ἀνόσιον 'is *at once* holy and unholy'.

This is better than to suppose an omission of ὄν after ἀνόσιον,
since it explains the origin of the appositional ταὐτόν, *pariter* (for
which see K.-G. § 410, 3, Anm. 7). Schanz reads ᾧ for ὅ, but that
is inconsistent with the next clause ὃ δ' ἂν θεοφιλὲς ᾖ κτλ.

8 b 2   τῷ μὲν Διὶ κτλ.: cf. 5 e 4 sqq. Even if the punishment of a father
is pleasing to Zeus, we can hardly suppose it to be pleasing to
Kronos (at least in his own case) and certainly not to Ouranos.

b 3   τῷ μὲν Ἡφαίστῳ φίλον κτλ. This is an allusion to the Ἥρας
δεσμοὺς ὑπὸ ὑέος (*Rep.* 378 d 3). The story was that, when Hera
had thrown Hephaestus out of heaven, he took his revenge by
sending her a golden throne with invisible bonds, so that, when
she sat upon it, she was fast bound. At last Dionysus reconciled
Hephaestus to his mother. Having made him drunk he brought
him back to heaven against his will on a donkey. This curious old
tale was related by Pindar and Epicharmus, as Phòtius tells us,
and was the subject of a painting in the temple of Dionysus at
Athens described by Pausanias.

Paus. i. 20, 3 λέγεται δὲ καὶ τάδε ὑπὸ Ἑλλήνων, ὡς Ἥρα ῥίψαι
γενόμενον Ἥφαιστον, ὁ δέ οἱ μνησικακῶν πέμψαι δῶρον χρυσοῦν θρόνον,
ἀφανεῖς δεσμοὺς ἔχοντα, καὶ τὴν μὲν ἐπεί τε ἐκαθέζετο δεδέσθαι, θεῶν δὲ
τῶν μὲν ἄλλων οὐδενὶ τὸν Ἥφαιστον ἐθέλειν πείθεσθαι, Διόνυσος δὲ—
μάλιστα γὰρ ἐς τοῦτον πιστὰ ἦν Ἡφαίστῳ—μεθύσας αὐτὸν ἐς οὐρανὸν
ἤγαγε. The restoration of the drunken Hephaestus to heaven is
often represented on vases (see Frazer, *ad loc.*). Photius (from
Boethus on *Rep.* 378 d 3) Ἥρας δὲ δεσμοὺς ὑπὸ ὑέος· παρὰ Πινδάρῳ γὰρ
ὑπὸ Ἡφαίστου δεσμεύεται ἐν τῷ ὑπ' αὐτοῦ κατασκευασθέντι θρόνῳ ...
καί φασι δεθῆναι αὐτὴν ἐπιβουλεύσασαν Ἡρακλεῖ ... ἡ ἱστορία καὶ παρ'
Ἐπιχάρμῳ ἐν Κωμασταῖς ἢ Ἡφαίστῳ. Aristides ii. 331 Keil καὶ μὴν καὶ
τὴν Ἥραν λέγουσιν ὡς μόνος (Dionysus) θεῶν τῷ υἱεῖ διήλλαξεν κομίσας
τὸν Ἥφαιστον ἄκοντα εἰς τὸν οὐρανόν, καὶ ταῦτά γε ἀναθεὶς ὄνῳ.

b 5   περὶ αὐτοῦ, 'on the subject'.

καὶ ἐκείνοις κατὰ τὰ αὐτά, sc. τῷ μὲν φίλον ποιεῖς τῷ δὲ ἐχθρόν.

(*b*) *Suggested amendment of the Second Definition* (8 b 7–9 e 3).
Τὸ ὅσιον is what is dear to all the gods and τὸ ἀνόσιον is what is hated
by all the gods. Euthyphro suggests this amendment here, though
it is not formally stated till 9 e 1. He admits the objection to his

first statement, but he thinks he has found a formula on which *all*
the gods will agree.

8 c 3 Οὐδὲν μὲν οὖν παύονται, *immo, finem nullum faciunt*, 'Yes, indeed.
Why, they are constantly arguing ...'. Cf. *Phaed.* 100 b 2 *n.*

c 5 πάντα ποιοῦσι καὶ λέγουσι, 'there is nothing they will not do and
say', cf. *Ap.* 38 d 5 ἅπαντα ποιεῖν καὶ λέγειν ὥστε ἀποφυγεῖν τὴν δίκην,
and ib. 39 a 1 πᾶν ποιῶν, 'sticking at nothing'.

φεύγοντες τὴν δίκην, i.q. φεύγοντες τὸ δίκην διδόναι, 'to avoid
punishment' (Church), not 'in defending themselves' (Fowler).
Cf. *Gorg.* 479 b 5 οἱ τὴν δίκην φεύγοντες, 'those who seek to escape
punishment'. The same idea is expressed thus in Dem. 19 § 215
οὐδεὶς πώποθ᾽ ὁμολογῶν ἀδικεῖν ἑάλω, ἀλλ᾽ ἀναισχυντοῦσιν (cf. *Ap.*
31 b 9), ἀρνοῦνται, ψεύδονται, προφάσεις πλάττονται, πάντα ποιοῦσιν
ὑπὲρ τοῦ μὴ δοῦναι δίκην.

c 7 οὐ δεῖν ... σφᾶς διδόναι δίκην, 'and, while confessing their guilt,
maintain nevertheless that they should not be punished'. The
syntax is quite normal, and there is no question of advocates
defending their clients, as Adam supposes. In theory, at least,
every accused person had to conduct his own defence.

d 4 Οὐκ ἄρα ... d 7 Ἀληθῆ λέγεις. These lines are bracketed by
Schanz (after Schenkl), but they are really necessary to the argu-
ment. It is important, if the point is to be cleared up, to mark
exactly what are the objects of ἀμφισβήτησις in the courts.

The omission of d 4 ὡς οὐ ... d 5 ἀμφισβητοῦσιν by the first hand
of B has no more significance than that of d 1 ἀλλ᾽ οἶμαι ... d 5
δίκην by the first hand in W. Both omissions are clearly due to
homoeoteleuton (δίκην and ἀμφισβητοῦσιν), and BW between them
prove that their archetype had the same reading as T.

d 6 τὸ τίς ἐστιν ὁ ἀδικῶν καὶ τί δρῶν καὶ πότε, 'who is the guilty party
and what he did and when'. The third point (πότε) is probably
added because, at the time this dialogue is supposed to take place,
it would be a good defence to plead that the crime alleged was
committed before the Amnesty (*Ap.* 24 b 3 sqq. *n.*). The point is
that disputes are always about the particulars of an act, not about
the general rule.

d 8 Οὐκοῦν αὐτά γε ταῦτα κτλ. 'Does not the very same thing apply
to the gods also?' The use of πάσχειν to express the relation of
a subject to a predicate (cf. 11 a 8 *n.*) is derived from phrases like
this.

8 d 10   καὶ οἱ μέν φασιν ἀλλήλους κτλ. This is explanatory of αὐτὰ ταῦτα πεπόνθασιν and not dependent on the εἴπερ of the parenthesis. The meaning of the reciprocal pronoun ἀλλήλους is a little hard to catch, but it can, perhaps, be justified if we look back to 7 e 3 ἐστασίαζον ἀλλήλοις. This implies the existence of parties among the gods (whence 7 e 6 ἕκαστοι, 'each party'), and these are then referred to as οἱ μέν . . . οἱ δέ . . . We must, then, take ἀλλήλους as determined by the meaning of the whole sentence, not by that of the clause in which it happens to stand, and we may render 'Each party says of the other that it is in the wrong, and the other denies it'. That means a good deal more than the more obvious οἱ μὲν τοὺς ἑτέρους φασὶν ἀδικεῖν, which would not imply that the charge was reciprocated.

e 2   τό γε κεφάλαιον, 'on the whole'. The French use *en somme* in a very similar way, and κεφάλαιον properly means the sum of an addition written at the top (*summa = summa linea*). Euthyphro's sense of superiority is not easily disturbed, and he will not assent without a reservation, though he attaches no particular meaning to it.

e 4   ἕκαστον . . . τῶν πραχθέντων. The point in dispute is always a particular act. This is further explained by the appositional clause πράξεώς τινος πέρι κτλ., 'it is with regard to a particular act that differences arise as to whether the predicate *right* is applicable to it or not'. We have come no nearer to a universal definition by adopting a formula about which the gods do not differ. That is only a general rule which tells us nothing apart from its particular application. We have not yet passed from the subject to the predicate of the moral judgement.

9 a 1   Ἴθι νυν κτλ. Euthyphro has stated (8 b 7) that all the gods without exception agree that a man who puts another to death wrongfully should be punished. Admitting that, we should still have to show that all the gods agree that the particular act of homicide committed by Euthyphro's father was a wrongful one. For all we know, the particular circumstances of the act may remove it from that class.

a 2   πάντες θεοί and πάντες οἱ θεοί are used indifferently throughout this argument. What Euthyphro has to show is (1) that all the gods agree in regarding the particular act of homicide described in detail as wrong, and (2) that all the gods think it right for a son to prosecute his father for it. Both points have been suggested above (4 e 6 sq.), and both have to do with the particulars of the case.

9 a 3　ἐκεῖνον ... ὃς ἂν κτλ. The particulars of the homicide are minutely enumerated because, unless this is done, the possibility remains that one or more gods might form a different judgement of it. Any one of these particulars might be alleged in justification so as to satisfy some god or gods.

θητεύων, 'while employed as a day-labourer', subordinate to the aor. pcp. ἀνδροφόνος γενόμενος.

a 5　διὰ τὰ δεσμά : cf. 4 d 3 *n.*

a 6　καὶ ... ὀρθῶς ἔχει, 'and that it is the right thing' (cf. 4 a 12 ὅπῃ ποτὲ ὀρθῶς ἔχει), still dependent on ὥς (a 2).

a 7　ἐπεξιέναι καὶ ἐπισκήπτεσθαι seems to be an example of ὕστερον πρότερον. The ἐπίσκηψις is properly the denunciation, which is followed up by the prosecution. Cf. Lysias 23 § 14 ἐπισκηψάμενος δὲ τῷ μάρτυρι οὐκ ἐπεξῆλθεν.

The term ἐπισκήπτεσθαι is generally used in connexion with the δίκη ψευδομαρτυρίων (cf. *Theaet.* 145 c 3 ἵνα μὴ καὶ ἀναγκασθῇ μαρτυρεῖν—πάντως γὰρ οὐδεὶς ἐπισκήψετ᾽ αὐτῷ), but there are traces of its use in connexion with φονικαὶ δίκαι too. Cf. Harpocr. ἐπεσκήψατο ... λέγεται δὲ ἐνίοτε κατὰ τὸ σπάνιον καὶ ἐπὶ τοῦ ἐγκαλέσαι φόνου, ὡς Ἀντιφῶν ἐν τῷ περὶ τῆς μεταστάσεως, [Dem.] 47 § 72 κελεύει ... ὁ νόμος τοὺς προσήκοντας ἐπεξιέναι μέχρι ἀνεψιαδῶν ... κἂν οἰκέτης ᾖ, τούτων τὰς ἐπισκήψεις εἶναι. Lysias (3 § 39 sq.) uses it in a case of τραῦμα ἐκ προνοίας before the Areopagus.

b 2　ταύτην τὴν πρᾶξιν, 'this (particular) act', i. e. that just described in detail. We have seen that all disputes are about some particular act (8 e 6 πράξεώς τινος πέρι).

b 5　ἐπεί ... γε, 'though, for the matter of that'. Cf. 4 c 3 *n.*

b 6　Μανθάνω· ὅτι κτλ. 'I see. (That is) because you think me, &c.' Cf. 3 b 5 *n.*

τῶν δικαστῶν. From this it appears that the βασιλεύς was to bring the case before an ordinary heliastic court and not before the Areopagus. It was not a case of φόνος ἐκ προνοίας, but of ἀκούσιος φόνος.

b 9　ἐάνπερ ἀκούωσί γε κτλ. Once more it is indicated that the religion of Euthyphro is not that of ordinary Athenians. He is quite prepared to be shouted down as usual (cf. 3 c 2).

9 c 2   Εἰ ὅτι μάλιστα κτλ.: cf. 4 d 8 n. In this sentence the emphatic words are c 6 τοῦτο τὸ ἔργον, 'this (particular) act', which simply repeat b 2 ταύτην τὴν πρᾶξιν. The point is that, even if Euthyphro could show that *all* the gods think *this particular act* ἄδικον, that would prove no more than that *this particular act* is hated by all the gods, and is therefore *ex hypothesi* ἀνόσιον. It does not bring us any nearer to an intelligible account of what constitutes τὸ ὅσιον and τὸ ἀνόσιον in *all acts* (ἐν πάσῃ πράξει 5 d 1). The attempt to get a universal by introducing *all gods* therefore fails.

c 3   τὸν τοιοῦτον θάνατον, i. e. the particular act of killing described in detail above (9 a 2–a 6).

c 6   θεομισὲς μὲν γὰρ κτλ. There is no suggestion, as Adam implies, that the act of Euthyphro's father may be θεομισές without being ἀνόσιον. On Euthyphro's premisses, from which Socrates is arguing, it follows at once that it will be ἀνόσιον. The μέν does not imply any antithesis to θεομισές. It belongs to the whole sentence, and is answered by ἀλλὰ γὰρ . . . in the next.

c 7   τούτῳ, sc. τῷ θεομισὲς εἶναι. Euthyphro's admission (7 d 8–10) that the gods differ about right and wrong, if they differ at all (which Socrates has been careful not to admit), has proved fatal to the definition of τὸ ὅσιον as τὸ θεοφιλές (8 a 10–12). Nor does it mend matters to say with Euthyphro that *all* the gods hate this, that, or the other act. That may or may not be so, but it in no way gets rid of the admission (for which Euthyphro alone is answerable) that there is a large and important class of acts about which the gods do differ. We are still left without any means of distinguishing between *the* (universal) ὅσιον and *the* (universal) ἀνόσιον (οὐ τούτῳ ἐφάνη ἄρτι ὡρισμένα τὸ ὅσιον καὶ μή), since it has been shown that, if the gods differ, the same thing may be at once θεοφιλές (as loved by some gods) and θεομισές (as hated by others). This would not be altered in any way by a demonstration, supposing it possible, that all the gods hate a particular act; for the same question would arise with regard to every other act. The demonstration asked for by Socrates above (9 a 8) would only determine ταύτην τὴν πρᾶξιν (ib. b 2); but we are looking for an εἶδος or ἰδέα which shall be identical ἐν πάσῃ πράξει (5 d 1). Euthyphro's attempt to drag in 'all the gods' leaves us with an enumeration of particulars on our hands just as much as the First Definition did.

If this is correct there is no need to bracket c 8 τὸ γὰρ . . . ἐφάνη with Schanz (after Kleist) and still less to bracket from c 7 ἀλλὰ γὰρ . . . with Adam. On the contrary, every word is necessary to the argument.

9 c 9   τούτου μὲν ἀφίημί σε, 'I let you off this ', i. e. the labour of proving that all the gods hate the particular act committed by Euthyphro's father, a task which Euthyphro has already declined as οὐκ ὀλίγον ἔργον above (b 4). 'If you like, we will assume that all the gods hate it ', but we must go on to consider whether that enables us to say what τὸ ὅσιον and τὸ ἀνόσιον are. The μέν *solitarium* is a hint that a much more serious difficulty is coming.

For the meaning of ἀφίημι c. acc. et gen. cf. 5 b 5. There is no question, as Adam thinks, of Socrates being 'ready to give up ' the argument based on differences between the gods. On the contrary, it is fundamental here. All he 'gives up ' is the request he made at 9 a 8 that Euthyphro should prove that all the gods think his action in prosecuting his father justified.

d 1   τοῦτο δ νῦν ἐπανορθούμεθα, 'the amendment we are now making', viz. that the distinction between ὅσιον and ἀνόσιον is to be confined to acts about which the gods are unanimous. This amendment was suggested by Euthyphro (8 b 7), though he did not see what it implied, and Socrates is about to ask whether it is right (e 4 εἰ καλῶς λέγεται). He remembers, however, that it was only a suggestion, and that Euthyphro has not explicitly accepted it in the form just given to it (c 9), and interrupts himself to make sure that he does (d 4 ἆρ' οὕτω βούλει κτλ.). It has been pointed out already (7 b 6 n.) that the aim of Socrates, as Plato represents it, was to find some means of deciding questions of right and wrong as effectively as the arts of measurement decide questions of number, magnitude, and weight. That being so, it was natural that he should adopt the method which had already produced such results in geometry and which had been introduced into Athens by Zeno, when Socrates was young. That is why Socrates always insists on an express admission of every step in the argument just as Euclid does. It is for this reason, too, that his 'dialectic' can only be adequately reproduced in the form of dialogue.

If this is right, it follows that τοῦτο ὃ νῦν ἐπανορθούμεθα (B W) is the correct reading. We have been more or less consciously amending the Second Definition by introducing 'all the gods ' for some time. The vulgate τοῦτο νῦν ἐπανορθώμεθα would suggest that this is something quite new, whereas all that Socrates asks for is an express admission that it is what Euthyphro has meant from 8 b 7 onwards. The vulgate reading is due to the accidental omission of ὅ in T, which led to the 'correction' ἐπανορθώμεθα.

9 d 4   οὐδέτερα ἢ ἀμφότερα, 'neither or both'. This phrase clinches the difficulties to which Euthyphro's appeal to 'all gods' must lead. Even if we can show that this, that, or the other act is hated by all the gods, there remains an indeterminate residue of acts hated by some gods and loved by others, and we can only say of those that they admit neither of the predicates θεοφιλές and θεομισές or that they admit both.

For οὐδέτερα ἢ ἀμφότερα instead of the more logical οὐδέτερον ἢ ἀμφότερα cf. *Rep.* 365 e 5 οἷς ἢ ἀμφότερα ἢ οὐδέτερα πειστέον. So *Phaed.* 68 c 2 ἤτοι τὰ ἕτερα τούτων ἢ ἀμφότερα.

d 6   Τί γὰρ κωλύει; κτλ. : cf. *Charm.* 163 a 5 Τί γὰρ κωλύει; ἔφη.— Οὐδὲν ἐμέ γε, ἦν δ' ἐγώ. Euthyphro clutches at this very unsatisfactory way out of the difficulty, which restricts the application of the definition to cases (if there are any such) where we can prove the gods unanimous. That has been sufficiently indicated, and Socrates is anxious to pass on to a much more serious objection, which is one of principle.

d 7   τὸ σόν, 'your own case'. The meaning is not much more than σκόπει εἰ σὺ . . .

d 8   τοῦτο ὑποθέμενος, 'assuming' this definition as your starting-point (ἀρχή). The verb ὑποτίθεμαι in the sense of setting before oneself or another a task to be done or a thing to be proved is properly Ionic, and it is from the Ionic dialect that Greek scientific terminology is mainly derived. In the sense of proposing something to be done or said it is as old as Homer (cf. e. g. *Od.* iv. 163 ὄφρα οἱ ἤ τι ἔπος ὑποθήσεαι ἠέ τι ἔργον), and easily passes into the sense of 'counsel', 'advise' (e.g. *Il.* xxi. 293 αὐτάρ τοι πυκινῶς ὑποθησόμεθ', αἴ κε πίθηαι), whence the title ὑποθῆκαι given to didactic poems. When geometry arose the term was naturally used of the proposition to be proved or the construction to be performed, and the method adopted was to deduce the consequences (τὰ συμβαίνοντα) from each ὑπόθεσις in order to see whether they led to anything impossible or absurd. In that case the ὑπόθεσις is 'destroyed' (ἀναιρεῖται, *tollitur*).

Refutation of the Second Definition (τὸ τοῖς θεοῖς προσφιλές),
9e 1–11 b 5.

The definition has been made more unsatisfactory by introducing
'all the gods'; but, apart from that, it is wrong in principle, since
it gives us an accident (πάθος) of τὸ ὅσιον, not its essence (οὐσία).

So far the argument has been strictly *ad hominem*, and we have
only shown that the definition of τὸ ὅσιον as τὸ τοῖς θεοῖς προσφιλές
is inconsistent with the polytheistic mythology which Euthyphro
accepts and Socrates rejects. We now come to something much
more fundamental ; for it would apply to the definition τὸ τῷ θεῷ
προσφιλές even if understood in a monotheistic sense. The issue
is, indeed, just that so much discussed by scholastic theologians in
the Middle Ages and later, whether right is right because God
commands it, or whether God commands it because it is right.

9 e 5   οὕτω ... ἀποδεχώμεθα; 'are we to accept it without more ado?'
The verb ἀποδέχομαι (*probo*) is the technical term for accepting a
ὑπόθεσις as the starting-point of discussion. Such acceptance does
not mean that it is regarded as finally established, but only that it
commends itself so far, and is so far adequate (ἱκανή) and worthy of
acceptance (ἀξία ἀποδέχεσθαι). It may have to be revised in the
light of its consequences (τὰ συμβαίνοντα). On all this see *Phaed.*
92 d 6 *n*. Before accepting a hypothesis, however, even provision-
ally, we must be sure that it does commend itself to us, and for this
reason we must be quite clear as to its meaning (τί λέγει ὁ λέγων e 7).

e 6   ἐὰν μόνον φῇ τίς τι ἔχειν οὕτω, 'if a man (τις) just says a thing (τι)
is so'. The expression is quite general, and has no special
reference to the present case.

Adam's difficulty about τι is therefore imaginary.

10 a 2   ἆρα τὸ ὅσιον κτλ. 'Is τὸ ὅσιον loved by the gods because it is
ὅσιον, or is it ὅσιον because it is loved by the gods?'

a 5   λέγομέν τι φερόμενον καὶ φέρον κτλ. Socrates begins by distinguish-
ing what we call the active and the passive voice. That distinction
is quite familiar to us, and the whole argument might be much
abbreviated and simplified by taking it for granted. We must
remember, however, that grammatical terminology did not exist in
the time of Socrates, or even in that of Plato, and there were there-
fore no recognized names for what were called later the ἐνεργητικὴ
and παθητικὴ διάθεσις. If we forget that, we may imagine that the

argument is more intricate than it really is. All Socrates means is that a definition which can be expressed in the passive voice is not a λόγος τῆς οὐσίας.

10 a 9 Ἔγωγέ μοι δοκῶ μανθάνειν, 'I think I see'. Contrast this hesitating acceptance of an unfamiliar distinction with Euthyphro's ready assent to the use of the terms εἶδος and ἰδέα (5 d 6 Πάντως δήπου, ὦ Σώκρατες).

a 10 φιλούμενόν τι, 'a thing loved'. It will help us to follow the argument if we translate the passive participles in this way throughout. A thing *is a thing carried* because it *is carried* and not vice versa. So a thing *is a thing loved* because it *is loved*, and it is not true to say that it *is loved* because it *is a thing loved*.

c 1 εἴ τι γίγνεται ἤ τι πάσχει, 'if anything is done or has something done to it' (the first τι is nom., the second acc.). The addition of εἴ τι γίγνεται is not essential for the present argument, but it is necessary if we are to give a complete account of 'the passive'. We must include those cases where the subject is not something external, but the *actio verbi* itself (e. g. λέγεται, 'it is said'). It should be noted that the conception of a passive verb was exceptionally hard to grasp for a Greek, since the Greek verb never developed a special form for it, except (partially) in the future and aorist. Otherwise the meaning had to be expressed by 'middle' forms or by 'intransitive' verbs (e. g. ἀποθνῄσκει ὑπὸ τοῦ πατρός).

c 2 οὐχ ὅτι γιγνόμενόν ἐστι κτλ. 'It is not because it is a thing done that it is done, but because it is done that it is a thing done; and it is not because it is a thing that has something done to it that something is done to it, but because something is done to it that it is a thing to which something is done.' This sentence makes us realize what we owe to the inventors of grammatical terminology, but they too were Greeks, though of a later· date, and it was just such discussions as the present which made it possible for them to grasp distinctions now inculcated in the primary school.

c 9 Καὶ τοῦτο, sc. τὸ φιλούμενον. It is not, of course, γιγνόμενόν τι (as τὸ λεγόμενον might be) but πάσχον τι ὑπό του. And it is not because it *is a thing loved* that it *is loved*, but it *is a thing loved* because it *is loved* by the people who love it.

d 1 Τί δὴ οὖν κτλ. Applying this to τὸ ὅσιον, we see at once that it is not loved by all the gods because it is φιλούμενον, 'the object of

their love', but is the object of their love because it is loved by
them, and that can only be because it is such as to be loved by
them (ὅτι ἐστὶν οἷον φιλεῖσθαι, as it is put below 11 a 5), in other words,
because it is what it is, viz. ὅσιον. We are as far as ever from
knowing what that means.

10 d 9 Ἀλλὰ μὲν δὴ κτλ. The subject is still τὸ ὅσιον, and the argument
is simply as follows. It is not because it is loved by the gods that
τὸ ὅσιον is ὅσιον, but it is because it is ὅσιον that it is loved by the
gods. Further, it is because it is loved by the gods that it is a thing
loved by the gods, i. e. that it is θεοφιλές.

d 10 Bast's reading καὶ θεοφιλές ⟨τὸ θεοφιλές⟩, which I formerly
adopted with all recent editors, spoils the argument by making τὸ
θεοφιλές the subject instead of τὸ ὅσιον.

d 12 οὐδὲ τὸ ὅσιον θεοφιλές, 'nor is the holy what is dear to the gods'.
Socrates is not, of course, denying that θεοφιλές may be predicated
of τὸ ὅσιον. Strictly he ought to have said οὐδὲ τὸ ὅσιον τὸ θεοφιλές,
in order to show that he means to deny that the subject and predi-
cate are convertible. But the usage of the language does not demand
this when the meaning is perfectly clear from the context, as here.

11 a 4 ἐναντίως ἔχετον, 'they are applied to the subject on opposite
grounds'. What is dear to the gods (τὸ μέν, sc. τὸ θεοφιλές) is
lovable because it is loved, what is holy (τὸ δέ, sc. τὸ ὅσιον) is
loved by the gods because it is lovable. We have still, therefore,
to ask what it is that makes τὸ ὅσιον lovable (οἷον φιλεῖσθαι) to the
gods.

a 7 οὐσίαν... πάθος... This fundamental distinction is found here
in Attic prose for the first time, so far as we know, and it is there-
fore explained by the clauses ὅτι πέπονθε τοῦτο... φιλεῖσθαι ὑπὸ
πάντων θεῶν and ὅτι δὲ ὄν (sc. τοῦτο πέπονθε). In ordinary Attic
οὐσία meant only 'property', 'patrimony'. There is, however,
some ground for attributing the term οὐσία to the Pythagoreans,
and we must do so if we accept, as I think we are bound to do, the
statement of Proclus that they are the εἰδῶν φίλοι discussed in
Plato's *Sophist* 248 a 4 sqq. Cf. E. Gr. Phil.³ p. 309, *n.* 2.

In *Crat.* 401 c 2 we read οἷον καὶ ἐν τούτῳ ὃ ἡμεῖς οὐσίαν καλοῦμεν,
εἰσὶν οἳ ἐσσίαν καλοῦσιν, οἱ δὲ αὖ ὠσίαν. Now ἔσσα is Aeolic and
Doric for οὖσα, so that ἐσσία may very well be Achaean or Doric
for οὐσία, which seems to point to Croton or Tarentum. As for
ὠσία, it was regularly used in the conventional Doric κοινή of the

later Pythagorean writings. It may also have been used at Thebes (Boeotian ἰῶσα = οὖσα). This is not proof, of course, but it is not easy to find a better explanation of the passage in the *Cratylus*.

11 b 3   **εἴτε ὁτιδὴ πάσχει**, 'or whatever it is that is done to it'. We need not quarrel about that, since, whatever it is, it will give us only a πάθος, not the οὐσία of τὸ ὅσιον.

Interlude (11 b 6–11 e 5).

These interludes are Plato's way of marking the analysis of a dialogue. We are to understand that everything that has preceded is merely introductory, and that the positive result of the dialogue (so far as it has one) will be found in the second part. That is why Socrates now asks leading questions (11 e 2 αὐτός σοι συμπροθυμήσομαι κτλ.).

b 7   **ὃ ἂν προθώμεθα**, 'whatever definition we propound'. In Attic προτίθεσθαι, *sibi proponere*, is commonly used in the sense of the Ionic ὑποτίθεσθαι (hence πρόθεσις, *propositio*).

The reading of B, προθυμώμεθα, perhaps preserves a trace of the variant ὑποθώμεθα (superscript υπ of the archetype mistaken for υμ by the common confusion of uncial μ and π).

b 8   **οὐκ ἐθέλει μένειν κτλ.**, 'they won't stay where we put them'.

b 9   **Τοῦ ἡμετέρου προγόνου ... Δαιδάλου** (the plural pronoun ἡμετέρου because it refers to 'me and mine'). Cf. *Alc.* 121 a 3 καὶ γὰρ τὸ ἡμέτερον (sc. γένος), ὦ γενναῖε Ἀλκιβιάδη, εἰς Δαίδαλον (sc. ἀναφέρεται). There was a deme Daedalidae, but Socrates was τῶν δήμων Ἀλωπεκῆθεν. Late writers make Sophroniscus, the father of Socrates, a statuary, and this passage has been taken as a confirmation of their statement. In *Symp.* 186 e 2 the physician Eryximachus speaks of ὁ ἡμέτερος πρόγονος Ἀσκληπιός. But it is far more likely that the deme took its name from a γένος of Daedalidae, though we do not happen to have any record of such a γένος. Of course the γεννῆται might be scattered among any number of demes. Plato and Xenophon constantly make Socrates talk of the δημιουργοί, and they could hardly have avoided mentioning the fact if he had ever been one himself. In the *Apology* (22 c 9 sqq.) he approaches them in the interest of his quest as a hitherto unexplored class of society. In the *Memorabilia* (iii. 10, 6) he questions the sculptor Clito about his art, and this is given as an example of how his conversation profited the δημιουργοί. If Xenophon had ever heard

of Socrates being himself one of those who exercised an art (*Mem.*
iii. 10, 1 τῶν τὰς τέχνας ἐχόντων), I do not see how he could have
written this chapter. Moreover, the statues of Daedalus were of
wood (ξόανα), not stone. There was, Pausanias tells us (i. 22),
a group of the Charites on the Acropolis which some people said
was the work of Socrates, but Sir James Frazer gives reasons for
holding that it was of earlier date. The name Socrates was quite
common. There are forty-four people of that name in *Pros. Att.*

The earliest allusion to Socrates as a stone-cutter is in Timon of
Phlius (fr. 25 Diels), who seems to have called him ὁ λαξόος (so
Meineke: λαοξόος Clement, Sextus: λιθοξόος Diog. Laert.). Duris
of Samos said he was a slave (!) and worked stones. He already
attributed the Charites of the Acropolis to Socrates. Nothing of
this is evidence.

11 C 2   καὶ ἐτιθέμην, i. e. καὶ προυτιθέμην, the simple verb repeating the
compound.

C 3   τὰ ἐν τοῖς λόγοις ἔργα ἀποδιδράσκει, ' my works of art in language
run away'. A similar application is made of the moving statues
of Daedalus in *Meno* 97 d 9 ταῦτα (sc. τὰ Δαιδάλου ἀγάλματα), ἐὰν μὲν
μὴ δεδεμένα ᾖ, ἀποδιδράσκει καὶ δραπετεύει, ἐὰν δὲ δεδεμένα, παραμένει.
Just in the same way true beliefs (ἀληθεῖς δόξαι) make their escape
from the human soul unless they are bound by a reasoned account
of the cause (αἰτίας λογισμῷ).

C 4   νῦν δὲ ... γὰρ ... δὴ ..., 'as it is, you see, ... so ...'. Riddell,
Dig. § 149. Cf. 14 c 3, *Ap.* 38 b 2.

C 5   αἱ ὑποθέσεις, 'the proposed definitions'. The meaning is exactly
the same as that of ἃ ἂν προθώμεθα or ὑποθώμεθα (b 7). Cf. also
9 d 8 τοῦτο ὑποθέμενος and note *in loc.*

Adam's remark that the word suggests 'something of a more
material nature' is apparently founded on the idea that the literal
meaning of ὑπόθεσις is 'basis', a use of the word for which there is
absolutely no evidence, though L. and S. quote for it Theophr.
H.P. iv. 13, 4. There, however, the trunk is said to be οἷον
ὑπόθεσις καὶ φύσις δένδρων, which is equivalent to οὐσία καὶ φύσις τοῦ
δένδρου at the beginning of the section. It does not mean 'founda-
tion' or 'basis', but the τέλος which the tree sets itself to realize.
In *Rep.* 511 b 5 τῷ ὄντι ὑποθέσεις, οἷον ἐπιβάσεις τε καὶ ὁρμαί is only
a characteristic etymological pun, such as is often introduced by
τῷ ὄντι.

C 7   τοῦ αὐτοῦ σκώμματος, 'the same gibe', viz. that the restlessness of
the ὑπόθεσις is due to the ancestry of Socrates.

11 c 8 τὸ γὰρ περιιέναι κτλ. The construction is τὸ γὰρ περιιέναι τοῦτο
... οὐκ ἐγώ εἰμι ὁ ἐντιθεὶς αὐτοῖς. For hyperbaton of pronouns
cf. Riddell, *Dig.* § 290.

d 1 σύ μοι δοκεῖς ὁ Δαίδαλος, 'but you, I take it, you Daedalus!'
That σὺ ὁ Δαίδαλος are to be taken together in apposition is shown
by 15 b 8 ἐμὲ αἰτιάσῃ τὸν Δαίδαλον. The words μοι δοκεῖς (sc. ἐντι-
θέναι) are parenthetic.

d 3 ἐκείνου τοῦ ἀνδρός, 'than my venerated ancestor'. It seems
clear from its use in Plato that this phrase was chiefly employed
in speaking of ancestors or departed parents. Cf. *Rep.* 368 a 1
ὦ παῖδες ἐκείνου τοῦ ἀνδρός and *Phil.* 36 d 6 ὦ παῖ 'κείνου τἀνδρός,
where it is safest to render ' Son of a noble sire!'

d 4 ὅσῳ (not ὅτι) is strictly logical after the comparative; for it
explains it by saying that Daedalus made his own statues move,
while Socrates makes his own and also other people's move.

d 6 τοῦτό μοι τῆς τέχνης κτλ., 'the most delightful thing about my
art is that I am clever against my will'. The adj. κομψός (*lepidus*)
is equivalent to χαρίεις, and means (*a*) 'witty', 'ingenious' (of
persons), and (*b*) 'odd', 'quaint', 'pretty' (of things). Cf. our
expression 'the beauty of it is that . . .'.

e 1 τὰ Ταντάλου χρήματα. The wealth of Tantalus was proverbial.
Cf. Isocr. 5 § 144 τὸν Ταντάλου πλοῦτον, Menander, Κυβερνήτης fr. 301
οὐδ' ἂν συναγάγῃς | τὰ Ταντάλου τάλαντ' ἐκεῖνα λεγόμενα.

e 2 τρυφᾶν means 'to be spoilt', as is shown by 12 a 5 ὃ λέγω, τρυφᾷς
ὑπὸ πλούτου τῆς σοφίας. Cf. Eur. *Suppl.* 214 ἆρ' οὐ τρυφῶμεν θεοῦ
κατασκευὴν βίῳ | δόντος τοιαύτην, οἷσιν οὐκ ἀρκεῖ τάδε; Pl. *Alc.* 114 a 6
ἐπειδὴ δὲ τρυφᾷς καὶ οὐκέτ' ἂν ἡδέως τοῦ αὐτοῦ γεύσαιο λόγου. Socrates
means that Euthyphro is so wise that he has lost his appetite for
strict argument.

e 3 συμπροθυμήσομαι . . . ὅπως ἄν με διδάξῃς, 'I shall do my best to
help you to instruct me' (for ὅπως ἄν c. aor. subj. after verbs of ways
and means see G.M.T. § 348).

The intrusive δεῖξαι may be omitted without hesitation as it is
not in W (C.Q. viii. 235). It spoils the construction.

e 4 καὶ μὴ προαποκάμῃς, 'and don't give in too soon'.

I cannot think Schanz right in making καὶ μὴ προαποκάμῃς depend
on ὅπως ἄν and deleting the punctuation after τοῦ ὁσίου. It is not
for Socrates to supply Euthyphro with energy as well as with

arguments. The words are an exhortation like σύντεινε σαυτόν below (12 a 6).

Third definition of τὸ ὅσιον (11 e 4–14 a 10).

(1) *The genus of* τὸ ὅσιον (11 e 4–12 d 4). The distinction between genus and species (μέρος, μόριον) having been explained, it is agreed that τὸ ὅσιον is a species of τὸ δίκαιον (the *right*). Socrates now begins to ask leading questions (cf. αὐτός σοι συμπροθυμήσομαι κτλ. e 2).

11 e 7 ᾿Αρ᾿ οὖν κτλ. Are the genus (δίκαιον) and the species (ὅσιον) convertible?

2 a 2 τὸ δέ τι καὶ ἄλλο, 'and part of it something else'. We often find ὁ δέ τις as a variation for ὁ δέ. Cf. e. g. *Rep.* 339 c 4 (νόμους) τοὺς μὲν ὀρθῶς τιθέασι, τοὺς δέ τινας οὐκ ὀρθῶς. The τι does not belong to ἄλλο.

a 4 Καὶ μὴν νεώτερός γε κτλ. 'Well, (you ought to be able to keep pace ; for) you have the advantage of me in youth as much as in wisdom.' For τρυφᾷς cf. 11 e 2 *n.*

a 6 σύντεινε σαυτόν, 'brace yourself', 'make an effort', lit. of straining the muscles (σύντασις, *contentio*). Cf. *Ap.* 23 e 1 συντεταμένως and note *in loc.*

a 7 ὁ ποιητὴς ... ὁ ποιήσας, 'the poet who composed the verses'. Schol. T εἴρηται δὲ ἐκ τῶν Στασίνου Κυπρίων. Stobaeus (*Flor.* iii. 671, 11) quotes the verses as Στασίνου ἐκ τῶν Κυπρίων. Cf. Epicharmus (fr. 221 Kaibel) ἔνθα δέος, ἐνταῦθα καἰδώς. Plato's language here and b 2 τούτῳ τῷ ποιητῇ shows that he does not make Socrates attribute the *Cypria* to Homer. That is not an anachronism, cf. Herod. ii. 117 δηλοῖ ὅτι οὐκ ῾Ομήρου τὰ Κύπρια ἔπεά ἐστι, ἀλλ᾿ ἄλλου τινός.

a 9 Ζῆνα δὲ κτλ. 'Even he who was the author of all these things will not revile Zeus who wrought it ; for where there is fear there is shame.'

See C.Q. viii. 235. The best-attested reading is certainly στέρξαντα (T and γρ. BW), but it does not seem to give any acceptable sense. The θέρξαντα of B (made into θ᾿ ἔρξαντα by W and B²) will not do either ; for ἔρδω never had a rough breathing. The ῥέξαντα of Stobaeus does not explain the corruptions in the MSS. I can see no way of accounting for the tradition except by supposing that Plato wrote τὸν Ϝέρξαντα. He was, of course, quite familiar with the 'digamma', which was still written in many dialects in his day. It is true that there is no evidence of a *written* ϝ in epic verse, but it was still written in copies of e.g. Alcman, Sappho, and Alcaeus (cf. Ar. *Rhet.* 1367 a 12), and there is one clear instance in the Alcman papyrus (ϝάνακτα), and others which can be certainly restored (Kühner-Blass, i, p. 78). Now, this letter remained in use as a numeral (= 6), and was written in Byzantine times so as to be hardly distinguishable from the ligature of στ (Maunde Thompson, *Introd. to Greek and Latin Palaeography*, p. 91). That would account for στέρξαντα, while θέρξαντα would represent a mistake of a different kind. The reading ἐθέλει νεικεῖν (for ἐθέλεις εἰπεῖν BT) is also well attested by the ἐθέλειν εἴκειν of the scholium in Cramer's *Anecdota* and the νείκεσιν in the margin of T. The first stage of corruption is shown by the ἐθέλειν εἰπεῖν of W.

12 b 4 Οὐ δοκεῖ μοι εἶναι κτλ. I think the subject of δοκεῖ is αἰδώς. It seems forced to make εἶναι mean 'to be true' with Adam.

b 10 αἰδούμενος . . . καὶ αἰσχυνόμενος . . . πεφόβηταί τε καὶ δέδοικεν. The original terms and their synonyms are chiastically arranged. I do not think any distinction is intended here between αἰδώς and αἰσχύνη (though there is often an important difference), and still less between δέος and φόβος. Socrates is merely substituting the more prosaic for the more poetical terms. It is easier to see that αἰσχύνη is a species of φόβος than that αἰδώς is a species of δέος. Cf. *Laws* 671 d 2 ὃν αἰδῶ τε καὶ αἰσχύνην θεῖον φόβον ὠνομάκαμεν, *Def.* 416, 9 αἰσχύνη φόβος ἐπὶ προσδοκίᾳ ἀδοξίας (cf. Ar. *Top*. Δ. 5, 126 a 6).

c 1 δόξαν πονηρίας, 'a reputation for badness'. The species of fear are differentiated by their object, so that the definition of αἰδώς (αἰσχύνη) will be φόβος δόξης πονηρίας. Cf. *Laws* 646 e 10 φοβούμεθα δέ γε πολλάκις δόξαν, ἡγούμενοι δοξάζεσθαι κακοί . . . ὃν δὴ καὶ καλοῦμεν τὸν φόβον ἡμεῖς γε, οἶμαι δὲ καὶ πάντες, αἰσχύνην.

c 5 ἐπὶ πλέον, *latius patet*, 'has more extension'. It is clear that we have here a developed logical terminology. I know no reason why it should not have been used by Socrates. Zeno had made logic fashionable at Athens a generation earlier, and Euclides of Megara, who was nothing if not a logician, was one of the ἑταῖροι of Socrates. Cf. *Euthyd.* 290 b 7 οὐδεμία . . . τῆς θηρευτικῆς ἐπὶ πλέον ἐστὶν ἢ ὅσον θηρεῦσαι κτλ.

c 6 μόριον, 'species'. Plato's usual words for 'species' are μέρος and μόριον. It may be doubted whether he ever uses εἶδος simply in this sense. When the word seems to have this meaning it signifies rather the characteristic 'form' which constitutes the species, not the species itself regarded as a class or collection of individuals.

ὥσπερ ἀριθμοῦ περιττόν. Euclid VII, *Def.* 6 and 7 ἄρτιος ἀριθμός ἐστιν ὁ δίχα διαιρούμενος. περισσὸς δὲ ὁ μὴ διαιρούμενος δίχα ἢ [ὁ] μονάδι διαφέρων ἀρτίου ἀριθμοῦ.

2 c 10 Τὸ τοιοῦτον . . . λέγων, 'with a meaning of this sort'. 'The meaning of the question I asked in the other case (ἐκεῖ) was similar.'

d 5 *Third definition of* τὸ ὅσιον.

(2) *The differentia* (12 d 5–14 a 10).

(a) *First statement* (12 d 5–13 d 4). Τὸ ὅσιον is the species of right (δίκαιον) which has to do with the θεραπεία of the gods.

d 6 τὸ ποῖον μέρος κτλ. This is the Socratic terminology for the *differentia*.

d 9 σκαληνὸς . . . ἰσοσκελής. This particular definition of odd and even does not seem to be found elsewhere.

Schol. B (Arethas) says τὸ σκαληνὸν γὰρ τρίγωνόν ἐστιν ἐκ τριῶν ἀνίσων πλευρῶν, τὸ δὲ ἰσοσκελὲς τρίγωνον τῶν δύο μὲν πλευρῶν ἴσων ἀλλήλαις οὐσῶν, μιᾶς δὲ ἀνίσης ταῖς δύο. ἐν οἷς οὖν ὁ ἄρτιος ἀριθμὸς εἰς δύο ἴσους ἀριθμοὺς τέμνεται, ὡς ὁ ὀκτὼ φέρε, ὁ δὲ περιττὸς εἰς δύο ἀνίσους, ὡς ὁ πέντε, εἰκότως τὸν μὲν ἰσοσκελῆ τὸν δὲ σκαληνὸν ὠνόμασεν (so in the MS.; Hermann's text is not quite accurate).

e 5 Τοῦτο τοίνυν κτλ. Euthyphro at last succeeds in giving a formally correct definition by genus and specific difference. For his words cf. *Gorg.* 507 b 1 καὶ μὴν περὶ μὲν ἀνθρώπους τὰ προσήκοντα πράττων δίκαι' ἂν πράττοι, περὶ δὲ θεοὺς ὅσια.

e 6 τὴν . . . θεραπείαν, 'tendance' (to use a somewhat archaic word). The Greek term is of wide application, and may refer to the service of what is above us (e. g. the gods) or the care of what is below us (e. g. the lower animals). It is the right treatment of any class of beings (cf. *Gorg.* l. c. τὰ προσήκοντα πράττειν περὶ θεούς). Socrates begins by clearing up this ambiguity.

13 a 1 σμικροῦ τινος κτλ. Cf. *Prot.* 329 b 6 σμικροῦ τινος ἐνδεής εἰμι πάντ' ἔχειν.

a 4 λέγομεν γάρ που, 'we do speak in that way, don't we?', a parenthetical appeal to the *usus loquendi* explained above.

This seems more natural than to suppose that Socrates meant to say λέγομεν γάρ που ἵππων θεραπείαν and then changed his mind. There is no occasion for hesitation about so simple a matter.

13 a 4   οἷόν φαμεν κτλ., 'as we say, for instance'. Socrates, as usual, gets his interlocutor to place the ἀρετή under discussion on the level of an 'art'. Here it is done very skilfully, and the word τέχνη is not even used. When Socrates is discussing ἀρετή with the popular teachers of the day this is quite, fair, for they did in fact look at it in that way. It was an art or accomplishment which could be taught and learned, and of which they were the teachers. That is just the point on which Socrates joins issue with them; goodness is something quite different for him. The object of the present discussion is to show that those who profess to be religious teachers really regard ὁσιότης in the same mechanical and external way as the 'sophists' (cf. Gr. Phil. I § 133).

b 7   ταὐτὸν διαπράττεται, 'accomplishes the same end'. If ὁσιότης is an 'art' like the rest, it differs from them only in the object to which it is applied; its end must be, like that of all the others, the good or advantage of its object, i.e. to make it better or improve it. Does Euthyphro mean that his piety 'improves' the gods?

d 5   (*b*) *Amended statement* (13 d 5–14 a 10). Τὸ ὅσιον is that species (μέρος) of τὸ δίκαιον which has to do with the service (ὑπηρεσία) of the gods.

That is, no doubt, what Euthyphro meant all along, but it was necessary to guard against the ambiguity of θεραπεία.

Ἥνπερ ... θεραπεύουσιν. Euthyphro now limits the meaning of the term θεραπεία to the 'tendance' of what is above us, and Socrates points out that it will be less ambiguous in that case to say ὑπηρετική. We have now to consider what that implies. The form of the word suggests an 'art'.

Ἥνπερ (TW) is better attested and makes better sense than ἥπερ (B).

d 9   ἡ ἰατροῖς ὑπηρετική (sc. τέχνη, not θεραπεία). The art which ministers to medicine must be one which ministers to the end of the art of medicine. Pharmacy, for example, is such an art. The end of medicine is health, and the subservient art must subserve the production of health. The idea of 'architectonic' and subservient ('cheirotechnic') arts becomes very important later.

10   τί ποτέ ἐστιν ἐκεῖνο τὸ πάγκαλον ἔργον κτλ. Bonitz (after Socher

and Susemihl) argued that, as this question is asked and is not answered (14 c 1 sqq.), it is clearly marked as the vital point in the dialogue. That is quite true; but, when he and the editors who follow his lead go on to speculate as to what this πάγκαλον ἔργον may be, they are off the track. The question is left unanswered simply because there is not, and cannot be, any answer to it. Socrates is always represented as arguing that, if you describe any form of goodness as an art, i. e. a capacity of producing some particular ἔργον, there is no room for it. There are already arts in existence which will do all that is required, and the ἀρετή is useless (Gr. Phil. I § 133). The word πάγκαλος is more often ironical than not, and so it is here. If there were any definite ἔργον which the gods could produce with our help, it must indeed be something 'mighty fine'. But in fact there is none, since ὁσιότης is no specialized art but a condition of the soul (ἕξις ψυχῆς). That is the positive result which the *Euthyphro* is meant to suggest to those who know the true Socratic doctrine, though it is nowhere explicitly stated.

The point is well put in E. Caird's Preface to *The Four Socratic Dialogues of Plato*, translated by Benjamin Jowett (1903), p. vi. 'The dialogue ends with the apparently negative conclusion, &c. . . . But the attentive reader will recognize that the discussion has brought us to a point of view from which piety is seen to be not a special department of morality, but only the religious aspect of it.'

So much, I take it, is certain ; but, if I understand the Socratic doctrine aright, the true Socratic would go a little further. There is, indeed, no product or ἔργον which the gods require our help to produce ; but, on the other hand, it is our whole duty so to care for our souls that they may be as wise and as good as possible (*Ap.* 29 d 7 sqq.), and this means that man's chief end is 'assimilation to God as far as may be' (ὁμοίωσις θεῷ κατὰ τὸ δυνατόν), and, as is at once explained, 'assimilation to God' means 'to become righteous and holy with wisdom' (ὁμοίωσις δὲ δίκαιον καὶ ὅσιον μετὰ φρονήσεως γενέσθαι *Theaet.* 176 b 1 sqq.). From that point of view the true nature of ὁσιότης becomes intelligible.

13 e 12   **Πολλὰ καὶ καλά.** Euthyphro falls once more into his habit of giving (or alluding to) particulars instead of a universal.

14 a 1   **τὸ κεφάλαιον αὐτῶν** (sc. τῶν πολλῶν καὶ καλῶν), 'the sum of them', 'that in which all these fine things are summed up' (8 e 2 *n.*). There

137

is no reason why the construction should be the same as that in a 6, and it is unnatural to take αὐτῶν as masculine here, as it certainly is there, where it is governed by ἀπεργασίας and not by τὸ κεφάλαιον.

14 a 9   Τί δὲ δὴ τῶν πολλῶν κτλ. I now think Adam was right in putting the mark of interrogation after ἀπεργάζονται. We want either the κεφάλαιον of the πολλὰ καὶ καλά or that of the ἐργασία.

a 10   τῆς ἐργασίας. The compound is idiomatically repeated by the simple. Cf. 7 c 10 n.

The reading ἀπεργασίας has more authority, but Plato likes such variety and scribes are apt to 'correct' it out of existence. I think this is a case where the letter-by-letter copying of B is to be preferred.

a 11   *Fourth definition of* τὸ ὅσιον (14 a 11–15 c 10). Τὸ ὅσιον is the science of prayer and sacrifice.

The real result of the dialogue has now been reached, but it is rounded off by showing Euthyphro left to himself once more, slipping back into the sort of definition he had given before the Interlude.

ὀλίγον . . . πρότερον: 9 b 4.

b 2   ἁπλῶς, 'simply', is here opposed to ἀκριβῶς, and therefore means 'broadly', 'without going into detail' (*not* 'without qualification'). Euthyphro is unable to define exactly what he means, but he indicates it roughly by saying ἐὰν μέν τις κτλ., 'If a man . . .'.

κεχαρισμένα, 'well-pleasing', 'acceptable', the regular religious term. *Il.* xx. 298 κεχαρισμένα δ' αἰεὶ | δῶρα θεοῖσι δίδωσι, Anacreon fr. 2, 7 κεχαρισμένης δ' | εὐχωλῆς ἐπακούειν.

b 3   ἐπίστηται κτλ. This shows that Euthyphro has failed to follow the argument. Above (13 e 12) he slipped back into the enumeration of particulars, and now he slips back into the conception of ὁσιότης as a τέχνη.

b 4   τούς τε ἰδίους οἴκους κτλ., 'families and states'. In Attic οἶκος (dist. οἰκία) is properly *res familiaris.* Cf. Xen. *Oec.* 1, 5 ὅσα τις ἔξω τῆς οἰκίας κέκτηται, πάντα τοῦ οἴκου ταῦτά ἐστιν. For τὸ κοινὸν τῆς πόλεώς cf. *Crito* 50 a 8 n. For the combination of οἶκος and πόλις in this connexion cf. *Laws* 716 b 4 ἑαυτόν τε καὶ οἶκον καὶ πόλιν ἄρδην ἀνάστατον ἐποίησεν, 796 d 3 χρήσιμοι εἴς τε πολιτείαν καὶ ἰδίους οἴκους, 890 b 2 δημοσίᾳ πόλεσίν τε καὶ ἰδίοις οἴκοις.

b 6   ἀνατρέπει, 'subverts', lit. 'upsets', 'capsizes'. For the metaphor of the Ship of State cf. *Crito* 50 b 3 *n.* and, for its application to families, *Prot.* 325 c 1 χρημάτων τε δημεύσεις καὶ ... τῶν οἴκων ἀνατροπαί. It is the proper antithesis of σῴζει (b 4), which, in reference to navigation, means 'brings safe to port'.

4 b 8   'H, *profecto.*

πολὺ διὰ βραχυτέρων, 'far more briefly'. The phrase διὰ βραχέων (λέγειν) is found in *Prot.* 336 a 7 and elsewhere. The position of the preposition between the adjective and its adverb is normal (Riddell, *Dig.* § 298).

b 9   τὸ κεφάλαιον, 'the sum and substance'. Cf. 8 e 2 *n.*

c 1   δῆλος εἶ, 'that is plain', 'I can see that'. For the personal δῆλός εἰμι used parenthetically cf. Ar. *Birds* 1407 καταγελᾷς μου, δῆλος εἶ, *Lysistr.* 919 ἤ τοι γυνὴ φιλεῖ με, δήλη 'στιν καλῶς.

ἐπειδὴ ἐπ' αὐτῷ ἦσθα κτλ., 'when you were just on the point of giving an answer from which, had you given it, I should have learnt by this time what holiness is'. This is ironical; for we have seen that on these lines there is no answer to the question (13 e 10 *n.*). For the phrase cf. *Polit.* 274 b 1 οὗ δὲ ἕνεκα ὁ λόγος ὥρμηκε πᾶς, ἐπ' αὐτῷ νῦν ἐσμὲν ἤδη, *Phileb.* 18 d 9 ἢ μὴν ἐπ' αὐτῷ γε ἤδη γεγονότες ζητεῖτε, ὡς φῄς, πάλαι.

c 3   νῦν δὲ ... γὰρ ... Cf. 11 c 4 *n.*

τὸν ἐρῶντα τῷ ἐρωμένῳ κτλ. The point of the remark is shown by τρυφᾷς 11 e 2 and 12 a 5. Euthyphro is like a spoilt beauty who *fait le difficile,* and a poor lover can only follow where his caprice may lead. Cf. *Meno* 76 b 4 κἂν κατακεκαλυμμένος τις γνοίη, ὦ Μένων, διαλεγομένου σου, ὅτι καλὸς εἶ καὶ ἐρασταί σοι ἔτι εἰσίν.—Τί δή ;—Ὅτι οὐδὲν ἀλλ' ἢ ἐπιτάττεις ἐν τοῖς λόγοις, ὅπερ ποιοῦσιν οἱ τρυφῶντες, ἅτε τυραννεύοντες ἕως ἂν ἐν ὥρᾳ ὦσιν, καὶ ἅμα ἐμοῦ ἴσως κατέγνωκας ὅτι ἥττων εἰμὶ τῶν καλῶν.

Schanz and others read τὸν ἐρωτῶντα τῷ ἐρωτωμένῳ. It is true that ἐρωτῶντα (TW) is rather better attested than ἐρῶντα (B), but ἐρωτωμένῳ is not really attested at all, since BT have ἐρωμένῳ and W has ἐρομένῳ. The confusion is clearly due to 'emendation'. Moreover, it is the ἐρωτώμενος (the ἀποκρινόμενος) who has to follow the lead of the ἐρωτῶν in dialectic, and not vice versa.

c 5   οὐχὶ ἐπιστήμην τινὰ κτλ. Euthyphro has committed himself to the view that ὁσιότης is an ἐπιστήμη by his words ἐὰν ... τις ἐπίστηται (b 3).

c 8   τὸ θύειν δωρεῖσθαι ... τρὶς θεοῖς. Whether this account of sacrifice is primitive or not, it was widely held in the fifth century B. C. It is just this mechanical view of religious observances against which Socrates protests. We do not know how far he followed the ordinary religious practice of his fellow-citizens. His last words were certainly τῷ Ἀσκληπιῷ ὀφείλομεν ἀλεκτρυόνα (*Phaed.* 118 a 7), but we do not really know what he meant by that. Perhaps, as Wilamowitz suggests, he had vowed to sacrifice a cock when Xanthippe or one of the children was ill. Xenophon (*Mem.* i. 3, 1) affirms that Socrates followed and urged others to follow the Delphian precept that we should worship the gods νόμῳ πόλεως, 'according to the use of the city'. It is quite likely, but Xenophon would have said so in any case. He goes on, moreover, to suggest that his manner of praying and sacrificing was somewhat unusual.

14 d 1   αἰτήσεως, sc. παρὰ θεῶν to be supplied from θεοῖς.

d 5   οὐ χαμαὶ πεσεῖται, 'will not fall to the ground'. Cf. Pindar, *Ol.* ix. 12 πτερόεντα δ' ἵει γλυκὺν | Πυθῶνάδ' ὀιστόν· οὔ | τοι χαμαιπετέων λόγων ἐφάψεαι. This, as the scholiast on Pindar observes, shows that the phrase originally referred to shafts which fell short of or overpassed their mark like the ἠλίθιον βέλος of Aesch. *Ag.* 366. So too *Pyth.* vi. 37 χαμαιπετὲς δ' ἄρ' ἔπος οὐκ ἀπέριψεν, Ar. *Wasps* 1012 νῦν μὲν τὰ μέλλοντ' εὖ λέγεσθαι | μὴ πέσῃ φαύλως χαμᾶζ' | εὐλαβεῖσθε.

d 6   τίς αὕτη ἡ ὑπηρεσία, 'what is this service?' This is quite correct; for Euthyphro originally introduced prayer and sacrifice as the service of the gods (b 3), and these are now further explained as asking and giving.

d 9   τὸ ... ὀρθῶς αἰτεῖν κτλ., 'asking them rightly is asking them for what we want from them'. The introduction of ὀρθῶς is legitimate, because ὁσιότης is thought of as an art or science. This point is more clearly brought out below e 3. The verb δεῖσθαι means 'want' all through. The meaning 'ask', 'entreat' is secondary, like that of the English 'want' in 'I want you to do so'.

d 11   Ἀλλὰ τί; 'Why what else?' Cf. τί μήν; which, however, is characteristic of Plato's later style.

e 6   Ἐμπορικὴ ... τις .... τέχνη, 'an art of traffic'. In the *Republic* (370 e 5 sqq.) foreign trade is clearly analysed by Socrates into the export of what the foreigner wants in return for the import of what the home market wants. The economic position of Athens in the fifth century B.C. inevitably gave rise to reflection on such problems.

4 e 10 τίς ἡ ὠφελία κτλ. If holiness is a form of traffic, there must be some demand on the part of the gods which we supply by our sacrifices. Otherwise there would be no reason for them to answer our prayers. Now there is no doubt that the gods give us all blessings, but what advantage do they get in return?

5 a 2 ἢ τοσοῦτον ... πλεονεκτοῦμεν; 'or do we get so much the best of the bargain?'

a 5 Ἀλλ' οἴει κτλ. Euthyphro does not like to say that the gods get an advantage from our gifts; they get honour, and γέρα and χάρις. The ὠφέλιμον is excluded, then, and also the φίλον, and we are back to τὸ κεχαρισμένον. Euthyphro, however, will not exclude τὸ φίλον, so he comes back once more to his point of departure τὸ ὅσιον is τὸ τοῖς θεοῖς φίλον.

b 8 ἐμὲ ... τὸν Δαίδαλον refers to σὺ ... ὁ Δαίδαλος above (11 d 1).

b 10 κύκλῳ περιιόντα, 'things that go round in a circle'.

There is no need of the correction περιιόντας made by T. Socrates is not thinking of λόγοι but ἔργα (11 c 3).

Conclusion (15 c 11–16 a 4).

d 1 μή με ἀτιμάσῃς, 'do not scorn me', another reference to the τρυφή of Euthyphro, who will not exert himself to do anything for his devoted admirer (cf. 14 c 3 n.). Here it is suggested that it is mere want of attention which keeps him from telling what he knows better than any one.

προσσχὼν τὸν νοῦν. The reading which I have adopted seems to follow from προσέχων BW; προσχὼν T. The aor. pcp. of προσέχω is specially liable to corruption owing to the frequent confusion of uncial ε and σ.

d 3 ὥσπερ ὁ Πρωτεύς: cf. Od. iv. 382 sqq., esp. 415 καὶ τότ' ἔπειθ' ὑμῖν μελέτω κάρτος τε βίη τε, | αὖθι δ' ἔχειν μεμαῶτα καὶ ἐσσύμενον περ ἀλύξαι. So Euthyd. 288 b 7 ἀλλὰ τὸν Πρωτέα μιμεῖσθον τὸν Αἰγύπτιον σοφιστὴν γοητεύοντε ἡμᾶς. ἡμεῖς οὖν τὸν Μενέλαον μιμώμεθα καὶ μὴ ἀφιώμεθα τοῖν ἀνδροῖν κτλ. Io 541 e 7 ἀτεχνῶς ὥσπερ ὁ Πρωτεὺς παντοδαπὸς γίγνῃ στρεφόμενος ἄνω καὶ κάτω ... ἵνα μὴ ἐπιδείξῃς ὡς δεινὸς εἶ τὴν περὶ Ὁμήρου σοφίαν.

d 7 τοὺς θεοὺς ἂν ἔδεισας παρακινδυνεύειν μὴ ... The construction here is very difficult. Probably τοὺς θεοὺς ἂν ἔδεισας is treated as a single word, which then takes the infinitive. 'The fear of the gods would have kept you from taking the risk of.'

15 d 8   ποιήσοις is also unusual. It implies in direct speech μὴ ποιήσω (future), which differs from μὴ ποιῶ (pres. ind.) as 'lest I shall prove to be doing' from 'lest I am doing'. See GMT. § 173.

e 5   ἀπ' ἐλπίδος με καταβαλὼν κτλ. Cf. Phaed. 98 b 7 ἀπὸ δὴ θαυμαστῆς ἐλπίδος ... ᾠχόμην φερόμενος, Phaedr. 228 e 3 ἐκκέκρουκάς με ἐλπίδος ... ἣν εἶχον ἐν σοὶ ὡς ἐγγυμνασόμενος.

16 a 3   ὅτι ἄμεινον βιωσοίμην, sc. ἐνδειξάμενος.
The ὅτι should certainly be kept. The shift from the indicative to the optative is by no means unparalleled. See Cron in Neue Jahrb. 1891, p. 169 sqq.

APOLOGY

INTRODUCTORY NOTE

THE first question we have to ask about the *Apology* is how far
we may regard it as an historical document.   That it is not a word-
for-word reproduction of the actual speech delivered by Socrates
may be granted at once.   Plato was not a newspaper reporter.   On
the other hand, we know that he was present at the trial (34 a 1 ;
38 b 6), and that suggests the possibility of something more nearly
approaching a report than we can fairly assume in the case of other
Σωκρατικοὶ λόγοι.   There is no reason to believe that Plato was
present at any other of the discourses or dialogues he professes to
record.   Many of them are supposed to take place when he was a
mere boy or even before he was born, while others are conversations
of Socrates with a single interlocutor where no one else is supposed
to be present (e.g. the *Euthyphro* and *Crito*).   We should certainly
have expected Plato to be among the companions of Socrates who
were with him on the day he drank the poison in prison, but he goes
out of his way to let us know he was not (*Phaed.* 59 b 10).   It follows
that, in general, the most we can look for is that the dialogues
should report conversations which might possibly have taken place,
and that they should not misrepresent the personality and beliefs
of Socrates.   Indeed, few scholars will admit as much.   But the
Apology is *prima facie* on a different footing.   Not only was Plato
present in court with many other members of the Socratic circle,
but there were also the 500 (or 501) dicasts, besides an audience
which, in view of the sensational character of the trial, was no
doubt a large one.   Now Plato's aim is obviously to defend the
memory of Socrates by setting forth his character and activity in
their true light ; and, as most of those present must have been still
living when the *Apology* was published, he would have defeated
his own end if he had given a fictitious account of the attitude of

143

APOLOGY

Socrates and of the main lines of his defence. It is, therefore, quite legitimate to ask whether we may regard the speech as 'in substance the real defence pronounced by Socrates ', as Grote held it was (*Plato*, i. 281), and as most competent modern scholars now admit to a greater or less degree. This is a question of the first importance; for, if it is answered in the affirmative, the *Apology* will provide the most secure foundation for our reconstruction of ' the historical Socrates '.

The reaction in favour of the view that the *Apology* is in substance historical is due in the first place to Schanz, who supposed himself to have proved exactly the opposite. In the Introduction to his edition of 1893 he started from the conventional view of the relation of Plato to Socrates, and pushed it to its inevitable conclusion, thus arriving at results so repugnant to common sense as to compel a reconsideration of his premisses by all candid inquirers. It will, therefore, be necessary to examine his arguments carefully. Those of them that turn on points of detail will be considered in the proper place, but it is desirable to deal at once with the great assumption on which they all proceed.

For the remarkable change which has taken place in competent opinion, even in Germany, on this subject, see, for instance, especially E. Meyer, G.d.A. v, p. 227 ('I can hardly agree at any point with the acute investigations of Schanz') and Wilamowitz, *Platon*, ii, p. 50 ('If Plato wished to defend the memory of Socrates, and to prove his condemnation unjust, he had to reckon with the judges reading the book, and also the other disciples of Socrates. He was bound, then, to take, at least as a foundation, the thoughts that Socrates really uttered, and to avoid carefully anything that Socrates could not have said ').

Schanz begins thus (*Einleitung*, p. 71): ' One thing may be taken as incontrovertible, that the aim of every defence must be, before everything else, to weaken the accusation so as to secure an acquittal. If the case of the accused is not a strong one, he will at least attempt to produce an appearance of refutation. But no accused person will amplify still further the counts on which he is being prosecuted or alter them in such a way as to add substantially to the difficulties of his defence. And yet both these things are done in the *Apology*.'

In other words, Schanz has made the discovery that the *Apology* is not a defence at all, and he thinks that the aim of Socrates must have been to get off at any cost. The fact remains, however, that he did not get off, though it is clear that he could have done so if he had cared to adopt the line of defence Schanz would have advised. No doubt Lysias would have given similar advice, if there is any truth in the statement that he offered to compose a speech for Socrates to deliver at the trial (Diog. Laert. ii. 5, 40). The judgement of Grote is, as usual, far sounder. He says (viii. 286):

No one who reads the 'Platonic Apology' of Socrates will ever wish that he had made any other defence. But it is the speech of one who deliberately forgoes the immediate purpose of a defence—persuasion of his judges.

In fact, as Plato represents the matter, Socrates would have been glad to secure an acquittal (19 a 2 sqq.), if that could be done without stooping to unworthy compromises which would give the lie to his whole life (38 d 3 sqq.); but he did not believe the object of life was 'to live a given length of time' (*Gorg.* 512 d 8 τὸ ζῆν ὁποσονδὴ χρόνον). That being so, his defence was such as it must needs be.

The statements of Xenophon are not, to be sure, first-hand evidence; for he was far away from Athens at the time of the trial, and he only professes to report what he was told by Hermogenes, son of Hipponicus, who does not impress us as a man of much discernment, whether we look to the representation of him by Plato in the *Cratylus* or that of Xenophon himself in his *Symposium*. Still, if Xenophon's *Apology* is genuine, as I do not doubt, it strongly confirms the description given by Plato of the attitude of Socrates. At the very outset he tells us that others had written accounts of the trial, and that they had all managed to hit off his proud tone (μεγαληγορία), which proves, he adds, that Socrates really did speak like that (ᾧ καὶ δῆλον ὅτι τῷ ὄντι οὕτως ἐρρήθη ὑπὸ Σωκράτους). He complains, however, that they had not made it clear why Socrates believed it to be better for him to die than to live, with the result that the manner of his defence was made to appear 'rather foolish' (ἀφρονεστέρα). In other words, he feels, just like Schanz, that the Socrates of the Platonic *Apology* does not make any effective defence; but he cannot, like Schanz, deny what he regards as a notorious fact. So he (or Hermogenes) excogitated the theory that Socrates deliberately provoked his condemnation in order to escape the troubles of old age, such as blindness, deafness, and loss of memory. If it were worth while to criticize this, it would be easy to show that, from all we know of his physical constitution, there was no reason why Socrates should not have looked forward to at least another ten years of activity, and that, from all we know of his character, he would not have felt free to abandon the mission imposed on him by God unless he believed that God himself had released him (*Phaed.* 62 c 7 πρὶν ἀνάγκην τινὰ θεὸς ἐπιπέμψῃ, ὥσπερ καὶ τὴν νῦν ἡμῖν παροῦσαν). What does appear clearly is that the μεγαληγορία of Socrates was something Xenophon felt bound to accept as a fact, though the justification of it was beyond the reach of his understanding.

The genuineness of Xenophon's *Apology* seems to be completely established by O. Immisch's examination of the language in which it is written (*Neue Jahrb.* 1900, 405 sqq.). His conclusion is that, even if the work had come down to us without an author's name, we could hardly, in face of the linguistic evidence, assign to it any other writer than the writer whose name it bears. The arguments usually adduced to prove it spurious are mainly two. In the first place, it is said to be unworthy of Xenophon. Our judgement on that point will depend on our estimate of Xenophon. To me it appears extremely characteristic of the man. In the second place, it is urged that, if Xenophon's *Apology* is genuine, it proves Plato's to be a fiction. That would be a serious matter, but the reasoning is far from cogent. Even if it is true that Hermogenes and Xenophon put their heads together to find a plausible explanation of the μεγαληγορία of Socrates, that would only prove they were incapable of understanding him, which is likely enough. It should be observed that μεγαληγορία is generally used in a bad sense, and that the Socrates of Hermogenes and Xenophon really is insufferably arrogant.

I. Προοίμιον (17 a 1–18 a 6).

Riddell (p. xxi) has the following remarks on this προοίμιον :

The exordium may be completely paralleled, piece by piece, from the Orators. The imputation of conjoint falsity and plausibility, the denial of being δεινὸς λέγειν (cf. Lys. xix. 1, 2, p. 152, Isaeus x. 1, p. 79), the asking pardon for λόγους πολὺ τῶν εἰθισμένων λέγεσθαι παρ' ὑμῖν ἐξηλλαγμένους (as Isocr. xv. 179 expresses it), the plea of unfamiliarity with law-courts (Isocr. xv. 38, p. 318 οὕτως ἀπέχομαι τούτων ὡς οὐδεὶς ἄλλος τῶν πολιτῶν), the begging for an impartial hearing (Lys. xix. 2, 3, p. 152), the deprecation of θόρυβος (cf. e. g. Aesch. ii. 24, p. 31 ἐπαινῶ εἰς ὑπερβολήν, ὦ ἄνδρες, ὅτι σιγῇ καὶ δικαίως ἡμῶν ἀκούετε), the disclaiming a style unbefitting an old man (cf.

APOLOGY

Isocr. xii. 3, p. 233 ἡγοῦμαι γὰρ οὐχ ἁρμόττειν)—these topics, of which the exordium of the *Apology* is wholly made up, occur continually in the Orators.

This observation is true and important, but the conclusion, 'that the subtle rhetoric of this defence would ill accord with the historical Socrates', misses the mark. The truth is rather that the exordium is, amongst other things, a parody, and the very disclaimer of all knowledge of forensic diction (17 d 3 ἀτεχνῶς οὖν ξένως ἔχω τῆς ἐνθάδε λέξεως) is itself a parody. It is also, of course, a piece of Socratic εἰρωνεία, and, like most disclaimers made by Socrates, to be taken *cum grano salis*. It is, in fact, impossible to doubt that Socrates was perfectly familiar with contemporary rhetoric, and that he thought very little of it. As we know from the *Republic*, he was intimate with the family of Lysias, and must have watched the beginnings of his career with interest. The *Phaedrus* represents him as parodying the style of Lysias, and, according to the same dialogue, he knew Isocrates well, and expected better things from him. Now, it is hard to believe that Socrates omitted to examine the orators as he did the poets and every one else, and he must have been quite familiar with their commonplaces. Moreover, the *Phaedrus* represents him as trying to show how they might do their work better than they did. It should be added that Socrates was commonly believed to have busied himself with rhetoric. That is taken for granted in the *Clouds* of Aristophanes, and Xenophon (*Mem.* i. 2, 15) says that Critias and Alcibiades associated with Socrates because they thought it would make them ἱκανωτάτω λέγειν τε καὶ πράττειν. He also mentions (ib. 31) that Critias and Charicles aimed their decree, λόγων τέχνην μὴ διδάσκειν, at Socrates. He adds, indeed, that no one ever heard him profess to teach such an art, which is doubtless true ; but Critias, who knew him well, would hardly make the mistake of supposing that his decree would affect one who was notoriously uninterested in rhetoric and knew nothing about it.

Now, just as in the *Phaedrus* Socrates improves on the current rhetorical commonplaces by giving them a deeper meaning, so he does here. We have the usual τόποι indeed, but they are all made to lead up to the genuinely Socratic paradox that the function of a good orator is to tell the truth. Without suggesting, then, that

147

we have before us a *verbatim* report, there is nothing to prevent us believing that Plato would only have represented Socrates as giving this turn to the tricks of the forensic orator's trade if he had really done something of the kind.

This view does not appear to me in any way inconsistent with the very probable statement of Xenophon (*Apol.* § 4) that Socrates was prevented by the 'divine sign' from preparing his defence, and that it was in fact improvised. In the *Phaedrus* Plato attributes to Socrates an exceptional gift of improvisation, and especially of improvised parody. Cf. Ivo Bruns, *Das literarische Porträt der Griechen*, p. 291 (a work which seems to me far the best contribution to our knowledge of Socrates and Plato that has ever been made in Germany). Bruns (rightly, as I believe) regards the Socrates of the *Phaedrus* as in a special sense historical.

17 a 1 Ὅτι ... πεπόνθατε, 'what effect (impression) has been produced on you'. Here, as usual, πάσχειν is the passive of ποιεῖν. We could say ὅτι ὑμᾶς πεποιήκασιν κτλ.

ὦ ἄνδρες Ἀθηναῖοι. This is not by any means an unusual way of addressing a court, but we learn below (40 a 2), that the studious avoidance of the rather more customary ὦ ἄνδρες δικασταί was deliberate. Socrates could not tell whether they were really judges till after the verdict.

a 2 δ' οὖν (B), 'however that may be', 'at all events', is preferable to γοῦν (implied by ἔγωγ' οὖν T), which properly introduces a confirmation of the preceding clause, not, as required here, a statement of fact contrasted with one of uncertainty. Cf. 34 e 2.

a 3 ὀλίγου ἐμαυτοῦ ἐπελαθόμην, 'I all but forgot who I was'. For this way of speaking cf. *Phaedr.* 228 a 5 εἰ ἐγὼ Φαῖδρον ἀγνοῶ, καὶ ἐμαυτοῦ ἐπιλέλησμαι. Then ὑπ' αὐτῶν is added as if ἐπελαθόμην were a passive. Tr. 'they all but made me forget who I was'.

a 4 ὡς ἔπος εἰπεῖν closely with οὐδέν. The normal use of this phrase is to modify a too sweeping 'all' or 'none' (cf. *paene dixerim*, ' I had almost said '), and it is equivalent to ἤ τι ἤ οὐδέν, 'little or nothing' below (b 7). So 22 b 6 and d 1.

μάλιστα δὲ ... ἐν ἐθαύμασα ... This too is common form. Cf. Dem. 20 § 143 πολλὰ δὲ θαυμάζων Λεπτίνου ... ἐν μάλιστα τεθαύμακα πάντων κτλ. For the genitive αὐτῶν ('in them') with θαυμάζω cf. *Theaet.* 161 b 8 οἶσθ' οὖν ... ὃ θαυμάζω τοῦ ἑταίρου σου;

a 6 ὡς χρῆν κτλ., 'that it would have been well for you to be on your guard', implying that the prosecution had reason to be apprehensive that they were not. The imperfect χρῆν can be justified if it was used in the speech from which Socrates is quoting, and it may well have been so.

BW have χρῆν, while T has χρὴν (sic). The reading is confirmed by the old scholium in T ἔδει (it is not a variant as Schanz's apparatus suggests, but an explanation). It is only in apographa that we find χρή.

17 b 4 εἰ μὴ ἄρα κτλ., *nisi forte &c.* Here we have the first ironical suggestion of the paradox to which all this forensic commonplace is leading up (cf. 18 a 5).

b 6 οὐ κατὰ τούτους ... ῥήτωρ, 'an orator of a far higher kind than they are'. The phrase οὐ κατά means 'not on the same level', 'not to be compared with'. Cf. Herod. i. 121, where Astyages says to Cyrus ἐλθὼν δὲ ἐκεῖ πατέρα τε καὶ μητέρα εὑρήσεις οὐ κατὰ Μιτραδάτην τε τὸν βουκόλον καὶ τὴν γυναῖκα αὐτοῦ, ii. 10 ἄλλοι ποταμοὶ οὐ κατὰ τὸν Νεῖλον ἐόντες μεγάθεα. Similarly *Gorg.* 512 b 7 μή σοι δοκεῖ κατὰ τὸν δικανικὸν εἶναι; *Symp.* 211 d 3 ὁ (sc. αὐτὸ τὸ καλόν) ἐάν ποτε ἴδῃς, οὐ κατὰ χρυσίον τε καὶ ἐσθῆτα ... δόξει σοι εἶναι, *Phaedr.* 279 a 3 δοκεῖ μοι (sc. Ἰσοκράτης) ἀμείνων ἢ κατὰ τοὺς περὶ Λυσίαν εἶναι λόγους τὰ τῆς φύσεως, *Rep.* 466 b 1 μή πῃ κατὰ τὸν τῶν σκυτοτόμων φαίνεται βίον; Dem. 21 § 169 οὐ κατὰ τὰς Μειδίου λῃτουργίας. Accordingly οὐ κατὰ τούτους ῥήτωρ is equivalent to ἀμείνων ἢ κατὰ τούτους ῥήτωρ, 'too good an orator to be compared with them'.

b 7 ἤ τι ἢ οὐδέν, i. q. ὡς ἔπος εἰπεῖν οὐδέν (a 4), 'little or nothing'. Cf. Herod. iii. 140 ἀναβέβηκε δ' ἤ τις ἢ οὐδείς κω παρ' ἡμέας αὐτῶν, Xen. *Cyr.* vii. 5, 45 τούτων δὲ ... ἤ τινα ἢ οὐδένα οἶδα, and *Rep.* 496 c 4 (of the 'divine sign') ἢ γάρ πού τινι ἢ οὐδενὶ τῶν ἔμπροσθεν γέγονεν.

b 8 οὐ μέντοι κτλ. The parenthesis extends to c 4 προσδοκησάτω ἄλλως, and contains a minor parenthesis within it, πιστεύω (c 2) ... λέγω (c 3).

No editor seems to get this sentence quite right. Earle (C.R. xiv. 20) and Seymour (C.R. xv. 27) throw light on the first part of it, while Riddell gave the correct meaning to πλάττοντι λόγους. See the following notes.

b 9 κεκαλλιεπημένους ... λόγους ... ῥήμασί τε καὶ ὀνόμασιν, 'fine language embellished with choice phrases and words'. The words ὄνομα and ῥῆμα are not used here in their grammatical or logical sense (for which see *Crat.* 399 b 1, *Soph.* 262 a 1), but in their rhetorical application, which is well illustrated by Riddell from the criticisms of Aeschines on Demosthenes. Cf. 3 § 72 οὐ γὰρ ἔφ δεῖν (καὶ γὰρ τὸ ῥῆμα μέμνημαι ὡς εἶπε διὰ τὴν ἀηδίαν . . . τοῦ ὀνόματος) ἀπορρῆξαι τῆς εἰρήνης τὴν συμμαχίαν—'where the ῥῆμα is the whole expression, the ὄνομα is ἀπορρῆξαι'. It is clear, then, that ῥήματα are 'expressions' or 'phrases', while ὀνόματα are single words. There is no Greek word for a 'word', and ὄνομα, has to do duty instead, being actually used of a *verb* in the passage quoted by Riddell. Cf. also *Symp.* 198 b 4 τοῦ κάλλους τῶν ὀνομάτων καὶ ῥημάτων τίς οὐκ ἂν ἐξεπλάγη ἀκούων; ib. 199 b 4 ὀνόμασί (BT : ὀνομάσει W) τε καὶ θέσει ῥημάτων, ib. 221 e 2 τοιαῦτα καὶ ὀνόματα καὶ ῥήματα . . . περιαμπέχονται (οἱ Σωκράτους λόγοι).

17 c 1 οὐδὲ κεκοσμημένους, 'ordered', 'marshalled', 'arranged' (see Earle, C.R. xiv. 20) rather than 'adorned'. The word has both meanings, but we want an opposite to εἰκῇ λεγόμενα, as τοῖς ἐπιτυχοῦσιν ὀνόμασιν is opposed to κεκαλλιεπημένους κτλ. (note the chiastic arrangement). Cf. Eur. *Med.* 576 εὖ . . . τούσδ' ἐκόσμησας λόγους.

c 2 εἰκῇ, *temere*, 'any how', 'just as they happen to come', without any attempt at skilful arrangement.

πιστεύω γὰρ δίκαια εἶναι ἃ λέγω. These words give his reason for dispensing with choice diction and artificial arrangement.

c 3 καὶ μηδεὶς ὑμῶν προσδοκησάτω ἄλλως. These words do not refer to the parenthesis which immediately precedes; for it would be absurd to warn the judges against expecting his defence to be dishonest. They mean that the judges are not to look for anything but ordinary language from him.

c 4 οὐδὲ γὰρ ἂν δήπου πρέποι κτλ. This is to be connected immediately with b 7 ἀκούσεσθε πᾶσαν τὴν ἀλήθειαν, not with the intervening parenthesis. It gives his reason for telling the whole truth, not for doing so in ordinary language.

c 5 πλάττοντι λόγους, 'telling stories', as Riddell observes, 'refers not to artificial language but to falsification; a μειράκιον, to hide a fault, uses falsehood and not rhetoric'. The μειράκιον is the naughty boy, not the youthful orator. This is the regular meaning of the phrase πλάττειν λόγους, e.g. Dem. 18 § 121 τί λόγους πλάττεις; and so αἰτίας, προφάσεις πλάττειν. See L. and S. s.v. V. As τῇδε τῇ ἡλικίᾳ means ἐμοὶ τηλικῷδε ὄντι, the participle is masculine.

εἰς ὑμᾶς εἰσιέναι, 'to come before you'. The preposition εἰς is used because εἰσάγω, εἰσέρχομαι, εἴσοδος are the proper terms in speaking of a court, whereas προσάγω, προσέρχομαι, πρόσοδος are used of coming before the δῆμος in the ἐκκλησία. See below 24 d 5 *n*.

7 c 6 τοῦτο ὑμῶν ... παρίεμαι, 'there is one thing I beg and entreat you not to do'. Tim. *Lex*. has παρίεμαι· παραιτοῦμαι, and the present passage is referred to below as ὅπερ κατ' ἀρχὰς ὑμᾶς παρῃτησάμην (27 a 9). Like παραιτοῦμαι, παρίεμαι means *deprecor*, and is properly used here as the request is a negative one. As παρίημι means 'I let off', 'remit', so παρίεμαι means 'I get myself let off', 'I get something remitted to me'. Cf. *Rep.* 341 b 9 οὐδέν σου παρίεμαι, 'I ask no concession' (cf. Phryn. οὐδέν σου παρίεμαι· οὐδὲν παραιτοῦμαι), Soph. *O. C.* 1665 εἰ δὲ μὴ δοκῶ φρονῶν λέγειν, | οὐκ ἂν παρείμην οἷσι μὴ δοκῶ φρονεῖν ('He scorns to deprecate their unbelief', Jebb), Eur. *Med.* 892 παριέμεσθα ('I crave pardon') καί φαμεν κακῶς φρονεῖν. In *Laws* 742 b 4 παρέμενος ... τοὺς ἄρχοντας (παραιτούμενος vulg.) the meaning is 'when he has got a dispensation from the magistrates'.

c 7 ἐὰν διὰ τῶν αὐτῶν λόγων κτλ. Though specially appropriate in the mouth of Socrates, the request to be allowed to speak in one's own way occurs also in Dem. 25 § 14 δότε, ὦ ἄνδρες Ἀθηναῖοι, δότε καὶ συγχωρήσατέ μοι πρὸς Διός, ὡς πέφυκα καὶ προῄρημαι, περὶ τούτων διαλεχθῆναι πρὸς ὑμᾶς· καὶ γὰρ οὐδ' ἂν ἄλλως δυναίμην. In this case the speaker is a professed Orphic, and Demosthenes, or whoever wrote the speech for him, has to make him speak in character.

c 8 ἐν ἀγορᾷ ἐπὶ τῶν τραπεζῶν, 'in the Market at the tables of the money-changers'. Words like ἀγορά, ἄστυ, ἀγρός are treated as proper nouns, and do not require the article in prepositional phrases (cf. 'in town', 'on Change', S.C.G. § 569). By τράπεζα ('table') the Greeks mean what we call a bank ('bench').

The καί which B inserts before ἐπί has the weight of evidence (TW) against it. Cf. also *Hipp. mi.* 368 b 4 ἐν ἀγορᾷ ἐπὶ ταῖς τραπέζαις, Lysias 9 § 5 κἀμοὶ μὲν τὰ προειρημένα διείλεκτο ἐπὶ τῇ Φιλίου τραπέζῃ.

c 9 ἵνα, 'where' (schol. T ὅπου). This old use of ἵνα as an adverb of place is common enough in Herodotus and the tragedians, but strict Attic writers avoid it. Plato has it several times, so it was probably colloquial at Athens.

17 d 1   θορυβεῖν, 'to interrupt'. Cf. 20 e 4, 21 a 5, 27 b 1, 5, 30 c 2. The
word θόρυβος only means a noisy demonstration, which may be
'applause' as well as 'interruption' according to the context.
Cf. *Rep*. 492 b 5 ὅταν . . . συγκαθεζόμενοι ἀθρόοι πολλοὶ εἰς ἐκκλησίας
ἢ εἰς δικαστήρια ἢ θέατρα ἢ στρατόπεδα . . . σὺν πολλῷ θορύβῳ τὰ μὲν
ψέγωσι τῶν λεγομένων ἢ πραττομένων, τὰ δ' ἐπαινῶσιν, ὑπερβαλλόντως
ἑκάτερα, καὶ ἐκβοῶντες καὶ κροτοῦντες, πρὸς δ' αὐτοῖς αἵ τε πέτραι καὶ
ὁ τόπος ἐν ᾧ ἂν ὦσιν ἐπηχοῦντες διπλάσιον θόρυβον παρέχωσι τοῦ ψόγου
καὶ ἐπαίνου. This is one of the things that bring home to us the
difference between an Athenian δικαστήριον and a modern court,
where such demonstrations are 'promptly suppressed'. Through-
out the *Apology* we must bear in mind that Socrates is standing
his trial before a public meeting. Plato shared the modern view
on this point. Cf. *Laws* 876 b 3 ὅταν . . . θορύβου μεστὰ καθάπερ
θέατρα ἐπαινοῦντά τε βοῇ καὶ ψέγοντα τῶν ῥητόρων ἑκάτερον ἐν μέρει
κρίνῃ (τὰ δικαστήρια), χαλεπὸν τότε πάθος ὅλῃ τῇ πόλει γίγνεσθαι φιλεῖ.
For θορυβεῖν, 'to applaud', cf. *Euthyd*. 276 d 1, 303 b 4, 6.

d 2   ἐπὶ δικαστήριον ἀναβέβηκα. The verb ἀναβαίνω is used with ἐπί or
εἰς for appearing before either a δικαστήριον (as here) or the ἐκκλησία
(as *infra* 31 c 6). It is also used absolutely (as *infra* 33 d 4 and
36 a 9). The latter use, coupled with the frequent ἀνάβηθι used in
producing witnesses, favours the view that the original reference
was to mounting the βῆμα. It came, however, to be felt merely as
'appear before', ἐν c. dat. and εἰς c. acc. being the proper preposi-
tions for *coram*. This explanation suits all the facts better than the
alternative view which makes ἀναβαίνειν refer to the elevated situation
of the Pnyx and the δικαστήρια. That would make the words mean
that Socrates had never even been present at a trial, which is
incredible. He must have listened to Lysias, and even Anytus
himself, more than once. All he says is that he has never appeared
as a party to a case. For the τόπος cf. Lysias 19 § 55 ἐγὼ γὰρ ἔτη
γεγονὼς ἤδη τριάκοντα οὔτε τῷ πατρὶ οὐδὲν πώποτε ἀντεῖπον, οὔτε τῶν
πολιτῶν οὐδείς μοι ἐνεκάλεσεν, ἐγγύς τε οἰκῶν τῆς ἀγορᾶς οὐδὲ πρὸς
δικαστηρίῳ οὐδὲ πρὸς βουλευτηρίῳ ὤφθην οὐδεπώποτε.

d 3   ἑβδομήκοντα BW : πλείω ἑβδομήκοντα T. In the *Crito* 52 e 3 we
have ἐν ἔτεσιν ἑβδομήκοντα, so that, even if the reading of T is right,
as it may very well be, Socrates was not much more than seventy.

ἀτεχνῶς : cf. *Euth*. 3 a 7 *n*., and below 18 c 7, d 6, 30 e 2.

17 d 3 ξένως ἔχω τῆς ἐνθάδε λέξεως. As already indicated this is not to be taken too seriously. It is just like Socrates to say he knows nothing about forensic diction at the very moment when he is showing his mastery of it. At any rate Plato must have meant us to take the words in this way, for he knew quite well what he was doing.

d 5 φωνῇ, 'dialect'. Cf. *Phaed.* 62 a 8 Ἵττω Ζεύς, ἔφη, τῇ αὑτοῦ φωνῇ εἰπών, *Crat.* 398 d 8 ἐν τῇ Ἀττικῇ φωνῇ. So the Greeks said βοιωτιά-ζειν, δωρίζειν, ἑλληνίζειν τῇ φωνῇ. In classical Greek διάλεκτος means 'manner of speech'. Aristotle uses it for 'everyday language' (*Poet.* 1458 b 32) as opposed to the diction of poetry. It only acquires the special meaning of 'dialect' at a later date. In the days of the Athenian Empire it must have been common for ξένοι to appear in Athenian courts. Antipho's Περὶ τοῦ Ἡρώδου φόνου shows that the ξένος was supposed to plead his case in person, just as an Athenian citizen was. In this case the accused, who was a Lesbian, was able to pay an Athenian to write a speech in Attic for him to deliver; but in ordinary circumstances that would hardly be worth while.

18 a 2 δίκαιον, 'as a piece of justice' (pred.). Cf. 41 c 8 χρή . . . τοῦτο διανοεῖσθαι ἀληθές.

a 6 τἀληθῆ λέγειν comes emphatically at the end of the προοίμιον after being led up to at 17 b 4. This is not rhetorical commonplace, whatever the rest may be. It is a clear statement of the Socratic doctrine that the true end of rhetoric is τὸ ἀληθές and not τὸ πιθανόν.

II. Πρόθεσις (18 a 7–19 a 7).

Socrates distinguishes two sets of accusers, (1) the old accusers who had represented him as a teacher, and (2) the present accusers who charged him with religious innovation and corrupting the youth.

This procedure is entirely justified by the form of the prosecution. Socrates is well aware that it derived all its force from an old prejudice (διαβολή) which was not explicitly referred to in the indictment. Schanz misses the mark when he says that Socrates cannot have called attention deliberately to a charge which was not actually made against him. On the contrary, he feels bound to show up the dishonest character of the prosecution in this very

matter. The prejudice on which his accusers relied to secure
a conviction was one to which they dared not appeal openly. The
next section of the speech is mainly concerned with the exposure of
this subterfuge. Anytus had no doubt done his best to prevent the
'old prejudice' being discussed, but Socrates is determined that it
shall be.

18 b 2   καὶ πάλαι, 'long ago too', as well as now at the trial.

b 3   τοὺς ἀμφὶ Ἄνυτον, 'Anytus and the rest'. The phrase marks
Anytus as the real author of the prosecution, as no doubt he was.
In the *Meno*, a dialogue which is supposed to take place only a year
or two before the trial, Plato has contrived to let us know his opinion
of the real motives of Anytus. There he represents him as protesting
against the criticism directed by Socrates against the leading states-
men of the fifth century, and as saying (94 e 3 sqq.) ὦ Σώκρατες, ῥᾳδίως
μοι δοκεῖς κακῶς λέγειν ἀνθρώπους. ἐγὼ μὲν οὖν ἄν σοι συμβουλεύσαιμι,
εἰ ἐθέλεις ἐμοὶ πείθεσθαι, εὐλαβεῖσθαι· ὡς ἴσως μὲν καὶ ἐν ἄλλῃ πόλει ῥᾷόν
ἐστιν κακῶς ποιεῖν ἀνθρώπους ἢ εὖ, ἐν τῇδε δὲ καὶ πάνυ· οἶμαι δὲ σὲ καὶ
αὐτὸν εἰδέναι. With this veiled threat he departs, and it cannot
surely be doubted that Plato means us to understand that, in his
view, the prosecution of Socrates by Anytus was due to his dis-
paragement of democratic statesmen. We hear nothing in Plato
of the merely personal motives attributed to Anytus in Xenophon's
Apology, where we are told (§ 29) that he had Socrates put to death
because he blamed him for bringing his son up to his own business
as a tanner. I suspect that is only an inference from the *Meno*,
where the subject under discussion is just why great statesmen
usually fail to communicate their own ἀρετή to their sons. On the
other hand, Anytus and his friends were working hard to restore
the πάτριος πολιτεία (i. e. the moderate democracy of the days before
the Peloponnesian War), and the Socratic criticism must have
seemed dangerous to him. The motives of Meletus were no doubt
of another order.

b 5   ὑμῶν τοὺς πολλοὺς ἐκ παίδων παραλαμβάνοντες κτλ. The verb
παραλαμβάνειν is regularly used of 'taking' pupils, whom their
parents are said παραδιδόναι τῷ διδασκάλῳ. The whole sentence
clearly means that the public reputation of Socrates as a μετεωρο-
λόγος was not due to the *Clouds* of Aristophanes, but was something
much more serious and much older. As no one could be a δικαστής

before the age of thirty, it follows that, though some of the judges may have been mere boys, most of them must have been considerably older in the year the *Clouds* was produced (423 B.C.). Indeed we may fairly assume that, at the end of a disastrous war which had lasted a generation, the number of δικασταί under fifty would be small, and a man who was fifty in 399 B.C. could hardly be called a παῖς at any date later than 435 B.C. Now Taylor has shown (in my opinion conclusively) that the εἰσαγγελία of Anaxagoras, which marks the beginning of Athenian aversion to μετεωρολόγοι, cannot be put later than 450 B.C. (C.Q. xi. 81 sqq.). Archelaus was the successor of Anaxagoras, and the evidence that Socrates associated with Archelaus from an early age is far too strong to be set aside (Gr. Phil. I, p. 124). Moreover, the autobiographical sketch which Plato puts into the mouth of Socrates in the *Phaedo* (96 a 6 sqq. with my notes) confirms the other evidence in the most striking way. It follows that Aristophanes represented Socrates in accordance with the popular impression of him which had already been formed a considerable time before he produced the *Clouds*.

For further evidence to the same effect cf. 21 a 5 *n.* and my article *Socrates* in E.R.E. vol. xi.

18 b 6 μᾶλλον οὐδὲν ἀληθές, 'not a bit truer' (than the accusation of Anytus and the rest). The phrase μᾶλλον οὐδέν is the negative of μᾶλλόν τι. Cf. Antipho, *Tetr.* B. β § 10 ἐγώ τε μᾶλλον μὲν οὐδέν, ὁμοίως δὲ τούτῳ ἀναμάρτητος ὤν, Soph. *O.T.* 1018 οὐ μᾶλλον οὐδὲν τοῦδε τἀνδρός, ἀλλ' ἴσον.

The word μᾶλλον is omitted in T, and consequently in the vulgate text. When it was recovered from B, the editors were puzzled by the order μᾶλλον οὐδέν and resorted to conjectures and forced explanations. Latterly, when it became known that it was not in T, they have usually put it in brackets or returned to the vulgate text by omitting it. It is, however, in W as well as in B, and no satisfactory reason for its interpolation has been suggested.

b 7 σοφὸς ἀνήρ. This was not a compliment in the mouth of an Athenian of the fifth century B.C. Cf. *Euth.* 3 c 6 sqq.

τά τε μετέωρα φροντιστής, 'a thinker on the things on high'. The construction of a verbal adjective or substantive with an object accusative is common to many Indo-European languages. It is not very frequent in Greek except with ἔξαρνος, though Aristotle

155

says (*Poet.* 1448 b 34) τὰ σπουδαῖα μάλιστα ποιητής. It has much the effect of a compound (cf. μετεωροσοφιστής Ar. *Clouds* 360).

18 b 7   τὰ μετέωρα (called τὰ οὐράνια 19 b 5) are literally the things 'aloft', 'on high', whether the heavenly bodies or what we now call meteorological phenomena in the more restricted sense, clouds, rainbows, 'meteors', &c. The distinction of astronomy from meteorology is connected with the later separation of the heavens from the sublunary region; in the philosophy of Ionia no such distinction was recognized (E. Gr. Phil.⁸ p. 27). In the *Clouds* (228) Socrates is made to explain that he can study τὰ μετέωρα πράγματα better in the air than on the ground. This study was characteristic of the eastern Ionian philosophers, the Anaxagoreans, and Diogenes of Apollonia, and they are called for that reason μετεωρολόγοι. In Attic writers the word and its cognates often imply a certain impatient contempt. Cf. *Rep.* 488 e 4 μετεωροσκόπον τε καὶ ἀδολέσχην καὶ ἄχρηστον, 489 c 6 ἀχρήστους . . . καὶ μετεωρολέσχας. In the *Clouds* Aristophanes has μετεωροσοφισταί (360) and even μετεωροφένακες (333). An Ionic synonym of μετέωρος was μετάρσιος, and the famous psephism of Diopeithes, directed against Anaxagoras, spoke of τοὺς τὰ θεῖα μὴ νομίζοντας ἢ λόγους περὶ τῶν μεταρσίων διδάσκοντας (Plut. *Per.* 32).

φροντιστής was a regular nickname of Socrates, and Aristophanes called his school the φροντιστήριον or 'thought-factory'. Cf. Xen. *Symp.* 6, 6 Ἄρα σύ, ὦ Σώκρατες, ὁ φροντιστὴς ἐπικαλούμενος ;—Οὐκοῦν κάλλιον, ἔφη, ἢ εἰ ἀφρόντιστος ἐκαλούμην.—Εἰ μή γε ἐδόκεις τῶν μετεώρων φροντιστὴς εἶναι. The *Connus* of Ameipsias, which was produced the same year as the *Clouds* (423 B.C.) and also dealt with Socrates, had a chorus of φροντισταί. Now the use of φροντίς for 'thought' and of φροντίζειν for 'think' is Ionic rather than Attic. In Attic φροντίζειν is 'to care' or 'to heed' (generally with a negative), and it is clear that the continual use of φροντίς and φροντίζειν in the *Clouds* is intentional and means that the words struck Athenian ears as odd. In the story of the twenty-four hours' trance of Socrates at Potidaea we read (*Symp.* 220 c 7) that the people in the camp told one another that Σωκράτης ἐξ ἑωθινοῦ φροντίζων τι ἕστηκε, where the intention is equally plain. There is a hint of the same kind in Eupolis fr. 352 Μισῶ δὲ καὶ τὸν Σωκράτην,

τὸν πτωχὸν ἀδολέσχην, | ὃς τἆλλα μὲν πεφρόντικεν, | ὁπόθεν δὲ κατα-
φαγεῖν ἔχοι τούτου κατημέληκεν.

8 b 7 τὰ ὑπὸ γῆs, 'the things under the earth'. Just as the study of τὰ
μετέωρα was characteristic of the eastern Ionians, so that of the
interior of the earth (of which they had discovered the spherical
shape) was characteristic of the Italiotes and Siceliotes, and
specially of Empedocles. That Socrates was familiar with his
theories can hardly be doubted, as they were attracting attention
at Athens when he was a young man (E. Gr. Phil.³ p. 203, *n.* 3), and
Plato has made him give a vivid description of the subterranean
regions on strictly Empedoclean lines in the myth of the *Phaedo*
(III c 4 sqq. with my notes). Cf. Aristophanes, *Clouds* 188 ζητοῦσιν
οὗτοι τὰ κατὰ γῆs (of the disciples in the φροντιστήριον).

b 8 τὸν ἥττω λόγον κρείττω ποιῶν, 'making the weaker statement the
stronger'. That, at least, was what Protagoras meant (Gr. Phil. I
§ 92), though of course the comic poets put upon the phrase the
meaning Milton gives it (*Par. Lost* ii. 112 'his tongue | dropt
manna and could make the worse appear | the better reason').
Aristophanes exaggerates this still further. Cf. *Clouds* 112 εἶναι
παρ' αὐτοῖς φασιν ἄμφω τὼ λόγω, | τὸν κρείττον', ὅστις ἐστί, καὶ τὸν
ἥττονα. | τούτοιν τὸν ἕτερον τοῖν λόγοιν, τὸν ἥττονα, | νικᾶν λέγοντά φασι
τἀδικώτερα. Finally, in a later scene of the *Clouds*, the κρείττων
and the ἥττων λόγος were personalized as the δίκαιος and the ἄδικος
λόγος (889 sqq.). Aristophanes had perhaps heard that the method
of Socrates was σκέψις ἐν λόγοις (*Phaed.* 99 e 5 sqq.). That would
be enough for him.

c 1 ⟨οἱ⟩ . . . κατασκεδάσαντες, 'those who have discharged on me
these dregs of scandal'. The expression is a very strong one,
suggesting as it does the practice of pouring dregs and slops
(ἑωλοκρασία) over people in their sleep (Dem. 18 § 50). Cf. *Minos*
320 d 8 διὰ τί οὖν ποτε . . . αὕτη ἡ φήμη κατεσκέδασται τοῦ Μίνω ὡς
ἀπαιδεύτου τινὸς καὶ χαλεποῦ ὄντος. Cf. also the use of καταντλεῖν in
Ar. *Wasps* 483.

L. and S. s.v. furnish abundant evidence that this is the regular
meaning of the word, both in a literal and in a metaphorical sense,
and the only example they quote for the meaning 'to spread'
a report is Lys. 10 § 23, where, however, the reading κατεσκέδασται
is only a conjecture (κατεσκεύασται MSS.), and the imitation in
[Lys.] 11 § 8 has διέσπαρται ('disseminated').

18 c 3 οὐδὲ θεοὺς νομίζειν, 'that they also do not worship the gods' (*not* 'that they do not believe in the gods'). For the meaning of the phrase θεοὺς νομίζειν cf. 24 c 1 *n.* and *Euth.* 3 b 3. The current view is thus expressed by Euripides (fr. 905 Nauck)—τίς τάδε λεύσσων θεὸν οὐχὶ νοεῖ | μετεωρολόγων δ' ἑκὰς ἔρριψεν | σκολιὰς ἀπάτας, ὧν ἀτηρὰ | γλῶσσ' εἰκοβολεῖ περὶ τῶν ἀφανῶν | οὐδὲν γνώμης μετέχουσα; It culminated at Athens in the psephism of Diopeithes (18 b 7 *n.*), on which the εἰσαγγελία of Anaxagoras was based.

c 4 ἔπειτα, 'secondly', though πρῶτον μέν does not precede (complete regularity, such as Plato avoids, would require πρῶτον μὲν γὰρ οἱ ἀκούοντες ἡγοῦνται κτλ. above). We have ἔτι δὲ καί, 'thirdly', in the next line.

c 6 ἐν ᾗ ἂν μάλιστα ἐπιστεύσατε, '(the age) at which you would be most likely to believe them'. This is a clear case of the Potential of the Past (S.C.G. § 430). As πιστεύσαιτ' ἄν means 'there *is* (or *will be*) a chance of your believing', so ἐπιτεύσατ' ἄν is 'there *was* a chance of your believing'.

παῖδες ὄντες ἔνιοι ὑμῶν καὶ μειράκια, 'when some of you were children and some of you were lads'. The μειράκιον is older than the παῖς (cf. 34 d 6 *n.*), and this remark is added because, though some of the judges may have been παῖδες at the time referred to (cf. b 5), some would be rather older, and many may have been as old as Socrates himself. It is evident that the emphasis on the early date is deliberate.

The reading of B (ἔνιοι δ' ὑμῶν) makes a false climax, and would suggest that μειράκια are more credulous than παῖδες.

c 7 ἀτεχνῶς: cf. *Euth.* 3 a 7 *n.*

ἐρήμην κατηγοροῦντες, 'accusing in a case that went by default for want of a defence'. Schol. T ἐρήμη δίκη ἐστὶν ὅταν μὴ ἀπαντήσας ὁ διωκόμενος ἐπὶ τὴν κρίσιν καταδιαιτηθῇ. In the phrases ἐρήμην (sc. δίκην) αἱρεῖν, ὀφλισκάνειν the feminine form is normal, though ἔρημος is usually an adjective 'of two terminations'. Cf., however, Dem. 21 § 87 κατηγορῶν ἔρημον, οὐδενὸς παρόντος, a passage which also serves to justify the addition of ἀπολογουμένου οὐδενός here.

d 2 κωμῳδοποιός, i.e. Aristophanes (*Clouds* 423 B.C.), Ameipsias (*Connus* 423 B.C.), Eupolis (Κόλακες 421 B.C.). It is remarkable that the comic poets all made fun of Socrates about the same time, and two of them in the same year, the year after he had greatly distinguished himself by his bravery in the field at Delium. Further, Ameipsias and Eupolis both allude to his poverty, though, since he **served** as a hoplite at Delium, he cannot have been reduced to real poverty in 424 B. C. That he should have suffered severe losses just after that is likely enough, and we shall see (28 e 2 *n.*) that he probably did not serve at Amphipolis in 422 B.C. We have no definite information as to the reasons for these attacks by the comic poets at this time, but they prove at least that Socrates was already well known at Athens.

18 d 2 ὅσοι δὲ κτλ. As Schanz observes, these anonymous accusers are distinguished from the comic poets because the latter may merely **have** meant their attacks in fun. That was no doubt the case. It is **not** likely that Socrates would take the *Clouds* more seriously than it was intended, and in the *Symposium* Plato represents him as on most friendly terms with Aristophanes several years later. He even makes Alcibiades quote a description of Socrates from the *Clouds* itself in the course of his encomium on his bravery at Delium (221 b 3).

φθόνῳ καὶ διαβολῇ χρώμενοι : cf. *Euth.* 3 b 7 *n.*

d 3 οἱ δὲ καὶ αὐτοὶ κτλ. This is an afterthought. Besides the comic poets who attacked him in fun, and those who attacked him malevolently, Socrates admits that there may have been some who attacked him seriously and in good faith.

d 4 οὗτοι πάντες, 'all of them', whether they honestly believed it or not.

ἀπορώτατοι, 'hardest to deal with'.

d 5 ἀναβιβάσασθαι . . . ἐνταυθοῖ, sc. εἰς τὸ δικαστήριον. Cf. ἀναβέβηκα (17 d 2). The middle is used (as in μάρτυρα παρέχεσθαι) to indicate that it is in the interests of his own case that Socrates would like to have his old accusers before him (cf. 34 c 4). He is thinking of an ἐρώτησις such as that to which he treats Meletus presently.

d 6 ἀτεχνῶς : cf. *Euth.* 3 a 7 *n.*

σκιαμαχεῖν, 'to spar with imaginary adversaries'. The original meaning of the word is best seen in *Laws* 830 c 3. The Athenian Stranger is describing how boxers prepare themselves for a match, and he tells us what we have to do when we have no one to practise on. He says (b 6) ἆρ' ἂν δείσαντες τὸν τῶν ἀνοήτων γέλωτα οὐκ ἂν ἐτολμῶμεν κρεμαννύντες εἴδωλον ἄψυχον γυμνάζεσθαι πρὸς αὐτό; καὶ ἔτι

πάντων τῶν τε ἐμψύχων καὶ τῶν ἀψύχων ἀπορήσαντές ποτε, ἐν ἐρημίᾳ
συγγυμναστῶν ἆρά γε οὐκ ἐτολμήσαμεν ἂν αὐτοὶ πρὸς ἡμᾶς αὐτοὺς σκια-
μαχεῖν ὄντως ; ἢ τί ποτε ἄλλο τὴν τοῦ χειρονομεῖν μελέτην ἄν τις φαίη
γεγονέναι; The term 'shadow-boxing' is still used of pugilists in
training.

18 d 7   ἀξιώσατε, 'grant me'. The commoner meaning of ἀξιῶ is 'I
claim'; but as it literally means only 'to think anything ἄξιον', it
can be used equally well of either party. The meaning of οἰήθητε
δεῖν below (e 1) is practically the same.

19 a 1   ἐξελέσθαι, 'to remove from your minds'. Cf. Antipho 5 § 46 μὴ
οὖν ἐξέληται τοῦτο ὑμῶν μηδείς, ὅτι κτλ. Rep. 413 b 6 τῶν μὲν χρόνος,
τῶν δὲ λόγος ἐξαιρούμενος λανθάνει (τὴν ἀληθῆ δόξαν).

ἣν . . . ἐν πολλῷ χρόνῳ ἔσχετε, 'which you have had a long time
to acquire'. The aorist of ἔχω, 'have', 'possess', means 'got',
'acquired', and ἐν is used of the time a thing takes. Cf. Phaed.
58 b 8 τοῦτο δ' ἐνίοτε ἐν πολλῷ χρόνῳ γίγνεται, 'this sometimes takes
a long time', Phaedr. 227 d 6 ἃ Λυσίας ἐν πολλῷ χρόνῳ κατὰ σχολὴν
συνέθηκε, 'which Lysias took his time to compose at leisure'. Thuc.
i. 72, 1 ὡς οὐ ταχέως αὐτοῖς βουλευτέον εἴη, ἀλλ' ἐν πλέονι σκεπτέον.

This seems to be common form too. Cf. Antipho 5 § 19 καίτοι
χαλεπόν γε τὰ ἐκ πολλοῦ κατεψευσμένα καὶ ἐπιβεβουλευμένα ταῦτα
παραχρῆμα ἀπελέγχειν.

a 2   βουλοίμην μὲν οὖν ἂν κτλ. It is here made plain that Socrates
would prefer an acquittal if it could be honourably secured, and if
it was God's will. There is no suggestion in Plato of the theory
devised by Hermogenes or Xenophon at a later date. See Intro-
ductory Note.

a 6   ἴτω ὅπῃ τῷ θεῷ φίλον, 'let it take the course that is pleasing to
God'. Soph. O. T. 1458 ἀλλ' ἡ μὲν ἡμῶν μοῖρ' ὅπῃπερ εἶσ' ἴτω. Cf.
Euth. 3 e 3 n.

III. The Defence of Socrates.

A. The Defence against the Old Accusers (19 a 8–24 b 2).

The account here given of the attitude of Socrates to the natural
science of his time is entirely consistent with the fuller narrative in
Phaed. 96 a 6 sqq. Xenophon, of course, puts the matter in a
different light.

b 1   ἡ ἐμὴ διαβολή, 'the prejudice against me' (cf. 18 d 2 n.).

19 b 1 ᾗ δὴ καὶ πιστεύων, *qua scilicet fretus*, 'on which Meletus relied, I suppose (δή), when he indicted me'. As always, Socrates professes not to know what Meletus really meant, so that he is reduced to conjecture. Cf. *Euth.* 6 a 8 *n.* and below 31 d 1 *n.*

b 2 τί δὴ λέγοντες κτλ. 'What was it that those who created this prejudice said to create it?'

b 3 τὴν ἀντωμοσίαν, 'their sworn declaration'. At the ἀνάκρισις or preliminary instruction, both parties had to make a sworn declaration (ἀντόμνυσθαι, διόμνυσθαι). Socrates puts the accusation of the old accusers into strict legal form for them, thus doing what the prosecution should have done if it had been open and straightforward.

b 4 ἀδικεῖ, 'is guilty', the regular word in a real ἀντωμοσία (cf. below 24 b 9). It is generally followed by a participle stating the offence, and so it is here (ζητῶν). The words καὶ περιεργάζεται are only added because, as a matter of fact, the old accusers had not said Socrates was legally 'guilty' of anything, but only that he meddled with what did not concern him. Cf. *Phaed.* 70 b 10 οὔκουν γ' ἂν οἶμαι . . . εἰπεῖν τινα νῦν ἀκούσαντα, οὐδ' εἰ κωμῳδοποιὸς εἴη, ὡς ἀδολεσχῶ καὶ οὐ περὶ προσηκόντων τοὺς λόγους ποιοῦμαι, where οὐ περὶ προσηκόντων means 'things that are no business of mine'.

b 5 καὶ οὐράνια, i. q. τὰ μετέωρα (18 b 7).

T has καὶ τὰ ἐπουράνια, which looks like an ancient variant. It is not, however, in W, so it is safer to follow B.

c 2 καὶ αὐτοὶ κτλ. It is assumed that the judges as a body were old enough to remember the *Clouds*. There is no restriction like ὑμῶν τοὺς πολλούς (18 b 5) or ἔνιοι ὑμῶν (18 c 6). Though the *Clouds* is typical, the διαβολή is older than that.

c 3 περιφερόμενον, 'swinging round'. This refers to *Clouds* 218 sqq., where Socrates is discovered swinging by a κρεμάθρα, i. e. apparently, a rope with a hook. The traditional 'basket' comes from v. 226 ἔπειτ' ἀπὸ ταρροῦ τοὺς θεοὺς σὺ περιφρονεῖς, where, however, both the reading and the interpretation have been questioned. See Starkie's notes *in loc.* Certainly ἀεροβατῶ is hardly consistent with the 'basket'.

ἀεροβατεῖν : cf. Ar. *Clouds* 225 ἀεροβατῶ καὶ περιφρονῶ τὸν ἥλιον. Socrates treads the air because of the importance of 'air' in the system of Archelaus and the whole Ionian school which he represented at Athens. Cf. *Euth.* 3 b 2 *n.*

19 c 4   ὧν . . . πέρι. There are few instances of the anastrophic πέρι placed so far after its genitive. It is to be accounted for by the fact that οὐδὲν οὔτε μέγα οὔτε μικρόν is treated as a single adverbial expression, for which cf. Dem. 9 § 5 οὔτε μικρὸν οὔτε μέγ' οὐδέν. So too 21 b 4, 24 a 5.

οὐδὲν . . . ἐπαΐω. In the very passage of the *Phaedo* (96 a 6 sqq.) where Socrates tells of his youthful interest in ἡ περὶ φύσεως ἱστορία, this is stated even more emphatically. Cf. c 1 τελευτῶν οὕτως ἐμαυτῷ ἔδοξα πρὸς ταύτην τὴν σκέψιν ἀφυὴς εἶναι ὡς οὐδὲν χρῆμα. Here too he protests his respect for such σοφία, that is to say, assuming that any one has it. Of course his εἰωθυῖα εἰρωνεία runs all through both passages. Socrates only considers himself incapable of attaining such wisdom because, in the simplicity of his heart (ἴσως εὐήθως *Phaed.* 100 d 4), he cannot refrain from asking more ultimate questions. Even Xenophon knows that Socrates was acquainted with the science of his time and that he was dissatisfied with it. After saying that he disapproved of studying geometry up to the point where the diagrams become hard to understand (μέχρι τῶν δυσσυνέτων διαγραμμάτων), he adds (*Mem.* iv. 7, 3) καίτοι οὐκ ἄπειρός γε αὐτῶν ἦν, and after saying that he dissuaded people from studying astronomy up to the point of knowing the heavenly bodies which are not 'in the same revolution' (i. e. those of which the movements cannot be explained by the diurnal revolution of the heavens) and the planets and their distances from the earth and their revolutions and their causes, he adds καίτοι οὐδὲ τούτων γε ἀνήκοος ἦν (ib. 5). In fact, the ἑταῖρος of Archelaus must have known all there was to be known about such things, only—it did not seem to him to be knowledge. Of course the reasons given by Xenophon for the dissatisfaction of Socrates with science are more characteristic of his own outlook on life than of the philosopher's. The Socratic εἰρωνεία was a thing he never understood. It is to be observed further that Socrates could hardly be expected to explain his real grounds for dissatisfaction with the science of his time to a heliastic court. Plato reserves that for the autobiographical sketch of the *Phaedo.*

c 7   μή πως κτλ. 'May Meletus never bring actions enough against me to make me do that.' Though he disclaims all competence in such matters for himself, Socrates is not to be frightened into expressing a contempt for science which he does not feel. This is the interpretation of H. Richards (*Platonica*, p. 4), and seems to me certainly right.

d 1 δὲ αὖ, 'once more'. Apart from 17 c 9 ἵνα ὑμῶν πολλοὶ ἀκηκόασι, Socrates had called his hearers to witness to what he says at 19 c 2 ταῦτα γὰρ ἑωρᾶτε καὶ αὐτοί. The dicasts are to be witnesses to the truth as well as to the misrepresentation of it by Aristophanes.

d 3 πολλοὶ δὲ ὑμῶν κτλ., 'those of you who have heard me (οἱ τοιοῦτοι = οἱ ἀκούσαντες) are numerous '.

d 4 φράζετε οὖν ἀλλήλοις κτλ. This too seems to be a trick of the trade. Cf. Andoc. I § 37 καὶ τούτοις, ὦ ἄνδρες, δέομαι ὑμῶν προσέχοντας τὸν νοῦν ἀναμιμνῄσκεσθαι, ἐὰν ἀληθῆ λέγω, καὶ διδάσκειν ἀλλήλους, ib. § 46 ταῦτα . . . ὁπόσοι ὑμῶν παρῆσαν, ἀναμιμνῄσκεσθε καὶ τοὺς ἄλλους διδάσκετε, ib. § 69 καὶ ταῦτ' εἰ ἀληθῆ λέγω, ὦ ἄνδρες, ἀναμιμνῄσκεσθε, καὶ οἱ εἰδότες διδάσκετε τοὺς ἄλλους, [Dem.] 47 § 44 ὑμῶν τε δέομαι ὅσοι ἐβούλευον ἐπ' Ἀγαθοκλέους ἄρχοντος φράζειν τοῖς παρακαθημένοις κτλ., 50 § 3 αὐτοί τε ἀναμνήσθητε καὶ τοῖς παρακαθημένοις φράζετε κτλ.

d 5 περὶ τῶν τοιούτων, i. e. such things as he is made to talk about in the *Clouds*. The attitude of Socrates being such as is described here and, at greater length, in the *Phaedo*, we may be sure that he never talked about these matters in public. Plato is consistent on this point. In the *Timaeus*, for instance, Socrates is a silent listener to the discourse of the Locrian Pythagorean. It is practically only in such things as the myth of the *Phaedo* that he is made to betray his knowledge of contemporary science, and there he makes much the same use of it as he does of the Orphic theology. That is not in any way inconsistent with his having at one time been attracted by both these things or even with his having studied them in the company of his ἑταῖροι.

Oddly enough it is from Xenophon that we get our only direct statement on the latter point. He tells us (*Mem.* i. 6, 1 sqq.) that Antipho the sophist was once trying to detach the associates of Socrates from him (τοὺς συνουσιαστὰς αὐτοῦ παρελέσθαι), which clearly implies that at one time he stood in such a relation to his ἑταῖροι as to arouse professional jealousy. Socrates, after justifying his refusal to charge a fee, goes on to describe the way he spent his time with his friends thus (ib. 14): καὶ τοὺς θησαυροὺς τῶν πάλαι σοφῶν ἀνδρῶν, οὓς ἐκεῖνοι κατέλιπον ἐν βιβλίοις γράψαντες, ἀνελίττων κοινῇ σὺν τοῖς φίλοις διέρχομαι, καὶ ἄν τι ὁρῶμεν ἀγαθὸν ἐκλεγόμεθα. Now Xenophon can hardly have invented this; for it represents Socrates in quite a different light from that in which he appears elsewhere in his writings. No doubt he got it from some writer of Σωκρατικοὶ λόγοι, and, if it is anything like a true picture, it furnishes ample ground for the Aristophanic caricature of the φροντιστήριον.

19 d 6 γνώσεσθε ὅτι τοιαῦτ' ἐστὶ κτλ., 'you will conclude that the other statements made about me by most people (e. g. the charge of making the weaker λόγος the stronger) are of the same character', 'are equally baseless'. For the hyperbaton of the relative in περὶ ἐμοῦ ἃ οἱ πολλοὶ λέγουσιν cf. *Rep.* 363 a 7 τοῖς ὁσίοις ἃ φασι θεοὺς διδόναι, 390 b 7 μόνος ἐγρηγορὼς ἃ ἐβουλεύσατο, &c.

d 8 εἴ τινος ἀκηκόατε κτλ. Socrates now proceeds to an accusation based on an attempt to confuse Socrates with the so-called 'sophists', and it is noteworthy that he does not make Aristophanes responsible for this. We know from the *Meno* (91 c 1 sqq.) that Anytus, as a patriotic Athenian democrat, was bitterly opposed to the sophists, and it is possible that this misrepresentation was due to him. Socrates had at least one thing in common with the sophists, namely, that his company was sought after by rich young men, whose loyalty to the democracy was suspect. At any rate, that was the charge that stuck; for Aeschines in the next genera- tion says (1 § 173) ὑμεῖς, ὦ ἄνδρες 'Αθηναῖοι, Σωκράτην μὲν τὸν σοφιστὴν ἀπεκτείνατε, ὅτι Κριτίαν ἐφάνη πεπαιδευκώς, ἕνα τῶν τριάκοντα τῶν τὸν δῆμον καταλυσάντων. It will be noted that, though Socrates here treats the 'sophists' with a certain irony, he declines to denounce them, just as he declined to profess contempt for natural science. That too is in keeping with Plato's representation of him elsewhere. He treats Protagoras and Gorgias with elaborate courtesy in the dialogues called by their names, and he actually professes to have been a pupil of Prodicus. Hippias is not quite so gently handled, but that is because he laid himself more open to attack. Socrates is nowhere represented as an enemy of the sophists; his attitude to them is one of respectful amusement. On the other hand, the sophists in Plato show a more or less condescending interest in Socrates (cf. esp. *Prot.* 361 d 7 sqq.).

d 9 ` ὡς ἐγὼ παιδεύειν ἐπιχειρῶ κτλ., 'that I undertake to educate people and charge money for it'. In the present passage, as the context shows, it is only the charging of a fee for educating people that is expressly denied, though it is also true that Socrates would never have professed to 'educate' any one. It is humorously suggested here that his only reason for not charging a fee was his sense of his own incapacity. That is just what Xenophon makes Antipho say to him in all seriousness in the passage referred to above (*Mem.* i. 6, 11) ὦ Σώκρατες, ἐγώ τοί σε δίκαιον μὲν νομίζω, σοφὸν δὲ οὐδ' ὁπωστιοῦν· δοκεῖς δέ μοι καὶ αὐτὸς τοῦτο γιγνώσκειν· οὐδένα γοῦν τῆς συνουσίας ἀργύριον πράττῃ κτλ.

9 e 1   ἐπεὶ . . . γε, 'though, for the matter of that'. Cf. *Euth.* 4 c 3 n.

e 3   Γοργίας . . . Πρόδικος . . . Ἱππίας . . . These three are mentioned because they were still living. Protagoras had long been dead (Gr. Phil. I § 89).

e 4   οἷός τ' ἐστίν, sc. πείθειν, but τοὺς νέους is resumed by τούτους after the parenthesis, and the sentence goes on with τούτους πείθουσι, as if οἷός τ' ἐστίν were not there.

This sentence is imitated in *Theages* 127 e 8 sqq., but the anacoluthon and the change of number are got rid of by reading οἱ for τούτων γὰρ ἕκαστος and (omitting οἷός τ' ἐστίν) εἰς τὰς πόλεις ἰόντες πείθουσι. The writer evidently had our text and understood it as above, though he thought he had improved the grammar. Schanz puts a colon after οἷός τ' ἐστίν (sc. παιδεύειν ἀνθρώπους) and takes the following words as an appositional clause (*asyndeton explicativum*), but this makes Socrates admit that the sophists really were capable of educating, an admission he would not be likely to make.

ἰὼν εἰς ἑκάστην τῶν πόλεων κτλ. The chief source of Athenian prejudice against the 'sophists' is brought out here. They were foreigners who acquired undue influence in other people's cities. Plato makes Protagoras himself say (*Prot.* 316 c 5) ξένον γὰρ ἄνδρα καὶ ἰόντα εἰς πόλεις μεγάλας, καὶ ἐν ταύταις πείθοντα τῶν νέων τοὺς βελτίστους ἀπολείποντας τὰς τῶν ἄλλων συνουσίας, καὶ οἰκείων καὶ ὀθνείων, καὶ πρεσβυτέρων καὶ νεωτέρων, ἑαυτῷ συνεῖναι ὡς βελτίους ἐσομένους διὰ τὴν ἑαυτοῦ συνουσίαν, χρὴ εὐλαβεῖσθαι τὸν ταῦτα πράττοντα· οὐ γὰρ σμικροὶ περὶ αὐτὰ φθόνοι τε γίγνονται καὶ ἄλλαι δυσμένειαί τε καὶ ἐπιβουλαί. In the fifth century young Athenians sat at the feet of itinerant foreign teachers; in the fourth young men from all parts of Greece came to Athens and sat at the feet of two Athenians, Plato and Isocrates. The change was due to Socrates. No Athenian, however, except Socrates and Plato, ever reached the first rank as a philosopher.

20 a 2   χάριν προσειδέναι, 'feel grateful besides'. The writer of the

Theages makes this clear by saying χάριν πρὸς τούτοις εἰδέναι (128 a 7). Cf. *Crat.* 391 b 10 χρήματα ἐκείνοις (τοῖς σοφισταῖς) τελοῦντα καὶ χάριτας κατατιθέμενον.

ἐπεί, 'for the matter of that'. Cf. 19 e 1 and *Euth.* 4 c 3 *n.*

20 a 3   ὃν ἐγὼ ᾐσθόμην ἐπιδημοῦντα. We know from the *Phaedo* (60 d 3) that Evenus of Paros was still at Athens about a month later; for Cebes had spoken with him πρῴην. This agreement on a comparatively insignificant point is an instance of Plato's carefulness in such matters.

a 5   Καλλίᾳ τῷ Ἱππονίκου, one of the richest men in all Greece till he dissipated his patrimony. In the *Protagoras* he is represented as entertaining Protagoras, Hippias, and Prodicus in his house at the same time. Cf. *Crat.* 391 b 11 οἱ σοφισταί, οἷσπερ καὶ ὁ ἀδελφός σου (sc. Ἑρμογένους) Καλλίας πολλὰ τελέσας χρήματα σοφὸς δοκεῖ εἶναι. Xenophon lays the scene of his *Symposium* in the house of Callias, and it is also the scene of Eupolis' Κόλακες.

Lysias 19 § 48 Καλλίας ... ὁ Ἱππονίκου, ὅτε νεωστὶ ἐτεθνήκει ὁ πατήρ, πλεῖστα τῶν Ἑλλήνων ἐδόκει κεκτῆσθαι, καὶ ὥς φασι, διακοσίων ταλάντων ἐτιμήσατο τὰ αὑτοῦ ὁ πάππος, τὸ δὲ τούτου νῦν τίμημα οὐδὲ δυοῖν ταλάντοιν ἐστί.

a 8   ἐπιστάτην, 'overseer', the word is more than once used by Socrates in this connexion. There is little doubt that he was influenced by the etymological possibility of regarding it as the *nomen agentis* of ἐπίσταμαι. A word which might mean either 'ruler' or 'knower' would naturally commend itself to him. Cf. *Crito* 47 b 10 *n.* Here it passes into ἐπιστήμων (20 b 5) without our attention being called to the change.

b 4   τῆς ἀνθρωπίνης τε καὶ πολιτικῆς, 'the goodness of the man and the citizen' (*not* 'political virtue'). For πολιτικός as the adjective of πολίτης cf. *Gorg.* 452 e 4 πολιτικὸς σύλλογος, 'assembly of citizens'.

b 8   Εὔηνος is referred to as a poet in the *Phaedo* (60 d 9) and as a rhetorician in the *Phaedrus* (267 a 3). Several fragments of his elegies are preserved, which strike us as uninspired imitations of Theognis, rather in the style of copy-book maxims. Theognis was much used for educational purposes, though not very suitable for democratic Athens. From *Phaedo* 61 c 6 we learn that the young Pythagorean Simmias regarded Evenus as a φιλόσοφος, and it may be significant that he came from Paros, one of the seats of the Pythagorean dispersion. Cf. Introductory Note to the *Euthyphro.*

20 b 9   πέντε μνῶν, about the price of a superior οἰκέτης. This is really a small fee compared with those charged by the great sophists of the fifth century before the War (*Att. Ber.* ii. 21). Protagoras, the first of them openly to profess himself a 'sophist' and to exact a fee (*Prot.* 348 e 6 sqq.), is said to have charged 100 *minae* (Diog. Laert. ix. 52), though he was willing to accept whatever payment his pupils would declare on oath that his instruction was worth to them (*Prot.* 328 b 5 sqq.). There is no reason to doubt the statement in *Alc.* 119 a 5 that Pythodorus, son of Isolochus, and Callias, son of Calliades, paid 100 *minae* each to Zeno, and it is quite consistent with the statement that Protagoras was the first sophist to charge a fee, at least if we accept Plato's chronology in preference to Alexandrian combinations (Gr. Phil. I § 89). In the fourth century fees were much lower. If we may trust Isocrates (15 § 155 sq.), even Gorgias, at the end of a long life, left a fortune of only 1,000 staters (= dr. 20,000).

c 1   ἔχοι . . . διδάσκει. The optative implies that Socrates does not commit himself to the first statement.

TW have διδάσκοι, but this is a case where the letter-by-letter copying of B seems better than the more intelligent transcription of the others.

ἐμμελῶς, 'modestly' (i.e. for so modest a fee). Literally the word means 'in tune' (ἐν μέλει) as opposed to πλημμελῶς, 'out of tune' (πλὴν μέλους = παρὰ μέλος). It implies the absence of all vulgar excess. The μεγαλοπρεπής of Aristotle is able δαπανῆσαι μεγάλα ἐμμελῶς (*Eth. Nic.* 1122 a 35), while the βάναυσος πολλὰ ἀναλίσκει καὶ λαμπρύνεται παρὰ μέλος. In the *Laws* 760 a 1 the μέγιστα and σμικρότερα ἱερά are distinguished from τὰ ἐμμελέστατα, and Aristotle speaks in the *Politics* (1327 b 15) of a πόλις μεγέθει ἐμμελεστέρα, 'more modest in its dimensions'.

c 2   ἐκαλλυνόμην . . . ἡβρυνόμην. These words are opposed to ἐμμελῶς. Socrates means that he would assume a fastidious and disdainful air (and certainly not charge so modest a fee as five *minae*) for imparting the goodness of a man and a citizen.

c 4   Ὑπολάβοι ἄν, 'may rejoin', 'retort', as in the common phrase ὑπολαβὼν ἔφη. Cf. *Phaed.* 60 c 8 *n.*

c 5   τὸ σὸν . . . πρᾶγμα, '*your* business', 'pursuit', 'occupation'. The word is used more than once of philosophy regarded as a 'way of life'. Cf. *Phaed.* 61 c 8 πᾶς ὅτῳ ἀξίως τούτου τοῦ πράγματος (sc. φιλοσοφίας) μέτεστιν, *Theaet.* 168 a 8 τοὺς συνόντας ἀντὶ φιλοσόφων μισοῦντας τοῦτο τὸ πρᾶγμα ἀποφανεῖς. The context shows that the meaning is not 'What is the trouble about you?' (Fowler).

20 c 6 οὐ γὰρ δήπου κτλ. is an *argumentum ex contrariis*, i.e. what is denied is the compatibility of the two statements 'you do nothing out of the common' and 'there is such a rumour about you'. In the present instance one of the statements is expressed by a participle (with οὐδέν, not μηδέν, since it is not conditional), and the inconsistency is emphasized by ἔπειτα, which only *means* 'after that', but *implies* 'in spite of that'. For other forms of this construction cf. 28 d 10 *n.*

περιττότερον, 'more out of the common', 'more original'. Literally τὸ περιττόν (from περί, 'over') is what *exceeds* (hence of 'odd numbers', which exceed the even numbers by one). As it also means 'redundant', 'superfluous', it tends to have an unfavourable sense and to suggest either pretentiousness or meddlesomeness. Cf. περιεργάζεται 19 b 4 and Soph. *Ant.* 67 τὸ γὰρ | περισσὰ πράσσειν οὐκ ἔχει νοῦν οὐδένα.

c 8 εἰ μή τι ἔπραττες κτλ. The repetition of the protasis in a slightly altered form after the apodosis is characteristic of Greek, and especially of Platonic, style. The present case is peculiar in this respect, that the sentence does not open as a conditional sentence.

Cobet (*de arte interpr.* p. 142) would delete εἰ μή τι ... οἱ πολλοί. Strictly speaking, no doubt, the conditional clause would imply μηδέν for οὐδέν above and ἐγένετο ἄν for γέγονεν. But the repetition of the protasis is too characteristic for an interpolation, and the syntactical shift is also in character.

d 1 ἵνα μὴ ... αὐτοσχεδιάζωμεν, 'that we may not form a rash judgement'. Cf. *Euth.* 5 a 7 *n.* and 16 a 2.

d 3 πεποίηκεν τό ... ὄνομα, 'has given me this name', viz. σοφός. Cf. τοῦτο τὸ ὄνομα ἔσχηκα (d 7).

d 8 ἀνθρωπίνη σοφία. This is, of course, the keynote of the Socratic teaching. It must, however, be remembered that it does not mean merely, as is sometimes supposed, 'worldly wisdom'. It includes Logic and the theory of knowledge (σκέψις ἐν λόγοις) and it includes Ethics (ἐπιμέλεια ψυχῆς).

d 9 οὓς ἄρτι ἔλεγον, sc. Gorgias, Prodicus, and Hippias. Socrates is not here speaking of natural science, but of the teaching of the great 'sophists' in the more restricted sense given to the word by Protagoras.

e 4 μὴ θορυβήσητε: cf. 17 d 1 *n*.

τι . . . μέγα λέγειν, 'to speak boastfully'. Cf. *Phaed.* 95 b 5 μὴ μέγα λέγε, Soph. *Ai.* 386 μηδὲν μέγ᾽ εἴπῃς. More often μέγα λέγειν is 'to speak loud', but here μέγα is used as in μέγα φρονεῖν.

e 5 οὐ γὰρ ἐμὸν ἐρῶ τὸν λόγον, 'the words I am about to speak are not mine'. Cf. *Symp.* 177 a 2 ἡ μέν μοι ἀρχὴ τοῦ λόγου ἐστὶ κατὰ τὴν Εὐριπίδου Μελανίππην· οὐ γὰρ ἐμὸς ὁ μῦθος, ἀλλὰ Φαίδρου τοῦδε, ὃν μέλλω λέγειν. The verse from *Melanippe the Wise* is thus quoted by Dionysius of Halicarnassus (*Rhet.* 9, 11) κοὐκ ἐμὸς ὁ μῦθος, ἀλλ᾽ ἐμῆς μητρὸς πάρα, and is often repeated and imitated (Horace, *Sat.* ii. 2, 2 *nec meus hic sermo est*). In the *Poetics* (1454 a 31) Aristotle censures the ῥῆσις of Melanippe, in which she expounds certain cosmological doctrines, as a παράδειγμα . . . τοῦ ἀπρεποῦς καὶ μὴ ἁρμόττοντος. No doubt he is repeating a stock criticism originating in the fifth century B.C. If the verse was notorious (like some others of Euripides) we can understand how Socrates can allude to it playfully with a certainty of the allusion being taken.

e 6 ἀξιόχρεων, 'sufficient', 'worthy of credit'. The original meaning is that seen below 38 b 9, 'substantial', 'able to pay', of sureties and the like (= ἐχέγγυος). When used of witnesses it means 'worthy of credence'. So Suidas ἀξιόχρεως . . . ἱκανός, ἐχέγγυος, ἀξιόπιστος. Cf. Lat. *locuples testis*.

ἀνοίσω, 'I shall refer it' (sc. τὸν λόγον).

e 8 Χαιρεφῶντα γὰρ ἴστε που (not γιγνώσκετε, for he was dead). Chaerepho was one of the ἑταῖροι of Socrates in the early days of what Aristophanes calls the φροντιστήριον, and is ridiculed in the *Clouds* accordingly. Socrates says to Strepsiades (v. 503) οὐδὲν διοίσεις Χαιρεφῶντος τὴν φύσιν, to which the old man replies οἴμοι κακοδαίμων, ἡμιθνὴς γενήσομαι. Eupolis calls him πύξινος (fr. 239) from his pale complexion. In the *Birds* he is twice (1296 and 1564) called 'the bat' (νυκτερίς). In the latter of these passages he is spoken of as assisting Socrates in a sort of spiritualistic *séance* by taking the part of the ψυχή. That is the comic version of the Socratic doctrine of the soul, to which we shall come presently.

The Arethas scholium on Chaerepho gives us a good idea of the handbook of κωμῳδούμενοι used by the Bishop.

21 a 1 ἐμός τε ἐταῖρος κτλ. The associates of a philosopher or the members of his school are regularly called his ἐταῖροι, and so are the adherents of a political party. We must carefully distinguish the original ἐταῖροι of Socrates like Chaerepho, the συνουσιασταί, as Xenophon calls them in *Mem.* i. 6, 1 (quoted in 19 d 5 *n.*), from the rich young men whom he influenced in the course of his public mission (23 c 2).

ὑμῶν τῷ πλήθει ἐταῖρός τε (sc. ἦν), 'and he was a partisan of the democracy'. It is interesting to know this; for the young men whom Socrates influenced in later life were mostly opposed to the democracy. If, as may fairly be inferred from the gibes of Aristophanes, Chaerepho was attached to Socrates on what may be called the Pythagorist side of him, the ascetic and psychical side, then we must remember that the religious revival appealed more to the people than to the free-thinking aristocrats, and that this is especially true of the Pythagorists (E. Gr. Phil.³ p. 90, *n.* 1). For the political sense of ἐταῖρος cf. *Gorg.* 510 a 9 τῆς ὑπαρχούσης πολιτείας ἐταῖρον εἶναι.

Vahlen has shown (*Opusc.* ii, p. 360 sqq.) that, as ἐταῖρος is used in two different senses, there is nothing offensive in its repetition, while ἦν may quite well be supplied with the second ἐταῖρος from the first.

a 2 τὴν φυγὴν ταύτην, 'he shared your recent exile' (in 404 B.C. five years earlier). The κάθοδος ('restoration') which he also shared was eight months later. Observe that Socrates himself remained in Athens, and it was a good deal more imprudent to remind the judges of that than it was advantageous to recall the democratic opinions of Chaerepho. So it is hardly a *captatio benevolentiae*, as Schanz imagines.

a 3 ὡς σφοδρὸς κτλ., 'how impetuous he was'. Cf. *Charm.* 153 b 2 Χαιρεφῶν δέ, ἅτε καὶ μανικὸς ὤν, κτλ. This may explain why he was not satisfied by the passive resistance which Socrates opposed to the illegalities of the Thirty (32 c 4 sqq.).

a 5 ὅπερ λέγω: 20 e 4. μὴ θορυβεῖτε: 17 d 1 *n.*

ἤρετο . . . εἴ τις ἐμοῦ εἴη σοφώτερος. It is certain that this would not impress the Athenian public favourably, and it may fairly be urged that Plato would not have repeated it if Socrates had not said it. That is confirmed by Xenophon, who gives (on the authority of Hermogenes) a garbled version of the matter, prudently substituting ἀνεῖλεν ὁ Ἀπόλλων μηδένα εἶναι ἀνθρώπων ἐμοῦ μήτε ἐλευθεριώτερον μήτε δικαιότερον μήτε σωφρονέστερον (*Apol.* § 14) for the more compromising response given here. It follows from the latter that Socrates had a reputation for σοφία, at least in certain circles, before he undertook his mission to his fellow-citizens. That is in accordance with the way in which Plato consistently represents the matter. In the *Parmenides* we find him discussing the doctrine of εἴδη with Parmenides and Zeno when he was σφόδρα νέος (*Parm.* 127 c 5), and he must have won the good opinion of Protagoras (*Prot.* 361 e 2) somewhere about the same time. From the *Symposium* (216 e 7 sqq.) we gather that it was some years before the siege of Potidaea (219 e 5) that Alcibiades, then a mere boy, sought to win the affection of Socrates in the hope of 'hearing all that he knew' (217 a 4). Moreover, the distinguished foreigners who visited Athens κατὰ κλέος Σωκράτους, as Aeschines of Sphettos puts it (ap. Diog. Laert. ii. 65), must have done so before the beginning of the Peloponnesian War, and we learn from Ion of Chios (fr. 73 Köpke) that Socrates accompanied the Anaxagorean Archelaus to Samos, a statement which probably refers to the siege of Samos in 441 B.C. (cf. *Crito* 52 b 6 n.). All this implies that Socrates was known as a σοφός when he was thirty, and even earlier. It is wrong, therefore, to regard his mission to the Athenians as the whole of his activity. It will be seen that we are brought to the same conclusion as we reached above (18 b 5 n.) when we considered the relation of the 'old accusers' to the *Clouds* of Aristophanes.

21 a 7 ὁ ἀδελφὸς ... αὐτοῦ, perhaps the Chaerecrates of whom we hear in Xen. *Mem.* ii. 3, 1. The absence of Chaerepho in the *Phaedo* is accounted for by the statement here that he was dead. The text of Plato has been spared by the ingenious persons who sometimes inserted μαρτυρίαι in that of the orators; but of course, as Riddell says, 'the μαρτυρία is supposed to follow at once'. This was the normal procedure (cf. 34 a 3 ἐν τῷ ἑαυτοῦ λόγῳ and note *in loc.*).

Schanz imagines that the calling of Chaerepho's brother shows that the oracle was not generally known, and suggests that it is a hint of the fictitious character of the whole story. I cannot follow reasoning of this kind. If a point was to be made of the oracle, it was clearly necessary that it should be put in evidence at the ἀνάκρισις and that the deposition should be confirmed at the trial What is really incredible is that Plato should have mentioned this evidence a few years later, when the great majority of those present were still living, if it had not in fact been put in. Xenophon says (*Apol.* 14) that the response was given πολλῶν παρόντων.

21 b 3   τί ποτε αἰνίττεται; 'what is the meaning of his dark saying?' In Ionic αἶνος meant a fable (cf. Archil. fr. 81 ἐρέω τιν' ὑμῖν αἶνον, ὦ Κηρυκίδη), and αἰνίσσομαι is accordingly 'I speak in fables or riddles' (cf. αἴνιγμα 27 a 1).

b 6   οὐ γὰρ θέμις αὐτῷ, 'that is not lawful for him'. Cf. Pindar, *Pyth.* ix. 42 καὶ γὰρ σέ, τὸν οὐ θεμιτὸν ψεύδει θιγεῖν. This is represented by Plato as one of the deepest convictions of Socrates. Cf. *Rep.* 382 e 6 πάντῃ . . . ἀψευδὲς τὸ δαιμόνιόν τε καὶ τὸ θεῖον.

b 8   μόγις πάνυ, 'with great reluctance'. He would naturally shrink from the attempt to prove the god a liar, but that is just what he tried to do. He does not seem to fear that the Athenians will regard this as impious. The fact is that the ordinary Athenian had no great respect for the Pythian Apollo. The oracle had taken the Persian side and the Spartan side, and generally opposed the Athenians, who were allies of the Phocians. When, finally, it took the side of Philip, the Athenians gave it up altogether and sent to Dodona instead for oracles. There is nothing remarkable, then, in the fact that Euripides made Apollo Pythios play so sorry a part in the *Ion* and elsewhere. Aeschylus had led the way in this (cf. the fragment quoted in *Rep.* 383 b).

c 1   τῷ χρησμῷ, to the oracular response personified.

c 3   διασκοπῶν οὖν τοῦτον resumed c 5 ἔδοξέ μοι οὗτος ὁ ἀνήρ with anacoluthia after the parenthesis.

ὀνόματι . . . οὐδὲν δέομαι λέγειν κτλ. This would be enough to make a quick-witted Athenian audience think of Anytus. We know from the *Meno* that Socrates was personally acquainted with him; for he is there represented (90 b 5 sqq.) as joining in the discussion.

c 4   πρὸς ὃν . . . τοιοῦτόν τι ἔπαθον, 'with whom I had an experience of this kind', i. e. 'who produced this impression on me'. Cf. *Gorg.* 485 b 1 ὁμοιότατον πάσχω πρὸς τοὺς φιλοσοφοῦντας ὥσπερ πρὸς κτλ., 'Philosophers make the same impression on me as, &c.' Aeschines 3 § 144 ἐκεῖνο πεπόνθατε πρὸς Δημοσθένην.

σκοπῶν . . . καὶ διαλεγόμενος αὐτῷ. I prefer to take these participles together rather than to end the parenthesis at ὦ ἄνδρες Ἀθηναῖοι and take καὶ διαλεγόμενος αὐτῷ ἔδοξέ μοι together with most editors, though that in itself is a perfectly possible irregularity of construction. The simple verb σκοπῶν repeats the compound διασκοπῶν in accordance with usage.

21 d 1 ἐντεῦθεν, 'as a result'.

d 4 οὐδὲν καλὸν κἀγαθὸν εἰδέναι, 'not to know anything worth knowing'. Cf. *Gorg.* 518 c 4 οὐκ ἐπαΐοντας καλὸν κἀγαθὸν οὐδέν.

d 5 ὥσπερ οὖν, 'as indeed', 'as in fact'. The original sense of οὖν is preserved in this phrase.

d 6 σμικρῷ τινι αὐτῷ τούτῳ, 'in just this one little thing'.

e 3 ἐφεξῆς ᾖα (sc. ἐπὶ ἅπαντας κτλ. e 6), 'I went on in succession to —', but the sentence is resumed by ἰτέον οὖν ἐπί and ᾖα is left without construction.

αἰσθανόμενος ... λυπούμενος καὶ δεδιὼς ὅτι κτλ., 'perceiving with sorrow and apprehension that I was making enemies'. Cf. Cobet, V.L. p. 191, *in his* λυπούμενος καὶ δεδιὼς *significant* μετὰ λύπης καὶ δέους *et* ὅτι *pendet ab* αἰσθανόμενος. *Itaque expunge prius* καὶ *a sciolo invectum.*

e 5 τὸ τοῦ θεοῦ. No definite noun is to be 'understood' with this. It is a periphrasis for τὸν θεόν, like τὸ τῆς τύχης in Thucydides and Demosthenes. Socrates might also have said τὸ θεῖον (*Euth.* 4 e 2 *n.*).

ἰτέον οὖν, 'so on I must go'.

This is a case where T has spoilt the form of the sentence by thinking too much of the sense. His καὶ ἰέναι is very flat compared to the ἰτέον οὖν of B.

22 a 1 νὴ τὸν κύνα. An oath of this kind was called Ῥαδαμάνθυος ὅρκος. All theories which represent it as peculiar to Socrates are put out of court by the fact that the slave Xanthias says μὰ τὸν κύνα in Ar. *Wasps* 83. It is a euphemism like *parbleu, morbleu,* and *Great Scott!* In *Gorg.* 482 b 5 we have μὰ τὸν κύνα, τὸν Αἰγυπτίων θεόν, but that is a passing jest. The name Ῥαδαμάνθυος ὅρκος rather suggests that the custom was Orphic. At any rate, Aristophanes says (*Birds* 521) Λάμπων δ' ὄμνυσ' ἔτι καὶ νυνὶ τὸν χῆν', ὅταν ἐξαπατᾷ τι.

Schol. T. Ῥαδαμάνθυος ὅρκος οὗτος ὁ κατὰ κυνὸς ἢ χηνὸς ἢ πλατάνου ἢ κριοῦ ἤ τινος ἄλλου τοιούτου· οἷς ἦν μέγιστος ὅρκος ἅπαντι λόγῳ κύων· | ἔπειτα χήν· θεοὺς δ' ἐσίγων, Κρατῖνος Χείρωσι (fr. 231). κατὰ

173

τούτων δὲ νόμος ὀμνύναι, ἵνα μὴ κατὰ θεῶν οἱ ὅρκοι γίγνωνται. τοιοῦτοι
δὲ καὶ οἱ Σωκράτους ὅρκοι.

22 a 3   οἱ μὲν κτλ.   This appositive structure is regular after τοῦτο,
τοιοῦτόν τι πάσχω.   Cf. Ar. *Wasps* 1459 καίτοι πολλοὶ τοῦτ' ἔπαθον' |
ξυνόντες γνώμαις ἑτέρων | μετεβάλοντο τοὺς τρόπους.

a 5   φαυλότεροι, ἐπιεικέστεροι, urbane equivalents of κακίους and
ἀμείνους.

a 7   ὥσπερ πόνους τινὰς πονοῦντος, 'tanquam Herculis alterius'
(Forster).

ἵνα μοι καὶ κτλ., 'only to find the oracle prove quite irrefutable'.
Socrates set out with the idea of refuting the oracle (21 b 9 ὡς . . .
ἐλέγξων τὸ μαντεῖον), at least in its obvious sense ; it was only when
he had discovered its hidden meaning (21 b 3 τί ποτε αἰνίττεται ;)
that he felt disposed to champion the god of Delphi (23 b 7 τῷ θεῷ
βοηθῶν). The final clause is therefore ironical. This use of ἵνα (cf.
Lat. *ut*) to introduce an unexpected or undesired result ironically
regarded as an end is as old as Homer. Cf. *Il.* xiv. 365, *Od.* xviii.
53 ἀλλά με γαστὴρ | ὀτρύνει κακοεργός, ἵνα πληγῇσι δαμείω. It is com-
monest in elliptical colloquialisms like *Rep.* 337 e 1 ἵνα Σωκράτης τὸ
εἰωθὸς διαπράξηται, ' O yes, so that Socrates may play his old game '.
Cf. also Lysias 1 § 12. There is no occasion, then, to tamper with
the text.

b 2   ἀμαθέστερον, 'less wise'. Cf. *Euth.* 2 c 6 *n.*

b 4   διηρώτων ἄν, 'I would ask'. For the indicative of historical
tenses with ἄν to express habitual or intermittent action see G.M.T.
§ 162, S.C.G. § 431.

b 6   ὡς ἔπος . . . εἰπεῖν : cf. 17 a 3 *n.*

b 7   ὀλίγου αὐτῶν ἅπαντες οἱ παρόντες κτλ. Note the hyperbaton. We
must take ὀλίγου (cf. 17 a 3 *n.*) with ἅπαντες and αὐτῶν ('than they')
with βέλτιον.

οἱ παρόντες, 'the company' present when Socrates made the
experiment, not those now present in court.

b 8   ἔγνων . . . ἐν ὀλίγῳ, 'it did not take me long to discover'. The
phrase ἐν ὀλίγῳ is the opposite of ἐν πολλῷ χρόνῳ (19 a 1 *n.*).

αὖ, just as in the case of the politicians.

b 9   ὅτι οὐ . . . ποιοῖεν, 'that they did not compose'. It is well to
remember here that σοφία was the regular word for artistic skill,
especially in music and poetry.

22 C I φύσει τινί, 'by nature'. The word is used here in the sense in which it is opposed to habituation (ἔθος) and instruction (διδαχή). It is the φυά which Pindar (*Ol.* ii. 94) opposes to the ineffectual efforts of poets who have been taught (μαθόντες), and is in fact 'genius' in the proper sense of that word. The opinion of Socrates is not that of Pindar, as we see. This criticism must apply to Euripides among others, and it implies something very different from modern views about him. Dr. Verrall's Euripides would not have found much difficulty in explaining the meaning of his com· positions to Socrates.

ἐνθουσιάζοντες, 'from inspiration', which is regularly associated with 'genius'. The adj. ἔνθεος means 'with a god inside one', and so 'inspired'. (The old rule was that θεο contracts into θου in polysyllabic derivatives, so that θεολόγος and θεόμαντις must be regarded as new formations. Proper names preserve the old contraction, e. g. Θουκυδίδης, Θούμαντις.) For the view here expressed by Socrates cf. *Ion* 533 e 5 πάντες γὰρ οἵ τε τῶν ἐπῶν ποιηταὶ οἱ ἀγαθοὶ οὐκ ἐκ τέχνης ἀλλ' ἔνθεοι ὄντες καὶ κατεχόμενοι ('possessed') πάντα ταῦτα τὰ καλὰ λέγουσι ποιήματα, and Democritus fr. 18 Diels ποιητὴς δὲ ἄσσα μὲν ἂν γράφῃ μετ' ἐνθουσιασμοῦ καὶ ἱεροῦ πνεύματος, καλὰ κάρτα ἐστίν.

ὥσπερ οἱ θεομάντεις κτλ.: cf. *Meno* 99 c 2 οὐδὲν διαφερόντως ἔχοντες πρὸς τὸ φρονεῖν ἢ οἱ χρησμῳδοί τε καὶ οἱ θεομάντεις· καὶ γὰρ οὗτοι λέγουσιν μὲν ἀληθῆ καὶ πολλά, ἴσασι δὲ οὐδὲν ὧν λέγουσιν. In the *Meno* this comparison is applied primarily to the politicians, though the poets are mentioned too.

c 6 ἃ οὐκ ἦσαν, sc. σοφοί. This point is elaborated in the *Ion*, which I incline to regard as genuine.

c 7 περιγεγονέναι, sc. αὐτῶν, which need not be expressed since it is implied in ἐντεῦθεν.

c 9 Τελευτῶν οὖν κτλ. The χειροτέχναι or δημιουργοί are the only class in which Socrates finds any knowledge at all. It includes not only 'manual labourers', but also 'artists' like Phidias and Polygnotus. There is no Greek word for 'Art' in the sense of fine art as distinguished from crafts and trades. This must be borne in mind when we read of Athenian devotion to Art and contempt of manual labour. They had not even the words to express such a thought. The term βάναυσος, which does imply something of the sort, is strictly limited to such trades as mar body or soul or both. This whole passage makes it very hard to believe that Socrates himself came from the class of δημιουργοί. There is no evidence that he or his father were statuaries (*Euth.* 11 b 9 *n.*).

Mr. Zimmern has some good observations on this point (*Greek Commonwealth* 266 sqq.). The conventional view that Athenian civilization provided for the culture of the few by relegating manual work to slave labour will not bear serious examination. Most Athenians were small farmers or small traders. On the other hand, the Greeks were too honest with themselves to ignore the fact that there were occupations inconsistent with the highest human excellence, just as there are now. What these were appears from Xen. *Oec.* 4, 2 (referred to by Mr. Zimmern) καταλυμαίνονται γὰρ (αἱ βαναυσικαὶ τέχναι) τὰ σώματα τῶν τε ἐργαζομένων καὶ τῶν ἐπιμελομένων, ἀναγκάζουσαι καθῆσθαι καὶ σκιατραφεῖσθαι, ἔνιαι δὲ καὶ πρὸς πῦρ ἡμερεύειν. τῶν δὲ σωμάτων θηλυνομένων καὶ αἱ ψυχαὶ πολὺ ἀρρωστότεραι γίγνονται. It is the indoor and sedentary nature of some occupations which made them unfit for a free man.

22 d 6   οἱ ἀγαθοὶ δημιουργοί, 'our good friends the craftsmen'. For the ironical use of ἀγαθός cf. *Euth.* 6 c 1.

d 7   καὶ τἆλλα τὰ μέγιστα, in particular how to govern Athens. No doubt this is also an allusion to Anytus. Cf. 23 e 5 *n.*

d 8   πλημμέλεια, 'want of tact'. The word suggests presumption, as ἐμμελῶς (20 c 1 *n.*) suggests modesty.

e 1   ἀποκρύπτειν, 'to throw into the shade', *occultare* (sc. ἔδοξε from ἔδοξαν d 5), co-ordinate with ἔχειν above, the construction being resumed after the explanatory appositional clause.

The reading ἀποκρύπτειν (W) accounts for ἀποκρύπτει (B) and ἀπέκρυπτεν (T).

ὑπὲρ τοῦ χρησμοῦ, 'on behalf of the oracle' (not 'in defence of', for Socrates is still trying to refute it). The χρησμός is still personified, whence e 4 ἐμαυτῷ καὶ τῷ χρησμῷ.

e 3   ἀμφότερα, sc. τὴν σοφίαν καὶ τὴν ἀμαθίαν.

e 6   ἐξετάσεως, 'muster', 'review', 'scrutiny'. The original military sense of the word is still felt. Socrates had 'inspected' the three classes of politicians, poets, and craftsmen. Cf. 23 c 4, 38 a 5.

23 a 1   πολλαὶ μὲν ἀπέχθειαι is answered by τὸ δὲ κινδυνεύει (a 5), not by ὄνομα δὲ τοῦτο λέγεσθαι (a 3), which illustrates and does not oppose it. The διαβολαί arise from the ἀπέχθειαι, and the name of 'wise' is one of these (cf. 20 e 3 ἐπὶ διαβολῇ τῇ ἐμῇ λέγει). We must bear in mind that the name of σοφός is the chief διαβολή. Cf. 20 d 3 τοῦτο ὃ ἐμοὶ πεποίηκεν τό τε ὄνομα καὶ τὴν διαβολήν.

23 a 1 οἷαι χαλεπώταται καὶ βαρύταται, of the most trying and grievous kind'. Cf. *Symp.* 220 b 1 ὄντος πάγου οἵου δεινοτάτου.

a 3 ὄνομα δὲ τοῦτο λέγεσθαι, σοφὸς εἶναι, 'and so that I am called this by name, viz. *wise*' is the literal translation. The grammar is quite in order, though it has troubled some editors. Since the name of 'wise' is the chief διαβολή, λέγεσθαι is rightly dependent on ὥστε. Then ὄνομα λέγεσθαι go closely together (= ὀνομάζεσθαι), and τοῦτο is predicative. Next, σοφός is not 'bad grammar', as has been said; for *names* may be put in the nominative, even when the sentence seems to require another case (cf. Aeschin. 2 § 99 προσείληφε τὴν τῶν πονηρῶν κοινὴν ἐπωνυμίαν, συκοφάντης). Lastly, a redundant εἶναι is quite commonly added after verbs of naming. Cf. Herod. iv. 33 τὰς ὀνομάζουσι Δήλιοι εἶναι Ὑπερόχην καὶ Λαοδίκην, so *Laches* 192 a 10 τοῦτο ὃ ἐν πᾶσιν ὀνομάζεις ταχυτῆτα εἶναι, *Prot.* 311 e 4 σοφιστὴν . . . ὀνομάζουσι . . . τὸν ἄνδρα εἶναι.

a 5 τὸ δέ, 'but in fact', 'whereas', *cum tamen, au lieu que* (cf. 37 a 4). Whatever the origin of the expression may be, this gives the effect of it in Plato.

a 8 φαίνεται τοῦτον λέγειν κτλ., 'he seems to speak of Socrates here before you, and (δέ explicative, not adversative) to make use of my name, taking me as an example'. The difficulty here arises from the fact that the leading thought is expressed by the participial phrase ἐμὲ παράδειγμα ποιούμενος, a thing which is common in Greek (Riddell, *Dig.* § 303). As this is not natural in English, we should render 'In speaking of Socrates here before you (τοῦτον) and in making use of my name, he appears to be taking me as an illustration'. This seems more satisfactory than any of the emendations that have been proposed.

b 1 παράδειγμα ποιούμενος : cf. σημεῖον ποιεῖσθαι, to 'take' as a symptom.

b 4 ταῦτ' οὖν κτλ., 'that's why . . .'. Cf. *Euth.* 4 d 5 *n.*

b 5 ἀστῶν . . . ξένων. These are the proper terms when legal status is in question. The ξένοι will include 'sophists' like Protagoras and rhetoricians like Gorgias and Thrasymachus.

b 7 τῷ θεῷ βοηθῶν. Now that Socrates has discovered the true meaning of the oracle, he no longer seeks to refute it, but becomes the champion of the god.

b 8 ἀσχολίας . . . σχολή. Like the Latin *negotium*, ἀσχολία had come to mean 'business', so that Socrates is able to attribute his absence of σχολή to his ἀσχολία.

23 C 1 διὰ τὴν τοῦ θεοῦ λατρείαν. Socrates here attributes his poverty to his mission. He cannot have been really poor in earlier life, for he served as a hoplite from 432 to 424 B.C., which means that he had the necessary property qualification or was deemed to have it.

C 2 ἐπακολουθοῦντες . . . αὐτόματοι, 'following spontaneously in my train'. There is a malicious suggestion that they did not require any persuasion such as the 'sophists' employed (19 e 6). It is far less pointed to take αὐτόματοι with χαίρουσι, and there is no objection to its separation from ἐπακολουθοῦντες by a parenthesis.

C 3 οἱ τῶν πλουσιωτάτων. That was just the grievance. Socrates shows that he knows this quite well, but he treats it with contempt. It was only because they had most time on their hands!

C 4 αὐτοί, 'of their own accord'.

C 8 οὐχ αὐτοῖς T : ἀλλ' οὐχ αὐτοῖς B. The omission of ἀλλά seems too good for a mistake.

d 1 καὶ λέγουσιν κτλ. We are told at last ὅθεν μοι ἡ διαβολὴ γέγονεν (21 b 2). It only arises from the necessity of giving some plausible explanation of the charge that he corrupts the young. It really meant that he taught the young to expose the ignorance of their elders, but it would never do to say that. Of course this is really a criticism of the procedure adopted by the prosecution. Note the hyperbaton of τις which belongs to μιαρώτατος, not to Σωκράτης (= ἐστὶ μιαρώτατός τις).

d 4 τὰ . . . πρόχειρα ταῦτα, 'the stock charges', which are always ready to hand to throw at philosophers (ταῦτα, ista, is depreciatory). For πρόχειρα cf. Euth. 7 c 12 n. Xenophon paraphrases this by saying (Mem. i. 2, 31) τὸ κοινῇ τοῖς φιλοσόφοις ὑπὸ τῶν πολλῶν ἐπιτιμώμενον ἐπιφέρων αὐτῷ, though he refers it to teaching τὴν τῶν λόγων τέχνην.

d 5 ὅτι κτλ. The elliptical way in which these charges are enumerated (sc. διδάσκων διαφθείρει) carries on the disdain expressed by ταῦτα. For the charges referred to see the words of the γραφή (24 b 8) and the notes there.

e 1 συντεταμένως, 'vigorously', the adv. of συντεταμένος from συντείνειν, nervos contendere, 'to strain every muscle' (cf. Euth. 12 a 6 σύντεινε σαυτόν).

The reading of the best MSS., ξυντεταγμένως, is supposed to mean either *in a 'studied'* or *'disciplined' way*, but it has not been shown that the word exists at all, while συντεταμένως is given by most MSS. in *Rep.* 499 a 5 and must be right in *Phil.* 59 a 2, in both of which passages it qualifies ζητεῖν. (In *Phil.*, loc. cit., BT have συντεταγμένως as here.) Taking the evidence as a whole, we must conclude that the substitution of συντεταγμένως for συντεταμένως is an error to which the best MSS. are prone. In Ar. *Plut.* 325 συντεταμένως is guaranteed by the metre.

23 e 3 ἐκ τούτων, 'on the strength of this' (not 'of these'). Socrates means that his present accusers are taking advantage of the old διαβολή. This is made clear by 19 b 1 ἡ ἐμὴ διαβολή ... ᾗ δὴ καὶ πιστεύων Μέλητός με ἐγράψατο τὴν γραφὴν ταύτην.

Μέλητος is named first as the actual κατήγορος. Cf. *Euth.* 2 b 9 *n.* We have seen that he cannot be identified with the tragic poet of that name, but he may have written poems too (possibly hymns). Or, as has been suggested, he may be the son of the tragic poet (we know from the γραφή that his father was also called Meletus), and Socrates may mean that he had a family interest to defend.

e 5 καὶ τῶν πολιτικῶν. Anytus was a master-tanner, as Cleon had been before him, but he was also one of the two or three leading statesmen of the time. There is a real point in making him a representative of two classes. He is the type of those δημιουργοί who fancied that, because they knew their own business, they were wise in other matters which they knew nothing about (22 d 6). There cannot be any doubt that Socrates maintained the doctrine of 'one man, one trade', which Plato represents him as making the foundation of his ideal state (*Rep.* 370 b 4 sqq.), and this sentence is a gentle reminder of his objection to business men in the government.

Schanz and Wilamowitz (*Platon* ii. 48, *n.* 3) follow Cobet (V.L. 299) in deleting καὶ τῶν πολιτικῶν, though these words were already read by Diogenes Laertius (ii. 39). Schanz thinks the words spoil the 'bitter mockery' of representing an eminent statesman as merely the representative of the δημιουργοί, while the obscure Lyco is chosen to represent the politicians. Surely that would have been mere impertinence and very unlike Socrates. As the words stand they certainly imply a criticism, but it is quite courteous in form.

24 a 5 ἀποκρυψάμενος ... ὑποστειλάμενος, 'without concealment or dissimulation'. The metaphorical use of ὑποστέλλεσθαι, 'to take in sail', is common in the orators. Cf. e. g. Dem. 1 § 16 τὴν ἰδίαν ἀσφάλειαν σκοποῦνθ᾽ ὑποστείλασθαι, 4 § 51 οὐδὲν ὑποστειλάμενος πεπαρρησίασμαι. So Eur. *Or.* 607 ἐπεὶ θρασύνῃ κοὐχ ὑποστέλλῃ λόγῳ.

24 a 7 ὅτι αὐτοῖς τούτοις ἀπεχθάνομαι, 'that it is just this that makes enemies for me'. Cf. 34 c 8 ὀργισθεὶς αὐτοῖς τούτοις.

The reading αὐτοῖς τούτοις is implied by the Armenian version and seems preferable to τοῖς αὐτοῖς of the MSS., which Adam explains as '"for the same", i.e. for saying this'. Schanz's τοῖς αὐτοῖς τούτοις is hardly an improvement.

III. B. *The Defence of Socrates against Meletus* (24 b 3–28 a 1).

It need hardly be said that this part of the speech does not contain the real defence of Socrates. That is reserved for the next section (28 d 6 sqq.), after Meletus has been finally disposed of. All Socrates does here is to force from him the admission that it is really the old διαβολή on which he is relying, a point which has been skilfully led up to in the previous refutation of the 'old accusers'. But, if that is so, Socrates is being tried on a charge which is not only a baseless one, but one which the court could not legally entertain. This, then, is the proper place for a statement of the legal position existing in 399 B.C.

The convention (συνθῆκαι) sworn to in the archonship of Euclides (403 B.C.) provided, as we have seen (*Euth.* 4 c 4 *n.*), for a complete revision and codification of the laws, which was not completed till the archonship of Xenaenetus (401/0 B.C.). These laws were to have validity from the archonship of Euclides onwards (τοῖς δὲ νόμοις χρῆσθαι ἀπ᾽ Εὐκλείδου ἄρχοντος), and no law could be appealed to which was not entered in the new code (ἀγράφῳ δὲ νόμῳ τὰς ἀρχὰς μὴ χρῆσθαι μηδὲ περὶ ἑνός). Moreover, no psephism could override a law (ψήφισμα δὲ μηδὲν μήτε βουλῆς μήτε δήμου νόμου κυριώτερον εἶναι). The effect of these provisions was to invalidate all ψηφίσματα passed before the archonship of Euclides, and therefore, among others, the psephism of Diopeithes (*Euth.* 3 b 7 *n.*) directed against Anaxagoras.

For the decrees carried by Patroclides and Tisamenus see Andocides I § 73 sqq. Prof. Vinogradoff suggests (*Hist. Jur.* ii. 100) that the psephism of Diopeithes served as a juridical basis for the prosecution of Socrates. That, however, is impossible in view of the enactments just mentioned, and, moreover, it prescribed procedure by εἰσαγγελία, which would certainly have been adopted if it had been competent, since it released the prosecution from personal responsibility. Nor were the provisions of the psephism incorporated in the new code which regulated εἰσαγγελία by a special statute (εἰσαγγελτικὸς νόμος). Now, whatever view we take of the general veracity of Andocides, there can be no doubt that the account he gives of the legal position at this date is correct. It is confirmed by the statements of Aristotle's Ἀθηναίων Πολιτεία (c. 40), so far as these go ; and, what is even more important, Andocides was speaking in the presence of Anytus, one of the authors and leading supporters of the Amnesty, whom he calls upon to speak in his favour at the end of the speech. In these circumstances it is quite incredible that he should have misrepresented the legal effect of the enactments which he enumerated.

From this it follows, in the first place, that Socrates could not be charged with any political offence committed before the archon-ship of Euclides. It could not be brought up against him that he had been τῶν ἐν ἄστει μεινάντων, nor could anything be said of his relations with Critias and Alcibiades, though these things doubtless weighed with Anytus. It was, however, impossible for Anytus of all men to countenance any violation of the Amnesty. His loyalty to that was beyond all question, since he suffered grievous personal loss by refraining from demanding restitution of his property con-fiscated under the Thirty, as we know from a speech of Isocrates which belongs to this period. It was, of course, for this very reason that Andocides was able to call on him to speak for him in this very year.

Isocrates 18 § 23 Θρασύβουλος καὶ Ἄνυτος μέγιστον μὲν δυνάμενοι τῶν ἐν τῇ πόλει, πολλῶν δὲ ἀπεστερημένοι χρημάτων, εἰδότες δὲ τοὺς ἀπογράψαντας, ὅμως οὐ τολμῶσιν αὐτοῖς δίκας λαγχάνειν οὐδὲ μνησικακεῖν, ἀλλ᾽ εἰ καὶ περὶ τῶν ἄλλων μᾶλλον ἑτέρων δύνανται διαπράττεσθαι, ἀλλ᾽ οὖν περί γε τῶν ἐν ταῖς συνθήκαις ἴσον ἔχειν τοῖς ἄλλοις ἀξιοῦσιν.

It is less creditable to Anytus that, in order to get rid of Socrates, he stooped to make use of the fanaticism of Meletus. It is doubt-less due to his influence that the latter's ἀντωμοσία was couched in such vague and obscure terms. In particular, everything that could suggest the psephism of Diopeithes is studiously avoided. There is not a word about τὰ μετέωρα and, as we shall see, it is extremely hard to say what is meant by καινὰ δαιμόνια. Of course Socrates under-stood all this quite well, and his defence against Meletus is chiefly devoted to showing that he really meant what he did not venture to say, or rather, perhaps, what Anytus would not allow him to say.

24 b 5 φιλόπολιν, 'patriotic ', the regular word in the days of the city-state. Later writers use φιλόπατρις, referring to national (Hellenic) patriotism. Barbarians, who had no πόλεις, but only ἔθνη, were said to be πατριῶται, not πολῖται, if they were of the same nation, and the word is accordingly used of slaves (Thracians, Syrians, &c.). It does not mean 'patriot' in Greek.

24 b 7 ὥσπερ ἑτέρων κτλ., 'as if they were another set of accusers'. Cf. 19 b 3 ὥσπερ ... κατηγόρων.

αὖ, 'in turn'. The reference is to 19 b 3.

b 8 ἔχει δέ πως ὧδε. Socrates does not profess to give the exact words. There are two other versions, one of which professes to be exact. Phavorinus (ap. Diog. Laert. ii. 40) says that in his time (that of Hadrian) the ἀντωμοσία was still preserved in the Metroon (where the Athenian archives were kept), and that it ran thus: Τάδε ἐγράψατο καὶ ἀντωμόσατο Μέλητος Μελήτου Πιτθεὺς Σωκράτει Σωφρονίσκου Ἀλωπεκῆθεν· ἀδικεῖ Σωκράτης οὓς μὲν ἡ πόλις νομίζει θεοὺς οὐ νομίζων, ἕτερα δὲ καινὰ δαιμόνια εἰσηγούμενος. ἀδικεῖ δὲ καὶ τοὺς νέους διαφθείρων. τίμημα θάνατος. Xenophon says (*Mem.* i. 1, 1) ἡ μὲν γὰρ γραφὴ κατ' αὐτοῦ τοιάδε τις ἦν. ἀδικεῖ Σωκράτης οὓς μὲν ἡ πόλις νομίζει θεοὺς οὐ νομίζων, ἕτερα δὲ καινὰ δαιμόνια εἰσφέρων. ἀδικεῖ δὲ καὶ τοὺς νέους διαφθείρων. This agrees well enough with the version of Phavorinus, which has every appearance of authenticity. It is not, of course, the γραφή as originally put in by Meletus, but the final form of it as adjusted and sworn to at the ἀνάκρισις. That alone would be before the court and would be preserved in the archives. It is in correct legal form, as shown by the parody in Ar. *Wasps* 894 ἐγράψατο | Κύων Κυδαθηναιεὺς Λάβητ' Αἰξωνέα, | τὸν τυρὸν ἀδικεῖν ὅτι μόνος κατήσθιεν | τὸν Σικελικόν. τίμημα κλῳὸς σύκινος. Xenophon does not reproduce the legal formalities, and he substitutes εἰσφέρων for εἰσηγούμενος which seems to be the correct term. At any rate, the accusers of Phryne prosecuted her *inter alia* as καινοῦ θεοῦ εἰσηγήτριαν (*Att. Proc.* 366, *n.* 472).

On the other hand, the formulation of the charge put into the mouth of Socrates in this passage differs considerably, particularly in the order in which the counts of the indictment are given. Here we must remember that Socrates is represented as improvising, and therefore as quoting from memory. If he had attached any importance to the exact wording, he would have asked the clerk to read the document in the usual way. Now, in his eyes, there can be no doubt that the charge of διαφθορὰ τῶν νέων was the only serious part of the accusation, and it is natural that he should put it first, just as he does in *Euth.* 2 c 4. It is for the same reason that he returns to it after the really earnest part of his defence (33 c 8 sqq.), and treats it in a very different manner from that he adopts when he is only trying to confuse Meletus.

24 b 9 ἀδικεῖν . . . διαφθείροντα, 'is guilty of corrupting'. Cf. *Euth.* 5 d 9*n*. From *Politicus* 299 b, c we learn how Plato understood this charge at a later date. Cf. esp. b 6 sqq. πρῶτον μὲν μήτε ἰατρικὸν αὐτὸν μήτε κυβερνητικὸν ὀνομάζειν ἀλλὰ μετεωρολόγον, ἀδολέσχην τινὰ σοφιστήν, εἶθ᾽ ὡς διαφθείροντα ἄλλους νεωτέρους καὶ ἀναπείθοντα ἐπιτίθεσθαι κυβερνητικῇ καὶ ἰατρικῇ μὴ κατὰ νόμους . . . γραψάμενον εἰσάγειν τὸν βουλόμενον οἷς ἔξεστιν εἰς δή τι δικαστήριον· ἂν δὲ παρὰ τοὺς νόμους καὶ τὰ γεγραμμένα δόξῃ πείθειν εἴτε νέους εἴτε πρεσβύτας, κολάζειν τοῖς ἐσχάτοις. The reference to the accusation of Socrates is unmistakable ; and it can only mean that, in Plato's mature judgement, the real motive of Anytus (who was not an extreme democrat) was that he doubted the loyalty of Socrates to the πάτριος πολιτεία (cf. esp. *Polit.* 299 c 6 οὐδὲν γὰρ δεῖν τῶν νόμων εἶναι σοφώτερον . . . ἐξεῖναι γὰρ τῷ βουλομένῳ μανθάνειν γεγραμμένα καὶ πάτρια ἔθη κείμενα). That is very much the position he is made to take up in the passage already quoted from the *Meno* (18 b 2 *n.*), and the two passages taken together give us Plato's view of the matter at least. It has been denied that διαφθορὰ τῶν νέων was a legal offence, and we certainly have no quite conclusive evidence that it was. It is, however, likely in itself, and it would fit in very well with the laws of Solon referred to in Aeschines 1 § 7 sqq. Cf. § 7 πρῶτον μὲν γὰρ περὶ τῆς σωφροσύνης τῶν παίδων τῶν ἡμετέρων ἐνομοθέτησαν . . . ἔπειτα δεύτερον περὶ τῶν μειρακίων, τρίτον δ᾽ ἐφεξῆς περὶ τῶν ἄλλων ἡλικιῶν. Moreover, as Taylor has pointed out (*Var. Soc.* 3 sq.), Isocrates, in the speech Περὶ τῆς ἀντιδόσεως, pretends that he is being tried on a charge of διαφθορὰ τῶν νέων (which in his case means teaching them rhetoric for a fee); and, though this is an avowed fiction, we can hardly suppose he would have had recourse to it, if such a charge had not been a possible one. Now, it is a curious fact that, in the very few cases of prosecution for ἀσέβεια of which anything is known, other charges were tacked on to the main charge (cf. e. g. Plut. *Per.* 32 Ἀσπασία δίκην ἔφευγεν ἀσεβείας, Ἑρμίππου τοῦ κωμῳδοποιοῦ διώκοντος καὶ προσκατηγοροῦντος ὡς Περικλεῖ γυναῖκας ἐλευθέρας εἰς τὸ αὐτὸ φοιτώσας ὑποδέχοιτο). Nevertheless, the charge of ἀσέβεια must have been the leading one, or the instruction would not have fallen within the competence of the βασιλεύς. That is an additional reason for holding that Phavorinus and Xenophon have preserved the true arrangement of the ἀντωμοσία.

24 C I οὐ νομίζοντα, 'not acknowledging' by giving them the worship prescribed by νόμος, 'use and wont'. Cf. Xen. *Mem.* iv. 3, 16 νόμῳ πόλεως. The charge is one of nonconformity in religious practice, not of unorthodoxy in religious belief. In Herodotus (who was a somewhat older contemporary of Socrates) νομίζειν with a simple infinitive or with a simple accusative means 'to practise' or 'observe' as a custom or institution (see the numerous examples in L. and S. s.v.). That is how Xenophon understood the charge, and on such a point his evidence is valuable. The answer he puts into the mouth of Socrates (*Apol.* 11) is that everybody, including Meletus if he liked, could have seen him *sacrifice* at the *public* festivals and on the *public* altars (ἐν ταῖς κοιναῖς ἑορταῖς καὶ ἐπὶ τῶν δημοσίων βωμῶν). There is no evidence, in fact, that a γραφὴ ἀσεβείας would lie for anything else than an overt act of sacrilege or blasphemy affecting the worship and ceremonies of the state religion, above all of the Eleusinian mysteries. The case of Anaxagoras is the exception that proves the rule ; for it was preceded by a psephism framed by Diopeithes (Plut. *Per.* 32) εἰσαγγέλλεσθαι τοὺς τὰ θεῖα μὴ νομίζοντας ἢ λόγους περὶ τῶν μεταρσίων διδάσκοντας. That seems to imply that the ordinary procedure was felt to be inadequate for the purpose in view, while the expression τὰ θεῖα μὴ νομίζοντας seems designedly chosen to suggest neglect of religious practice rather than heterodoxy. So even the typical ἄθεος, Diagoras of Melos, does not appear to have been prosecuted for his opinions, but for blasphemous utterances with regard to the state *cultus*. Cf. [Lysias] 6 § 17 (Meletus ?) ἐκεῖνος μὲν γὰρ (sc. Διαγόρας) λόγῳ περὶ τὰ ἀλλότρια ἱερὰ καὶ ἑορτὰς ἠσέβει,. οὗτος δὲ (sc. Ἀνδοκίδης) ἔργῳ περὶ τὰ ἐν τῇ αὑτοῦ πόλει. The prosecution of Protagoras for ἀσέβεια is a baseless fiction (Gr. Phil. I § 89). Finally, when Lysias says (12 § 9) οὔτε θεοὺς οὔτ' ἀνθρώπους νομίζει, he can only mean 'has no fear of God or man'. There can be no question of 'not believing in' human beings.

For the Herodotean use of νομίζειν cf. e. g. νομίζειν γλῶσσαν (i. 142, iv. 183), φωνήν (ii. 42), ἀσπίδα, δόρυ (v. 97), πανήγυριν (ii. 63), and especially iv. 59 τούτους μὲν (τοὺς θεοὺς) πάντες Σκύθαι νενομίκασι, οἱ δὲ καλεύμενοι βασιλήιοι Σκύθαι καὶ τῷ Ποσειδέωνι θύουσι ... ἀγάλματα δὲ καὶ βωμοὺς ... οὐ νομίζουσι ποιέειν πλὴν "Αρεῖ· τούτῳ δὲ νομίζουσι.

24 C I ἔτερα δὲ δαιμόνια καινά, sc. νομίζοντα. It is much easier to say what this does not mean than what it does. We know from the *Euthyphro* (3 b 2) that it was taken to imply 'strange gods' (καινοὶ θεοί), and Xenophon (*Apol.* 24) must have understood it so; for he makes Socrates answer the charge by saying οὔτε θύων τισὶ καινοῖς δαίμοσιν (not δαιμονίοις) οὔτε ὀμνὺς οὔτε νομίζων ἄλλους θεοὺς ἀναπέφηνα. We have seen, however, that there is no noun-substantive δαιμόνιον in classical Greek (*Euth.* 3 b 5 *n.*), so we must certainly not translate the phrase by 'strange divinities'. Of course we can say τὸ δαιμόνιον (abstract collective) as a euphemism for ὁ θεός, just as we can say τὸ θεῖον (*Euth.* 4 e 2 *n.*), but that does not entitle us to speak of *a* δαιμόνιον or to use δαιμόνια in the plural for 'divinities'. We can also speak of the 'divine sign' as τὸ δαιμόνιον, 'the divine something', but that cannot be pluralized either. Rather we must interpret τὰ δαιμόνια here as equivalent to τὰ θεῖα in the psephism of Diopeithes and understand it of religious observances or practices (cf. *Euth.* 3 b 6 ὡς ... καινοτομοῦντός σου περὶ τὰ θεῖα). From 27 c I it is quite clear that it stands for δαιμόνια πράγματα, and Herodotus (ii. 65, 66) uses θεῖα πρήγματα for religious practice. Why the charge was formulated in this peculiar way we can only guess. It may be that Anytus fought shy of the expression καινοὺς θεούς, which Socrates attributes to Meletus in *Euth.* 3 b 2. The 'strange gods' of Ionian cosmology were an old story, and it might be a breach of the Amnesty to rake them up. In that case we can see why Socrates insists on discussing the 'old accusers'. On the other hand, Anytus knew very well that Socrates had been associating with Pythagoreans even since the archonship of Euclides (an essential point in his eyes); and, though his notion of Pythagorism was probably vague, he doubtless knew that the followers of Pythagoras had been expelled from southern Italy just because they had tried to set up an international religion superior to any state, a thing which could not be reconciled with the ideals of the πάτριος πολιτεία. However that may be, it will be safe to translate καινὰ δαιμόνια νομίζοντα by 'practising a strange religion'.

It may probably be inferred from Philostratus (*Apollonius of Tyana* iv. 18) that τὰ δαιμόνια was used in a similar way in the πρόρρησις (the 'fencing of the tables', as it used to be called in

Scotland) at Eleusis. The hierophant there justifies his refusal to initiate Apollonius by saying : μὴ γὰρ ἄν ποτε μυῆσαι γόητα, μηδὲ τὴν Ἐλευσῖνα ἀνοῖξαι ἀνθρώπῳ μὴ καθαρῷ τὰ δαιμόνια ('unclean in his relation to things divine', C.G.S. iii. 168).

24 c 5 ὅτι σπουδῇ χαριεντίζεται, 'that he is a solemn trifler', 'that he is playing a solemn farce' (schol. T εὐτραπελεύεται, σκώπτει). The suggestion is that Meletus, who is in deadly earnest, is a *pince-sans-rire* (cf. the Hellenistic σπουδογέλοιος). The charge is repeated below 26 e 7, 27 a 7, d 6.

c 6 ῥᾳδίως, *temere*, 'lightly', i. e. 'recklessly'. Cf. *Crito* 48 c 4 τῶν ῥᾳδίως ἀποκτεινύντων.

εἰς ἀγῶνα καθιστὰς ἀνθρώπους, 'bringing people to trial'. The expression εἰς ἀγῶνα is a fixed one like 'to trial', and may quite well be used with a plural.

Cf. Antipho, *Tetr.* Γ. a § 1 τοὺς καθαροὺς εἰς ἀγῶνα καθιστάντας, Lys. 19 § 6 ὅταν πολλοὶ ἐπὶ τῇ αὐτῇ αἰτίᾳ εἰς ἀγῶνα καταστῶσιν, 27 § 6 εἰς ἀγῶνα καταστάντες, Xen. *Rep. Lac.* 8, 4 ἄρχοντας . . . περὶ τῆς ψυχῆς εἰς ἀγῶνα καταστῆσαι. There is no need, then, to read ἀγῶνας with W.

c 7 ὧν . . . ἐμέλησεν. All through this passage Socrates plays on the name Μέλητος.

III. C. *The Interrogatory* (ἐρώτησις) *of Meletus*, 24 c 9–28 a 1.

c 9 καί μοι δεῦρο κτλ. Cross-examination of witnesses was unknown to Athenian judicial procedure ; but, on the other hand, either party was entitled to interrogate the other, and the party interrogated could not refuse to answer (*infra* 25 d 2). Cf. Dem. 46 § 10 τοῖν ἀντιδίκοιν ἐπάναγκες εἶναι ἀποκρίνασθαι ἀλλήλοις τὸ ἐρωτώμενον, μαρτυρεῖν δὲ μή. There is an ἐρώτησις, though a very short one, in Lysias *Against Eratosthenes* (§ 25), introduced by the words ἀνάβηθι οὖν μοι καὶ ἀπόκριναι ὅτι ἄν σε ἐρωτῶ, and also in 22 § 5. In the speech *Against Agoratus* there are two places (§§ 30, 32) where an ΕΡΩΤΗΣΙΣ is indicated, one introduced by ἀπόκριναι δή μοι and the other by καί μοι ἀπόκριναι. Aeschylus has reproduced this feature of Athenian judicial procedure in the *Eumenides* (586 sqq.). In *Rhet.* Γ. 18, 1418 b 39 sqq. Aristotle gives some hints on the right methods of ἐρώτησις, and refers to this passage of the *Apology* (27 d 9 *n.*).

Socrates does not condescend to use serious arguments against Meletus ; his purpose is simply to show that his accuser does not understand his own ἀντωμοσία. It is not to the point, then, to complain that the arguments are 'sophistical'. It was legitimate and necessary for Socrates to show that the ostensible charge was a mere pretext, and that could be most effectively done by making it clear that the nominal prosecutor did not even know what it meant. It was perfectly fair to lay traps for him in order to bring this out.

Artistically this interrogatory serves as a foil to the serious part of the speech which follows it.

A. The first part of the ἐρώτησις (24 c 4–26 a 7) deals with the charge of corrupting the young.

(a) Socrates entraps Meletus into making the assertion that all other Athenians improve the young, while he alone corrupts them, which is against all analogy (24 c 4–25 c 4). This is a genuine Socratic point of view, and is developed in the *Crito* (47 a sqq.).

4 d 1 περὶ πλείστου T: περὶ πολλοῦ BW. This is doubtless an ancient variant. The superlative is to be preferred as less common, and as giving a better sense: 'Isn't it your chief concern that . . . ?'

d 4 μέλον γέ σοι, *cum id tibi curae sit* (acc. abs.), another allusion to the name Μέλητος.

d 5 εἰσάγεις τουτοισί, 'you bring me before the judges here'. The regular term for bringing a case or a person into court is εἰσάγειν, the regular construction being εἰσάγειν εἰς (τοὺς) δικαστάς (cf. *Tim.* 27 b 2 εἰσαγαγόντα αὐτοὺς ὡς εἰς δικαστὰς ἡμᾶς), or εἰς (τὸ) δικαστήριον (cf. below 25 d 5, 29 a 2, and 26 a 2 δεῦρο . . . εἰσάγειν). In this sense the passive of εἰσάγειν is εἰσιέναι (cf. 17 c 5 εἰς ὑμᾶς εἰσιέναι, 29 c 2 οὐ δεῖν ἐμὲ δεῦρο εἰσελθεῖν, ἢ ἐπειδὴ εἰσῆλθον κτλ., though in *Gorg.* 521 c 4 and *Laws* 915 c 3 we have εἰσαχθεὶς εἰς δικαστήριον. For the corresponding substantive cf. *Crito* 45 e 3 ἡ εἴσοδος τῆς δίκης εἰς τὸ δικαστήριον ὡς εἰσῆλθεν.

This seems to be the only instance of εἰσάγω *c. dat.* in this sense; but as the dative is found with other senses of the verb, this cannot be called impossible with Cobet.

d 9 σοι οὐδὲν μεμέληκεν: the play on the name once more.

d 11 Οἱ νόμοι. That is the answer every Athenian democrat would naturally give, and he would naturally go on to say that the goodness of the man and the citizen was to be learnt from one's fellow-citizens. Socrates only makes Meletus give the same answer in a more exaggerated form that Anytus himself gives deliberately in the *Meno* (92 e 3).

e 2 πρῶτον, 'to begin with'.

24 e 3 Οὗτοι ... οἱ δικασταί, 'These gentlemen, the judges'.

Cobet deletes οἱ δικασταί and writes οὑτοί. That spoils the sentence by destroying the touch of hesitation in the answer.

e 5 ποιοῦσιν. The external evidence is strongly in favour of the more commonplace ποιεῖν (TW), and the marginal correction in B is not by 'recens b' as Schanz says, but by B² (Arethas). Still, ποιοῦσιν is not likely to be a blunder, and Schanz's quotation of *Meno* 94 c 2 τούτους ἐπαίδευσεν τά τε ἄλλα εὖ καὶ ἐπάλαισαν κάλλιστα Ἀθηναίων is much in point as showing that we have here a real *finesse* of language.

e 9 εὖ ... λέγεις, 'that is good news', cf. εὖ ἀγγέλλεις. We must repeat λέγεις in thought to govern πολλὴν ἀφθονίαν, but in a slightly different sense, 'you tell of'.

e 10 οἱ δὲ ἀκροαταί, 'the listeners', i.e. the audience present in court. From Homer downwards δέ often serves to introduce animated questions.

25 a 5 Ἀλλ' ἄρα ... μὴ ..., *num* ...

οἱ ἐν τῇ ἐκκλησίᾳ, οἱ ἐκκλησιασταί. The unusual term ἐκκλησιαστής is found also in *Gorg.* 452 e 2 ἐν δικαστηρίῳ δικαστὰς καὶ ἐν βουλευτηρίῳ βουλευτὰς καὶ ἐν ἐκκλησίᾳ ἐκκλησιαστάς, *Euthyd.* 290 a 3 δικαστῶν τε καὶ ἐκκλησιαστῶν καὶ τῶν ἄλλων ὄχλων. In all these instances there seems to be an accommodation of the form to that of the terms with which it is associated. The same explanation may be given of all the Aristotelian examples cited in Bonitz's *Index*. The regular expression was οἱ ἐκκλησιάζοντες (cf. the title of Aristophanes' Ἐκκλησιάζουσαι). Here we see the accommodation actually being made as an afterthought.

a 12 Πολλήν γέ μου κατέγνωκας δυστυχίαν, 'That is a great misfortune you lay at my door'. For καταγιγνώσκειν τί τινος in the sense of to 'attribute' or 'impute' a weakness or fault to any one see *Euth.* 2 b 1 *n.*, and cf. Dem. 30 § 38 τοσαύτην ὑμῶν εὐήθειαν κατέγνωκεν. (Not 'You have condemned me to great unhappiness', as Fowler renders.)

b 2 εἰς μέν τις κτλ. This is an application of the characteristic Socratic doctrine of ὁ ἐπαΐων who alone is fit to be an ἐπιστάτης. It is more fully developed in *Crito* 47 b sqq. See the notes on that passage.

c 3 ἀμέλειαν ... μεμέληκεν: another play on the name Meletus.

(β) Socrates argues that no one will make his neighbours worse

188

if he can help it; for he himself will be the first to suffer from their badness (25 c 5–26 a 7).

25 c 5 ὦ πρὸς Διὸς Μέλητε. Cf. *Meno* 71 d 5 ὦ πρὸς θεῶν, Μένων. Elsewhere ὦ πρὸς Διός (26 e 3) and ὦ πρὸς θεῶν are used without a vocative. Cf., however, *Laws* 662 c 6 ὦ πρὸς Διός τε καὶ ᾿Απόλλωνος, ὦ ἄριστοι τῶν ἀνδρῶν.

c 6 ὦ τάν, 'my dear sir', the only place where this colloquialism occurs in the (genuine) works of Plato.

Hesychius says it is πρόσρημα τιμητικῆς λέξεως, λέγεται δὲ καὶ ἐπ᾿ εἰρωνείᾳ πολλάκις. No convincing etymology of τάν has been suggested. It is occasionally plural in sense.

c 8 τοὺς ἀεὶ ... ὄντας, 'those who are at a given moment ...' (ἀεί = ἑκάστοτε, 'from time to time', 'for the time being').

d 2 καὶ γὰρ ὁ νόμος κτλ: cf. Dem. 46 § 10 (quoted 24 c 9 *n.*).

d 5 ἐμὲ εἰσάγεις δεῦρο: cf. 24 d 5 *n.*

d 9 τηλικόσδε ὤν. Meletus was νέος τις καὶ ἀγνώς (*Euth.* 2 b 8).

e 3 κακόν τι λαβεῖν ὑπ᾿ αὐτοῦ, 'to get some harm from him'. The ὑπό is correct; for κακόν τι λαβεῖν is treated as a passive. But ἀπ᾿ αὐτοῦ is also correct; cf. Xen. *Oec.* 1, 8 (κἂν) ἀπ᾿ αὐτοῦ κακὰ λαμβάνῃ.

It is not quite accurate to say with Adam that 'ὑπ᾿ αὐτοῦ is Cobet's conjecture, now confirmed by T'. The vulgate reading was ὑπ᾿ αὐτοῦ, and ἀπ᾿ αὐτοῦ makes its first appearance in Bekker. Cobet himself does not claim ὑπ᾿ αὐτοῦ as his own conjecture; for he says (*V.L.* p. 342) *hoc mendum non Codicibus sed Editoribus imputandum est : optimi enim libri* ὑπ᾿ αὐτοῦ *servant et indocte* ἀπ᾿ αὐτοῦ *ex deterioribus est receptum.* That is not quite correct either; for B has ἀπ᾿ αὐτοῦ, though Bekker omitted to mention the fact and thus misled Cobet. We know now, however, that ὑπ᾿ αὐτοῦ is the reading of T and are quite free to adopt it.

e 5 οἶμαι δὲ οὐδὲ ..., negative of οἶμαι δὲ καὶ ..., *Euth.* 3 e 5 *n.*

e 6 ἢ εἰ διαφθείρω, ἄκων (sc. διαφθείρω), 'or, if I corrupt them, it is involuntary'. The ellipse gives snap to the argument.

The reading of BW is ἢ εἰ διαφθείρω, ἄκων, though ἢ εἰ is written over an erasure in B. Schanz, for some reason, does not say what the reading of T is; but, as he attributes the vulgate reading ἢ διαφθείρω (which he retains) to Stephanus, we are left to infer that T also has ἢ εἰ διαφθείρω. However that may be, the reading surely carries conviction, and it is strange that so many editors should have rejected it for the tame ἢ διαφθείρω. Naber's ἢ εἰ διαφθείρω, διαφθείρω ἄκων is even worse. We want a strong emphasis on ἄκων, and the ellipse gives just the right effect to it.

26 a 2 τῶν τοιούτων ... ἀμαρτημάτων ... εἰσάγειν, 'to bring into court for such (i. e. voluntary) offences'. The genitive is the genitive of the charge used with *verba iudicialia* like φεύγειν and διώκειν. The words καὶ ἀκουσίων are explanatory of τῶν τοιούτων.

a 3 διδάσκειν καὶ νουθετεῖν, 'to instruct and reprove', the first two of the progressive series διδάσκειν, νουθετεῖν, κολάζειν. See *Euth.* 5 b 4 *n.* The prosecution would only be justifiable if it were a case for the third, as is explicitly stated below (εἰσάγειν τοὺς κολάσεως δεομένους a 6).

a 4 ἐὰν μάθω, 'if I am instructed' (μανθάνειν as virtual passive of διδάσκειν).

παύσομαι ὅ γε ἄκων ποιῶ, 'I shall cease what I am doing involuntarily'. A relative clause with the antecedent suppressed may represent any case required by the construction, whatever the case of the relative may be (cf. *Euth.* 3 c 9 *n.*). As παύομαι takes the genitive, the relative clause here represents a genitive. An exact parallel in *Phaedr.* 242 c 1 (of the 'divine sign') ἀεὶ δέ με ἐπίσχει ὃ ἂν μέλλω πράττειν.

This is far simpler than to assume a harsh ellipse of ποιῶν. Schanz's οὗ γε ἄκων ποιῶ is less idiomatic than the reading of the MSS. Neglect of this principle has often caused needless difficulties about the text of Plato. The legal phrase Ἀθηναίων ὁ βουλόμενος οἷς ἔξεστι (= τούτων οἷς ἔξεστι) is a good example.

B. Socrates entraps Meletus into the admission that he charges him with complete atheism, and then shows this to be inconsistent with the indictment which accused him of introducing καινὰ δαιμόνια (26 a 8–28 a 1).

Meletus would naturally fall into the trap at once; for we have been told that those who studied natural science were generally believed to neglect the worship of the gods (18 c 3). Even if they used the word θεοί of 'Chaos, Respiration, and Air', the ordinary Athenian quite rightly believed they were not using it in its accepted sense. Aristophanes undoubtedly meant that Σωκράτης was ἄθεος when he called him ὁ Μήλιος (*Clouds* 830).

On the other hand, Socrates is quite entitled to show that by adding the charge of introducing καινὰ δαιμόνια Meletus had tacitly dropped the charge of atheism, since the acceptance of δαιμόνια implies the acceptance of δαίμονες, and that in turn the acceptance of θεοί. The argument is no doubt purely verbal, but it is good

190

enough for Meletus. It at least makes it quite clear that no one understood δαιμόνια in the sense of 'divinities'. Cf. 24 c 1 *n.*

26 a 8 τοῦτο μὲν ἤδη δῆλον. It is not quite clear from Schanz whether W adds ἐστίν with T or not. There can hardly have been room for it in B, and it is better away.

b 1 οὔτε μέγα οὔτε μικρόν: cf. 19 c 4 *n.*

b 2 ἐμέλησεν: the play on the name once more.

b 5 ταῦτα, object of διδάσκων ('interlaced order').

b 8 ὧν νῦν ὁ λόγος ἐστίν, i. e. οὓς νῦν λέγομεν, ' of whom we are now speaking', rather different from περὶ ὧν ὁ λόγος ἐστίν.

c 1 πότερον ... is answered by c 5 ἤ ...

c 2 νομίζειν εἶναί τινας θεούς. By quietly interpolating εἶναι, Socrates takes advantage of the ambiguity of νομίζω, which means 'think' when followed by the accusative and infinitive. This way of speaking is also found in Herodotus. Cf. iii. 16 Πέρσαι ... θεὸν νομίζουσι εἶναι πῦρ. Socrates is determined to bring out the real meaning of Meletus, so he must show that belief in δαιμόνια (πράγματα) implies belief in δαίμονες.

d 1 ἵνα τί, sc. γένηται; *ut quid?* 'What makes you say that?' Cf. *Symp.* 205 a 2 ἵνα τί δὲ βούλεται εὐδαίμων εἶναι ὁ βουλόμενος ; So Ar. *Clouds* 1192 ἵνα δὴ τί τὴν ἔνην προσέθηχ' ;

οὐδὲ ἥλιον οὐδὲ σελήνην κτλ. It is essential to the argument that Helios and Selene were not regular objects of worship in the public religion of Athens. At this date they were not identified with Apollo and Artemis (C.G.S. iv. 136 sqq., ii. 457 sqq.), and the scanty traces of Helios-worship at Athens are of late date. In Aristophanes, *Peace* 406 sqq., we are told that Helios and Selene are betraying Hellas to the barbarians, and the reason is given, ὁτιὴ νὴ Δία | ἡμεῖς μὲν ὑμῖν (the Olympian gods) θύομεν, τούτοισι δὲ | οἱ βάρβαροι θύουσιν. Socrates raises this issue deliberately, as he wishes to expose the true character of the old διαβολή by showing that Meletus is really thinking of his association with the school of Anaxagoras, though he could not say so, now that the psephism of Diopeithes was invalidated by the Amnesty. He does this by inserting εἶναι after νομίζω. No Athenian could be expected to worship Helios or Selene, but he might 'think them to be gods', since Helios was the great god of Rhodes, and Selene was worshipped at Elis and elsewhere.

191

26 d 4 ὦ ἄνδρες δικασταί. Meletus employs the formula which Socrates avoids (17 a 1 *n.*).

τὸν μὲν ἥλιον λίθον κτλ. Socrates has skilfully entrapped Meletus into blurting out what he really meant all along (cf. *Euth.* 3 b 2 *n.*). The doctrines of Anaxagoras were notorious (E. Gr. Phil.³ § 133), and Socrates had been the ἑταῖρος of his successor Archelaus, but it was impossible for him to be accused on that ground. If the prosecution had been based on the psephism of Diopeithes, Socrates could have replied that it was invalidated by the Amnesty, and would have been entitled to put in a παραγραφή, which would have given him the right to speak first and to have further proceedings suspended till that issue was determined.

d 6 Ἀναξαγόρου οἴει κατηγορεῖν; 'Do you think it is Anaxagoras you are accusing?' The suggestion is that Meletus is hopelessly out of date, and this is all the more emphatic if we accept (as I feel sure we must) Taylor's view that the trial of Anaxagoras took place *c.* 450 B.C. (see C.Q. xi. 81 sqq. and E. Gr. Phil.³ § 124).

d 7 ἀπείρους γραμμάτων, 'unable to read or write', 'illiterate'. This clearly implies that there was already a reading public at Athens.

d 10 εἰ πάνυ πολλοῦ, 'at the very outside', lit. 'if (you buy them) at a very high price', cf. *Alc.* 123 c 6 κόσμος ἴσως ἄξιος μνῶν πεντήκοντα εἰ πάνυ πολλοῦ, *Gorg.* 511 e 1 ἐὰν πάμπολυ . . . δύο δραχμὰς ἐπράξατο.

δραχμῆς . . . πριαμένοις. The editors express surprise at the low price of the book, but we must remember that it would be a very short one, and that the cost of production would be small. In the absence of copyright there were no 'royalties' to pay and no expenses of distribution or advertising. The bookseller had only to invest a small capital in literate slaves (say 5 minae a head) and to provide papyrus and ink. Moreover, it is misleading to say that a drachma was 'about 10*d.* of our money'; for that ignores the change in the purchasing power of silver. It was something more like four shillings and sixpence.

e 1 ἐκ τῆς ὀρχήστρας. This name was given, not only to the orchestra in the Dionysiac theatre, but also to the part of the Agora where the statues of Harmodius and Aristogeiton stood. Timaeus mentions this in his *Lexicon* ('Ορχήστρα· τὸ τοῦ θεάτρου μέσον χωρίον, καὶ τόπος ἐπιφανὴς εἰς πανήγυριν, ἔνθα Ἁρμοδίου καὶ Ἀριστογείτονος εἰκόνες), which goes to show that the early interpreters of Plato understood the present passage to refer to it. There is no evidence that the book-market (τὰ βιβλία, Pollux ix. 47) was there, but it is hardly possible to understand the words of the text otherwise. The old view, that Socrates means to say that people could buy the opinions of Anaxagoras 'from the orchestra' by paying to see the tragedies of Euripides, is most improbable. The price of admission to the theatre was only two obols. Besides, as Schanz remarks, they would not have learnt in this way that the doctrines were those of Anaxagoras, which is the whole point. They might just as well be those of Socrates, who was known to be intimate with Euripides. Above all, the words καὶ οἴει αὐτοὺς ἀπείρους γραμμάτων εἶναι can only refer to reading the book for themselves. That is decisive.

6 e 2 οὕτως ἄτοπα ὄντα, 'so strange', 'so singular', that their authorship could not be forgotten. In the *Phaedo* (98 c 2), where he is expressing his early disappointment with the book of Anaxagoras, Socrates uses the same word. Anaxagoras, he says, made no real use of Mind as a cause, but assigned all causality to ἀέρας ... καὶ αἰθέρας καὶ ὕδατα ... καὶ ἄλλα πολλὰ καὶ ἄτοπα. It must be remembered that, for an educated Athenian in the second half of the fifth century B.C., the cosmology of Anaxagoras really was retrograde. He still held, for instance, that the earth was flat, though the Pythagorean discovery of its sphericity must have been well known at Athens (E. Gr. Phil.³ § 135). In the *Phaedo* (97 d 8) we are told that this very question (πότερον ἡ γῆ πλατεῖά ἐστιν ἢ στρογγύλη) was one of those on which Socrates had hoped to get some light from the book of Anaxagoras, whom he never seems to have met. That is an argument for Taylor's view (cf. 26 d 6 *n.*). If Anaxagoras had remained at Athens till just before the Peloponnesian War, it is impossible to understand how Socrates could have failed to know him personally. Xenophon, too, was aware, either at first hand or, more probably, from Plato, that Socrates had criticized the cosmology of Anaxagoras. Cf. *Mem.* iv. 7, 6 κινδυνεῦσαι δ' ἂν ἔφη καὶ παραφρονῆσαι ('to go out of his wits') τὸν ταῦτα (sc. τὰ οὐράνια) μεριμνῶντα οὐδὲν ἧττον ἢ 'Αναξαγόρας παρεφρόνησεν ὁ μέγιστον φρονήσας ἐπὶ τῷ τὰς τῶν θεῶν μηχανὰς ἐξηγεῖσθαι. One of the theories he criticizes is just that mentioned in the text (τὸν ἥλιον λίθον διάπυρον εἶναι). It is not to be believed that Socrates ever spoke

cf Anaxagoras in this way, but it is quite probable that Xenophon is right in saying that he insisted on the unimportance of such inquiries in comparison with self-knowledge. Cf. *Phaedr.* 229 e 4 ἐμοὶ δὲ πρὸς αὐτὰ (mythological speculations) οὐδαμῶς ἐστι σχολή· τὸ δὲ αἴτιον, ὦ φίλε, τούτου τόδε. οὐ δύναμαί πω κατὰ τὸ Δελφικὸν γράμμα γνῶναι ἐμαυτόν· γελοῖον δή μοι φαίνεται τοῦτο ἔτι ἀγνοοῦντα τὰ ἀλλότρια σκοπεῖν.

26 e 6   Ἄπιστός γ' εἶ κτλ. 'What you say is incredible, and that too, as I think, to yourself.' Greek prefers the personal expression, which is not natural in English. The point Socrates is making is that Meletus understands the accusation so little that he can be made to contradict himself without difficulty.

e 8   ἀτεχνῶς, 'just'. Cf. *Euth.* 3 a 7 *n.*

27 a 1   συντιθέντι διαπειρωμένῳ, 'making trial of me by composing a riddle'. The first participle is subordinate to the second.

a 2   χαριεντιζομένου, i. e. σοφιζομένου. Cf. 24 c 5 *n.*

a 8   ᾗ μοι φαίνεται κτλ., 'on what grounds I hold this to be the meaning of his words'.

     ταῦτα λέγειν, sc. Ἀδικεῖ Σωκράτης θεοὺς οὐ νομίζων, ἀλλὰ θεοὺς νομίζων (27 a 5).

a 9   ὅπερ . . . παρῃτησάμην: cf. 17 c 6 *n.*

b 1   μὴ θορυβεῖν: cf. 17 d 1 *n.*

b 3   Ἔστιν ὅστις κτλ. The following argument has two stages which must be carefully distinguished. It is shown (1) that *belief in* δαιμόνια (πράγματα) *implies belief in* δαίμονες (27 b 3–c 10), and (2) that *belief in* δαίμονες *implies belief in* θεοί (27 c 10–e 3).

b 4   οὐ νομίζει, sc. εἶναι.

b 5   καὶ μὴ ἄλλα καὶ ἄλλα θορυβείτω, 'and not make one interruption after another'. Meletus feels that he has been trapped. For the expression cf. Xen. *An.* i. 5, 12 ἄλλος . . . καὶ ἄλλος, εἶτα πολλοί, vii. 6, 10 μετὰ τοῦτον ἄλλος ἀνέστη ὁμοίως καὶ ἄλλος, *Cyr.* iv. 1, 15 εἰ δ' ἀπλήστως χρώμενοι ταύτῃ (sc. τῇ ἡδονῇ) ἄλλην καὶ ἄλλην πειρασόμεθα διώκειν κτλ.

b 9   τὸ ἐπὶ τούτῳ γε, 'my *next* question'. The phrase is not simply equivalent to τὸ μετὰ τοῦτο, but introduces the statement (or, as here, the question) to which the others lead up.

c 1   ἔσθ' ὅστις κτλ. This sentence makes it clear (1) that δαιμόνια means δαιμόνια πράγματα, and (2) that Socrates is deliberately playing on the ambiguity of νομίζει and νομίζει εἶναι.

7 C 4 Ὡς ὤνησας ὅτι . . . , 'How good of you to answer—reluctantly and under compulsion'. Socrates required a major premiss for his syllogism, and now he has got it admitted. For the phrase cf. *Hipp. mi.* 373 a 4 ὥσπερ δὲ ἄρτι εἰ 'θέλεις μοι ἀποκρίνεσθαι, πάνυ ὀνήσεις, Ar. *Lys.* 1033 νὴ Δί' ὤνησάς γέ με.

c 5 οὐκοῦν δαιμόνια κτλ. This is the minor premiss, which is already admitted in the indictment. 'New or old, no matter, I at least (ἀλλ' οὖν . . . γε) acknowledge divine things of some sort.'

c 7 διωμόσω is equivalent to ἀντωμόσω (cf. ἀντωμοσία). The δια- in such compounds expresses reciprocity or contention.

ἐν τῇ ἀντιγραφῇ. Harpocr. Πλάτων δὲ ἐν τῇ Σωκράτους ἀπολογίᾳ τὸ αὐτὸ καλεῖ ἀντωμοσίαν καὶ ἀντιγραφήν. It means presumably the officially attested copy of the ἀντωμοσία (19 b 3 *n.*).

Bekk. *Anecd.* p. 200, 12 κοινῶς δέ ἐστιν ἀντιγραφὴ ἐν ταῖς δίκαις ταῖς δημοσίαις τὰ τῶν δικαζομένων γράμματα περὶ τοῦ πράγματος καὶ τοῦ φεύγοντος καὶ τοῦ διώκοντος.

c 10 τίθημι . . . σε ὁμολογοῦντα, 'I set you down as admitting it'. He can fairly do that, since Meletus has admitted the major and minor premisses, of which this is the conclusion.

τοὺς δὲ δαίμονας κτλ. This is the *second* step in the argument (cf. b 3 *n.*), and its conclusion is : *Belief in* δαίμονες *implies belief in* θεοί.

d 1 φῂς ἢ οὔ; 'yes or no?'

d 4 εἴπερ δαίμονας ἡγοῦμαι . . . d 7 ἐπειδήπερ γε δαίμονας ἡγοῦμαι. The protasis is repeated in a slightly altered form after the apodosis (*a b a*), a common Platonic idiom. If δαίμονες is only another word for θεοί, *cadit quaestio*. In Homer it is difficult to draw any distinction between θεός and δαίμων, though in later writers, especially in Plato himself, the conception of δαίμονες as intermediate beings becomes important. Cf. esp. *Symp.* 202 d 13.

d 5 τοῦτ' ἂν εἴη κτλ., 'this will be the ingenious riddle I attribute to you'. For αἰνίττεσθαι cf. 21 b 3 *n.*, and for χαριεντίζεσθαι cf. 24 c 5 *n.*

d 8 ἢ ἐκ νυμφῶν κτλ. Observe that the nymphs are goddesses. They are mentioned here in order to bring in the case of demigods who have a mortal father and a divine mother like Achilles, who is definitely called ἡμίθεος below (28 c 1), as Thetis is called θεός (28 c 5). It is this that justifies the insertion of μήτε ἥρωας at the end of the argument (28 a 1). Then ἔκ τινων ἄλλων κτλ. refers to human mothers.

27 d 9   ὧν, i. e. ἐξ ὧν. The preposition is not usually repeated with the relative if it has been used with the antecedent.

τίς ἂν ἀνθρώπων κτλ. In the *Rhetoric* Aristotle takes this as an instance of the second type of ἐρώτησις.

Rhet. Γ. 18, 1419 a 5 δεύτερον δὲ ὅταν τὸ μὲν φανερὸν ᾖ, τὸ δὲ ἐρω-τήσαντι δῆλον ᾖ ὅτι δώσει· πυθόμενον μὲν γὰρ δεῖ τὴν μίαν πρότασιν μὴ προσερωτᾶν τὸ φανερόν, ἀλλὰ τὸ συμπέρασμα εἰπεῖν, οἷον Σωκράτης Μελήτου οὐ φάσκοντος αὐτὸν θεοὺς νομίζειν εἰρηκεν εἰ δαιμόνιόν τι λέγοι, ὁμολογήσαντος δὲ ἤρετο εἰ οὐχ οἱ δαίμονες ἤτοι θεῶν παῖδες εἶεν ἢ θεῖόν τι, φήσαντος δὲ "ἔστιν οὖν", ἔφη, "ὅστις θεῶν μὲν παῖδας οἴεται εἶναι, θεοὺς δὲ οὔ;". It will be seen that Aristotle quotes from memory as usual. As a matter of fact Socrates does ἐρωτᾶν τὸ φανερόν, i. e. that belief in δαιμόνια implies belief in δαίμονες.

e 1   ὥσπερ ἂν εἴ τις κτλ., 'as if a man were to believe in the existence of the children of mares or, it may be, of she-asses'. As we are speaking of mothers (ἢ ἐκ νυμφῶν ἢ ἔκ τινων ἄλλων), it is at once suggested that we are to take ἵππων and ὄνων as feminine. The mule proper has an ass for sire and a mare for dam, but there is also the hinny, which has a stallion for sire and a she-ass for dam. These correspond to the two classes of θεῶν παῖδες mentioned above, the children of mortal men and nymphs and those of gods and mortal women. For this classification of ἥρωες cf. *Crat.* 398 d 1 πάντες ... γεγόνασιν ἐρασθέντος ἢ θεοῦ θνητῆς ἢ θνητοῦ θεᾶς. Then τοὺς ἡμιόνους is maliciously added to suggest τοὺς ἡμιθέους. Simonides addressed the mules of Anaxilas as ἀελλοπόδων θύγατρες ἵππων (fr. 7).

e 3   ταῦτα ... ἀποπειρώμενος ἡμῶν, 'by way of making this experiment on us', i. e. the experiment described above (27 a 1) διαπειρωμένῳ· Ἀρα γνώσεται κτλ.

e 6   ὡς οὐ τοῦ αὐτοῦ κτλ. This is a puzzle at first sight, and no doubt was meant to be so. Socrates has been playing with Meletus all along, and this sentence (which should be read rapidly) is intended to leave him gasping. Nevertheless, it works out quite correctly if we take time to it. The first point is that a man who believes in δαιμόνια will necessarily believe in θεῖα (τοῦ αὐτοῦ ἔστιν καὶ δαιμόνια καὶ θεῖα ἡγεῖσθαι). That is the *second* stage in the argument (cf. 27 b 3 *n.*), and it is out of the question that Meletus should convince any sensible man that it is wrong. With καὶ αὖ we revert to the *first* stage of the argument, where it was shown that belief in δαίμονες implies belief in θεοί (note the chiastic arrangement). It is out of the question that this same man (τοῦ αὐτοῦ is the man who believes both in δαιμόνια and θεῖα) should disbelieve in δαίμονες and θεοί. The words μήτε ἥρωας have given trouble, as the heroes have not yet been mentioned. See, however, d 8 *n.*, where it is shown that they are implied.

I owe the interpretation of this sentence mainly to Mr. Garrod (C.R. xx. 212), and I now withdraw the doubts about the text which I formerly shared with other editors.

IV. *The divine mission of Socrates* (28 a 2–34 b 5).

Having disposed of Meletus, Socrates makes his serious defence. In form, it is a digression; in fact, it is the most important part of the speech.

It is by no means improbable that Socrates should have spoken in court like this. There would certainly be a considerable number of dicasts who could be counted on to understand him. In any case, we have here what Plato himself regarded as the true answer to the accusation.

The introduction to this section, with its appeal to the example of Homer's Achilles, raises the tone of the speech above the dialectical fence which was appropriate in dealing with Meletus.

28 a 4   ἱκανὰ καὶ ταῦτα. This form of *praeteritio* (παράλειψις) is extremely common in the Orators. Cf. Lys. 12 § 79 ἱκανά μοί ἐστι τὰ κατηγορημένα, 31 § 34 ἱκανά μοι νομίζω εἰρῆσθαι, καίτοι πολλά γε παραλιπών, 7 § 9 ἀλλὰ . . . περὶ μὲν τῶν πρότερον γεγενημένων πολλὰ ἔχων εἰπεῖν ἱκανὰ νομίζω τὰ εἰρημένα. Here again Socrates shows himself not quite so strange to the λέξις of the courts as he professed to be.

ἐν τοῖς ἔμπροσθεν, 23 a 1 sqq.

a 6   αἱρεῖ, 'is like to convict me'. The *praesens propheticum* is specially common with verbs like αἱρῶ and ἁλίσκομαι, as may be seen from the examples in S.C.G. § 194.

I have given the reading of T rather than the αἱρήσει of BW, which is more likely to be a correction.

a 8   πολλοὺς καὶ ἄλλους καὶ ἀγαθοὺς ἄνδρας, 'many other good men too'. The first καί is not co-ordinate with the second, but the phrase πολλοὶ καὶ ἄλλοι, 'many others too', is combined with πολλοὶ καὶ ἀγαθοί, 'many good men'.

28 b 1 αἱρήσει. For the finite verb after οἶμαι cf. *Gorg.* 460 a 3 ἀλλ' ἐγὼ μὲν οἶμαι ... καὶ ταῦτα παρ' ἐμοῦ μαθήσεται. The same construction is implied in the common use of the nominative after οἶμαι δὲ καί (cf. *Euth.* 3 e 5 *n.*),

Here too the αἱρήσειν of BW looks like a correction.

οὐδὲν ... δεινὸν μὴ ἐν ἐμοὶ στῇ, 'there is no fear of its stopping at me'. For οὐδὲν δεινόν cf. *Phaed.* 84 b 4 οὐδὲν δεινὸν μὴ φοβηθῇ, *Gorg.* 520 d 5 οὐδὲν δεινὸν αὐτῷ μήποτε ἀδικηθῇ, *Rep.* 465 b 8 οὐδὲν δεινὸν μή ποτε ... διχοστατήσῃ. For the impersonal (or rather subjectless) use of ἵστασθαι cf. Ar. *Eth. Nic.* Z. 9, 1142 a 29 στήσεται γὰρ κἀκεῖ.

b 6 ὑπολογίζεσθαι, 'to take into account', a metaphor from bookkeeping, literally of an entry *per contra* (cf. *Crito* 48 d 4). Then κίνδυνον is 'risk' rather than 'danger', τοῦ ζῆν ἢ τεθνάναι being added because that is the alternative of which one takes the risk. A man 'risks his life' and also 'risks death'.

b 7 ὅτου τι ... ὄφελός ἐστιν, 'a man who is good for anything'. Cf. *Euth.* 4 e 9 οὐδὲν γὰρ ἄν μου ὄφελος εἴη, *Crito* 46 a 2 εἴ τι καὶ μικρὸν ἡμῶν ὄφελος ἦν, 54 a 9 εἴπερ γέ τι ὄφελος αὐτῶν ἐστιν, and several times in the *Laws*.

b 9 φαῦλοι, 'poor creatures', 'fools' (certainly not 'bad', as Fowler translates it). It was only of his folly that the objector thought Socrates should be ashamed. The meaning of φαῦλος depends very much on the context in which it stands. Here it is the opposite of ἄνδρα ὅτου τι καὶ σμικρὸν ὄφελός ἐστιν.

c 1 τῶν ἡμιθέων. The application of this term to the Homeric heroes is correct. Cf. *Il.* xii. 23 ἡμιθέων γένος ἀνδρῶν, Hes. *Op.* 159 ἀνδρῶν ἡρώων θεῖον γένος, οἳ καλέονται | ἡμίθεοι.

c 2 ὁ τῆς Θέτιδος υἱός κτλ. The reference is to *Il.* xviii. 94 sqq., when Thetis appears to Achilles after the death of Patroclus. The same scene is alluded to in *Symp.* 179 e 1 sqq.

c 3 παρὰ τὸ αἰσχρόν τι ὑπομεῖναι, 'in comparison with dishonour', 'when the alternative was disgrace' (Church).

c 4 ὥστε ... c 8 ὁ δὲ τοῦτο ἀκούσας, anacoluthon occasioned by the parenthesis.

8 c 6 Ὦ παῖ represents τέκος in *Il.* xviii. 95.
The omission of ὦ παῖ in B is a mere slip occasioned by οἶμαι. The words are in TW, and were at once supplied by the contemporary corrector of B (B²).
εἰ τιμωρήσεις, fut. ind. in 'monitory' protasis.

c 7 αὐτίκα κτλ. *Il.* xviii. 96 αὐτίκα γάρ τοι ἔπειτα μεθ᾽ Ἕκτορα πότμος ἑτοῖμος.

d 2 Αὐτίκα κτλ. *Il.* xviii. 98 αὐτίκα τεθναίην ἐπεὶ οὐκ ἄρ᾽ ἔμελλον ἑταίρῳ | κτεινομένῳ ἐπαμῦναι, 104 ἀλλ᾽ ἧμαι παρὰ νηυσίν, ἐτώσιον ἄχθος ἀρούρης. The substitution of κορωνίσιν for ἐτώσιον only means that Plato is quoting from memory as usual. The most familiar texts are the most exposed to misquotation, and it was not very easy to verify quotations in papyrus rolls.

d 4 μή... οἴει, *num putas*.

d 7 ὑπ᾽ ἄρχοντος, 'by his officer'. As we see from what follows, Socrates regards himself as a soldier of God, whose orders he must not disobey. This has nothing to do with the 'divine sign' which gave only prudential and negative intimations.

d 9 μηδὲν ὑπολογιζόμενον... πρὸ τοῦ αἰσχροῦ, 'taking dishonour into account before everything else', the danger of death, &c., being a secondary consideration. So *Crito* 48 d 3 μὴ οὐ δέῃ ὑπολογίζεσθαι οὔτ᾽ εἰ ἀποθνῄσκειν δεῖ... οὔτ᾽ ἄλλο ὁτιοῦν πάσχειν πρὸ τοῦ ἀδικεῖν.

d 10 δεινὰ ἂν εἴην εἰργασμένος... εἰ κτλ., 'it would be strange conduct on my part if, *whereas* on those occasions I..., in this case I should...'. Another form of the *argumentum ex contrariis*, for which see 20 c 6 n.

e 1 οὓς ὑμεῖς εἵλεσθε ἄρχειν μου. All military offices were filled by election (χειροτονία), not by lot. The dicasts are regularly addressed as ὑμεῖς because they represent the sovereign people in its judicial capacity.
For the construction Schanz compares Ditt. *Syll.* 79 (101), 13 οἱ ᾑρημένοι ὑπὸ τοῦ δήμου εἰσπράττειν τὰ ὀφειλόμενα χρήματα, Lys. 30 § 29 Νικόμαχον εἵλεσθε ἀναγράφειν τὰ πάτρια.

e 2 ἐν Ποτειδαίᾳ, 432 B.C., when Socrates was about thirty-seven. In the *Symposium* (219 e 5 sqq.) Alcibiades gives an account of the conduct of Socrates on that campaign. It was there that he once stood in a trance for twenty-four hours, and that he saved the life of Alcibiades. The military record of Socrates was highly distinguished, a fact which should never be forgotten in estimating his character.

28 e 2 ἐν Ἀμφιπόλει. This is the only reference to Socrates having taken part in a battle there. It has been generally assumed (by myself among others) that the famous battle of 422 B.C., in which Cleon and Brasidas lost their lives, is meant; but there are serious difficulties about this. We know that Cleon had only 1,200 hoplites under his command (Thuc. v. 2). It is very unlikely that it was necessary to call up the older men for a distant expedition to provide such a force as that, and Socrates was over forty-seven at the time. It seems more probable that the reference is to the fighting which accompanied the founding of Amphipolis in 437-6 B.C., when Socrates was about thirty-two. If he took part in the siege of Samos in 440 B.C. (cf. *Crito* 52 b 6 *n.*) it is pretty safe to assume that he saw service elsewhere between that and Potidaea. Whichever view we take, the three battles are out of their chronological order, but it is perhaps easier to assume that Potidaea and the earlier battle of Amphipolis have been transposed than that this has happened with Delium (424 B.C.) and Amphipolis (422 B.C.).

ἐπὶ Δηλίῳ (424 B.C.), not ἐν Δηλίῳ, for it was not a town, but a temple and precinct of the Delian Apollo (cf. Xen. *Mem.* iii. 5, 4 ἐν Λεβαδείᾳ . . . ἐπὶ Δηλίῳ). Socrates was about forty-five at this time, but there is no such difficulty as there is about the battle of Amphipolis two years later. On this occasion the Athenians took the field πανδημεί (Thuc. iv. 90), and Hippocrates had no less than 7,000 regular hoplites under him. In these circumstances a man of forty-five might very well be called up. In *Symp.* 221 a 2 sqq. Alcibiades is made to give a vivid account of the coolness and courage of Socrates in the retreat. Alcibiades accompanied him and Laches on horseback, and he compares his bearing favourably with that of Laches. In the *Laches* (181 b 1) Laches himself is made to say that, if the rest had behaved like Socrates, Athens would have been spared defeat.

e 3 ὥσπερ καὶ ἄλλος τις, 'like many another'. The phrase is a modest one, and has just the opposite effect to εἴ τις καὶ ἄλλος.

e 4 τάττοντος . . . με δεῖν ζῆν, 'when God assigned to me the post of living a life of philosophy'. The infinitive δεῖν is often pleonastic in cases like this. The ordinary Athenian would no doubt think Socrates was referring to the Delphic oracle, but of course he meant more than that for those who knew him well. He was the servant of Apollo in quite another sense (*Phaed.* 85 a 2 *n.*).

28 e 5 φιλοσοφοῦντα κτλ. Socrates regarded τὸ φιλοσοφεῖν as his business in life. Cf. below 29 c 8 and d 5. So too in *Symp.* 218 a 3 Alcibiades speaks of himself as τὴν καρδίαν ἢ ψυχὴν . . . πληγείς τε καὶ δηχθεὶς ὑπὸ τῶν ἐν φιλοσοφίᾳ λόγων, ib. b 3 πάντες γὰρ κεκοινωνήκατε τῆς φιλοσόφου μανίας. From these passages (and many others) it is equally clear that Socrates did not employ the term in the popular sense which is implied in Herodotus (i. 30), and which survives in Isocrates, with whom it means something like 'culture'. I have pointed out elsewhere (E. Gr. Ph.³ p. 278, *n.* 1) that there are grounds for ascribing the use of the word in a deeper sense to Pythagoras and his followers. It was this which Socrates introduced (for the first time, so far as we can see) into Athens.

29 a 2 εἰσάγοι: cf. 24 d 5 *n.*

a 3 ἀπειθῶν τῇ μαντείᾳ. The verb ἀπειθεῖν is a solemn one, and is generally used of disobedience to God or the State (cf. *infra* b 6). The ordinary Attic word for 'to disobey' is ἀπιστεῖν (see below 29 c 1 *n.*).

a 6 ἃ οὐκ οἶδεν, sc. τις to be supplied from the subject of the infinitive, as often.

a 7 οὐδ' εἰ τυγχάνει, 'whether it is not really'.

b 1 καίτοι κτλ., 'but surely this is just the reprehensible kind of folly' (the pronoun assimilated to the predicate in gender as usual). The reference is to 21 d 5.

The reading καίτοι rests only on the authority of Eusebius, but it commends itself at once. With the reading of the MSS. (καὶ τοῦτο) we must take αὕτη ἡ ἐπονείδιστος together, 'this reprehensible folly' (of which we have spoken already).

b 3 τούτῳ, 'by this much', dat. of measure of difference, like b 4 τῷ and τούτῳ ἄν (sc. φαίην διαφέρειν). καὶ ἐνταῦθα, 'in this case too', as in the cases mentioned above 21 d 5, 22 c 6, 22 e 4. Then ἄν (b 5) implies φαίην σοφώτερος εἶναι.

b 6 ἀπειθεῖν: cf. 29 a 3 *n.*

b 7 πρὸ οὖν τῶν κακῶν κτλ., an extension of the use of πρό with ὑπολογίζεσθαι above 28 d 9 (see note *in loc.*).

29 b 9 οὐδ' εἰ κτλ. suggests some such apodosis as οὐ μὴ παύσωμαι φιλο-σοφῶν, but the construction is interrupted by the clause about Anytus and resumed in an altered form at c 5 εἰ μοι κτλ., and once more at d 1 εἰ οὖν με κτλ., where also b 9 εἰ . . . ἀφίετε is altered to d 2 εἰ . . . ἀφίοιτε to suit the apodosis εἴποιμ' ἂν κτλ. The effect of holding on the protasis like this is to add emphasis to the apodosis when it does come.

c 1 Ἀνύτῳ ἀπιστήσαντες, 'refusing to do as Anytus bids you'.

The vulgate had ἀπειθήσαντες, and ἀπειθεῖν is certainly used above (29 a 3; b 6). It is, however, a solemn word (see 29 a 3 n.), and ἀπιστεῖν is the ordinary Attic for 'to disobey' (so even Herodotus vi. 108 and the tragedians). Cf. Suidas ἀπιστεῖ· δοτικῇ· τὸ ἀπειθεῖν, λέγουσι δὲ καὶ ἀπιστίαν τὴν ἀπείθειαν, καὶ ἄπιστος ὁ μὴ πειθόμενος. οὕτω Πλάτων. It would probably have seemed exaggerated to use a word like ἀπειθεῖν of not doing what Anytus told them to do, so the reading of the best MSS. (BTW) is to be preferred.

ὃς ἔφη κτλ. This must certainly be a quotation from the actual speech of Anytus as συνήγορος, and it suggests, what would be pretty clear in any case, that he had hoped Socrates would remove himself from Athens before the trial came on. As he had not chosen to do so, the death penalty had become inevitable. There is a similar argument in Aeschines I § 192 εἰ μὲν δώσει τῶν ἐπιτηδευμάτων Τίμαρχος δίκην, ἀρχὴν εὐκοσμίας ἐν τῇ πόλει κατασκευάσετε· εἰ δ' ἀποφεύ-ξεται, κρείττων ἦν ὁ ἀγὼν μὴ γεγενημένος. In certain cases it is better not to prosecute than to prosecute and fail to secure a conviction. The possibility that Socrates might have avoided the trial altogether is also hinted at in *Crito* 45 e 3 ἡ εἴσοδος τῆς δίκης εἰς τὸ δικαστήριον ὡς εἰσῆλθεν ἐξὸν μὴ εἰσελθεῖν.

τὴν ἀρχήν, 'at all', used only in conjunction with a negative in normal Attic.

c 2 δεῦρο εἰσελθεῖν, 'to be brought into court', εἰσέρχομαι being the virtual passive of εἰσάγω (24 d 5 n.). For δεῦρο = εἰς ἡμᾶς, εἰς τὸ δικαστήριον, cf. 26 a 6 δεῦρο δὲ εἰσάγεις.

c 3 εἰ διαφευξοίμην. The use of the fut. opt. implies that Anytus used the monitory protasis εἰ διαφεύξεται, 'if he is to slip through your hands'. Cf. the passage of Aeschines quoted on c 1.

c 4 ἤδη [ἂν] . . . διαφθαρήσονται. It is probable that all instances in Attic writers of ἂν with the future indicative should be emended, and it is generally easy to do so (S.C.G. § 432).

In the present case, ἄν may be due to dittography of the syllable δη in ἤδη, δή and ἄν being constantly interchanged in uncial writing. See also 30 b 8 *n*.

29 d 3 ἀσπάζομαι . . . καὶ φιλῶ, 'I have the utmost regard and affection for you'. Cf. *Rep.* 607 a 1 φιλεῖν μὲν χρὴ καὶ ἀσπάζεσθαι ὡς ὄντας βελτίστους εἰς ὅσον δύνανται.

d 6 ἐνδεικνύμενος: cf. 23 b 7 ἐνδείκνυμαι ὅτι οὐκ ἔστι σοφός.

d 7 πόλεως τῆς μεγίστης κτλ. Such a description hardly fits the Athens of 399 B.C., but it is a fine touch to make Socrates use the language of the Periclean age, to which he really belonged. The words σοφία and ἰσχύς are also used in their Periclean sense, and refer to the artistic glories and imperial might of an Athens that had passed away. For the construction cf. Dem. 19 § 69 Ἀθηναῖοι, τῆς ἐλευθερωτάτης πόλεως.

d 8 χρημάτων . . . δόξης καὶ τιμῆς . . . φρονήσεως δὲ καὶ ἀληθείας. This enumeration implies the doctrine of the 'tripartite soul'; for it gives the objects of τὸ ἐπιθυμητικόν, τὸ θυμοειδές, and τὸ λογιστικόν. We have the authority of Posidonius for saying that the doctrine in question was really Pythagorean. See *Phaed.* 68 c 2 *n*.

e 1 φρονήσεως . . . καὶ ἀληθείας. In Plato there is no distinction between φρόνησις and σοφία. Cf. *Euth.* 2 c 6 *n*.

τῆς ψυχῆς κτλ. Socrates appears to have been the first Greek to speak of the ψυχή as the seat of knowledge and ignorance, goodness and badness (cf. my paper, *The Socratic Doctrine of the Soul*, in B.A. 1915-16, pp. 243 sqq.). It followed that the chief duty of man was to 'care for his soul' (ἐπιμελεῖσθαι τῆς ψυχῆς ὅπως ὅτι φρονιμωτάτη καὶ βελτίστη ἔσται), sometimes more briefly expressed as ἐπιμελεῖσθαι ἀρετῆς or ἐπιμελεῖσθαι αὑτοῦ, whence the importance of the argument in *Alc.* 130 a 7 sqq. that the self (αὐτός) is the soul (ψυχή). For the phraseology cf. below e 2, 30 b 2, 31 b 5, 36 c 6, 39 d 7, 41 e 4. So *Laches* 186 a 5 προθυμούμενοι αὐτοῖν (τοῖν υἱέοιν) ὅτι ἀρίστας γενέσθαι τὰς ψυχάς. This rule of ἐπιμέλεια ψυχῆς was the fundamental thing in the teaching of Socrates. There are a good many traces of it in Isocrates, who is hardly likely to have borrowed it from Plato, who was considerably his junior.

Isocr. 15 § 290 αὐτοῦ πρότερον ἢ τῶν αὑτοῦ ποιήσασθαι τὴν ἐπιμέλειαν . . . μηδ' οὕτω χαίρειν μηδὲ μέγα φρονεῖν ἐπὶ τοῖς ἄλλοις ἀγαθοῖς ὡς ἐπὶ τοῖς ἐν τῇ ψυχῇ διὰ τὴν παιδείαν ἐγγιγνομένοις. The phraseology here is distinctly Socratic, and we know from the *Phaedrus* (278 e 5 sqq.) that Isocrates had been a ἑταῖρος of Socrates.

29 e 4   ἐρήσομαι ... ἐξετάσω ... ἐλέγξω ... Note the climax: 'I shall question him, examine him, and convict him'.

30 a 3   ὅτῳ ἂν ἐντυγχάνω ποιήσω, 'I shall do this *for* whomsoever I meet', not '*to* whomsoever', which would be expressed by the acc.

a 4   μᾶλλον δὲ τοῖς ἀστοῖς κτλ. These words mark the distinction between Socrates and the itinerant 'sophists'. When what we call *nationality* is in question, the proper legal term is ἀστός as opposed to ξένος and μέτοικος. Cf. the law of Pericles which excluded from the citizen body ὃς ἂν μὴ ἐξ ἀμφοῖν ἀστοῖν ᾖ γεγονώς (Ar. Ἀθ. Πολ. 26, 4).

a 8   μήτε σωμάτων ἐπιμελεῖσθαι κτλ. The call to ψυχῆς ἐπιμέλεια is repeated with solemn emphasis. We are to understand that this is the central thing in the teaching of Socrates.

After πρότερον we expect ἤ, but οὕτω shifts the construction to ὡς. Similar shifts from 'than' to 'as' are not unknown in familiar English. Nearly alike are 36 d 6 below and *Rep.* 526 c 1 Καὶ μήν ... ἅ γε μείζω πόνον παρέχει μανθάνοντι ... οὐκ ἂν ῥᾳδίως οὐδὲ πολλὰ ἂν εὕροις ὡς τοῦτο. There seem to be about five clear instances of ὡς after a comparative in classical Greek (Schwab, *Syntax der griechischen Comparation*, Heft ii, p. 156). It is not very surprising that Greek occasionally expresses this relation as Latin, French, and German regularly do (*quam, que, als*).

b 3   ἀλλ' ἐξ ἀρετῆς χρήματα κτλ., 'it is goodness that makes money and everything else good for men'. The subject is χρήματα καὶ τὰ ἄλλα ἅπαντα and ἀγαθὰ τοῖς ἀνθρώποις is predicate. We must certainly not render 'from virtue comes money'! This is a case where interlaced order may seriously mislead. As Socrates was now ἐν πενίᾳ μυρίᾳ (23 b 9), he could hardly recommend ἀρετή as a good investment.

b 7   πρὸς ταῦτα, 'in the face of that'. With an imperative πρὸς ταῦτα expresses defiance; it implies that the speaker's mind is made up and cannot be changed, so that the other party must act *in the light of that*. The phrase is specially common in tragedy, cf. e. g. Eur. fr. 910 πρὸς ταῦθ' ὅτι χρὴ καὶ παλαμάσθω κτλ. So also *Charm.* 176 c 8 πρὸς ταῦτα σὺ αὖ βουλεύου ὅτι ποιήσεις.

b 8   οὐκ ἂν ποιήσαντος, representing οὐκ ἂν ποιήσαιμι, 'there is no chance of my doing otherwise'.

The MSS. have ποιήσοντος, another apparent case of ἄν with the fut. pcp. (cf. 29 c 4 *n.*), but Cobet's correction is easy and practically certain. In Dem. 18 § 168 the MSS. have συμπνευσόντων ἄν, and there the correction is quite certain, since the future of πνέω is πνεύσομαι.

c 1   πολλάκις τεθνάναι, 'to die many deaths'. As ἀποθνήσκειν means 'to be dying', the perfect τεθνάναι is regularly used for 'to die' in such phrases. Cf. 41 a 8. So Dem. 9 § 65 τεθνάναι μυριάκις κρεῖττον ἢ κολακείᾳ τι ποιῆσαι Φιλίππῳ, Ar. *Frogs* 613 εἰ πώποτ' ἦλθον δεῦρ', ἐθέλω τεθνηκέναι.

c 2   Μὴ θορυβεῖτε κτλ.: cf. 17 d 1 *n.* We are no doubt to understand that the words just uttered by Socrates provoked a disturbance. The dicasts would be amused by the heckling of Meletus, but to defy the Demos to do its worst was another thing. That is what Xenophon means by the μεγαληγορία of Socrates and finds so hard to understand, though he cannot deny it (see Introductory Note).

ἐμμείνατέ μοι, 'pray abide by'. The proper use of ἐμμένω c. dat. is of abiding by an agreement, promise, or covenant (ἐμμένειν τῇ ὁμολογίᾳ, τῇ συνθήκῃ, ταῖς σπονδαῖς, &c.). Here οἷς ἐδεήθην means the promise I asked you to make (17 d 1 and 20 e 4).

c 9   θεμιτόν, *fas*, 'permitted', as we say. Socrates states one of his fundamental convictions with great solemnity. It is that the only real injury that can be done to any one is to make him a worse man. That is because the only real injury is an injury to the soul. Cf. *Crito* 44 d 6 sqq.

d 2   ἢ ἀτιμώσειεν, 'or might disfranchise me'. Cf. *Rep.* 553 b 4 ἢ ἐκπεσόντα (= ἐξελασθέντα) ἢ ἀτιμωθέντα καὶ τὴν οὐσίαν ἅπασαν ἀποβαλόντα.

The MSS. have ἀτιμάσειεν, which would mean 'he might disparage' or 'despise' me. The proper word ἀτιμώσειεν was restored by Elmsley from Stobaeus (iii, p. 150, 15 Hense). In *Rep.* 553 b quoted above, though ADM have preserved ἀτιμωθέντα, F has ἀτιμασθέντα. The confusion is not uncommon, as the technical use of ἄτιμος, ἀτιμῶ in Attic law had been forgotten. In *Laws* 762 d 5 περὶ τὰς τῶν νέων ἀρχὰς ἠτιμάσθω πάσας the meaning is, as Adam says, more general, but Schanz may have been right in reading ἠτιμώσθω. Ignorance of the verb ἀτιμοῦν has even led the scribes to foist the Homeric verb ἀτιμάω (= Att. ἀτιμάζω) on Isocrates (15 § 175) τοὺς δὲ συκοφαντοῦντας ἀτιμητέον (ἀτιμωτέον corr. Cobet).

30 e 2   ἀτεχνῶς, 'literally'. Cf. 18 c 7, d 6, *Euth.* 3 a 7 *n.*

εἰ καὶ γελοιότερον εἰπεῖν apologizes for the fanciful simile.

e 3   προσκείμενον, *additum*, 'attached', perf. pcp. pass. of προστιθέναι, cf. προστεθηκέναι e 6.

e 4   νωθεστέρῳ, 'rather sluggish'. Suidas νωθέστερος· βραδύτερος.

The form νωθροτέρῳ (T) is equally good, but this is the sort of case where B should prevail.

e 5   ὑπὸ μύωπός τινος, 'by a sort of gadfly' (*tabanus*, Fr. *taon*). That this is the meaning appears from the whole tenor of the passage, and especially from 31 a 1 πανταχοῦ προσκαθίζων, 'settling on every part of you', and a 4 κρούσαντες (see note *in loc.*). The idea of many editors (including Schanz) that μύωψ is used here in its secondary sense of 'spur' does not merit refutation. There would be no occasion to apologize for such a comparison as γελοιότερον.

e 7   ἕνα ἕκαστον. Socrates insists on the individual character of his appeal. Cf. 31 b 4 ἰδίᾳ ἑκάστῳ προσιόντα, 36 c 3 τὸ ἰδίᾳ ἕκαστον ... εὐεργετεῖν κτλ.

31 a 4   κρούσαντες, 'with a single tap'—as you would a μύωψ (Riddell). This is quite inconsistent with the idea that μύωψ means 'a spur'. It is the gadfly settling on the drowsy person that makes him wake up and kill it with a tap.

Though Schanz supposes μύωψ to mean 'a spur', he says 'vgl. das Gedicht Culex'!

a 5   ῥᾳδίως, 'lightly', 'without thinking any more about it'. Cf. 24 c 6.

a 6   εἰ μή τινα κτλ., 'unless God in his goodness to you should send you another'. The verb ἐπιπέμπειν is regularly used of the gods (see L. and S.); cf. *Phaed.* 62 c 7 πρὶν ἀνάγκην τινὰ θεὸς ἐπιπέμψῃ, *Phaedr.* 245 b 6 ὁ ἔρως ... ἐκ θεῶν ἐπιπέμπεται. (See also *Crito* 46 c 5 *n.*) It does not mean 'send to succeed me' (Williamson).

b 1   οὐ γὰρ ἀνθρωπίνῳ ἔοικε, 'it has not the look of a merely human occurrence', i.e. it appears to be something beyond the range of merely human agency. 'No merely human motive would account for ...' It is clearly implied here that Socrates was not originally a poor man.

31 b 5 ἐπιμελεῖσθαι ἀρετῆς, i.e. ἐπιμελεῖσθαι τῆς ψυχῆς ὅπως ἔσται ὡς βελτίστη.

εἰ μέν τι . . . ἀπέλαυον, 'if I got anything out of it'.

b 7 εἶχον ἄν τινα λόγον, 'my conduct would be intelligible'. A thing is said ἔχειν λόγον when it admits of something being said in explanation or justification of it. This is then personalized, as here, on the same principle as δῆλός εἰμι. Cf. 34 b 1 *n*. Cobet paraphrases the words by εὔλογον ἄν τι ἐποίουν (τὸ εὔλογον is that of which it is easy διδόναι λόγον).

b 9 ἀπαναισχυντῆσαι, 'to have the effrontery to say'. Cf. Dem. 29 § 20 οὗτος δὲ τὸ μὲν πρῶτον ἀπηναισχύντει, 'at first he tried to brazen it out', 54 § 33 ἐὰν ἅπαξ ἀπαναισχυντήσωσί τινες καὶ τὰ ψευδῆ φανερῶς τολμήσωσι μαρτυρεῖν. The ἀπ- has the same force as in ἀπανθαδίζομαι (37 a 3).

c 4 Ἴσως ἂν οὖν κτλ. Socrates goes on to explain his abstention from politics, and here at last we come to something which he does refer to the 'divine sign'. It is far the most important inhibition anywhere ascribed to it, but it is exactly on a level with the others in two essential respects, (1) it is negative, and (2) it refers to consequences and not to right and wrong.

c 5 καὶ πολυπραγμονῶ, sc. ταῦτα, 'and meddle with other people's business' (cf. τὸ ὑμέτερον πράττειν ἀεὶ κτλ. b 3). Cf. *Rep*. 433 a 8 τὸ τὰ αὑτοῦ πράττειν καὶ μὴ πολυπραγμονεῖν. Socrates was not an ἀπράγμων in the strict sense (which was sometimes counted a virtue), but was πολυπράγμων in private (ἰδίᾳ) and ἀπράγμων in public (δημοσίᾳ). He would certainly incur the censure implied in the Speech of Pericles (Thuc. ii. 40, 2) μόνοι γὰρ τὸν . . . μηδὲν τῶνδε {sc. τῶν πολιτικῶν) μετέχοντα οὐκ ἀπράγμονα ἀλλ' ἀχρεῖον νομίζομεν.

c 6 ἀναβαίνων εἰς κτλ., 'appearing before the Assembly'. Cf. 17 d 2 *n*.

c 7 τούτου δὲ αἴτιόν ἐστιν κτλ. The way in which the 'divine sign' is introduced here surely excludes the possibility of its having been mentioned by the prosecution. It is brought in as a thing with which the court was familiar, but which has not yet been referred to before it. Cf. *Euth*. 3 b 5 *n*. and Taylor, *Var. Soc*. i, p. 13 sqq. It may be added that, if the accusation had referred in any way to the 'divine sign', Socrates would have been bound to reply to it, as he could easily have done. Xenophon (*Mem*. i. 1, 3) indicates what the reply might have been. In any case Plato would certainly have had to deal with the accusation from that point of view if he wished to defend the memory of Socrates. That he does not trouble to do so seems decisive.

31 c 7 ὃ ὑμεῖς ἐμοῦ κτλ. This surely implies that no one could regard the 'divine sign' as a proof of ἀσέβεια. Since Socrates urges it in his defence, he can hardly have supposed it to be the foundation of the charge against him.

c 8 ὅτι μοι θεῖόν τι κτλ. Cf. *Theag.* 128 d 2 ἔστι γάρ τι θείᾳ μοίρᾳ παρεπόμενον ἐμοὶ ἐκ παιδὸς ἀρξάμενον δαιμόνιον. ἔστι δὲ τοῦτο φωνή, ἣ ὅταν γένηται ἀεί μοι σημαίνει, ὃ ἂν μέλλω πράττειν, τούτου ἀποτροπήν, προτρέπει δὲ οὐδέποτε. It is clear that no distinction is drawn between θεῖόν τι and δαιμόνιόν τι, and that both are adjectival.

d 1 γίγνεται, 'comes to me', the regular word in speaking of the 'divine sign'. Cf. *Euth.* 3 b 5 *n.*

The word φωνή, which is added in all MSS., could only mean here 'as a voice' (pred.), and that seems very harsh. Below it is in place (d 3). Most editors delete it with Forster.

ὃ δὴ καὶ κτλ., *quod scilicet.* The phraseology is exactly like that in 19 b 1 ᾗ δὴ καὶ πιστεύων κτλ. and must be interpreted in the same way. Socrates, as we have seen, professes to have no idea what Meletus really meant, and this is only another conjecture such as we have had before. The same idea had occurred to Euthyphro, and Xenophon at a later date adopted it, but that proves nothing (*Euth.* 3 b 5 *n.*). Anytus cannot have confused the δαιμόνιον σημεῖον with καινὰ δαιμόνια of any kind. That view was only plausible in the days when people used to speak of the δαιμόνιον or Genius of Socrates. The real point of ὃ δή (*quod scilicet*) and ἐπικωμῳδῶν is simply this. Socrates ironically suggests that *at last* he has discovered what Meletus really meant by his grotesque charge. It is quite an afterthought. Unfortunately the Socratic irony has here as elsewhere been taken *au pied de la lettre.*

d 3 ἀποτρέπει με ... πράττειν. For the construction of ἀποτρέπειν c. inf. cf. *Theaet.* 151 a 3 ἐνίοις μὲν τὸ γιγνόμενόν μοι δαιμόνιον ἀποκωλύει συνεῖναι. The inf. πράττειν does duty twice over, with ἀποτρέπει and with μέλλω. Cf. *Phaedr.* 242 c 1 ἀεὶ δέ με ἐπίσχει ὃ ἂν μέλλω πράττειν (τὸ δαιμόνιον σημεῖον).

d 5 τοῦτ' ἔστιν ὅ μοι ἐναντιοῦται τὰ πολιτικὰ πράττειν. In the *Republic* (496 c 3) Socrates ascribes his abstention from politics to the 'sign', just as he does here. He says τὸ δ' ἡμέτερον οὐκ ἄξιον λέγειν, τὸ δαιμόνιον σημεῖον· ἢ γάρ πού τινι ἄλλῳ ἢ οὐδενὶ τῶν ἔμπροσθεν γέγονεν.

31 d 6 παγκάλως ... δοκεῖ ἐναντιοῦσθαι. Of course the divine sign never gave any reasons for its inhibitions, and Socrates is reduced to conjecture. He naturally tries to discover what evil consequences it may have averted, and he concludes it to have meant that, if he had taken to politics, his mission would have been imperilled. He would have been put to death long ago, and that would have put an end to the benefits he was conferring on his fellow-citizens. This would be a sufficient reason for abstaining from politics; but, as he goes on to explain, neither the prospect of death nor anything else would have dispensed him from obeying the positive command of God, with which the divine sign had nothing to do.

d 7 εἰ ἐγὼ πάλαι κτλ. As the text stands, it 'implies that there would have been but a brief interval between his *début* and his death' (Adam).

Cobet may have been right, however, in deleting the first πάλαι.

32 a 1 ἀναγκαῖόν ἐστι κτλ. Adam says: 'In this impressive sentence *Plato* (italics mine) appears definitely to renounce his early aspirations after political life.' I quote this as an instance of the perverse way in which Plato is commonly interpreted. We might as well say that, in the speech 'Farewell! a long farewell, to all my greatness!', Shakespeare renounces all intention of becoming a minister of state.

τὸν . . . μαχούμενον, i. q. τὸν μέλλοντα μαχεῖσθαι, 'the man who means really to fight for the right'.

a 2 ἰδιωτεύειν ἀλλὰ μὴ δημοσιεύειν, '(must do so) in a private and not a public station'. The words are commonly used in connexion with trades and professions, especially medicine, to distinguish what we call 'private practice' from state service. Cp. *Gorg.* 514 d 3 κἂν εἰ ἐπιχειρήσαντες δημοσιεύειν παρεκαλοῦμεν ἀλλήλους ὡς ἱκανοὶ ἰατροὶ ὄντες κτλ., ib. e 3 εἰς τοσοῦτον ἀνοίας ἐλθεῖν ἀνθρώπους, ὥστε, πρὶν ἰδιωτεύοντας ... γυμνάσασθαι ἱκανῶς τὴν τέχνην ... δημοσιεύειν ἐπιχειρεῖν κτλ. Socrates claimed (*Gorg.* 521 d 6) μετ' ὀλίγων Ἀθηναίων, ἵνα μὴ εἴπω μόνος, ἐπιχειρεῖν τῇ ὡς ἀληθῶς πολιτικῇ τέχνῃ καὶ πράττειν τὰ πολιτικὰ μόνος τῶν νῦν, but he was only able to do so because he confined himself to private practice.

32 a 4 Μεγάλα δ' ἔγωγε κτλ. Socrates proceeds to give two instances in which he had opposed the government of the day, regardless of the consequences to himself. There is nothing about the 'divine sign' here. It was not that, but his own judgement of what was lawful (νόμιμον) and right (δίκαιον) which guided him.

a 6 ὅτι οὐδ' ἂν ἐνὶ κτλ., 'that not only is there no man to whom I would give way . . . but that I would even be ready to forfeit my life for not giving way'. The omission of οὐ μόνον or the like before ἀλλὰ καί gives emphasis to the sentence (K.-G. § 525, 5), while οὐδ' ἂν ἐνί is much more emphatic than οὐδενὶ ἄν. The interposed words μὴ ὑπείκων δέ stand for εἰ δὲ μὴ ὑπεικάθοιμι (hence μή). The emphasis and strong feeling of the sentence have produced a slight dislocation. It would run quite smoothly if Socrates had said ἀλλὰ κἂν ἀπολοίμην μὴ ὑπείκων.

The reading ἅμα καὶ ἅμα ἂν (B) is explained by ἀλλὰ καὶ ἅμ' ἂν (W). This means that there was an ancient variant ἅμα for ἀλλά, arising from the frequent confusion of λλ and μ in uncials.

a 8 φορτικὰ . . . καὶ δικανικά, 'vulgar commonplaces of the law-courts'. Cf. Gorg. 482 e 3 φορτικὰ καὶ δημηγορικά, 'vulgar devices of the mob-orator'. Socrates means that what he is going to say resembles the boasts which Lysias and his like put into their clients' mouths. The words φορτικόν and ἐπαχθές (Seneca, de ben. ii. 2, 1 molestum . . . onerosum) are specially used of vulgar self-laudation. Cf. Dem. 5 § 4 τὸ λέγειν . . . περὶ αὑτοῦ . . . ἡγοῦμαι φορτικὸν καὶ ἐπαχθές.

a 9 ἄλλην . . . οὐδεμίαν . . . The βουλή as a whole was an ἀρχή and responsible (ὑπεύθυνος) as such, but the individual βουλευτής held no ἀρχή. We have here, therefore, an example of the idiomatic use of ἄλλος so common in Greek.

b 1 ἐβούλευσα δέ, 'but I have been a member of the Council'. There is nothing in the tense to suggest that this was the only occasion on which Socrates was a member of the βουλή. Indeed the aorist is the proper tense for repeated action in the past. Now we know from Aristotle ('Αθ. Πολ. 62, 3) that it was possible to be a member of the Council twice, and there is good reason, as we shall see (32 b 6 n.), for thinking that this was the second occasion on which Socrates had served. Iteration must have been common; for otherwise 15,000 citizens would have passed through the βουλή in thirty years. Moreover, we know from lists of πρυτάνεις that the number chosen from each deme was constant and varied with the size of the deme, and it is obvious that there must have been many δημόται who had no time, or could not afford, to serve on the βουλή and some who were undesirable for one reason or another. As πρόκρισις still existed (35 b 1 *n.*), we may be sure that admirers of Socrates like Crito would see that he was put on the list for Alopece. Nor is there anything inconsistent in Socrates accepting nomination. To be a βουλευτής in his turn was not to play a part in politics, but to perform what was a citizen's duty, just as military service was.

2 b 1 ἡμῶν ἡ φυλὴ 'Αντιοχίς. The official style is ἡ 'Αντιοχὶς φυλή, but the presence of a second attribute ἡμῶν makes all the difference.

Cf. *Meno* 70 b 1 οἱ τοῦ σοῦ ἑταίρου 'Αριστίππου πολῖται Λαρισαῖοι. It is really like τὰς ἐν τῇ 'Ασίᾳ πόλεις 'Ελληνίδας (Xen. *Ag.* 1, 10) which Cron quotes. See S.C.G. § 673. I have therefore removed the brackets from the word 'Αντιοχίς.

b 2 πρυτανεύουσα. The Council of Five Hundred consisted of fifty members from each of the ten tribes, and the fifty members from each tribe acted as a standing commission of the βουλή for 35 or 36 days in a normal year in an order determined by lot (Ar. 'Αθ. Πολ. 43, 2). The members of this commission were called πρυτάνεις, and the tribe to which they belonged was said πρυτανεύειν. They had to decide *inter alia* what business was to be brought before the ἐκκλησία.

ὅτε ὑμεῖς . . . ἐβουλεύσασθε, 'when you decided by a resolution of the Council'. The Council can be referred to as ὑμεῖς just as the δικαστήριον can, since it represents the people of Athens. Xenophon gives a long account of the trial of the generals after the battle of Arginusae (406 B. C.) in the *Hellenica* (i. 7, 4 sqq.), but he is rather vague in detail, as usual. The matter is fully discussed by Grote (vii. 411 sqq.), who condemns the action of the Athenian people, though he pleads extenuating circumstances. His account of the trial still remains the best. The reference here is to the resolution of Callixenus which was carried in the Council and came before the Assembly as the Council's resolution (Xen. *Hell.* i. 7, 9). It was to the effect that two urns should be placed for each tribe and that the herald should proclaim ὅτῳ δοκοῦσιν ἀδικεῖν οἱ στρατηγοὶ οὐκ ἀνελόμενοι τοὺς νικήσαντας ἐν τῇ ναυμαχίᾳ, εἰς τὴν προτέραν ψηφίσασθαι, ὅτῳ δὲ μή, εἰς τὴν ὑστέραν.

I have preferred ἐβουλεύσασθε (T) to ἐβούλεσθε (BW). It would be very weak to say 'when you wanted', and would rather imply that they did not in fact do what they wanted.

32 b 2   τοὺς δέκα στρατηγοὺς κτλ.   This is not strictly accurate, since Conon was not accused and Archestratus was already dead. Moreover, two of the others refused to return to Athens and could only be condemned in their absence. Only six, therefore, were actually put to death, including Pericles, son of Pericles and Aspasia. We can only suppose that the phrase οἱ δέκα στρατηγοί was so current that it came naturally to the speaker's lips. Plato must have been quite well aware of the facts, as he was of age at the time and was doubtless present. In the *Memorabilia* (i. 1, 18) Xenophon speaks 'with more definite inaccuracy' (Riddell); for he says ἐπιθυμήσαντος τοῦ δήμου παρὰ τοὺς νόμους ἐννέα στρατηγοὺς μιᾷ ψήφῳ ... ἀποκτεῖναι πάντας.   Aristotle's account is still worse. He says (Ἀθ. Πολ. 34) τοὺς δέκα στρατηγοὺς ... κριθῆναι μιᾷ χειροτονίᾳ πάντας, τοὺς μὲν οὐδὲ συνναυμαχήσαντας (Conon and Archestratus), τοὺς δ' ἐπ' ἀλλοτρίας νεὼς σωθέντας.   Cf. Sandys *in loc.*

b 3   τοὺς ἐκ τῆς ναυμαχίας.   The preposition is ἐκ, not ἐν, because ἀναιρεῖσθαι is virtually a verb of motion.   It is the regular phrase in this connexion.   Cf. Lysias 12 § 36 τοὺς ... στρατηγούς, οἳ ἐνίκων ναυμαχοῦντες, ὅτε διὰ χειμῶνα οὐχ οἷοί τ' ἔφασαν εἶναι τοὺς ἐκ τῆς θαλάττης ἀνελέσθαι, θανάτῳ ἐζημιώσατε.

b 4   ἀθρόους κρίνειν.   Cf. Xen. *Hell.* i. 7, 34 μιᾷ ψήφῳ ἅπαντας κρίνειν (*Mem.* i. 1, 18 μιᾷ ψήφῳ ... ἀποκτεῖναι πάντας), as opposed to the proposal of Euryptolemus, κατὰ τὸ Καννωνοῦ ψήφισμα κρίνεσθαι τοὺς ἄνδρας δίχα ἕκαστον.

ὡς ἐν τῷ ὑστέρῳ χρόνῳ κτλ.   Cf. Xen. *Hell.* i. 7, 35 καὶ οὐ πολλῷ χρόνῳ ὕστερον μετέμελε τοῖς Ἀθηναίοις, καὶ ἐψηφίσαντο, οἵτινες τὸν δῆμον ἐξηπάτησαν, προβολὰς αὐτῶν εἶναι, καὶ ἐγγυητὰς καταστῆσαι ἕως ἂν κριθῶσιν, εἶναι δὲ καὶ Καλλίξενον τούτων.   προυβλήθησαν δὲ καὶ ἄλλοι τέτταρες, καὶ ἐδέθησαν ὑπὸ τῶν ἐγγυησαμένων, ὕστερον δὲ στάσεώς τινος γενομένης, ἐν ᾗ Κλεοφῶν ἀπέθανεν, ἀπέδρασαν οὗτοι πρὶν κριθῆναι. Καλλίξενος δὲ κατελθὼν ὅτε καὶ οἱ ἐκ Πειραιῶς εἰς τὸ ἄστυ, μισούμενος ὑπὸ πάντων λιμῷ ἀπέθανεν.

32 b 6 καὶ ἐναντία ἐψηφισάμην, 'and voted against it', i.e. against the proposal of Callixenus adopted by his colleagues (b 2 n.). Xenophon tells us a little more about this. He says (*Hell.* i. 7, 12) that Euryptolemus and others maintained in the ἐκκλησία that the resolution moved by Callixenus in the name of the Council was illegal, but were compelled to drop their προσκλήσεις by clamour and threats. Even in the previous meeting of the βουλή, some of the πρυτάνεις had said they would not submit the illegal διαψήφισις proposed in the resolution to the Assembly (οὐ φασκόντων προθήσειν τὴν διαψήφισιν παρὰ τὸν νόμον), but Callixenus rose and intimidated them so successfully that they all agreed to do so except Socrates (ὡμολόγουν πάντες προθήσειν πλὴν Σωκράτους τοῦ Σωφρονίσκου· οὗτος δ' οὐκ ἔφη ἀλλ' ἢ κατὰ νόμον πάντα ποιήσειν). There is not a word here about his being ἐπιστάτης τῶν πρυτάνεων and refusing, in his capacity of chairman of the ἐκκλησία, to put the question to the vote. That statement only makes its appearance in the *Memorabilia* (i. 1, 18 and iv. 4, 2), and it is hard to believe that, if it were true, the fact could have been passed over in silence both in the *Apology* and the *Hellenica*. Grote and E. Meyer both discredit it. On the whole, it seems probable that Xenophon (who certainly read up the Socratic dialogues of Plato before writing the *Memorabilia*) was misled by a passage in the *Gorgias* (473 e 6) where Socrates tells how on one occasion when he was ἐπιστάτης he made himself a laughing-stock by not knowing how to put a question to the vote (γέλωτα παρεῖχον καὶ οὐκ ἠπιστάμην ἐπιψηφίζειν). Even 'Socratic irony' will hardly justify this as a description of what happened on the present occasion. The Assembly was in no laughing mood. Moreover, so far as I can judge, if the ἐπιστάτης had refused to put the question, it would have suspended the proceedings for the time being, and that is how the matter is represented in the historically worthless account of the proceedings given by the writer of the *Axiochus* (368 d 6 sqq.). What Xenophon describes in the *Hellenica* is only a courageous but ineffectual protest, and though Socrates did not at first stand alone in this, he was the only πρύτανις who held out to the end, and is therefore quite entitled to say μόνος τῶν πρυτάνεων ἠναντιώθην . . . καὶ ἐναντία ἐψηφισάμην.

The difficulty of identifying the occasion mentioned in the *Gorgias* with that here described was first pointed out to me by Mr. Justice Macdonnell of Northern Rhodesia in a memorandum of great value which he was good enough to send me. He was not, I think, aware that Grote had said 'It can hardly be accounted certain that he (Socrates) *was* Epistates—the rather as this same passage of the *Memorabilia* is inaccurate on another point: it names *nine* generals as having been condemned, instead of *eight*'. Meyer says (G. d. A. § 729 *n.*) 'Bei Xen. mem. I, 1, 18; IV, 4, 2 wird er (Sokrates) *wohl mit Unrecht* zum Epistates der Prytanen gemacht und fälschlich die Zahl der verurtheilten Feldherren auf 9 angegeben'.

32 b 7　ἐνδεικνύναι με καὶ ἀπάγειν, 'to lay an information against me and have me summarily arrested'. The procedure known as ἀπαγωγή was applicable when the accused was taken ἐπ' αὐτοφώρῳ. Though ἔνδειξις and ἀπαγωγή are often mentioned together, an ἀπαγωγή was not necessarily preceded by an ἔνδειξις. Apparently ἔνδειξις was properly the procedure adopted in the case of those who exercised public functions when in debt to the treasury, and was probably extended by a legal fiction so that it could be used to deal with officials acting contrary to rule. By so doing they had rendered themselves liable to a fine, and were therefore ἄτιμοι as public debtors and legally incapable of acting. The advantage of this procedure was that it avoided the formalities of a regular trial and secured instant punishment. It seems, therefore, to have commended itself in the revolutionary period (see Dict. Ant. s. v. *Apagoge* and *Endeixis*).

Aristotle's account of the establishment of the Four Hundred ('Αθ. Πολ. 29, 4) is instructive on this subject. He tells us that the first step taken was to deprive the πρυτάνεις of their discretionary power and to make it compulsory for them to put all proposals to the vote (πρῶτον μὲν ἔγραψαν ἐπάναγκες εἶναι τοὺς πρυτάνεις ἅπαντα τὰ λεγόμενα περὶ τῆς σωτηρίας ἐπιψηφίζειν). They then abolished all γραφαὶ παρανόμων, εἰσαγγελίαι and προσκλήσεις, and decreed that any one resorting to these legal measures should be liable to ἔνδειξις and ἀπαγωγή (ἐὰν δέ τις τούτων χάριν ἢ ζημιοῖ ἢ προσκαλῆται ἢ εἰσάγῃ εἰς δικαστήριον, ἔνδειξιν αὐτοῦ εἶναι καὶ ἀπαγωγὴν πρὸς τοὺς στρατηγούς, τοὺς δὲ στρατηγοὺς παραδοῦναι τοῖς ἕνδεκα θανάτῳ ζημιῶσαι). Of course this would not have been legal in 406 B. C., but it is quite natural that the democrats should threaten the πρυτάνεις with a weapon forged by their adversaries during the revolutionary period. In fact, the procedure by ἔνδειξις and ἀπαγωγή, though inapplicable to Socrates, was preserved in the fourth century as a means of dealing with πρυτάνεις and πρόεδροι who broke the law. Cf. the words of the νόμος in Dem. 24 § 22 ἐὰν δ' οἱ πρυτάνεις μὴ ποιῶσι κατὰ τὰ γεγραμμένα τὴν ἐκκλησίαν ἢ οἱ πρόεδροι μὴ χρηματίσωσι κατὰ τὰ γεγραμμένα, ὀφείλειν τῶν μὲν πρυτάνεων ἕκαστον χιλίας δραχμὰς ἱερὰς τῇ 'Αθηνᾷ, τῶν δὲ προέδρων ἕκαστος ὀφειλέτω τετταράκοντα δραχμὰς ἱερὰς τῇ 'Αθηνᾷ. καὶ ἔνδειξις αὐτῶν ἔστω πρὸς τοὺς θεσμοθέτας, καθάπερ ἐάν τις ἄρχῃ ὀφείλων τῷ δημοσίῳ. The commentators have expressed surprise at the smallness of the fine, but that is quite natural if we regard it as a mere fiction intended to make procedure by ἀπαγωγή possible.

32 b 8 ὑμῶν κελευόντων κτλ. It is not clear either from this passage or from the *Hellenica* whether all this took place at the meeting of the βουλή or at that of the ἐκκλησία. The former supposition is the more probable. The meetings of the βουλή were open to 'strangers' (ἰδιῶται), though these might be ordered to withdraw if necessary.

Cf. Dem. 19 § 17 τὸ γὰρ βουλευτήριον μεστὸν ἦν ἰδιωτῶν, Aeschines 3 § 125 μεταστησάμενος τοὺς ἰδιώτας.

βοώντων. Xenophon says (*Hell.* i. 7, 12) τὸ δὲ πλῆθος ἐβόα δεινὸν εἶναι, εἰ μή τις ἐάσει τὸν δῆμον πράττειν ὃ ἂν βούληται. A certain Lyciscus actually proposed that the recusant πρυτάνεις should be judged by the same vote as the generals (ib. 13 τῇ αὐτῇ ψήφῳ κρίνεσθαι ἥπερ καὶ τοὺς στρατηγούς). So ib. 14 οἱ δὲ ἐβόων καλεῖν τοὺς οὐ φάσκοντας (sc. προθήσειν).

c 2 μεθ' ὑμῶν γενέσθαι, 'to side with you'.

c 5 εἰς τὴν θόλον, 'into the Rotunda'. Ar. 'Αθ. Πολ. 43, 3 οἱ δὲ πρυτανεύοντες αὐτῶν πρῶτον μὲν συσσιτοῦσιν ἐν τῇ θόλῳ, λαμβάνοντες ἀργύριον παρὰ τῆς πόλεως. Tim. *Lex.* θόλος· οἶκος περιφερὴς ἐν ᾧ οἱ πρυτάνεις συνειστιῶντο. It was also called the Σκιάς ('umbrella', 'sunshade') from its shape. The Thirty of course appropriated the building for themselves.

c 6 Λέοντα τὸν Σαλαμίνιον. The incident is referred to by Andocides in his speech on the profanation of the Mysteries delivered this same year. He says (1 § 94) Μέλητος δ' αὖ οὑτοσὶ ἀπήγαγεν ἐπὶ τῶν τριάκοντα Λέοντα, ὡς ὑμεῖς ἅπαντες ἴστε, καὶ ἀπέθανεν ἐκεῖνος ἄκριτος. Cf. also Lysias 13 § 44 ἴστε μὲν γὰρ τοὺς ἐκ Σαλαμῖνος τῶν πολιτῶν κομισθέντας, οἷοι ἦσαν καὶ ὅσοι καὶ οἵῳ ὀλέθρῳ ὑπὸ τῶν τριάκοντα ἀπώλοντο, 12 § 52 ἐλθὼν μετὰ τῶν συναρχόντων εἰς Σαλαμῖνα καὶ 'Ελευσῖνάδε τριακοσίους τῶν πολιτῶν ἀπήγαγεν εἰς τὸ δεσμωτήριον, καὶ μιᾷ ψήφῳ

APOLOGY

αὐτῶν ἀπάντων θάνατον κατεψηφίσατο. From these passages we see that there were many other cases of the kind, but the affair of Leon seems to have aroused special indignation. Cf. Xen. *Hell.* ii. 3, 39 (in the speech of Theramenes) ἀποθνήσκοντος ... Λέοντος τοῦ Σαλαμινίου, ἀνδρὸς καὶ ὄντος καὶ δοκοῦντος ἱκανοῦ εἶναι, ἀδικοῦντος δ' οὐδὲ ἕν. *Mem.* iv. 4, 3 προσταξάντων (τῶν λ') ἐκείνῳ τε καὶ ἄλλοις τισὶ τῶν πολιτῶν ἀγαγεῖν τινα ἐπὶ θανάτῳ, μόνος οὐκ ἐπείσθη, διὰ τὸ παρὰ τοὺς νόμους αὐτῷ προστάττεσθαι. We know that this made a deep impression on Plato at the time and finally convinced him that he could not enter public life under the Thirty, though some of them (Critias, Charmides) were near relatives of his own. Cp. *Ep.* vii. 324 d 8 τά τε ἄλλα καὶ φίλον ἄνδρα ἐμοὶ πρεσβύτερον Σωκράτη, ὃν ἐγὼ σχεδὸν οὐκ ἂν αἰσχυνοίμην εἰπὼν δικαιότατον εἶναι τῶν τότε, ἐπί τινα τῶν πολιτῶν μεθ' ἑτέρων ἔπεμπον, βίᾳ ἄξοντα ὡς ἀποθανούμενον, ἵνα δὴ μετέχοι τῶν πραγμάτων αὐτοῖς, εἴτε βούλοιτο εἴτε μή· ὁ δ' οὐκ ἐπείθετο, πᾶν δὲ παρεκινδύνευσεν παθεῖν πρὶν ἀνοσίων αὐτοῖς ἔργων γενέσθαι κοινωνός. The Thirty were well aware that Socrates was no friend to the democracy, and he did not leave Athens when they assumed their illegal power. Critias and Charmides doubtless felt sure of him. They did not realize the strength of his respect for law, which is the theme of the *Crito*.

32 c 8 ἀναπλῆσαι αἰτιῶν, 'to taint with the discredit of their acts', 'to compromise'. The verb (ἀνα-)πίμπλημι means 'to infect'. Cf. Thuc. ii. 51, 4 (in the description of the Plague) ἕτερος ἀφ' ἑτέρου θεραπείας ἀναπιμπλάμενοι ('one catching the infection from tending another') ὥσπερ πρόβατα ἔθνῃσκον. It is then used of the μίασμα of bloodguiltiness (φόνος), cf. Antipho, *Tetr.* A. α § 10 ἐπὶ τὰς αὐτὰς τραπέζας ἰόντα συγκαταπιμπλάναι τοὺς ἀναιτίους (cf. *Euth.* 4 b 10 n.). In his speech against Eratosthenes (12 § 93) Lysias notes the same point in the policy of the Thirty (συνδιαβάλλεσθαι δ' ἠνάγκαζον and τῶν ὀνειδῶν μεταδιδόντες εὔνους ᾤοντο εἶναι). Cf. also Isocrates 18 § 17 καίτοι πολλοὺς ἐπῆρεν ἡ τῶν τριάκοντα πονηρία τοιαῦτα ποιεῖν· οὐ γὰρ ὅτι τοὺς ἀδικοῦντας ἐκόλαζον, ἀλλ' ἐνίοις καὶ προσέταττον ἐξαμαρτάνειν.

d 2 ἀγροικότερον, 'rather blunt'. In Plato ἀγροικία generally implies disregard of euphemism, an unpleasant way of 'calling a spade a spade', and using expressions which might offend an urbane taste. Cf. *Gorg.* 462 e 6 μὴ ἀγροικότερον ᾖ τὸ ἀληθὲς εἰπεῖν, 486 c 2 εἴ τι καὶ ἀγροικότερον εἰρῆσθαι, 508 e 7 καὶ εἰ ἀγροικότερόν τι εἰπεῖν ἔστιν,

216

Euthyd. 283 e 2 εἰ μὴ ἀγροικότερον ἦν εἰπεῖν. It was hardly respectful to the court to express indifference to the heaviest penalty it could impose.

2 d 6 οἱ μὲν τέτταρες κτλ. From Andocides (*loc. cit.*) we learn that one of the four was the Meletus who spoke against him. He points out (1 § 94) that, but for the Amnesty, the sons of Leon might have brought a δίκη φόνου against Meletus, and he is only safe ὅτι τοῖς νόμοις δεῖ χρῆσθαι ἀπ' Εὐκλείδου ἄρχοντος. This is the only serious reason for doubting the identity of this Meletus with the accuser of Socrates (cf. *Euth.* 2 b 9 *n.*). It is doubtless strange at a first glance that Socrates should not allude to his complicity in the arrest of Leon. But Meletus has been completely disposed of by this time, and it is much more effective to ignore him than to make a small personal point against him. The grave seriousness of this part of the speech would be impaired by anything of the kind. Socrates could not stoop to comparisons between his own conduct and that of a Meletus.

d 8 διὰ ταχέων. The rule of the Thirty lasted eight months in all.

e 1 πολλοὶ μάρτυρες. We must suppose that the witnesses were called at this point in accordance with Athenian usage (cf. 34 a 3 *n.*). Socrates knew very well that the real ground of the prosecution was the belief of Anytus that his loyalty to the democracy was doubtful. His behaviour in the affair of Leon was the strongest point in his defence from that point of view, and he was entitled to make the most of it, since it involved no compromise on his part to do so.

e 3 πράττων, sc. τὰ δημόσια.

ἐβοήθουν τοῖς δικαίοις (neut.), 'had defended the right'. Cf. 32 a 1 τὸν . . . μαχούμενον ὑπὲρ τοῦ δικαίου.

3 a 2 τοιοῦτος . . . ὁ αὐτὸς οὗτος . . . are explained by οὐδενὶ πώποτε κτλ.

a 4 οὓς . . . φασιν ἐμοὺς μαθητὰς εἶναι, i. e. above all, Critias and Alcibiades. Socrates does not attribute this statement to Meletus or οἱ κατήγοροι, but to certain unnamed persons who make it διαβάλλοντες ἐμέ. The Amnesty made it difficult for the prosecution to lay stress on the point, but Socrates is well aware that it is in their minds and in those of the judges. We learn from Isocrates that Polycrates, who published some years later the sort of speech

Anytus would have delivered if he honestly could, made much of this point. Cf. 11 § 5 Σωκράτους δὲ κατηγορεῖν ἐπιχειρήσας, ὥσπερ ἐγκωμιάσαι βουλόμενος Ἀλκιβιάδην ἔδωκας αὐτῷ μαθητήν. A generation later, the orator Aeschines says quite bluntly (1 § 173) ὑμεῖς, ὦ ἄνδρες Ἀθηναῖοι, Σωκράτην . . . τὸν σοφιστὴν ἀπεκτείνατε, ὅτι Κριτίαν ἐφάνη πεπαιδευκώς. That, no doubt, reflects the current view. Xenophon is also at pains to refute this charge. He says (*Mem.* i. 2, 26) that, as soon as Critias and Alcibiades had got what they wanted from Socrates, they deserted him for politics.

33 a 5   διδάσκαλος . . . οὐδενὸς πώποτ᾽ ἐγενόμην. As regards Alcibiades, this is confirmed by Isocrates in the passage already referred to (§ 5). He says Ἀλκιβιάδην αὐτῷ ἔδωκας μαθητήν, ὃν ὑπ᾽ ἐκείνου μὲν οὐδεὶς ᾔσθετο πεπαιδευμένον, ὅτι δὲ πολὺ διήνεγκε τῶν ἄλλων, ἅπαντες ἂν ὁμολογήσειαν. That is also in accordance with Plato's account of the matter, and especially with the speech he puts into the mouth of Alcibiades himself in the *Symposium* (217 a 2 sqq.). Alcibiades was a mere boy, not more than fifteen years old, when he tried to win the affections of Socrates, and, though Plato represents him as retaining a strong admiration for him when he grew up, he never represents him as in any way his disciple or even as a member of his intimate circle. The same applies to Critias.

a 8   οὐδὲ . . . μὲν . . . δὲ . . . Here οὐδέ negatives the combination of the clauses introduced by μέν and δέ. 'Nor, while talking if I am paid to do so, do I refuse to talk if I am not.'

b 2   παρέχω ἐμαυτὸν ἐρωτᾶν, 'I offer myself to be questioned by them'. The words cannot possibly mean 'I am ready to ask questions' (Church). No doubt the questioner generally found himself questioned in return, but that is not in point here. Socrates is explaining how it came to pass that he was regarded as a teacher.

For the construction of παρέχω c. inf., cf. *Phaedr.* 228 e 1 ἐμαυτόν σοι ἐμμελετᾶν παρέχειν οὐ πάνυ δέδοκται, *Meno* 70 c 1 (of Gorgias) ἅτε καὶ αὐτὸς παρέχων αὑτὸν ἐρωτᾶν τῶν Ἑλλήνων τῷ βουλομένῳ ὅτι ἂν τις βούληται, καὶ οὐδενὶ ὅτῳ οὐκ ἀποκρινόμενος. More often the object is omitted, e. g. *Gorg.* 456 b 4 τεμεῖν ἢ καῦσαι παρασχεῖν τῷ ἰατρῷ.

b 3   ἀποκρινόμενος ἀκούειν ὧν ἂν λέγω, 'to hear what I say in reply' (hyperbaton). We must repeat in thought παρέχω ἐμαυτόν, 'I am at his service'. Cf. *Prot.* 348 a 6 κἂν μὲν βούλῃ ἔτι ἐρωτᾶν, ἕτοιμός εἰμί σοι παρέχειν ἀποκρινόμενος. We cannot take ἀποκρινόμενος with τις, unless we mistranslate παρέχω ἐμαυτὸν ἐρωτᾶν.

τούτων ... τις go closely together and are answered by b 5 ὧν ... μηδενί, 'to none of whom'.

3 b 4 οὐκ ἂν δικαίως τὴν αἰτίαν ὑπέχοιμι, 'it would not be fair to make me responsible'. The phrases δίκην, λόγον ὑπέχειν are common. Cf. also *Rep.* 403 c 1 ψόγον ἀμουσίας ... ὑφέξοντα.

c 2 ὅτι, 'it is because', answering διὰ τί δή ποτε.

c 3 ἐξεταζομένοις is dative here because it is construed with χαίρουσιν. Above 23 c 4 (the passage here referred to) the corresponding words are genitive because construed with ἀκούοντες. In both cases the construction is determined by the nearer verb.

c 4 ἐμοὶ ... τοῦτο ... προστέτακται ὑπὸ τοῦ θεοῦ πράττειν, and not, therefore, by the 'divine sign', which was only inhibitory.

c 5 ἐκ μαντείων, e. g. the Delphic oracle, which, when rightly interpreted, might be construed as a command.

ἐξ ἐνυπνίων. For the importance attached to dreams by Socrates cf. *Crito* 44 a 6 sqq. and *Phaed.* 60 e 2 sqq. This is one of the points in which we may perhaps trace the influence of Orphicism. The Orphic doctrine was that the 'soul' only became active when the body was asleep. (Cf. Pindar fr. 131 εὕδει δὲ πρασσόντων μελέων, ἀτὰρ εὑδόντεσσιν ἐν πολλοῖς ὀνείροις δείκνυσι τερπνῶν ... χαλεπῶν τε κρίσιν.)

c 6 ᾧπέρ τίς ποτε καὶ ἄλλη θεία μοῖρα κτλ. We do not translate ἄλλος in such phrases: εἴπερ τίς ποτε καὶ ἄλλος is 'if ever any man did'. The phrase θεία μοῖρα means 'divine dispensation' or 'providence'.

c 8 εὐέλεγκτα, 'easily put to the proof', easily refuted if untrue. Socrates goes on to show the sort of refutation that would be required.

d 1 εἴτε ... d 4 εἰ δὲ ... There is a slight anacoluthia here, which leads further to a repetition of the protasis at d 6 εἴπερ κτλ.

d 2 ἔγνωσαν, 'had found out'.

d 3 αὐτοὺς ἀναβαίνοντας (sc. ἐπὶ τὸ βῆμα, cf. 17 d 2 *n.*). It is suggested below (34 a 3) that Meletus might still call them as witnesses.

d 5 τῶν ἐκείνων, genitive of οἱ ἐκείνων. This does not seem to have been felt as awkward. Cf. *Theaet.* 169 e 7 ἐκ τοῦ ἐκείνου λόγου (where ἐκείνου is governed by τοῦ λόγου).

d 7 νῦν μεμνῆσθαι καὶ τιμωρεῖσθαι. The repetition of καὶ τιμωρεῖσθαι from d 4 has a certain effectiveness, and νῦν μεμνῆσθαι would be very weak if it stood alone.

Schanz omits καὶ τιμωρεῖσθαι with T, but an omission of this length (fourteen letters) is always suspicious, especially when it may be due in part to homoeoteleuton.

33 d 8   πάντως, 'in any case', 'at any rate', so that there can be no difficulty about it.

πάρεισιν ... ἐνταυθοῖ: παρεῖναι is often a verb of motion. Cf. e.g. Dem. 1 § 8 παρῆσαν ... ἐπὶ τουτὶ τὸ βῆμα. So *adesse* in Latin (*huc ades*). It is virtually the perfect of παραγίγνομαι.

d 9   Κρίτων οὑτοσί (see Introductory Note to the *Crito*) ... Κριτο-βούλου τοῦδε πατήρ. In the *Euthydemus* (306 d 5) Crito is repre-sented as consulting Socrates about the education of Critobulus, who ἡλικίαν ἔχει καὶ δεῖταί τινος ὅστις αὐτὸν ὀνήσει. From the present passage it appears that he attached himself to Socrates and that he had profited, in some measure at least, by associating with him. He was one of those who were present at the death of Socrates (*Phaed.* 59 b 7). From Xenophon we hear a good deal more about him, and it does not make a pleasant impression (*Mem.* i. 3, 8; 10). In Xenophon's *Symposium* there is a regular portrait of him, and it is made plain that the worthy Hermogenes thinks very badly of him indeed. That is confirmed by what we know of the *Telauges* of Aeschines of Sphettos (see next note), in which Critobulus was an interlocutor, and Socrates was represented as ridiculing him ἐπ' ἀμαθίᾳ καὶ ῥυπαρότητι βίου, where ῥυπαρότης must mean filthiness of soul; for the son of the wealthy Crito was by all accounts an elegant of the first water. Probably the inner ῥυπαρότης of Crito-bulus was contrasted with the merely external squalor of the rigid Pythagorist. We are not, of course, bound to believe that Crito-bulus was as hopelessly corrupt as Aeschines and Hermogenes and Xenophon thought him, and in any case Socrates would not have repulsed him on that account; he would only have thought him the more in need of a physician.

e 1   Λυσανίας ... Αἰσχίνου τοῦδε πατήρ. Aeschines of Sphettos (com-monly called *Aeschines Socraticus* to distinguish him from the orator) wrote Σωκρατικοὶ λόγοι, considerable fragments of which survive. Aelius Aristides quotes freely from his *Alcibiades*, and his quota-tions have been supplemented by a papyrus fragment published by

Grenfell and Hunt (*Oxyrhynchus Papyri*, Part xiii, No. 1608). As
the accepted criticism of his dialogues was that they most faithfully
reproduced the Socratic manner, it is worth while to note that the
Socrates of his *Alcibiades* is much liker Plato's than Xenophon's.
The other dialogues regarded as genuine were entitled *Miltiades*,
Callias, *Axiochus*, *Aspasia* (where Socrates is represented as
recommending Aspasia as a teacher), *Telauges* (where he is repre-
sented in conversation with an extreme Pythagorist), and *Rhinon*.
Aeschines seems to have been poor, and he certainly got into
financial difficulties; for Athenaeus (xiii. 611 d sqq.) has preserved
a fragment of a speech against him by Lysias, in which the prose-
cutor is made to say that he expected him, as a disciple of Socrates, to
pay his debts (οἰόμενος τοῦτον [Αἰσχίνην], Σωκράτους γεγονότα μαθητήν,
καὶ περὶ δικαιοσύνης καὶ ἀρετῆς πολλοὺς καὶ σεμνοὺς λέγοντα λόγους, οὐκ
ἄν ποτε ἐπιχειρῆσαι οὐδὲ τολμῆσαι ἅπερ οἱ πονηρότατοι καὶ ἀδικώτατοι
ἄνθρωποι κτλ. We know from the *Phaedo* (*loc. cit.*) that Aeschines
too was with Socrates at the last.

33 e 2 Ἀντιφῶν . . . Ἐπιγένους πατήρ. Epigenes is mentioned in
Xenophon (*Mem.* iii. 12) as one of the συνόντες of Socrates. He
was in bad bodily condition, and Socrates advised him to take
more exercise. It is more to the point that Plato includes him in
his list of those present at the death of Socrates (*Phaed.* 59 b 8).

e 3 τοίνυν marks the transition from the fathers to the elder brothers.
Then οὗτοι is used δεικτικῶς.

e 4 ἐν ταύτῃ τῇ διατριβῇ γεγόνασιν, 'have spent their time with me in
this way'. Here the word διατριβή refers, not to the place where
time is spent as in *Euth.* 2 a 2 (see note *in loc.*), but to the manner
in which it is spent. Cf. *Lys.* 204 a 1 τίς ἡ διατριβή; . . . ἡ δὲ διατριβὴ
τὰ πολλὰ ἐν λόγοις, *Symp.* 177 d 1 γένοιτ' ἂν ἡμῖν ἐν λόγοις ἱκανὴ
διατριβή, *Phaedr.* 227 b 6 τίς οὖν δὴ ἦν ἡ διατριβή; ἢ δῆλον ὅτι τῶν λόγων
ὑμᾶς Λυσίας εἱστία; *Rep.* 475 d 4 πρὸς . . . λόγους καὶ τοιαύτην δια-
τριβήν, *Theaet.* 172 c 9 τοὺς ἐν φιλοσοφίᾳ καὶ τῇ τοιᾷδε διατριβῇ
τεθραμμένους. We see from these passages how the word came
to mean 'study' and even (like its synonym σχολή) 'school'.
That, however, is not the meaning here; for Socrates is not
speaking of his ἑταῖροι but of the young men who were attracted
by his mission. For a further development of meaning see
37 d 1 *n.*

33 e 4   Νικόστρατος Θεοζοτίδου occurs in a list of Athenians on an inscription (C.I.A. ii. 2, 944). The name Θεοζοτίδης represents Θεοσδοτίδης (for ζ = σδ cf. 'Αθήναζε, &c.).

It is worthy of note that W alone has preserved the spelling of the inscription. T has ὁ Θεοσδοτίδου, while B has the impossible Θεοζωτίδου. (In Dem. 21 § 59, S has Θεοζοτίδης by the first hand, though *in rasura*.) Even if the inscription were a list of Athenians who fell in 394 B.C. (which is doubtful) we could not draw any inference from that as to the date of the *Apology*. Schanz's remark that Plato would hardly introduce a dead man as a witness is typical of the confusion of ideas which still prevails. Socrates might very well offer to call him in 399 B.C.; and, if he did, there is no reason why Plato should not make him do so. I do not, of course, make any question that the *Apology* was in fact written before 394 B.C.

e 6   ἐκεῖνος . . . αὐτοῦ, i.e. Θεόδοτος . . . Νικοστράτου (ἐκεῖνος is naturally used of the dead). Nicostratus is the elder brother, and Theodotus, who had been an associate of Socrates, is the younger. As Theodotus is dead he cannot prevail upon his elder brother to give evidence against his real convictions. There is no ground for saying with Adam that ' καταδεῖσθαι = *deprecari*, i.e. to entreat one not to do something'. The word occurs nowhere else, though καταδέω is fairly common. The κατα- rather suggests resistance overcome.

e 7   Παράλιος . . . ὁ Δημοδόκου. From the *Theages* (127 e 1 sqq.) we learn that Demodocus of Anagyrus was older than Socrates and that he had held the highest offices in the state. He is probably the στρατηγός of 425/4 B.C. mentioned in Thuc. iv. 75. There is a dialogue called after him among the *Spuria*.

The form Παράλιος is restored from an inscription (C.I.A. ii. 660), though T gives Πάραλος and BW Πάραδος (Δ for Λ).

Θεάγης. It is implied by ἦν that he too was dead. In the *Republic* (496 b 6) Socrates speaks of him as one who had only been saved for philosophy by the 'bridle' of ill health, εἴη δ' ἂν καὶ ὁ τοῦ ἡμετέρου ἑταίρου Θεάγους χαλινὸς οἷος κατασχεῖν· καὶ γὰρ Θεάγει τὰ μὲν ἄλλα πάντα παρεσκεύασται πρὸς τὸ ἐκπεσεῖν φιλοσοφίας, ἡ δὲ τοῦ σώματος νοσοτροφία ἀπείργουσα αὐτὸν τῶν πολιτικῶν κατέχει. The dialogue *Theages* (which, though not by Plato, is of some importance for our knowledge of Socrates) describes his introduction to Socrates by his father Demodocus.

4 a 1 Ἀδείμαντος ὁ Ἀρίστωνος. From this passage it is quite clear that Adimantus was much older than Plato, who was about twenty-eight at this time. He stands to him *in loco parentis*, and he is included among the πρεσβύτεροι ἤδη ἄνδρες (34 b 2). As he and his brother Glauco are both quite young in the *Republic*, this has an important bearing on the question of the date at which that dialogue is supposed to take place. Adimantus would no doubt be *persona grata* with the democracy from his friendship with Polemarchus, the brother of Lysias, who had met his death at the hands of the Thirty five years before this. For Plato's family see Gr. Phil. I § 158.

Πλάτων. This is one of the three places (outside the *Epistles*) where Plato mentions himself. The other two are *infra* 38 b 6, where he offers with others to become security for a fine, if the court will accept that penalty, and *Phaed.* 59 b 10, where Phaedo says that he thinks Plato was unwell at the time Socrates was put to death.

a 2 Ἀπολλόδωρος is the narrator in Plato's *Symposium*, and is always represented as one of the most enthusiastic admirers of Socrates (cf. 173 d 4 ἀεὶ ὅμοιος εἶ, ὦ Ἀπολλόδωρε· ἀεὶ γὰρ σαυτόν τε κακηγορεῖς καὶ τοὺς ἄλλους, καὶ δοκεῖς μοι ἀτεχνῶς πάντας ἀθλίους ἡγεῖσθαι πλὴν Σωκράτους, ἀπὸ σαυτοῦ ἀρξάμενος). Xenophon couples his name with that of Antisthenes (*Mem.* iii. 11, 17 Ἀπολλόδωρόν τε τόνδε καὶ Ἀντισθένη οὐδέποτέ μου ἀπολείπεσθαι), so he seems to have belonged to the same section of the Socratic circle, which agrees very well with the tendency to κακηγορία and other traits mentioned in the *Symposium*. In Xenophon's *Apology* 28 we are told that he was ἐπιθυμητὴς μὲν ... ἰσχυρῶς αὐτοῦ (Σωκράτους), ἄλλως δ' εὐήθης (*naif*, 'silly'). He was one of those present at the death of Socrates and was quite hysterical on that occasion (*Phaedo* 59 a 9, 117 d 3).

a 3 μάλιστα μέν of the preferable alternative.

ἐν τῷ ἑαυτοῦ λόγῳ, 'in the course of his own speech'. As has been said (21 a 7 *n.*, 32 e 1 *n.*), the Athenian custom was for a pleader to call his witnesses in the course of his speech, and the κλεψύδρα was stopped for the purpose. No evidence was admissible except what had been reduced to writing at the instruction (ἀνάκρισις), and there was no cross-examination (24 c 9 *n.*), so not much time was lost. The witness had simply to stand on the βῆμα

and signify his assent to the deposition read over to him by the
γραμματεύς. See Dict. Ant. s.v. *Martyria* (ii. 126 b sqq.).

34 a 5   ἐγὼ παραχωρῶ, sc. αὐτῷ τοῦ βήματος, 'I yield my place to him'.
Cf. Andoc. I § 26 παραχωρῶ, εἴ τις ἀναβαίνειν βούλεται, Aeschines 3
§ 165 παραχωρῶ σοι τοῦ βήματος ἕως ἂν εἴπῃς. It is not uncommon
for speakers to offer to let their adversary speak in the time allotted
to themselves by the κλεψύδρα (Dem. 18 § 139 ἐν τῷ ἐμῷ ὕδατι), but
the passage seems to imply that evidence not recorded at the
ἀνάκρισις might be tendered with the consent of the adverse party.
That is apparently implied also in Lysias 20 § 11 καίτοι εἴ τις
βούλεται, ἐν τῷ λόγῳ τῷ ἐμῷ μαρτυρησάτω.

a 6   τούτου πᾶν τοὐναντίον, 'quite on the contrary', in apposition to
the following sentence (not governed by εὑρήσετε).

b 1   τάχ' ἂν λόγον ἔχοιεν, 'their conduct would admit of explanation'.
Cf. 31 b 7 *n.* So *infra* b 3 τίνα ἄλλον ἔχουσι λόγον κτλ., where the
words τὸν ὀρθόν τε καὶ δίκαιον (sc. λόγον) show conclusively that
λόγος in this phrase means 'account' or 'explanation'.

V. Ἐπίλογος (34 b 6–35 d 8).

Socrates refuses to make the customary appeal *ad misericordiam*.
We see how much this was a matter of course from Hyperides,
pro Euxenippo § 41 Ἐγὼ μὲν οὖν σοὶ Εὐξένιππε βεβοήθηκα ὅσα εἶχον
λοιπὸν δ' ἐστὶ δεῖσθαι τῶν δικαστῶν καὶ τοὺς φίλους παρακαλεῖν καὶ τὰ
παιδία ἀναβιβάζεσθαι. Xenophon is clearly wrong in suggesting that
such appeals were illegal. Cf. *Mem.* iv. 4, 4 ἐκεῖνος οὐδὲν ἠθέλησε
τῶν εἰωθότων ἐν τῷ δικαστηρίῳ παρὰ τοὺς νόμους ποιῆσαι, ἀλλὰ ῥᾳδίως
ἂν ἀφεθεὶς ὑπὸ τῶν δικαστῶν, εἰ καὶ μετρίως τι τούτων ἐποίησε (which is
likely enough), προείλετο μᾶλλον τοῖς νόμοις ἐμμένων ἀποθανεῖν ἢ
παρανομῶν ζῆν. There was nothing illegal about it, but Socrates
thought it unworthy of himself and of Athens.

c 1   εἰ ὁ μὲν ... c 5 ἐγὼ δὲ οὐδὲν ἄρα ... This is a disjunctive protasis
of the normal type. Cf. 28 d 10 *n.* The particle ἄρα is usual in this
construction, and expresses surprise that the two members of the
disjunction should be compatible, 'whereas I, it appears, am going
to do nothing of the sort'. Riddell neatly renders 'and then finds
that I'. Cf. also 37 d 3.

34 c 3   παιδία . . . αὑτοῦ ἀναβιβασάμενος cf. 18 d 5 *n.*: This custom is caricatured in the *Wasps* of Aristophanes (cf. esp. 976 ποῦ τὰ παιδία; | ἀναβαίνετ', ὦ πόνηρα), a scene well known from Racine's imitation in *Les Plaideurs*.

Cf. Lysias 20 § 34 ἐάν τις παῖδας αὑτοῦ ἀναβιβασάμενος κλάῃ καὶ ὀλοφύρηται κτλ., Dem. 19 § 310 τὰ παιδί' ἴσως παράξει κἀναβιβᾶται, 21 § 99 παιδία ... παραστήσεται καὶ κλαήσει καὶ τούτοις αὐτὸν ἐξαιτήσεται, § 186 οἶδα τοίνυν ὅτι τὰ παιδία ἔχων ὀδυρεῖται κτλ.

c 6   καὶ ταῦτα κινδυνεύων κτλ., 'and that too when I am facing the supreme danger, as it would seem to him'. The parenthesis ὡς ἂν δόξαιμι refers to τὸν ἔσχατον, but the personal form of expression is preferred. Socrates does not himself regard death as the ἔσχατος κίνδυνος.

c 7   αὐθαδέστερον ἂν . . . σχοίη, 'will harden himself against me' (Church). The proper meaning of αὐθάδης is 'headstrong', 'stubborn'.

c 8   αὐτοῖς τούτοις: cf. 24 a 7 *n.*

d 1   οὐκ ἀξιῶ μὲν γὰρ κτλ. '(I say *if*,) for I don't expect it of you, but *if* (any of you should)'.

d 4   τὸ τοῦ Ὁμήρου, *Od.* xix. 163 οὐ γὰρ ἀπὸ δρυός ἐσσι παλαιφάτου οὐδ' ἀπὸ πέτρης. The words are spoken by Penelope to Odysseus whom she does not recognize. She means that he is not a *terrae filius*. A slightly different use of the quotation is made in *Rep.* 544 d 7 ἢ οἴει ἐκ δρυός ποθεν ἢ ἐκ πέτρας τὰς πολιτείας γίγνεσθαι, ἀλλ' οὐχὶ ἐκ τῶν ἠθῶν τῶν ἐν ταῖς πόλεσιν; For still another turn cf. *Phaedr.* 275 b 8.

d 6   καὶ ὑεῖς γε . . . τρεῖς κτλ.: cf. *Phaed.* 116 b 1 δύο γὰρ αὐτῷ ὑεῖς σμικροὶ ἦσαν, εἷς δὲ μέγας. The latter, who was μειράκιον ἤδη, was called Lamprocles, as we learn from Xenophon (*Mem.* ii. 2, 1), who refers to him as τὸν πρεσβύτατον υἱόν. The two others were called Sophroniscus (after his grandfather, so presumably the second son) and Menexenus. From *Phaed.* 60 a 2 we gather that the youngest was still a baby in arms (see my note *in loc.*). It follows that Socrates married Xanthippe late in life, and that he had a child by her when he was nearly seventy. We do not know who Xanthippe was, but her name suggests aristocratic connexions, and so does that of the eldest son, Lamprocles. There is no hint in Plato that Xanthippe was a shrew. On the contrary, she is represented in the *Phaedo* as passionately devoted to her husband. We gather from Xenophon (*Symp.* 2, 10) that Antisthenes did not like her ; and it is probable that, if she was a woman of good birth, she did not care much for him. That is doubtless the origin of her unfortunate reputation.

34 d 9   αὐθαδιζόμενος, 'from obstinacy', 'from arrogance' (Church). Cf. 34 c 7 *n.*

e 2   ἄλλος λόγος, 'another story', 'another question', which Socrates modestly leaves unanswered, proceeding to what is not open to question with δ' οὖν (cf. 17 a 2).

e 4   τοῦτο τοὔνομα ἔχοντα, 'with the name I have'. Cf. 23 a 3 ὄνομα δὲ τοῦτο λέγεσθαι, σοφὸς εἶναι.

e 5   ψεῦδος is regularly used instead of ψευδές as opposed to ἀληθές, even as an adjective. Cf. *Polit.* 281 a 13 παράδοξόν τε καὶ ψεῦδος ὄνομα.

ἀλλ' οὖν δεδογμένον γέ ἐστι κτλ., 'at any rate, it is settled (people have made up their minds) that Socrates surpasses the mass of men in something'. Cf. *Euth.* 4 e 9 οὐδέ τῳ ἂν διαφέροι Εὐθύφρων τῶν πολλῶν ἀνθρώπων.

BW read τῷ Σωκράτει, which would yield the inappropriate sense 'Socrates has made up his mind'. T has τὸν Σωκράτη, which is unpleasantly arrogant. Now the forms του, τῳ are constantly explained by τινός, τινί in the margin of our best Plato MSS. I suppose, therefore, that the τινί which all our MSS. have after διαφέρειν was a marginal interpretation of τῳ. It occurs just sixteen letters farther on (the normal length of a line in the archetype).

35 a 1   εἰ . . . ἔσονται, deprecatory protasis with fut. ind., as below a 6 εἰ ἀποθανοῦνται.

a 5   θαυμάσια . . . ἐργαζομένους, 'going on in an extraordinary way'. The phrase may imply 'showing marvellous zeal' (Adam) in some places, but that seems inappropriate here. Cf. *Symp.* 213 d 3 θαυμαστὰ ἐργάζεται καὶ λοιδορεῖταί τε καὶ τὼ χεῖρε μόγις ἀπέχεται.

a 6   ἀθανάτων is used in its popular sense, 'deathless', exempt from the separation of body and soul.

a 8   αἰσχύνην . . . περιάπτειν. The literal meaning of περιάπτειν is to put round the neck like an amulet (περίαπτον, περίαμμα), but it is regularly taken metaphorically *in malam partem*, with ὄνειδος, αἰσχρὰν δόξαν or the like. In Ar. *Ach.* 640 ἀφύων τιμὴν περιάψας we have a more neutral sense.

Cf. *Epp.* 334 b 2 αἰσχύνην οὗτοι περιῆψαν τῇ πόλει, Dem. 20 § 10 ἀντὶ καλῆς (δόξης) αἰσχρὰν τῇ πόλει περιάπτει.

35 b 1 οὕς... προκρίνουσιν. This sentence (which has been strangely overlooked) furnishes absolute proof that the system known as κλήρωσις ἐκ προκρίτων existed in 399 B.C. The term προκρίνειν is technical for the drawing up of a 'short leet', and unless this had been done by voting or some equally deliberate method of selection, the argument would be absurd. The inferior character of magistrates chosen *solely* by lot would not have reflected in any way on Athens. The same conclusion must be drawn from Aristotle's statement ('Αθ. Πολ. 62, 1) that at a certain date not given, but presumably in the fourth century, certain magistracies which had formerly been filled by lot from the demes were now chosen by lot from the whole tribe. The reason given is that the demes offered them to the highest bidder (ἐπειδὴ δ' ἐπώλουν οἱ δῆμοι ... ἐκ τῆς φυλῆς ὅλης κληροῦσι), which can only mean that the demes sold their nomination to the list of πρόκριτοι; for the chance of the lot was not a saleable article. It is also noted in the same place that the first nominations for the βουλή remained in the hands of the demes (cf. 32 b 1 *n.*). Of course the στρατηγοί and other military officers were always directly elected by the ἐκκλησία, and the term προκρίνω could hardly be used of them. It may be true that πρόκρισις was abolished some time in the fifth century, but if so, it was revived under the Four Hundred, and may well have been retained under the moderate and constitutional democracy set up after the fall of the Thirty. In this same year Meletus (if it is he) is very shocked by the idea that Andocides might present himself κληρωσόμενος τῶν ἐννέα ἀρχόντων. He might become βασιλεύς and so get control of the Eleusinian mysteries ([Lysias] 6 § 4). That implies some form of candidature at least. Cf. also Lysias 31 § 33 (*c.* 398 B.C.) προθύμως κληρωσόμενος ἦλθεν.

b 2 καὶ ταῖς ἄλλαις τιμαῖς, i. e. especially priesthoods.

In Isaeus 8 § 19 sq. there is a clear case of a priestess being appointed after πρόκρισις by the wives of her δημόται. In Demosthenes 57 § 48 we read οὔτ' ἀρχὰς ἄρχειν οὔθ' ἱερωσύνην κληροῦσθαι μεθ' ἑαυτοῦ προκριθέντα εἴασεν· καὶ γὰρ οὗτος ἦν τῶν κληρουμένων καὶ προκριθέντων.

b 4 ὑμᾶς, 'you (when you are on your trial)'. That this is the meaning appears from the fact that τοὺς δοκοῦντας ... τι εἶναι clearly refer to 35 a 2 ὑμῶν οἱ δοκοῦντες διαφέρειν κτλ.

35 b 5   καὶ ὁπηοῦν τι εἶναι. Cf. *Rep.* 538 d 3 τοὺς καὶ ὁπηοῦν μετρίους. The MSS. have τοὺς καὶ ὁπητιοῦν εἶναι, but τι is absolutely required, and Heindorf corrected as in the text. On the other hand, there is no objection to the form ὁπητιοῦν (cf. ὁπωστιοῦν), and Bekker may have been right in reading καὶ ὁπητιοῦν τι εἶναι. Cf. C.Q. xiv. 133.

b 7   τὰ ἐλεινὰ ταῦτα δράματα εἰσάγοντος, 'bringing these mournful dramas on to the stage'. Besides its use for 'bringing into court' (24 d 5 *n.*), εἰσάγω has the technical sense of 'bringing out' or 'producing' a play. We see the origin of this from the herald's proclamation in Ar. *Ach.* 11 εἴσαγ', ὦ Θέογνι, τὸν χορόν. It is also used of bringing a character on the stage. Cf. *Rep.* 381 d 5 μηδ' ἐν τραγῳδίαις ... εἰσαγέτω Ἥραν ἠλλοιωμένην κτλ., *Laws* 838 c 5 ὅταν ἢ Θυέστας ἤ τινας Οἰδίποδας εἰσάγωσιν.

b 9   Χωρὶς ... τῆς δόξης κτλ., 'Apart from the question of the good name of Athens, it is not right either ...'.

c 1   δεόμενον ἀποφεύγειν, 'to secure an acquittal by entreaties'. Cf. Andoc. I § 30 οὐδέν με δεῖ ὑμῶν δεόμενον οὐδὲ παραιτούμενον σωθῆναι.

c 2   οὐ ... κάθηται, 'does not sit', the technical term in Greek as in English. The judges are called οἱ καθήμενοι. Cf. Dem. 20 § 165 ἐν δὲ τῇ τῶν καθημένων ὑμῶν ἑνὸς ἑκάστου γνώμῃ κτλ.

c 3   καταχαρίζεσθαι τὰ δίκαια, 'to bestow justice as a favour'. Cf. Aeschines 3 § 53 τὸν ἀγῶνα καταχαριζόμενος, 'making a present of the case to my adversary', Dem. 26 § 20.

c 4   οὐ negatives ὀμώμοκεν. If χαριεῖσθαι were negatived, μή would be required. The terms of the oath, as it may be pieced together from references in the orators, appears to have been ψηφιοῦμαι κατὰ τοὺς νόμους καὶ τὰ ψηφίσματα τοῦ δήμου τοῦ Ἀθηναίων καὶ τῆς βουλῆς τῆς πεντακοσίων, περὶ δ' ὧν ἂν νόμοι μὴ ὦσι, γνώμῃ τῇ δικαιοτάτῃ καὶ οὔτε χάριτος ἕνεκα οὔτ' ἔχθρας. καὶ ψηφιοῦμαι περὶ αὐτῶν ὧν ἂν ἡ δίωξις ᾖ, καὶ ἀκροάσομαι τῶν τε κατηγορούντων καὶ τῶν ἀπολογουμένων ὁμοίως ἀμφοῖν. ὄμνυμι νὴ τὸν Δία, νὴ τὸν Ἀπόλλω, νὴ τὴν Δήμητρα, καὶ εἴη μέν μοι εὐορκοῦντι πολλὰ καὶ ἀγαθά, ἐπιορκοῦντι δ' ἐξώλεια αὐτῷ τε καὶ γένει.

c 5   ἡμᾶς, sc. τοὺς ἀγωνιζομένους, persons on their trial generally, not Socrates in particular.

5 c 8 μήτε ... καλὰ ... μήτε δίκαια μήτε ὅσια. The first point was
made at 34 e 2 sqq. (πρὸς δ' οὖν δόξαν κτλ.), the second at 35 b 9
(οὐδὲ δίκαιόν μοι δοκεῖ κτλ.). The third refers to the *religio* of the
oath (35 c 6 οὐδέτεροι γὰρ ἂν ἡμῶν εὐσεβοῖεν).

d 1 ἄλλως τε ... πάντως καί, 'and most particularly as ...'. The
ἄλλως is further emphasized by the words μέντοι νὴ Δία (cf. *Euth.*
4 b 3 n.) inserted between it and πάντως. Cf. Ar. *Clouds* 1269 ἄλλως
τε μέντοι καὶ κακῶς πεπραγότι, Aesch. *Eum.* 726 ἄλλως τε πάντως χὥτε
δεόμενος τύχοι.

Though there is no other instance of the cumulation of μέντοι
(νὴ Δία) and πάντως, there is no reason to suspect the text. Trans-
position in T is too common an occurrence to have any weight.

d 2 εἰ πείθοιμι ... καὶ ... βιαζοίμην. Here we have the standing
opposition of πειθώ and βία used in a very curious way. There
could be nothing wrong in merely persuading the court, so we must
take τῷ δεῖσθαι with πείθοιμι as well as with βιαζοίμην, with which
latter word it has the effect of an oxymoron.

d 3 θεοὺς ... μὴ ἡγεῖσθαι ... εἶναι passes quite easily into θεοὺς οὐ
νομίζω which, as we have seen, implies a good deal more than
'believing in the gods'. Of course to swear falsely by the gods is
to show that one οὐ νομίζει θεούς in the fullest sense of the word.
In d 6 νομίζω is practically 'I fear God'.

The ἀντιτίμησις (35 e 1–38 b 9).

Socrates has been found guilty, but not by a very large majority.
Though his *civisme* might be suspect, the Athenians knew that he
was a good citizen and a brave soldier. He would no doubt have
been acquitted but for the special position of Anytus, who was
notoriously a moderate man. The ordinary Athenian would find it
hard to believe that he could make himself responsible for a baseless
charge. His influence was apparently sufficient to secure the
acquittal of Andocides.

This was an ἀγὼν τιμητός, i.e. a case in which no penalty was
prescribed by law, and it was left to the court, in legal phrase,
τιμᾶν ὅτι χρὴ παθεῖν ἢ ἀποτεῖσαι. In such cases, since the court had
to choose between the alternative penalties proposed by the prosecu-
tion and the defence, and could not itself propose a different one, it
was in the interest of the prosecution to propose a rather more

severe penalty than it really desired to inflict, while it was in the interest of the defence to propose an alternative sufficiently heavy to make it possible for the court to accept it. We may be pretty certain that Anytus only put up Meletus to demand the penalty of death in order to make quite sure that Socrates would propose exile as an alternative. Socrates, however, refused to play the game of Anytus.

35 e 1 Τὸ ... μὴ ἀγανακτεῖν κτλ. After συμβάλλεται, 'contributes', we expect εἰς or πρὸς τὸ μὴ ἀγανακτεῖν, but the infinitive is put at the beginning for emphasis before the form of the sentence has been determined. (There is a very similar anacoluthia with συμβάλλεται in *Rep.* 331 b 1 sqq., though there the construction is helped out by the insertion of εἰς τοῦτο.) Then he goes on with καὶ οὐκ ἀνέλπιστον κτλ. instead of the logical καὶ ὅτι οὐκ ἀνέλπιστον κτλ. or, in other words, the second member of the sentence detaches itself and becomes independent. That too is a common device of Plato's for giving the impression of actual speech.

ἐπὶ τούτῳ τῷ γεγονότι, 'at this result'. Of course ἀνέλπιστον is 'unexpected' here.

36 a 3 ἑκατέρων τῶν ψήφων, 'of the votes on either side'.

a 4 τὸν γεγονότα ἀριθμόν, 'the total number'. The verb γίγνεται is regularly used of the result of an addition or the answer to a sum generally.

οὕτω παρ' ὀλίγον ἔσεσθαι, sc. τὸν γεγονότα ἀριθμόν, 'that the divergence would be so small', 'that they would be so close'. In this phrase παρά c. acc. expresses divergence or the margin of difference.

For παρά in this connexion cf. Dem. 22 § 3 ἐγὼ τοίνυν ταῦτα μὲν οὐ παρὰ μικρὸν ἀγωνιζόμενος παρ' ὑμῖν ἀπελυσάμην, ἀλλ' ὥστε τὸ πέμπτον μέρος μὴ λαβεῖν τούτους τῶν ψήφων, 23 § 205 Κίμωνα ... παρὰ τρεῖς ... ἀφεῖσαν ψήφους τὸ μὴ θανάτῳ ζημιῶσαι, 24 § 138 παρ' ὀλίγας ψήφους, Hyperides, *pro Euxenippo* § 28 παρὰ δύο ψήφους ἀπέφυγε. The position of the preposition in οὕτω παρ' ὀλίγον is normal (cf. 40 a 5 πάνυ ἐπὶ σμικροῖς). The adverb qualifies the whole phrase, not merely the adjective.

a 5 εἰ τριάκοντα μόναι κτλ. Diogenes Laertius says (ii. 41) that Socrates was condemned by 281 votes 'more than those for acquittal'. That is wholly inconsistent with the text. If we assume a normal dicastery of 500, this would be satisfied by a vote of 280 to 220. The transference of 30 votes would then equalize the votes and secure an acquittal (*Att. Proc.* 938). It is true that in the fourth century we have cases of δικαστήρια of 201, 401, and 1001, and it is clear that the intention was to prevent equality of votes, but we do not know when this practice was introduced or even whether it was generally applied. On the face of it, it is inconsistent with the rule that equality of votes secured acquittal.

The reading τριάκοντα is that of BW and is in the margin of T with the monogram for γράφεται. The vulgate τρεῖς is only a 'correction' of τρίς (which is in the text of T), and has therefore no authority at all. Diogenes Laertius (ii. 41) says κατεδικάσθη διακοσίαις ὀγδοήκοντα μιᾷ πλείοσι ψήφοις τῶν ἀπολυουσῶν. That cannot possibly be right, and Wilamowitz's proposal (*Platon* ii. 49) to read τριάκοντα for μιᾷ (Λ for Α) does not mend matters since, if thirty votes had to be transferred to secure an acquittal, that means there was a majority of *sixty*, as appears from Wilamowitz's own statement that the vote was 280 to 220 (or 221). It is to be noted, however, that the figure given by Diogenes is just the total number of votes for condemnation which must be reckoned if we assume a court of 501 and give the odd dicast to Meletus. That looks as if Diogenes (or his source) had really written διακοσίαις ὀγδοήκοντα μιᾷ, ⟨ἑξήκοντα μιᾷ⟩ πλείοσι ψήφοις τῶν ἀπολυουσῶν. In any case, I do not think it possible that τριάκοντα is a 'round number'. Accuracy would be essential here. It is much more likely that Diogenes (or his source) was wrong in assuming a court of 501.

36 a 6 μετέπεσον: cf. Aeschines 3 § 252 πρῴην ποτὲ εἰσηγγέλθη (Λεωκράτης), καὶ ἴσαι αἱ ψῆφοι αὐτῷ ἐγένοντο· εἰ δὲ μία ψῆφος μετέπεσεν, ὑπερώριστ' ἄν. This is a clear case of acquittal following equality of votes.

a 8 εἰ μὴ ἀνέβη . . . κατηγορήσοντες. Lyco is a mere appendage to Anytus, so we have the singular before he is mentioned, shifting afterwards to the plural. It appears clearly from this passage that Anytus and Lyco were συνήγοροι. Of course Anytus was the moving spirit ; but, if he had appeared as the principal accuser, it would have been difficult to avoid giving the prosecution a political appearance. That is no doubt why Meletus was put up to talk about καινὰ δαιμόνια. There is some indication (cf. 29 c 1 *n.*) that the charge of διαφθορὰ τῶν νέων was left to Anytus.

Schol. B (Arethas) identifies this Lyco with the father of Autolycus (cf. Xen. *Symp.*), which is most improbable. Once more he seems to have been misled by his handbook of κωμῳδούμενοι. Cf. *Euth.* 2 b 9 *n.* (p. 10).

36 b 1 οὐ μεταλαβὼν κτλ. The incorrigible Socrates affects to believe that Meletus, Anytus, and Lyco must be credited with a third of the votes each, in which case Meletus has only got 93⅓, which is less than a fifth of 500. Now the law was that, if the prosecutor in a γραφή failed to secure this minimum, he was fined 1,000 drachmae. This was to prevent frivolous prosecutions.

b 3 Τιμᾶται ... μοι ... θανάτου, ' He proposes to assess the penalty at death for me '. In this connexion the parties are said τιμᾶσθαι and ἀντιτιμᾶσθαι (action for self), the dicasts are said τιμᾶν (action for others), the charge being put in the accusative, the guilty party in the dative, and the penalty in the genitive (originally a genitive of price, τιμή). For all three cases cf. *Laws* 880 c 8 τρία ἔτη δεδέσθω, ἐὰν μὴ τὸ δικαστήριον πλείονος αὐτῷ χρόνου τιμήσῃ τὴν δίκην. Of course ὑμῖν below (b 4) is not to be explained in this way ; it is an ' ethical ' dative. The penalty proposed was specified at the end of the γραφή in the words τίμημα θάνατος (cf. 24 b 8 *n.*).

b 5 τῆς ἀξίας, 'my deserts'. Cf. the phrases κατ' ἀξίαν, ὑπὲρ τὴν ἀξίαν, τῆς ἀξίας τυγχάνειν.

παθεῖν ἢ ἀποτεῖσαι, 'to have done to me or to pay'. The phrase includes imprisonment, exile, and death on the one hand, and fine or damages on the other, and is the proper legal phrase. Cf. the νόμος ὕβρεως ap. Dem. 21 § 47 ὅτου δ' ἂν καταγνῷ ἡ ἡλιαία, τιμάτω περὶ αὐτοῦ παραχρῆμα ὅτου ἂν δοκῇ ἄξιος εἶναι παθεῖν ἢ ἀποτεῖσαι, and the laws ap. Dem. 24 § 105 ἐὰν δὲ ἁλῷ, τιμάτω ἡ ἡλιαία ὅτι χρὴ παθεῖν αὐτὸν ἢ ἀποτεῖσαι.

ὅτι μαθών is a strange expression which occurs only four times in classical Greek, and appears to mean 'because' with an added sense of disapprobation or expostulation (*propterea quod ... adiuncto tamen aliquo, qui latet in participio* μαθών, *temeritatis et inconsiderantiae significatu,* Heindorf ad *Euthyd.* 283 e). Cf. Eupolis fr. 357 ὅτι μαθόντες τοὺς ξένους μὲν λέγετε ποιητὰς σοφούς. The other instances are in Plato. Cf. *Euthyd.* 283 e 3 εἶπον ἂν " Σοὶ εἰς κεφαλήν ", ὅτι μαθών μου ... καταψεύδῃ, ib. 299 a 1 πολὺ ... δικαιότερον τὸν ὑμέτερον πατέρ' ἂν τύπτοιμι, ὅτι μαθὼν σοφοὺς υἱεῖς οὕτως ἔφυσεν, *Prot.* 353 d 5 ὅμως δ' ἂν κακὰ ἦν, ὅτι μαθόντα χαίρειν ποιεῖ καὶ ὁπηοῦν. The last example is specially remarkable, since it follows a neuter subject. The phrase is clearly colloquial and cannot be separated from τί μαθών ; which must not be emended with Cobet into τί παθών; (Starkie on Ar. *Wasps* 251), but no really satisfactory explanation of it has ever been given. We can only say that, since τί μαθών; had come to be felt as an indignant or reproachful 'Why?', ὅτι μαθών came to be felt as an indignant or reproachful 'because'.

36 b 6 ἐν τῷ βίῳ, 'throughout my life'. Riddell says 'in the disposal of my life', but the usual meaning of the phrase is quite appropriate. The negatived imperfect οὐχ ἡσυχίαν ἦγον suggests 'I would not' or 'could not keep quiet'.

ὧνπερ οἱ πολλοί, sc. ἐπιμελοῦνται, to be supplied from ἀμελήσας. There would be no difficulty in οὐκ ἐπιμεληθεὶς ὧνπερ οἱ πολλοί, and, even if no exact parallel can be found, the common brachylogy by which a positive verb (e.g. of commanding or allowing) has to be supplied in an adversative clause from a preceding negative verb (e.g. of forbidding or hindering) shows how natural the expression is. On the same principle, εἷς, ἕκαστος, or πάντες has often to be supplied in the adversative clause from a preceding οὐδείς.

In any case, Schanz's ὧνπερ οἱ πολλοὶ ⟨οὔ⟩ is certainly wrong both on the grounds of sense (ὧνπερ οὐκ ἀμελοῦσι would be far too weak) and of sound.

b 8 καὶ δημηγοριῶν, being coupled with στρατηγιῶν, must be used here for the position of a δημηγόρος or leader in the ἐκκλησία, not merely for his speeches. Cf. Dem. 18 § 60 πρὸ τοῦ πολιτεύεσθαι καὶ δημηγορεῖν ἐμέ, 'before I entered on my political career'. Socrates means that he had no 'parliamentary ambitions', as we should say. He did not belong to the class described by Demosthenes (19 § 295) as οἱ στρατηγιῶντες καὶ προστασίας ἀξιούμενοι.

καὶ τῶν ἄλλων ἀρχῶν κτλ., 'and, in general, of the offices, &c.', the generalizing use of ἄλλος.

I think it very harsh to take τῶν ἄλλων as neuter with the following words in apposition to it, as Adam does.

συνωμοσιῶν, 'clubs', 'caucuses' (Adam). Cf. *Theaet.* 173 d 4 σπουδαὶ δὲ ἑταιριῶν ἐπ' ἀρχὰς καὶ σύνοδοι. The reference is to the clubs (Thuc. viii. 54 ξυνωμοσίας, αἵπερ ἐτύγχανον πρότερον ἐν τῇ πόλει οὖσαι ἐπὶ δίκαις καὶ ἀρχαῖς), which were originally devised to secure the election to office of members of the oligarchical party and their acquittal when put on their trial, and which had played so great a part in the Revolutions at the end of the fifth century B.C.

36 c 1 ἐπιεικέστερον simply 'too good', the urbane equivalent of βελτίω.
εἰς ταῦτ' ἰόντα, 'by having recourse to them'.

c 2 ἐνταῦθα ... οὐκ ᾖα, 'I did not adopt a course'. As we see from the
next line, ἐνταῦθα stands for ἐπὶ ταῦτα, and ἰέναι ἐπί c. acc. means
'to go in for', 'to take up'. Cf. *Gorg.* 514 c 4 ἰέναι ἐπὶ τὰ δημόσια
ἔργα, *Rep.* 558 b 7 ἐπὶ τὰ πολιτικὰ ἰών. For ἐνταῦθα with a verb of
motion (like 'there' for 'thither' in English) cf. *Gorg.* 494 e 9 ἢ
γὰρ ἐγὼ ἄγω ἐνταῦθα, *Rep.* 445 b 5 ἐνταῦθα ἐληλύθαμεν. So too Lysias
3 § 34 ἐνταῦθα ἦλθον, οὗ αὐτὸς ἔμελλον ὑπὸ πλείστων ὀφθήσεσθαι.

οἷ ἐλθὼν κτλ., 'by taking up which there was no prospect of my
being of any use'.

c 3 ἐπὶ δὲ τὸ ἰδίᾳ ἕκαστον ἰὼν κτλ. Socrates once more emphasizes
the individual character of his mission (cf. 30 e 7 *n.*). The second
member of the relative clause detaches itself and becomes inde-
pendent in accordance with Greek idiom. We should expect rather
οἳ δ' ἰὼν ἔμελλον εὐεργετεῖν κτλ.

From our point of view ἰών is superfluous, as ἐπὶ τὸ εὐεργετεῖν
might depend directly on ἐνταῦθα ᾖα. Schanz accordingly brackets
it. From the Greek point of view, however, ἰών is wanted to
balance ἐλθών, as ἐνταῦθα ᾖα balances ἐνταῦθα μὲν οὐκ ᾖα. I have
therefore removed the brackets.

c 4 ὡς ἐγώ φημι, 'as I affirm', referring to the superlative τὴν μεγίστην.
The phrase is not merely equivalent to ὅπερ λέγω.

c 5 ἐπιχειρῶν κτλ. explains ἐνταῦθα by describing the line he took.
ἕκαστον ὑμῶν: cf. c 3 *n.*

τῶν ἑαυτοῦ μηδενὸς ... ἑαυτοῦ. This is only another way of
putting the requirement of ἐπιμέλεια ψυχῆς (29 e 1 *n.*), since the
ψυχή is the self as opposed to the body and to external things such
as wealth and honour, which are merely 'belongings' or 'appur-
tenances' of the self.

c 7 τῶν τῆς πόλεως. These will be such things as national wealth and
national glory. Here we have in a nutshell the political theory of
Socrates, which regards the ἐπιμέλεια τῆς πόλεως as in principle the
same as the ἐπιμέλεια ἑαυτοῦ. The state which makes honour or
wealth its object is not the true state. That is just the doctrine of
the *Republic*, which only makes explicit the pregnant hints of this
sentence.

d 2 εἰ δεῖ γε ... τιμᾶσθαι, 'if I must propose a penalty which is really
in accordance with my deserts'.

We owe the true reading here to Byzantine conjecture (cod. Coisl. 155, Bekker's Γ, a learned MS. derived from T). BW have εἰ δέ γε ... τιμᾶσθε, while T has εἰ δή γε ... τιμᾶσθε, but with δή changed to δει by the first hand. This, no doubt, gave the writer of Γ the hint.

6 d 3 καὶ ταῦτά γε, 'yes, and that too'. In the sense of *idque, et quidem*, καὶ ταῦτα, not καὶ τοῦτο, is always used.

Heindorf doubted whether γε was ever added to καὶ ταῦτα, and Schanz accordingly brackets it. See, however, *Rep.* 420 a 2 and *Soph.* 238 a 1. Above 26 e 6 we have even καὶ ταῦτα μέντοι.

d 4 εὐεργέτῃ, 'who is your benefactor', alluding to εὐεργετεῖν above (c 3) and not, as has been supposed, to the official title of εὐεργέτης, sometimes conferred on foreign potentates and mercenary generals. It was often accompanied by the grant of citizenship, but there is no case of its being conferred on born citizens (γένει πολῖται).

The passages quoted by Stallbaum to show that an official distinction is meant really tell the other way. In Xen. *de Vect.* 3, 11 we are told that many ξένοι would contribute, εἰ μέλλοιεν ἀναγραφήσεσθαι εὐεργέται. In Lysias 20 § 19 we have εἰ ... ξένος τις ἐλθὼν εὐεργέτης ἀναγραφῆναι ἠξίου. In Dem. 19 § 330 (added by Riddell) δοίη τ᾽ ἂν ἐν πρυτανείῳ σίτησιν ἢ ἄλλην τινὰ δωρεάν, αἷς τιμᾶτε τοὺς εὐεργέτας; the reference is to the ambassadors of Philip. Still less does Dem. 23 § 185 (quoted by Adam) prove that the title of εὐεργέτης could be conferred on a citizen. The words are πολίτης, εὐεργέτης, στέφανοι, δωρεαί and they refer to the ξένος Charidemus, to whom both the citizenship and the title of εὐεργέτης were given. Just so in Lysias 13 § 72 the grant of citizenship is coupled with the title of εὐεργέτης.

d 6 μᾶλλον ... οὕτως ὡς ... We have seen (30 a 8 *n*.) that ὡς can take the place of ἤ after a comparative; and, if ὡς can stand, it can be strengthened by οὕτως.

d 7 ἐν πρυτανείῳ σιτεῖσθαι (for the omission of the article cf. ἐν ἀγορᾷ, ἐν ἀγρῷ, ἐν ἄστει). The πρυτανεῖον was the κοινὴ ἑστία of the πόλις, and the custom here referred to is a survival of the time when kings invited honoured guests to share their board. The privilege was granted to victors at Olympia (and possibly at the other great games), to distinguished generals, and to the representatives of certain families (e. g. the descendants of Harmodius and Aristogiton). See Dict. Ant. ii, p. 515 a. Those so favoured were called παράσιτοι (the name ἀείσιτοι is late, and only came into use when the term παράσιτος was degraded by being applied to the class of people called in the fifth century κόλακες). It is amusing to find Isocrates appropriating this Socratic claim. He says (15 § 95) δικαίως ἂν ἔχοιτέ μοι πλείω χάριν ἢ τοῖς δι' ἀρετὴν ἐν πρυτανείῳ σιτουμένοις.

Schanz spoils the effect of this passage by his suggestion that we must infer that σίτησις ἐν πρυτανείῳ was a 'sort of provision for poor citizens' at this date. It should not be necessary to explain that the whole point is just that Socrates is making what the court would consider a monstrous claim, and not applying for an old-age pension. That is the μεγαληγορία which puzzled Xenophon. No doubt there may have been abuses in connexion with the matter at a later date, but these do not concern us here. Timocles fr. 8, 15 (ap. Athen. vi. 237) justifies the application of the term παράσιτοι to professional diners-out thus: ὁ τῶν παρασίτων ὡς τετίμηται βίος· | γέρα γὰρ αὐτοῖς ταὐτὰ τοῖς τὠλύμπια | νικῶσι δίδοται χρηστότητος εἵνεκα, | σίτησις. οὐ γὰρ μὴ τίθενται συμβολαί, | πρυτανεῖα ταῦτα πάντα προσαγορεύεται.

36 d 8   ἵππῳ (officially κέλητι) refers to the horse-race, συνωρίδι to the two-horse chariot, and ζεύγει (τεθρίππῳ) to the four-in-hand chariot.

Cf. Lex. Coisl. s. v. ζεῦγος· οὐ μόνον τὸ ἐκ δυεῖν ἐπὶ τῶν βοῶν ἢ ἵππων ἐζευγμένον ζεῦγος καλεῖται, ἀλλὰ καὶ τὸ ἐκ πλειόνων. Hesych. ζεῦγος· πᾶν τὸ ἐζευγμένον, καὶ ὄχημα, καὶ ἐπὶ τριῶν καὶ τεσσάρων ἔτασσον.

d 9   δοκεῖν εἶναι . . . εἶναι. This antithesis had been given almost proverbial currency by the famous line of Aeschylus (Sept. 592) οὐ γὰρ δοκεῖν ἄριστος ἀλλ' εἶναι θέλει. Cf. Rep. 361 b 7 ἄνδρα . . . κατ' Αἰσχύλον οὐ δοκεῖν ἀλλ' εἶναι ἀγαθὸν ἐθέλοντα.

e 1   τροφῆς οὐδὲν δεῖται, since ἱπποτροφία was a recognized sign of great wealth.

37 a 2   παραπλησίως . . . ὥσπερ κτλ. See 34 c 1 sqq.

a 3   ἀπαυθαδιζόμενος, 'out of sheer obstinacy', 'bravado' (Fowler). Cf. 34 d 9 οὐκ αὐθαδιζόμενος.

a 4   τὸ δὲ . . . Here and below 39 c 7 the article seems really to preserve its original demonstrative sense.

a 5   πέπεισμαι . . . μηδένα ἀδικεῖν ἀνθρώπων, 'I am convinced that I am not guilty towards any human being', ἑκὼν εἶναι, 'at least voluntarily' (the phrase is only used with a negative). The reference is to 25 e 6 ἢ εἰ διαφθείρω, ἄκων. There is no allusion here to the Socratic doctrine that no one does wrong voluntarily. The nominative ἑκών shows that μηδένα is object, not subject, of ἀδικεῖν. The use of μηδένα for οὐδένα is quite normal in strong asseverations.

7 a 6 ὑμᾶς τοῦτο οὐ πείθω, 'I cannot make you share my conviction'.
As πείθειν is to succeed in producing conviction, οὐ πείθειν is to fail
to do so. This comes out chiefly in the imperfect tense (πολλὰ
πρὸς αὐτὴν λέγων οὐκ ἔπειθε Herod. ii. 121 δ'), but that is only because
of the double use of the present as a tense of continuance and a
tense of attainment (S.C.G. § 192).

a 8 ὥσπερ καὶ ἄλλοις ἀνθρώποις, e.g. at Sparta. Cf. Plut. *Apophth.
Lac.* 217 a ἐρωτῶντος δέ τινος αὐτὸν ('Αναξανδρίδην) διὰ τί τὰς περὶ
θανάτου δίκας πλείοσιν ἡμέραις οἱ γέροντες κρίνουσιν ... πολλαῖς ...
ἔφη, ἡμέραις κρίνουσι, ὅτι περὶ θανάτου τοῖς διαμαρτάνουσιν οὐκ ἔστι
μεταβουλεύσασθαι. So Thuc. i. 132, 5 χρώμενοι τῷ τρόπῳ ᾧπερ
εἰώθασιν ἐς σφᾶς αὐτούς, μὴ ταχεῖς εἶναι περὶ ἀνδρὸς Σπαρτιάτου ἄνευ
ἀναμφισβητήτων τεκμηρίων βουλεῦσαί τι ἀνήκεστον. As Adam says,
the allusion to Spartan practice is 'hardly politic'.

b 2 μεγάλας διαβολὰς ἀπολύεσθαι, 'to clear myself of grave imputa-
tions'. In this connexion ἀπολύομαι is regularly used. Cf. *Rep.*
499 e 2 ἀπολυόμενος τὴν τῆς φιλομαθείας διαβολήν, *Phaedr.* 267 d 2
ἀπολύσασθαι διαβολάς.

b 7 ἀντὶ τούτου δὴ ἕλωμαι κτλ., 'shall I choose one of the things I
know to be bad?' The attraction of ὄντων into the case of ὧν is in
order, and the position of τι after the genitive is idiomatic. Then
τούτου τιμησάμενος (synchronous aor. pcp.) is explanatory, 'and
assess the penalty at that'.

The best MSS. have ὧν εὖ οἶδ' ὅτι κακῶν ὄντων, but ἕλωμαι requires
an accusative object. Adam's ἔχωμαι ('shall I lay hold of') for
ἕλωμαι is not attractive. The correction of Baumann οἶδά τι for οἶδ'
ὅτι saves the situation. Meiser's 'certain emendation' (Adam), τοῦ
for τούτου, is superfluous.

b 8 πότερον δεσμοῦ; (sc. τιμησάμενος) 'at imprisonment, for instance?'
As a punishment for Athenian citizens, imprisonment was practically
unknown, though, if they were in debt to the treasury, they might
be imprisoned till the debt was paid (see c 2 n.). It is suggested
here mainly for the purpose of leading up to the next proposal.

c 1 τῇ ἀεὶ καθισταμένῃ ἀρχῇ, 'to the magistrates who hold office for
the time being'. There is no reason to suspect τοῖς ἕνδεκα, and
the meaning would not be clear without it. For this function of
the Eleven cf. Arist. 'Αθ. Πολ. 52, 1, where we are told the people
appointed them *inter alia* ἐπιμελησομένους τῶν ἐν τῷ δεσμωτηρίῳ.

37 C 2 ἀλλὰ χρημάτων; (sc. τιμησάμενος) 'or a fine?' καὶ δεδέσθαι ἕως ἂν ἐκτείσω; 'and imprisonment till I have paid it?' Cf. the law ap. Dem. 24 § 105 ἐὰν δὲ ἀργυρίου τιμηθῇ, δεδέσθω ἕως ἂν ἐκτείσῃ, and the νόμος ὕβρεως ap. Dem. 21 § 47 ἐὰν δὲ ἀργυρίου τιμηθῇ τῆς ὕβρεως, δεδέσθω . . . μέχρι ἂν ἐκτείσῃ.

The speech against Timocrates (Dem. 24) is our chief source of information on this point. The provision δεδέσθαι ἕως ἂν ἐκτείσῃ was part of the sentence, and was technically called a προστίμημα. Timocrates was prosecuted παρανόμων because he had got a law passed allowing the ὀφείλοντες τῷ δημοσίῳ to retain their liberty if they took an oath that they would pay in the ninth prytany, and if they furnished three securities.

c 3 ταὐτόν . . . ὅπερ νυνδὴ ἔλεγον, 'the same thing as what I was speaking of just now', i. e. the penalty of a fine with imprisonment till it is paid is, in my case, exactly the same as the penalty of imprisonment.

c 5 τιμήσωμαι . . . τιμήσαιτε, the middle of the party and the active of the judges (assessment 'for self' and 'for another'). Cf. 36 b 3 *n.*

c 6 φιλοψυχία, 'cowardice', shrinking from death, clinging to 'dear life'. The word comes from ψυχή in its popular sense of life as a thing to be risked or lost, the 'ghost' which a man 'gives up'. (Cf. *The Socratic Doctrine of the Soul*, B.A. 1915–16, p. 253). So Eur. *Hec.* 315 πότερα μαχούμεθ' ἢ φιλοψυχήσομεν ; 348 κακὴ φανοῦμαι καὶ φιλόψυχος ; *Heracl.* 517 τί δεῦρ' ἀφίκεσθ' ἱκεσίοισι σὺν κλάδοις | αὐτοὶ φιλοψυχοῦντες ;

d 1 διατριβάς, 'discourses' (almost 'sermons'). This is a natural development of the sense explained above (33 e 4 *n.*), and seems to occur here for the first time. At a later date διατριβή was commonly used, like the French *conférence*, of a popular lecture by an itinerant philosopher, and the denunciatory character of the Cynic διατριβαί explains the modern associations of the word 'diatribe'. The words καὶ τοὺς λόγους are added to make the meaning clear, cf. *Gorg.* 484 e 2 ἐπειδὰν αὖ εἰς τὰς ὑμετέρας διατριβὰς ἔλθωσιν καὶ τοὺς λόγους.

βαρύτεραι . . . καὶ ἐπιφθονώτεραι, 'too burdensome and odious'. That is βαρύ which any one βαρέως φέρει (cf. οἴσουσι ῥᾳδίως d 3). The gender follows the important word διατριβάς, to which καὶ τοὺς λόγους is an afterthought.

37 d 3 ἄλλοι δὲ ἄρα κτλ., 'is it likely, then, that others ... ?' There is a rhetorical anacoluthia here. We expect 'it is still less likely that others ... ', but this is thrown into interrogative form with great effect.

d 4 ἐξελθόντι, 'if I went into exile', dist. φεύγοντι, 'if I were an exile', opp. κατελθόντι, 'if I returned from exile'.

d 5 ἄλλην ἐξ ἄλλης πόλεως ἀμειβομένῳ, 'exchanging one city for another'. We should expect πόλιν for πόλεως, but in Greek the principle of accommodation to the nearest construction applies. Cf. Xen. An. v. 4, 31 ἀναβοώντων ... ἀλλήλων συνήκουον εἰς τὴν ἑτέραν ἐκ τῆς ἑτέρας πόλεως.

d 8 αὐτοί, 'of their own accord'. In the one case the young men take the initiative, in the other case the elders.

I do not understand the difficulties which have been raised about this sentence. It is in no way inconsistent with the fact that many Athenian fathers were ready to give evidence in favour of Socrates (34 a 7) to say that the elders *of another city* would resent his talking to their sons. As Adam well observes, Meno is made to say much the same thing in *Meno* 80 b 4 καί μοι δοκεῖς εὖ βουλεύεσθαι οὐκ ἐκπλέων ἐνθένδε οὐδ' ἀποδημῶν. εἰ γὰρ ξένος ἐν ἄλλῃ πόλει ταῦτα ποιοῖς, τάχ' ἂν ὡς γόης ἀπαχθείης ('you would likely be taken up as a sorcerer').

e 4 ἡμῖν, 'ethical dative', ἐξελθών, cf. d 4 *n*. Socrates has already said (c 5) that the court would doubtless agree to a sentence of banishment, and here he assumes it. The same assumption is made in the *Crito* and in the *Phaedo*.

e 6 τῷ θεῷ ἀπειθεῖν: cf. 29 a 3 *n*. Observe that, though the divine mission of Socrates was primarily to his fellow-citizens, it was not confined to them (cf. 30 a 3).

38 a 1 ὡς εἰρωνευομένῳ, 'regarding this pretext as a sly evasion'. The words εἴρων, εἰρωνεία, εἰρωνεύομαι are only used of Socrates by his opponents, and have always an unfavourable meaning. The εἴρων is the man who shirks responsiblity by sly excuses (such as the Socratic profession of ignorance). Observe that the court is not for a moment expected to take the oracle very seriously, though they knew well enough it had actually been delivered. Socrates is serious enough; but, when he speaks of 'disobedience to God', he is really thinking of something very different from the oracle-mongering of Delphi.

38 a 1 ἐάντ' αὖ λέγω κτλ. This clause gives us the true reason (καὶ τυγχάνει . . . ὄν, ' it really is ').

a 5 ὁ δὲ ἀνεξέταστος βίος κτλ., 'and that an unexamined life is not worth living '. For οὐ βιωτός cf. *Crito* 47 d 9.

a 7 ὡς ἐγώ φημι, 'as I affirm '. Cf. 36 c 4.

b 1 εἰ μὲν γὰρ κτλ. This is explanatory of the statement that he could not regard himself as deserving anything κακόν. Death is possibly not an evil, and a fine is certainly not one, unless it is so large that it cannot be paid and therefore involves imprisonment, which is an evil like exile. Socrates does not question the legality of the court's decision (see the *Crito*), but only its wisdom. There was, therefore, not the slightest inconsistency in his proposing a small fine. Of course Xenophon could not see this, and goes out of his way to deny that he did. Cf. Xen. *Apol.* 23 κελευόμενος ὑποτιμᾶσθαι (i. e. ἀντιτιμᾶσθαι) οὔτε αὐτὸς ὑπετιμήσατο οὔτε τοὺς φίλους εἴασεν (this is obviously intended as a contradiction of Plato), ἀλλὰ καὶ ἔλεγεν ὅτι τὸ ὑποτιμᾶσθαι ὁμολογοῦντος εἴη ἀδικεῖν.

Schanz accepts Xenophon's account of the matter and propounds the theory that there had been some malicious gossip about Plato and his friends who could well have afforded to pay a fine for Socrates. The statement here and below (38 b 6) he regards as fictions intended to counteract such talk!

b 2 ὅσα ἔμελλον ἐκτείσειν, 'of such an amount as there was a prospect of my paying '.

οὐδὲν γὰρ ἂν ἐβλάβην, since the only real injury that can be done to any one is, on Socratic principles, to make him worse, and the payment of a fine can have no such effect. Cf. 30 c 9.

νῦν δὲ . . . γὰρ . . . (cf. *Euth.* 11 c 4 n.), 'as it is, I have none '.

b 5 μνᾶν ἀργυρίου. It is misleading to speak of a mina as equal to £4 or anything of that sort. In the first place, it was not a coin at all, but a sum of 100 silver drachmas, and in the second place the value of silver was much higher then than now. The only way to get an approximate idea of the sort of sum intended is to note the purchasing power of the mina wherever the price of things is reckoned by it. From Aristotle (*Eth. Nic.* 1134 b 21 τὸ μνᾶς λυτροῦσθαι) we learn that 1 mina was recognized as a fair ransom for a prisoner of war in his time.

Diog. Laert. says (ii. 41) that Socrates offered to pay 25 drachmas, though he adds that Eubulides says he offered 100 drachmas, which is just 1 mina. According to Herodotus (vi. 79) the sum required for a prisoner's ransom in the Peloponnese was 2 minae, and we learn from Dem. 19 § 169 that Philip exacted 3 or even 5 minae. That, however, seems exceptional.

8 b 6 Πλάτων δὲ ὅδε κτλ., the second of the three places where Plato mentions himself (cf. 34 a 1 n.). For Crito and Critobulus cf. 33 d 9, and for Apollodorus 34 a 2. It appears from this passage that Critobulus had property of his own, and that is confirmed by Xenophon's *Oeconomicus (ad init.)*.

b 7 τριάκοντα μνῶν. From Lysias 16 § 10 we may infer that this was a handsome sum for a man of moderate fortune to give as dowry to his sisters.

b 9 ἀξιόχρεῳ, 'sufficient', is here used in its strict legal sense (= *solvendo*. Cf. 20 e 6 n.). So *Laws* 871 e 3 ὁ δὲ παρεχέτω τοὺς ἐγγυητὰς ... τρεῖς ἐγγυητὰς ἀξιόχρεως, 914 d 2 ὁπότερος ἂν παράσχῃ τὸν ἐγγυητὴν ἀξιόχρεων, e 7 ἐγγυητὰς τρεῖς ἀξιόχρεως καταστήσας.

After the Sentence (38 c 1–42 a 5).

According to Diogenes Laertius (ii. 42) there were eighty more votes for the sentence of death than for the verdict of guilty. That would give a division of 300 to 200. We have no means of checking this, but a considerable turn-over of votes would not be surprising in view of the attitude taken up by Socrates in his ἀντιτίμησις.

Wilamowitz agrees with Schanz that this third speech is pure fiction. He thinks Socrates would not have been allowed to speak; and that the dicasts, especially those who had voted for his condemnation, would not have stayed to listen if he had. This contention appears to me groundless. Even in an ordinary case there must have been many formalities before a condemned man was finally handed over to the Eleven, and this was not an ordinary case. The stern of the sacred ship had been crowned by the priest of Apollo the day before the trial, and Socrates could not be put to death till it returned from Delos (*Phaed.* 58 a 6 sqq.). That was doubtless an unforeseen difficulty; for no one had expected the death sentence. There was, therefore, the question of what to do with Socrates in the interval, and this had to be settled in court. In the *Phaedo* (115 d 7) there is a reference to an offer made by Crito

πρὸς τοὺς δικαστάς to become surety that Socrates would not attempt
to escape, and this can only refer to a stage in the proceedings
after the sentence and before the court rose. No doubt Crito
wished to save Socrates from being kept in prison for the next
month, but the offer was evidently rejected. On this point see
further the Introductory Note to the *Crito*.

I do not attach importance to the fact that Xenophon also makes
Socrates deliver a speech after his condemnation (*Apol.* 24 ὡς . . .
τέλος εἶχεν ἡ δίκη); for that need only mean that he had read Plato's
Apology. It does, however, show that he saw no impossibility in
the situation, and he is as good a judge of that as Schanz and
Wilamowitz can be. They appear to think of Socrates as sitting
in the dock between two gendarmes ready to hurry him off to the
cells as soon as sentence has been passed.

38 c 1 Οὐ πολλοῦ γ' ἕνεκα χρόνου κτλ., 'It is but a short time you gain
by . . .'. It is untrue to say that Socrates used this argument to
persuade the court to acquit him. He does not say anything about
it till after the death sentence has been pronounced. I mention
this because Papini misrepresents the matter in his *Storia di Cristo*.

c 2 ὑπὸ τῶν βουλομένων κτλ. This preposition is in order since
αἰτίαν ἔχειν is the regular passive of αἰτιᾶσθαι.

d 5 ἅπαντα ποιεῖν καὶ λέγειν, 'to stick at nothing to secure my
acquittal'. Cf. *Euth.* 8 c 5 πάντα ποιοῦσι καὶ λέγουσι φεύγοντες τὴν
δίκην.

d 6 ἀπορίᾳ μὲν ἑάλωκα κτλ.: cf. *Gorg.* 522 d 7 εἰ δὲ κολακικῆς ῥητο-
ρικῆς ἐνδείᾳ τελευτῴην ἔγωγε, εὖ οἶδα ὅτι ῥᾳδίως ἴδοις ἄν με φέροντα τὸν
θάνατον. Cf. Xen. *Mem.* iv. 4, 4 (quoted 34 b 6 sqq. *n.*).

d 7 τοῦ μὴ ἐθέλειν λέγειν κτλ. For the redundant μή after ἀπορία cf.
Thuc. ii. 49, 6 ἡ ἀπορία τοῦ μὴ ἡσυχάζειν, Hippocrates, Περὶ ἱερῆς
νούσου I κατὰ τὴν ἀπορίην τοῦ μὴ γινώσκειν.

BW omit μή, and most editors follow them; but it is not likely to
have been interpolated in T, and it is implied by the Armenian
version.

d 9 θρηνοῦντός τέ μου. The construction of ἀκούω shifts to the genitive
when the object becomes personal.

e 1 ὡς ἐγώ φημι, 'as I affirm' (not = ὅπερ λέγω). Cf. 36 c 4.

e 2 τότε, 'at the time', i. e. in the epilogue of my defence.

e 5 ἐκείνως, sc. ἀπολογησάμενος.

8 e 6 ἐν δίκῃ, 'in court'.

9 a 1 πᾶν ποιῶν, 'at any price', 'by fair means or foul', lit. 'by doing anything', 'sticking at nothing'. Cf. *Gorg.* 479 c 1 πᾶν ποιοῦσιν ὥστε δίκην μὴ διδόναι.

a 2 τό γε ἀποθανεῖν, '*death*'. The emphasis given by γε is due to the thought which is made explicit below a 7 πολὺ χαλεπώτερον πονηρίαν (ἐκφυγεῖν).

a 5 ἐν ἑκάστοις τοῖς κινδύνοις, 'in each class of dangers'.

a 6 μὴ οὐ τοῦτ' ᾖ χαλεπόν, 'it is not, perhaps, this that is difficult', the 'presumptive use' of μή (Riddell, *Dig.* § 59), a common construction in Plato (35 times), but almost unknown in other writers. No doubt it is colloquial.

See G.M.T. § 265 and a full discussion in Seymer Thompson's note on *Meno* 89 c. The only examples outside Plato and before Aristotle are Herod. v. 79 μὴ οὐ τοῦτο ᾖ τὸ χρηστήριον and Dem. 1 § 26 μὴ λίαν πικρὸν εἰπεῖν ᾖ.

a 7 πονηρίαν is not so much 'wickedness' here, as the name of being wicked. Cf. b 5 ὠφληκότες μοχθηρίαν καὶ ἀδικίαν and note *in loc*. Socrates does not mean that his accusers are trying to escape from wickedness; he is already thinking of the contrast between ὀφλεῖν θάνατον, 'to be condemned to death', and ὀφλεῖν πονηρίαν, 'to be judged wicked'.

b 1 θᾶττον ... θανάτου θεῖ. Note the alliteration.

b 5 ὠφληκότες μοχθηρίαν καὶ ἀδικίαν, 'found guilty of wickedness and wrongdoing'. Though ὀφλισκάνω c. acc. is properly used of the *penalty* (36 a 9), it is often transferred to the *offence*. Cf. Herod. viii. 26 Τιγράνης ὁ 'Αρταβάνου δειλίην ὦφλε πρὸς βασιλέος, Soph. *Ant.* 470 μωρίαν ὀφλισκάνω, Dem. 1 § 26 ἄνοιαν ὀφλισκάνων, 4 § 42 ἐξ ὧν αἰσχύνην (the penalty) καὶ ἀνανδρίαν (the offence) ... ὠφληκότες ἂν ἦμεν δημοσίᾳ.

b 7 ταῦτα μέν που κτλ. 'So, I dare say, it was bound to be, and I think it is well' (μετρίως urbane equivalent of καλῶς).

c 1 Τὸ ... μετὰ τοῦτο, 'In the next place', the regular meaning of the phrase. We cannot take it to mean 'With regard to the future ', as Schanz does.

ἐπιθυμῶ ... χρησμῳδῆσαι: cf. Xen. *Apol.* 30 ἀνέθηκε μὲν καὶ 'Όμηρος ἔστιν οἷς τῶν ἐν καταλύσει τοῦ βίου προγιγνώσκειν τὰ μέλλοντα (see next note)· βούλομαι δὲ καὶ ἐγὼ χρησμῳδῆσαί τι. This touch is obviously borrowed from Plato, but Xenophon spoils it by making it introduce a prophecy that the son of Anytus would turn out badly. He has a feeling of personal rancour against the democratic leader, from which Plato is singularly free.

39 c 2   καὶ γάρ εἰμι ἤδη ἐνταῦθα κτλ. ' I have now reached the stage where &c.' Cf. the dying prophecies of Patroclus (*Il.* xvi. 851 sqq.) and Hector (*Il.* xxii. 358 sqq.). The belief that men prophesy at the approach of death is based on the primitive view of the ψυχή, which 'sleeps when the limbs are active' (cf. Pind. fr. 131 (96)), but reveals its divine nature in dreams and at the moment of death. Cf. Eustathius, *in Iliad.*, p. 1089 ἔστι δὲ δόγμα παλαιὸν ὡς ἀπαλλασσομένη σώματος ἡ ψυχὴ καὶ θείᾳ φύσει ἐγγίζουσα ἔχει τι μαντικῆς. Ἀρτέμωνα δέ φασι τὸν Μιλήσιον λέγειν ἐν τῷ Περὶ ὀνείρων ὡς, ὅτε ἀθροισθῇ ἡ ψυχὴ ἐξ ὅλου τοῦ σώματος πρὸς τὸ ἐκκριθῆναι, μαντικωτάτη γίγνεται. καὶ Πλάτων ἐν τῇ Ἀπολογίᾳ Σωκράτους φησὶν κτλ. Xenophon (who seems to avoid such doctrines in the *Memorabilia*) makes the dying Cyrus say (*Cyr.* viii. 7, 21) ἡ δὲ τοῦ ἀνθρώπου ψυχὴ τότε δήπου θειοτάτη καταφαίνεται καὶ τότε τι τῶν μελλόντων προορᾷ· τότε γάρ, ὡς ἔοικε, μάλιστα ἐλευθεροῦται.

c 5   οἵαν ἐμὲ ἀπεκτόνατε, brachylogy for οἵαν τιμωρίαν τετιμώρησθε ἐμὲ ἀποκτείνοντες.

c 7   τὸ δὲ ...: cf. 37 a 4 *n.*

c 8   πλείους ἔσονται κτλ. Socrates may very well have said this or something like it, but in any case it is the programme of the *viri Socratici*. Plato tried to carry it out by making the voice of Socrates live after his death. The words οὓς νῦν ἐγὼ κατεῖχον have been appealed to, not without reason, in support of the view that none of Plato's writings date from a time before the death of Socrates. That, however, ought to be self-evident.

d 5   αὕτη ἡ ἀπαλλαγή, sc. τοῦ διδόναι ἔλεγχον τοῦ βίου (c 7).

e 1   ὑπέρ is equivalent to περί here, as it often is in the Orators. It is certainly not a common use in Plato, but Adam's version ' in favour of this thing which has come to pass' is not convincing.

e 2   ἐν ᾧ κτλ. We have seen (p. 161) that there were some questions to be settled before the dicasts could go home, and it is natural to suppose that the βασιλεύς and the Eleven would discuss these before they were formally brought before the court.

e 5   διαμυθολογῆσαι, *confabulari*, ' to have a talk with one another '.

There is no suggestion of ' myth ' in the word. The Ionic sense of μῦθος (= Att. λόγος) has survived in the compound, which means little more than διαλεχθῆναι.

40 a 1 ἐθέλω, ' I am ready ' to explain it to you as my friends (though I would certainly not condescend to do so for the rest). Observe that ἐθέλω *never* means ' I wish ' (βούλομαι) in Plato. Where it appears to do so, it can always be accounted for otherwise. I think we are to imagine the supporters of Socrates gathering round him for this last speech. He would hardly deliver it from the βῆμα.

a 2 τί ποτε νοεῖ, 'what is the meaning of it '.

a 3 ὀρθῶς ἂν καλοίην, 'I shall be using the word in its proper sense '. Hitherto he has said only ὦ ἄνδρες 'Αθηναῖοι. Now that he has sympathetic hearers, Socrates allows himself to be more explicit with regard to the nature of death, though less so than with the audience ' fit though few ' of the *Phaedo*. For ὀρθῶς meaning 'in the true sense of the word ' cf. *Phaed.* 67 b 4 and my note there.

a 4 ἡ τοῦ δαιμονίου. Schleiermacher may have been right in regarding these words as an interpolation dating from the time when the δαιμόνιον was regarded as a sort of familiar spirit. If the words are genuine, they are unique in Plato ; for he only speaks of τὸ δαιμόνιον twice (*Euth.* 3 b 5, where see note, and *Theaet.* 151 a 4), and both times with the verb γίγνεσθαι, and he appears to avoid using the expression in the oblique cases. In *Theages* 128 e 5 we have ἡ φωνὴ ἡ τοῦ δαιμονίου, but that is just one of the things which mark the dialogue as un-Platonic.

a 5 πάνυ ἐπὶ σμικροῖς, 'on quite trivial occasions ' (for the order of the words cf. 36 a 4 n.). Good examples of this are *Euthyd.* 272 e 2 καὶ ἤδη ἐν νῷ εἶχον ἀναστῆναι· ἀνισταμένου δέ μου ἐγένετο τὸ εἰωθὸς σημεῖον τὸ δαιμόνιον. πάλιν οὖν ἐκαθεζόμην (with the happy result that he did not miss those great men, Euthydemus and Dionysodorus), *Phaedr.* 242 b 8 'Ηνίκ' ἔμελλον ... τὸν ποταμὸν διαβαίνειν, τὸ δαιμόνιόν τε καὶ τὸ εἰωθὸς σημεῖόν μοι γίγνεσθαι ἐγένετο—ἀεὶ δέ με ἐπίσχει ὃ ἂν μέλλω πράττειν—καί τινα φωνὴν ἔδοξα αὐτόθεν ἀκοῦσαι κτλ. (with the result that he was able to purge his offence against the god before departing). As we have seen (31 c 7 sqq.) the most important inhibition ascribed to the ' divine sign ' is that it restrained Socrates from political life, but even that was solely in view of the consequences. So here εἴ τι μέλλοιμι μὴ ὀρθῶς πράξειν is simply 'if

I were going to do something amiss', i. e. something unlucky, and not 'if I were going to do something wrong'. This is made clear by c 3 εἰ μή τι ἔμελλον ἐγὼ ἀγαθὸν πράξειν (see note *in loc.*).

40 a 8 καὶ νομίζεται, 'and which is generally regarded as . . .'. According to rule, the relative is not repeated in a different case.

b 1 τὸ τοῦ θεοῦ σημεῖον, 'the signal of God'. This phrase proves, if proof were still necessary, that there can be no question of a special δαιμόνιον or 'genius'. The 'sign' is θεῖόν τι as well as δαιμόνιόν τι (31 c 8), but it is neither *a* θεός nor *a* δαίμων.

b 2 ἀνέβαινον: cf. 17 d 2 *n.* Cicero's rendering, *neque enim domo egredienti, neque illud suggestum, in quo causam dixerat, ascendenti signum sibi ullum . . . a deo . . . datum (de Div.* i. 124), shows at least how he had been taught to interpret ἀναβαίνω.

οὔτε ἐν τῷ λόγῳ οὐδαμοῦ, 'nor at any point in my speech'.

b 5 περὶ ταύτην τὴν πρᾶξιν, 'in regard to this business', i.e. the trial and everything connected with it.

c 3 τι . . . ἀγαθὸν πράξειν, 'to fare well in some way', equivalent to εὖ πράξειν. From the next sentence we see clearly that only the nature of the consequences is in question.

c 5 δυοῖν . . . θάτερον. This dilemma has been often repeated. Marcus Aurelius (vii. 32) says ἤτοι σβέσις ἢ μετάστασις, Seneca (*Ep.* 65) *aut finis aut transitus.* We are not to suppose that Socrates has any real doubt on the matter, but he is bound to look at it from the point of view of the ordinary Athenian, who had no clear belief in human immortality (see next note).

c 6 οἷον μηδὲν εἶναι . . . τὸν τεθνεῶτα. This was the view familiarized to most people by Homer, and was no doubt that of the majority of the judges, so far as they had thought about the subject at all. Some of them had perhaps another belief suggested to them by the Eleusinian mysteries (see next note), though no definite doctrine of immortality was taught even there. For the popular view cf. also Aristotle, *Eth. Nic.* 1115 a 27 οὐδὲν ἔτι τῷ τεθνεῶτι δοκεῖ οὔτ' ἀγαθὸν οὔτε κακὸν εἶναι.

c 7 κατὰ τὰ λεγόμενα, 'as we are told'. It is certainly wrong to translate 'according to the common belief'; for there was no such common belief. It was confined to certain 'mysteries', and in the language of the mysteries τὰ λεγόμενα are contrasted with τὰ δρώμενα, the ritual. Even in the Eleusinia it was 'said' that the initiated were somehow better off after death than the uninitiated, while the Orphic doctrine on the subject was quite definite. According to it, the purified soul departed to be with the gods, and was itself a god. Cf. *Phaed.* 63 c 5 εὔελπίς εἰμι εἶναί τι τοῖς τετελευτηκόσι καί, ὥσπερ γε καὶ πάλαι λέγεται, πολὺ ἄμεινον τοῖς ἀγαθοῖς ἢ τοῖς κακοῖς, which must be read in the light of 70 c 5 παλαιὸς μὲν οὖν ἔστι τις λόγος . . . ὡς κτλ., which refers to the Orphic and Pythagorean doctrine of transmigration (παλιγγενεσία). So too, in the *Republic*, Cephalus, who was a Sicilian by birth, speaks (330 d 7) of οἱ . . . λεγόμενοι μῦθοι περὶ τῶν ἐν ̔Αιδου, ὡς τὸν ἐνθάδε ἀδικήσαντα δεῖ ἐκεῖ διδόναι δίκην κτλ., an idea which formed no part of ordinary Greek religion. We only fail to note the strangeness of it because Christianity has made it so familiar. In speaking alone with Crito Socrates, through the mouth of the Laws, assumes the doctrine (*Crito* 54 b 5), but it could not be taken for granted in a public court. The Islands of the Blest and Tartarus are not in point; for they were only open to a few favourites of heaven and to a few incurable sinners, who escaped death altogether and retained their bodies.

40 c 7 μεταβολή . . . καὶ μετοίκησις, 'a change of life and abode'. Cicero (*Tusc.* i. 12) renders *sed quandam quasi migrationem commutationemque vitae.* The term μετοίκησις seems to have been technical in this connexion among the Orphics and Pythagoreans. At any rate, it is very important to notice that Socrates is made to use the same language here and in the *Phaedo.* Cf. *Phaed.* 117 c 2 (εὔχομαι) τὴν μετοίκησιν τὴν ἐνθένδε ἐκεῖσε εὐτυχῆ γενέσθαι. It shows that he is here referring to the very same doctrine of immortality which he is made to expound in the later dialogue as his personal faith. In view of this, I cannot regard the doctrine of the *Phaedo* as Platonic rather than Socratic.

c 8 τοῦ ἐνθένδε for τοῦ ἐνθάδε owing to the idea of motion implied in μετοίκησις (cf. 32 b 3 *n.*). In religious language ἐνθάδε means this world and ἐκεῖ the other world. This occurs more than once in the *Phaedo.* See my note on 61 e 1 and cf. Ar. *Frogs* 82.

c 9 καὶ εἴτε answered by e 4 εἰ δ᾽ αὖ after the long parenthesis.

d 8 μὴ ὅτι ἰδιώτην τινά, *ne dicam privatum,* 'I do not say a private person' (lit. 'don't think I mean . . .').

εὐαριθμήτους, 'easy to count', i.e. ὀλίγας. Cf. *Symp.* 179 c 6 εὐαριθμήτοις δή τισιν ἔδοσαν τοῦτο γέρας οἱ θεοί.

40 e 1 αὐτόν cannot, I think, mean *ipsum* going with τὸν μέγαν βασιλέα, as Adam says. Rather it refers back to εἴ τινα 40 d 2, the words μὴ ὅτι . . . βασιλέα being parenthetical.

e 3 οὐδὲν πλείων, 'not a bit longer'. I do not see why Adam thought this 'clearly absurd'. The point is just that a man sound asleep is not conscious of any difference in duration between one night and eternity. Of course πολὺς χρόνος is the normal phrase for 'a long time' and πλείων is therefore 'longer'.

e 4 οἷον ἀποδημῆσαι κτλ., 'like taking a journey &c.' Here Socrates once more falls into the language of the *Phaedo*. Cf. *Phaed*. 61 e 1 πρέπει μέλλοντα ἐκεῖσε ἀποδημεῖν διασκοπεῖν τε καὶ μυθολογεῖν περὶ τῆς ἀποδημίας τῆς ἐκεῖ, 67 b 10 ὥστε ἥ γε ἀποδημία ἡ νῦν μοι προστεταγμένη μετὰ ἀγαθῆς ἐλπίδος γίγνεται. This is a fresh indication that Plato, even at the early date when he wrote the *Apology*, thought it quite appropriate to attribute the doctrine of the *Phaedo* to Socrates.

e 5 καὶ ἀληθῆ ἐστιν τὰ λεγόμενα: cf. c 7 *n*.

e 6 ἐκεῖ, 'in the other world'. Cf. c 8 *n*.

πάντες οἱ τεθνεῶτες, and not merely a few favourites of heaven as in the Islands of the Blest.

41 a 3 Μίνως τε καὶ Ῥαδάμανθυς καὶ Αἰακός (accommodated in case to the relative clause as the nearest construction). This list seems to be definitely Orphic. Familiar as the three judges of the dead are to us from Latin poetry, they occur nowhere else in classical Greek literature except here and in the Orphic myth of the *Gorgias* (523 e 8 sq.). It is true that Demosthenes (18 § 127) mentions the three together as models of justice, but there is no reason to suppose that he thinks of them as judging the dead.

In the *Nekyia*, Minos judges among the dead as he had judged among the living (*Od*. xi. 568–71), but there is no suggestion that he judges them for sins committed in this life. In Pindar (*Ol*. ii. 77 sqq.) Rhadamanthys judges in the Islands of the Blest, where there can be no question of judging departed sinners. Aeacus is the judge and lawgiver of Aegina and an arbiter among the gods (Pindar, *Isthm*. viii. 23 sq.), but even Pindar, much as he has to say of Aegina and its justice, knows nothing of him as a judge of the dead. It is clear, then, that Socrates is not referring to any generally accepted doctrine. The natural inference is that he is addressing himself specially to those dicasts who had come under the influence of Orphic ideas. There must have been a good many in a court of 500.

1 a 4 **καὶ Τριπτόλεμος.** This is the only place in literature where Triptolemus is spoken of as a judge of the dead, though he is represented on Attic vases along with Aeacus and Rhadamanthys, taking the place of Minos, who was naturally unpopular at Athens. It looks as if the Athenian Orphics had tried to connect their doctrine with the Eleusinia in this way. Another instance of the same tendency is the representation of Eumolpus as the son of Musaeus (*Rep.* 363 c 3).

a 6 **Ὀρφεῖ . . . καὶ Μουσαίῳ.** Orpheus and Musaeus are coupled together as representing the Orphic doctrine in *Prot.* 316 d 8, *Rep.* 364 e 3, as well as by Aristophanes, *Frogs* 1032 sq.

a 7 **ἐπὶ πόσῳ ἄν τις δέξαιτ' ἂν ὑμῶν;** 'what would not many a one of you give?' Cicero renders *quanti tandem aestimatis?* Cf. Xen. *Mem.* ii. 2, 8 ἀλλὰ νὴ Δία . . . λέγει ἃ οὐκ ἄν τις ἐπὶ τῷ βίῳ παντὶ βούλοιτο ἀκοῦσαι.

a 8 **πολλάκις ἐθέλω τεθνάναι,** 'I am ready to die over and over again'. Cf. 30 c 1 *n.*

b 1 **ἔμοιγε καὶ αὐτῷ κτλ.** There is just a hint in these words that the interest of Socrates in the other world was not quite that of the ordinary Orphic. It is certain that he felt sympathetic to Orphicism and derived inspiration from that source, but it is also certain that he regards the Orphic beliefs in detail with a certain ironical condescension. Their humorous possibilities strike him at once. In the *Phaedo* his attitude is exactly the same. He is sure (63 b 5 sqq.) that, when he dies, he will be with the gods, and he hopes that he will be in the company of just men departed, but he is not sure of that.

b 2 **Παλαμήδει.** Palamedes is not mentioned in Homer, but makes his first appearance in the *Cypria* (fr. xxi Allen), where he was said to have been drowned while fishing by Diomede and Odysseus. The version adopted by the tragedians is here referred to, according to which Odysseus hid gold in the tent of Palamedes and forged a letter which compromised him. He was then accused of treason by Odysseus and stoned. Aeschylus, Sophocles, and Euripides all wrote tragedies entitled *Palamedes*, while Gorgias composed a Παλαμήδους ἀπολογία which survives, and is printed in Blass's text of Antiphon, pp. 159 sqq. The story was therefore familiar. Xenophon too makes Socrates console himself after his condemnation by referring to Palamedes ὁ παραπλησίως ἐμοὶ τελευτήσας· ἔτι γὰρ καὶ νῦν πολὺ καλλίους ὕμνους παρέχεται Ὀδυσσέως τοῦ ἀδίκως ἀποκτείναντος αὐτόν (*Apol.* 26). This gave rise to the story (Diog. Laert. ii. 44) that Euripides referred to the death of Socrates in his *Palamedes*, though that was produced sixteen years earlier and Euripides died before Socrates !

41 b 2 Αἴαντι τῷ Τελαμῶνος : cf. *Od.* xi. 545 sqq. The case is rather different from that of Palamedes, seeing that Aias put himself to death. That was, however, due to the injustice of the ὅπλων κρίσις, so he can fairly be said to have died διὰ κρίσιν ἄδικον.

b 4 ὡς ἐγὼ οἶμαι κτλ., 'I fancy it would not be bad sport'. I have marked off this clause as a parenthesis, which gives it more force, and allows us to carry on the construction into the next sentence with complete regularity except that the dative ἀντιπαραβάλλοντι, agreeing with ἐμοί, shifts to the equally legitimate accusative ἐξετάζοντα, occasioned by the infinitive διάγειν (see C.Q. xiv. 134).

c 1 Ὀδυσσέα ... Σίσυφον ... Of course πολύμητις Ὀδυσσεύς and Sisyphus, ὁ κέρδιστος γένετ' ἀνδρῶν (*Il.* vi. 153) are obvious Homeric instances of δοκοῦντες εἶναι σοφοί.

ἢ ἄλλους μυρίους κτλ. An enumeration is often broken off like this. Cf. *Gorg.* 483 d 7 ἢ ἄλλα μυρία ἄν τις ἔχοι τοιαῦτα λέγειν, *Phaed.* 70 e 3 καὶ ἄλλα δὴ μυρία οὕτως ἔχει.

c 3 ἀμήχανον ... εὐδαιμονίας, 'happiness unspeakable'. This is the same genitive as is found with εὐδαίμων (*Phaed.* 58 e 3), εὐδαιμονίζω (*Crito* 43 b 7) and with θαυμάζω, θαυμάσιος (Xen. *An.* ii. 3, 15 βάλανοι ... θαυμάσιαι τοῦ κάλλους καὶ μεγέθους). So *Theaet.* 175 a 7 ἄτοπα αὐτῷ καταφαίνεται τῆς σμικρολογίας.

c 4 πάντως, 'at any rate'.

τούτου γε ἕνεκα, sc. τοῦ διαλέγεσθαι καὶ ἐξετάζειν. A disembodied ψυχή cannot well be condemned to death.

c 6 εἴπερ γε τὰ λεγόμενα ἀληθῆ : cf. 40 c 7 *n.* If we realize that Socrates is here uttering what was a strange and novel doctrine to most Athenians, we cannot surely doubt which of the alternatives mentioned above (40 c 5 sqq.) expresses his own conviction. In the next sentence he draws the inference that 'the souls of the righteous are in the hand of God'.

c 8 εὐέλπιδας εἶναι, 'to be of good hope'. In the context, this too is significant ; for ἐλπίς is the Orphic term for 'faith'. Cf. *Phaed.* 63 c 5 ἀλλ' εὔελπίς εἰμι εἶναί τι τοῖς τετελευτηκόσι. So too Cephalus in the *Republic* quotes an Orphicizing ode of Pindar's about ἐλπίς

(331 a) and contrasts the κακὴ ἐλπίς of the wicked with the ἀγαθὴ ἐλπίς of the righteous.

1 c 9 ἀληθές, 'as a truth'. The predicative position gives emphasis. Cf. 18 a 1 τοῦτο ὑμῶν δέομαι δίκαιον.

d 1 οὐκ ἔστιν ἀνδρὶ ἀγαθῷ κακὸν οὐδὲν κτλ. We have an echo of the same doctrine, in the same phraseology, in the Tenth Book of the *Republic* 613 a 4 Οὕτως ἄρα ὑποληπτέον περὶ τοῦ δικαίου ἀνδρός, ἐάντ' ἐν πενίᾳ γίγνηται ἐάντ' ἐν νόσοις ἤ τινι ἄλλῳ τῶν δοκούντων κακῶν, ὡς τούτῳ ταῦτα εἰς ἀγαθόν τι τελευτήσει ζῶντι ἢ καὶ ἀποθανόντι. οὐ γὰρ δὴ ὑπό γε θεῶν ποτε ἀμελεῖται ὃς ἂν προθυμεῖσθαι ἐθέλῃ δίκαιος γίγνεσθαι καὶ ἐπιτηδεύων ἀρετὴν εἰς ὅσον δυνατὸν ἀνθρώπῳ ὁμοιοῦσθαι θεῷ. The last touch is Pythagorean; cf. *Theaet.* 176 b 1 ὁμοίωσις θεῷ κατὰ τὸ δυνατόν.

d 4 ἀπηλλάχθαι πραγμάτων almost 'to rest from my labours', though the phrase is quite colloquial. I cannot believe that it refers to the troubles of old age, as Riddell suggests. That is Xenophon's idea, not Plato's. I should rather compare 22 a 7 ὥσπερ πόνους τινὰς πονοῦντος.

d 5 οὐδαμοῦ ἀπέτρεψεν τὸ σημεῖον, i. e. τὸ δαιμόνιον, τὸ εἰωθὸς γίγνεσθαι. Cf. 40 b 4.

d 7 οὐ πάνυ χαλεπαίνω, 'I am not very angry with'.

d 8 οἰόμενοι βλάπτειν: cf. 30 c 6 sqq.

e 2 τοὺς ὑεῖς μου: cf. 34 d 6 *n*.

e 4 χρημάτων ἢ ἄλλου του (sc. τιμῆς) ... ἐπιμελεῖσθαι κτλ. The speech ends with a repetition of the fundamental Socratic doctrine of ἐπιμέλεια ψυχῆς.

42 a 1 δίκαια πεπονθὼς ... ἔσομαι, 'I shall have got my deserts'.

a 3 ὁπότεροι δὲ ἡμῶν κτλ. Here too we have an echo of the doctrine which Euripides also echoed in the famous lines, τίς οἶδεν εἰ τὸ ζῆν μέν ἐστι κατθανεῖν, | τὸ κατθανεῖν δὲ ζῆν;

a 4 ἐπὶ ἄμεινον πρᾶγμα, 'to a better lot'. This is clearly the substantival form of ἄμεινον πράττειν, a use of πρᾶγμα not sufficiently recognized in the dictionaries.

πλὴν ἤ is to be explained in the same way as ἀλλ' ἤ (for which see 20 d 6).

The alternative reading, πλὴν εἰ, is not so satisfactory; for it seems to be dubitative. In Ar. *Birds* 601 we have οὐδεὶς οἶδεν τὸν θησαυρὸν τὸν ἐμὸν πλὴν εἴ τις ἄρ' ὄρνις, 'except perhaps some bird'. But the meaning here required is 'none knoweth save God alone'.

CRITO

INTRODUCTORY NOTE

CRITO was of the deme Alopece like Socrates and was of the
same age (*Ap.* 33 d 9). Xenophon includes him in his list of true
Socratics (*Mem.* i. 2, 48), and he was one of those who offered to
become surety for the fine of 30 minae proposed by Socrates as
an alternative to the death penalty (*Ap.* 38 b 6). Moreover (and
this is important for a right understanding of the present dialogue)
he appears to have offered to go bail that Socrates would not
attempt to escape during the time which must elapse before the
sacred boat returned from Delos (*Phaed.* 115 d 7 πρὸς τοὺς δικαστὰς
. . . ἠγγυᾶτο . . . ἦ μὴν παραμενεῖν).

This matter was put in the right light by Cook Wilson (C.R. xvi.
202). The reference is not to the period before the trial, since the
offer was made πρὸς· τοὺς δικαστάς, and in any case an Athenian
citizen was not, in ordinary cases, imprisoned or expected to find
bail before his trial came on (cf. Dict. Ant. s. v. *Engye*). Nor can
the reference be to the offer to become security for a fine, since the
language of the *Phaedo* excludes this. As the offer was made
before the court adjourned (πρὸς τοὺς δικαστάς), it only remains to
suppose that it was intended to spare Socrates the indignity of
imprisonment during the time between the sentence and the return
of the sacred boat from Delos. It was in fact unusual for Athenian
citizens to be kept in prison unless the imprisonment was part of
the sentence (cf. *Ap.* 37 c 2 δεδέσθαι ἕως ἂν ἐκτείσω). This offer
of Crito was not accepted, as we know, and that seems to be
implied by the imperfect ἠγγυᾶτο.

Crito was a wealthy man. Xenophon (*Mem.* ii. 9) tells a story,
which he says he heard from Crito himself, of how he was black-
mailed by συκοφάνται until, on the advice of Socrates, he attached
to himself a poor but able man, Archedemus, who turned the tables

on the blackmailers so successfully that they had to pay money to Crito instead of extorting it from him.

For the wealth of Crito see also *Euthyd.* 304 c 3. In his work entitled *Socrates*, Demetrius Phalereus stated that Crito looked after the investment of Socrates' patrimony. Cf. Plut. *Aristides* I καὶ γὰρ ἐκείνῳ (Σωκράτει) φησὶν οὐ μόνον τὴν οἰκίαν ὑπάρχειν, ἀλλὰ καὶ μνᾶς ἑβδομήκοντα τοκιζομένας ὑπὸ Κρίτωνος. We have seen already (*Ap.* 23 c 1 *n.*) that Socrates was not always poor, so there is no reason to doubt this very precise statement.

Xenophon refers in his *Apology* to the efforts made by the friends of Socrates to get him out of prison (§ 23 ἔπειτα τῶν ἑταίρων ἐκκλέψαι βουλομένων αὐτὸν οὐκ ἐφείπετο κτλ.). Xenophon was absent from Athens at the time, but the fact was, of course, notorious. Diogenes twice (ii. 60 and iii. 35) repeats a story that it was really Aeschines of Sphettos (see *Ap.* 33 e 1 *n.*) who advised Socrates to run away, but that Plato ascribed the conversation to Crito because he disliked Aeschines. The authority for this is Idomeneus of Lampsacus, and it is plainly, in this form, a piece of spiteful Epicurean tittle-tattle. Certainly the impecunious Aeschines cannot have used the arguments here attributed to Crito. On the other hand, it is quite possible that Aeschines was also among the ἑταῖροι of Socrates who urged flight upon him, and it is even likely that he wrote a dialogue on the subject (cf. 44 b 2 *n.*).

The statement is commonly quoted from Herodicus (ap. Athen. 506 d) that Plato's *Crito* Σοφοκλέους περιέχει καταδρομήν. That, however, seems due to the confusion of the text. The reference is really to *Rep.* 329 c. See Kaibel's note *in loc.*

There is no inconsistency, such as Forman finds (*Selections*, p. 321), between the attitude of Socrates in the *Crito* and his disobedience to the arbitrary orders of the Thirty some years earlier (*Ap.* 32 c 4 sqq.). The Thirty were a temporary body appointed by the psephism of Dracontides to revise the laws, and they had no legal authority to do anything except what was necessary to carry out this duty. Certainly they were not entitled to put citizens to death without trial (ἀκρίτους), and their arbitrary acts are evidently included among the παράνομα referred to in *Ap.* 31 e 4. In Ἀθ. Πολ. 41, 2 Aristotle definitely calls the rule of the Thirty a τυραννίς, though they are not spoken of as 'the thirty tyrants' till a later date. Xenophon, who had certainly no democratic preju-

CRITO

dices, is quite clear that the arrest of Leon of Salamis was παρὰ τοὺς νόμους (*Mem.* iv. 4, 3 quoted in *Ap.* 32 c 6 *n.*).

Xen. *Hell.* ii. 3, 11 αἱρεθέντες ... ἐφ' ᾧτε ξυγγράψαι νόμους καθ' οὕστινας πολιτεύσοιντο, τούτους μὲν ἀεὶ ἔμελλον ξυγγράφειν τε καὶ ἀποδεικνύναι, βουλὴν δὲ καὶ τὰς ἄλλας ἀρχὰς κατέστησαν ὡς ἐδόκει αὐτοῖς, Ar. 'Αθ. Πολ. 35, 1 γενόμενοι δὲ κύριοι τῆς πόλεως τὰ μὲν ἄλλα τὰ δόξαντα ... παρεώρων, πεντακοσίους δὲ βουλευτὰς καὶ τὰς ἄλλας ἀρχὰς καταστήσαντες ... κατεῖχον τὴν πόλιν δι' ἑαυτῶν.—Xen. *Hell.* ii. 3, 1 Πυθοδώρου δ' ἐν 'Αθήναις ἄρχοντος (404/3), ὃν 'Αθηναῖοι, ὅτι ἐν ὀλιγαρχίᾳ ᾑρέθη, οὐκ ὀνομάζουσιν, ἀλλ' ἀναρχίαν τὸν ἐνιαυτὸν καλοῦσιν.

Introductory Dialogue (43 a 1–44 b 5).

The scene is the prison, about a month after the condemnation of Socrates. It is not yet daybreak (a 4), and Crito has been sitting for some time at the bedside of Socrates, who is still asleep. We know from the *Phaedo* (59 d 1 sqq.) that, all through the month that intervened between the trial and death of Socrates, his friends used to meet early each morning in the δικαστήριον, which was near the prison, and to pass the time in conversation till the gates were opened. That was not early in the morning (d 5 ἀνεῴγετο γὰρ οὐ πρῴ). On this occasion, however, Crito has come by himself hours before the usual time ; for he has heard that the sacred ship has reached Sunium on its return voyage from Delos. It will probably make the Piraeus by next day, and then Socrates must die. Crito cannot sleep for sorrow, and he has got the warder to let him in, but he will not waken Socrates, who is sleeping calmly. At last Socrates awakes and sees his old friend.

43 a 1 τηνικάδε, 'at this hour'. Like its correlative Πηνίκα (a 3), the adverb is here used strictly of the time of day (ὥρας δηλωτικόν Phryn. *Ecl.* 33). So *Prot.* 310 b 7 τοῦ ἕνεκα τηνικάδε ἀφίκου; addressed to the young Hippocrates who has knocked Socrates up ἔτι βαθέος ὄρθρου (see next note), *Phaed.* 76 b 11 αὔριον τηνικάδε, 'this time to-morrow'.

a 4 Ὄρθρος βαθύς, 'cock-crow', the last part of the night as opposed to the first part of the day, which is ἕως. Cf. Phryn. *App. Soph.* (Bekk. *Anecd.* p. 54) ὄρθρος ... ἐστιν ἡ ὥρα τῆς νυκτὸς καθ' ἣν οἱ ἀλεκτρυόνες ᾄδουσιν. It is the time just before the first glimmer of daylight, not the time between that and sunrise.

Phrynichus, *Ecl.* 242, defines it as τὸ πρὸ ἀρχομένης ἡμέρας (*day-light*), ἐν ᾧ ἔτι λύχνῳ δύναταί τις χρῆσθαι. He condemns the later use of ὄρθρος for 'dawn', ἕως, *diluculum*, and in *Prot.* 310 a 8 it is definitely counted as part of the *night* (τῆς ... παρελθούσης νυκτὸς ταυτησί, ἔτι βαθέος ὄρθρου). Cf. also Ar. *Wasps* 216 (ἀλλὰ νῦν γ' ὄρθρος βαθύς), where it is said to be ὀψέ (sc. τῆς νυκτός) compared with μέσαι νύκτες. Another phrase is quoted from Ion of Chios in the recently recovered portion of Photius (*Anf.* 89, 24) ᾽Αμβλὺς ὄρθρος· ῎Ιων· " νῦν δ' ἐγγὺς ἠοῦς ἥνίκ' οὐδέπω φάος | οὐδ' ἀμβλὺς ὄρθρος ".

43 a 5 ὁ τοῦ δεσμωτηρίου φύλαξ, 'the warder'. This is too dignified a title for the θυρωρός or 'porter', who appears at the beginning of the *Phaedo* (see next note), but who would hardly be on duty at night when the gate was supposed to be shut. It more probably means the ὑπηρέτης τῶν ἕνδεκα, whose kindness to Socrates in the prison is immortalized by Plato in *Phaed.* 116 d 5 sqq.

a 6 ὑπακοῦσαι, 'to answer your knock'. Cf. *Phaed.* 59 e 4 ὁ θυρωρός, ὅσπερ εἰώθει ὑπακούειν. The use of the word is well illustrated by Xen. *Symp.* 1, 11 Φίλιππος ... κρούσας τὴν θύραν εἶπε τῷ ὑπακούσαντι εἰσαγγεῖλαι ὅστις ... εἴη.

a 8 καί τι καὶ εὐεργέτηται ὑπ' ἐμοῦ, 'and besides I have done him a good turn'. This touch characterizes the kindly Crito at once. The man is under an obligation to him, which should not be vulgarized into a 'tip' with some editors.

The formula καί τι καί does not occur anywhere else in Plato, but is found several times in Thucydides. Cf. also Dem. 19 § 197 κατακλίνεσθαι καί τι καὶ ᾄδειν ἐκέλευον.

a 10 'Επιεικῶς πάλαι, 'a fairly long time ago'. Cf. *Theaet.* 142 a 1 ῎Αρτι ... ἢ πάλαι ἐξ ἀγροῦ ;—'Επιεικῶς πάλαι, *Phaed.* 80 c 5 ἐπιεικῶς συχνὸν ... χρόνον.

b 1 Εἶτα *mirantis.* 'Then how comes it that ... ?' Cf. *Ap.* 28 b 3. Socrates wonders why Crito did not wake him up *as soon as he came* in, instead of sitting in silence till he wakened of himself.

b 3 Οὐ μὰ τὸν Δία (sc. ἐπήγειρά σε), 'No indeed !', 'I should think not !' Crito does not at once answer the question, but rejects the very idea of waking Socrates. He would not be awake himself, if he had his way, but grief has made him sleepless.

b 5 ἐπίτηδες, *consulto*, 'on purpose', 'deliberately'.

b 6 οὐκ ἤγειρον, 'I kept from waking you' (negatived imperfect), dist. οὐκ ἤγειρα, 'I did not wake you' The 'vivid' sequence ἵνα ... διάγῃς is not common in Plato.

43 b 6   σε ... ηὐδαιμόνισα τοῦ τρόπου, 'I have thought you fortunate in
your disposition'. Cf. *Ap.* 41 c 3 *n.* and *Phaed.* 58 e 3 εὐδαίμων γάρ
μοι ἀνὴρ ἐφαίνετο ... καὶ τοῦ τρόπου καὶ τῶν λόγων. This is imme-
diately followed by ὡς ἀδεῶς καὶ γενναίως ἐτελεύτα, just as here by ὡς
ῥᾳδίως αὐτὴν καὶ πρᾴως φέρεις, 'so lightly and patiently do you take
it'. (the ground stated in the form of an exclamation, like the
Homeric οἷ' ἀγορεύεις).

b 10   πλημμελές: cf. *Ap.* 22 d 8 *n.*

c 1   ἐν τοιαύταις συμφοραῖς. For this use of ἐν cf. *Phaed.* 108 c 1 ἐν
πάσῃ ἐχομένη ἀπορίᾳ, *Rep.* 395 e 1 ἐν συμφοραῖς τε καὶ πένθεσι καὶ
θρήνοις ἐχομένην.

c 2   οὐδὲν αὐτοὺς ἐπιλύεται ... τὸ μὴ οὐχὶ ..., 'their age gives them
no relief from ...'. This use of ἐπιλύεσθαι does not seem to be
found elsewhere, but Aesch. *Sept.* 134 has ἐπίλυσιν πόνων, ἐπίλυσιν
δίδου, where ἐπίλυσις clearly means 'relief' or 'release'. The con-
struction is that of a verb of hindering.

c 7   ἐν τοῖς βαρύτατα, 'most grievously of all'. Cf. 52 a 5 οὐχ ἥκιστα
... ἀλλ' ἐν τοῖς μάλιστα.

This use of ἐν τοῖς to strengthen a superlative is found once in
Herodotus (vii. 137 τοῦτό μοι ἐν τοῖς θειότατον φαίνεται γενέσθαι),
several times in Thucydides, and thirteen times in Plato. It is not
found in the Orators or in Xenophon.

c 9   τὸ πλοῖον: cf. *Phaed.* 58 a 7 sqq.

d 1   τεθνάναι: cf. *Ap.* 30 c 1 *n.*

d 2   δοκεῖν μέν μοι ἥξει, 'to my thinking it will come'. The usual
phrase in Plato is ἐμοὶ δοκεῖν.

TW have the more obvious δοκεῖ μέν μοι ἥξειν, and so B² corrects,
but the δοκεῖν μέν μοι of B seems too idiomatic for a mere mistake,
even though B has ἥξειν like the other MSS. As Buttmann also
pointed out, the μέν *solitarium* suggests a wrong emphasis if we
read δοκεῖ.

d 3   ἐξ ὧν, 'to judge by what ...', the regular meaning of the expres-
sion.

d 4   καταλιπόντες ἐκεῖ αὐτό. On the eastern side of the low isthmus
which connects the headland of Sunium with the mainland there is
a narrow creek where sailing vessels, unable to weather the cape,
take shelter (Frazer, *Pausanias*, vol. ii, p. 1). We know from
Phaed. 58 b 8 that the winds were unfavourable at the time.

ἐκ τούτων (neuter), i. e. ἐξ ὧν ἀπαγγέλλουσίν τινες, 'from this'.

The addition of τῶν ἀγγέλων (BT) can hardly be right; for ἐκ τούτων should correspond to ἐξ ὧν above. W adds τῶν ἀγγελιῶν (with ἀγγέλων in the margin), which is better in point of sense, but cumbrous. It seems likely that we have to do with two ancient explanatory notes, of which the second is the more accurate.

43 d 7 τύχῃ ἀγαθῇ, 'and may it be for the best', closely with ταύτῃ ἔστω. The phrase belongs to the customary style of official documents (psephisms, treaties, &c.) like the Latin *quod felix faustumque sit*, e. g. τύχῃ ἀγαθῇ τῇ Ἀθηναίων δεδόχθαι τῷ δήμῳ and Thuc. iv. 118, 11 Λάχης εἶπε, τύχῃ ἀγαθῇ τῇ Ἀθηναίων ποιεῖσθαι τὴν ἐκεχειρίαν. It is regularly used with an imperative or its equivalent. So *Symp.* 177 e 5 ἀλλὰ τύχῃ ἀγαθῇ καταρχέτω Φαῖδρος.

44 a 2 τῇ ... ὑστεραίᾳ ... ᾗ ᾗ ..., 'the day after that on which'. The comparative force of τῇ ὑστεραίᾳ accounts for ᾗ after it. Cf. *Symp.* 173 a 6 τῇ ὑστεραίᾳ ᾗ ᾗ τὰ ἐπινίκια ἔθυεν.

a 4 γέ τοι δή ..., 'at any rate', stronger than γοῦν.

οἱ τούτων κύριοι, 'those who have the matter in hand', i. e. οἱ ἕνδεκα. Cf. *Phaed.* 59 e 6 Λύουσι γὰρ ... οἱ ἕνδεκα Σωκράτη καὶ παραγγέλλουσιν ὅπως ἂν τῇδε τῇ ἡμέρᾳ τελευτᾷ, 85 b 9 ἕως ἂν Ἀθηναίων ἐῶσιν ἄνδρες ἕνδεκα.

a 5 τῆς ἐπιούσης ἡμέρας, 'on the coming day'; τῆς ἑτέρας, 'the day after'. As the day was reckoned from sunset to sunset, ἡ ἐπιοῦσα ἡμέρα generally means 'next day', 'to-morrow', and Crito's τήμερον (43 d 2, d 5) is more accurate. As, however, it is still before daybreak (43 a 4 *n.*), it is not unnatural for Socrates to use the phrase. For τῆς ἑτέρας cf. Soph. *O. T.* 781 τὴν μὲν οὖσαν ἡμέραν | μόλις κατέσχον, θἀτέρᾳ δ' ἰὼν πέλας κτλ.

a 6 ἔκ τινος ἐνυπνίου. For the importance attached by Socrates to dreams cf. *Ap.* 33 c 5 *n.*, *Phaed.* 60 e 2 sqq.

a 7 ἐν καιρῷ τινι, 'not inopportunely'.

a 10 Ἐδόκει κτλ., the usual terminology in narrating dreams. Cf. *Theaet.* 158 c 5 ὅταν ... ὄναρ ὀνείρατα δοκῶμεν διηγεῖσθαι, Ar. *Wasps* 31 ἔδοξέ μοι περὶ πρῶτον ὕπνον ἐν τῇ πυκνὶ | ἐκκλησιάζειν πρόβατα συγκαθήμενα, Xen. *Cyr.* viii. 7, 2 ἔδοξεν αὐτῷ προσελθὼν κρείττων τις ἢ κατὰ ἄνθρωπον εἰπεῖν κτλ.

b 2 ἤματί κεν τριτάτῳ κτλ. *Il.* ix. 363 ἤματί κε τριτάτῳ Φθίην ἐρίβωλον ἱκοίμην. The words are spoken by Achilles, who means that he can get *home* in three days, and that is what Socrates understands the dream to mean. The view that life is an exile from our heavenly home is Orphic. Cf. Empedocles fr. 115, 13 (Diels) τῶν καὶ ἐγὼ νῦν εἰμι, φυγὰς θεόθεν καὶ ἀλήτης. Diogenes Laertius says (ii. 35) ὄναρ δόξας τινὰ αἰτῷ λέγειν· ἤματί κεν κτλ., πρὸς Αἰσχίνην ἔφη· Εἰς τρίτην ἀποθανοῦμαι. The dream is, of course, historical, and must often have been talked of by the Socratics at Megara. This, then, may be an indication that Aeschines wrote a dialogue on the same subject as the present. Cf. the Introductory Note.

For the interpretation suggested cf. the dream ascribed to Eudemus of Cyprus in Aristotle's dialogue, and quoted by Cicero *de Div.* i. 25. Eudemus had dreamt that a beautiful youth told him he would return home five years later. In fact he fell in battle at Syracuse five years later, *ex quo ita illud somnium esse interpretatum ut cum animus Eudemi e corpore excesserit, tum domum revertisse videatur.* I cannot believe that Φθίην is meant to suggest the verb φθίνω, as Lambinus supposed.

44 b 4 Ἐναργὲς μὲν οὖν, 'Nay, it is clear enough'. This is the *vox propria* for dreams so distinct that their interpretation is not in doubt. Cf. *Od.* iv. 841 ὡς οἱ ἐναργὲς ὄνειρον ἐπέσσυτο νυκτὸς ἀμολγῷ, Herod. vii. 47 εἴ τοι ἡ ὄψις τοῦ ἐνυπνίου μὴ ἐναργὴς οὕτω ἐφάνη, Aesch. *Pers.* 179 ἀλλ' οὔτι πω τοιόνδ' ἐναργὲς εἰδόμην | ὡς τῆς πάροιθεν εὐφρόνης.

The Exhortation of Crito (44 b 5–46 a 8).

The arguments of Crito are based (1) on the opinion of the many (ἡ τῶν πολλῶν δόξα) and (2) the power of the many (ἡ τῶν πολλῶν δύναμις)

b 5 ὦ δαιμόνιε Σώκρατες. The formula expresses reproach or remonstrance, as often in Homer.

b 6 ἔτι καὶ νῦν, 'even at the eleventh hour', as we say. Cf. Ar. *Frogs* 1235 ἀλλ' ὠγάθ' ἔτι καὶ νῦν ἀπόδος.

b 7 οὐ μία, *non una*, 'more than one'. Crito regards the bad name he will get as a συμφορά additional to the loss of his friend.

χωρὶς μὲν τοῦ ἐστερῆσθαι κτλ., 'apart from the loss of . . .'. The continuation with ἔτι δὲ καὶ . . . δόξω . . . (as if πρῶτον μὲν ἐστερήσομαι had preceded) is slightly anacoluthic. For the language cf. *Phaed.* 117 c 9 οἵου ἀνδρὸς ἑταίρου ἐστερημένος εἴην.

All MSS. have σοῦ for τοῦ, which was conjectured by the Abbé Sallier, and must, I think, be right. It does not seem possible to take χωρίς as an adverb, as Adam suggests.

4 b 8   οὐδένα μή ποτε εὑρήσω is one of the few examples of οὐ μή with the fut. ind. instead of the aor. subj.

T has εὕρω in the margin here, but there are two other probable instances of the fut. ind. in Plato (*Laws* 735 b 2 and *Ep.* ii. 313 e 4), though the reading is doubtful in both cases. There is, however, a certain case in Ar. *Frogs* 508 οὐ μή σ' ἐγὼ περιόψομ' ἀπελθόντα, where the metre guarantees the reading. See G.M.T. § 295.

c 1   ὡς οἷός τ' ὤν κτλ., 'as being one who could save you if I cared to spend my money', gives the reason for δόξω ... ἀμελῆσαι. They will put it down, he says, to neglect and not to inability, since, in my case, it is a mere question of money. The rather involved constructions in which Crito gets entangled from time to time are, I think, part of the ἠθοποιία.

c 2   ταύτης, 'than this', explained by ἡ δοκεῖν 'than to be thought'. Cf. *Gorg.* 500 c 2 οὗ τί ἂν μᾶλλον σπουδάσειέ τις ... ἢ τοῦτο κτλ. Riddell, *Dig.* § 163.

c 4   οὐκ ἠθέλησας, 'you refused'.

c 7   οἱ ... ἐπιεικέστατοι, 'the best men' (urbane for οἱ βέλτιστοι).

c 8   αὐτά, 'the business'. Cf. 46 c 6 πῶς οὖν ἂν μετριώτατα σκοποίμεθα αὐτά; ('the thing in question').

οὕτω ... ὥσπερ ἂν πραχθῇ, 'just as it has (shall have) been managed.'

Cobet reads ὥσπερ ἐπράχθη (*Mnem.* 1875, p. 286) with the remark *Recte dicitur* ὥσπερ ἂν πραχθῇ *de re futura et incerti eventus, sed de re absoluta et certa* ὥσπερ ἐπράχθη *necessarium est.* But this is a *res futura et incerti eventus*, so there is no need to alter the text. Schanz's ὥσπερ δὴ ἐπράχθη is still less convincing.

d 2   αὐτὰ δὲ δῆλα ... ὅτι ..., 'the present situation shows of itself that...'. The construction is anacoluthic; for after the personal use of δῆλος we expect the same subject in the ὅτι clause.

Cornarius conjectured δηλοῖ, and Cobet follows him (*Mnem.* 1875, p. 285).

d 4   ἐάν τις ἐν αὐτοῖς διαβεβλημένος ᾖ, 'if a man is misrepresented to them'. Crito means that the condemnation of Socrates proves the danger of διαβολή (cf. *Ap.* 18 d 2 sqq.). For ἐν = *coram* cf. *Euth.* 2 a 4 n.

d 7   ἵνα οἷοί τ' ἦσαν, 'that they might have been able'. If they could do great evil, they would also be able to do great good, on the principle μία δύναμις τῶν ἐναντίων, which is fundamental in the teaching of Socrates. The great chorus of Sophocles, *Antigone* (334 sqq.), is an elaboration of this doctrine (cp. esp. 365 σοφόν τι τὸ μηχανόεν | τέχνας ὑπὲρ ἐλπίδ᾽ ἔχων | τότε μὲν νακὸν ἄλλοτ᾽ ἐπ᾽ ἐσθλὸν ἔρπει.

44 d 8   **καὶ καλῶς ἂν εἶχεν,** 'and it would be well'.

I see no ground for suspecting these words with Cobet (*V.L.*, p. 104). They add nothing of course to εἰ γὰρ ὤφελον κτλ., but it is Plato's way to repeat the beginning of a sentence in a slightly different form at the end of it.

οὔτε γὰρ φρόνιμον κτλ., 'they can neither make a man wise nor foolish', which, in the long run, is the only good or harm that can be done to him, since he will also be good if he is wise, and bad if he is foolish. The only real injury that can be done to any one is an injury to the soul. Cf. *Ap.* 30 c 8.

d 9   **ποιοῦσι δὲ τοῦτο ὅτι ἂν τύχωσι** (sc. ποιοῦντες αὐτόν), 'it is all one what they do to him'. Adam seems to have been the first to point out that the meaning cannot be 'they act at random'. The phrase expresses indifference. Cf. below 45 d 2 τὸ σὸν μέρος ὅτι ἂν τύχωσι τοῦτο πράξουσιν, 'so far as you are concerned, they will fare as best they may', *Prot.* 353 a 7 Τί . . . δεῖ ἡμᾶς σκοπεῖσθαι τὴν τῶν πολλῶν δόξαν ἀνθρώπων, οἳ ὅτι ἂν τύχωσι τοῦτο λέγουσιν; i. e. 'what they say is of no consequence', *Gorg.* 521 c 8, 522 c 2 ἴσως ὅτι ἂν τύχω τοῦτο πείσομαι, 'I dare say I shall suffer no matter what', *Symp.* 181 b 6 ὅθεν δὴ συμβαίνει αὐτοῖς ὅτι ἂν τύχωσι τοῦτο πράττειν, ὁμοίως μὲν ἀγαθόν, ὁμοίως δὲ τοὐναντίον, i. e. 'they don't care which it is'.

e 3   **οἱ συκοφάνται.** There is happily no English word for these gentry; but their existence was an inevitable consequence of the Athenian system of trusting Ἀθηναίων τῷ βουλομένῳ οἷς ἔξεστιν, even if not personally aggrieved, to initiate all prosecutions instead of a public prosecutor. Most light is thrown on them by the first speech against Aristogeiton ascribed to Demosthenes, which is a most instructive document whether Demosthenes wrote it or not. That it is a real speech actually delivered, I feel sure.

e 4   **ἐκκλέψασιν:** cf. Lysias 20 § 7 τοὺς μὲν ἀδικοῦντας οἱ κατήγοροι ἐκκλέπτουσιν, ἀργύριον λαμβάνοντες.

e 5   **ἢ καὶ πᾶσαν τὴν οὐσίαν ἀποβαλεῖν κτλ.** There is no question here of forfeiting bail; for, if Crito's offer to go bail for Socrates had been accepted, Socrates would not have been kept in prison (cf.

Introductory Note). I can find no evidence of the procedure adopted against those who assisted a condemned man to escape, but analogy suggests that they were liable to ἔνδειξις (*Ap.* 32 b 7 *n.*).

Cf. the procedure in the case of exiles who returned without authority (Dem. 23 § 51 *ἐάν τις κατίῃ ὅποι μὴ ἔξεστιν*) and of those who harboured them ([Dem.] 50 § 49 *ἐν τοῖς αὐτοῖς . . . ἐνέχεσθαι τὸν ὑποδεχόμενον τοὺς φεύγοντας*). This suits the language of the present passage very well; for it appears clearly from Dem. 21 § 182 and 25 § 92 that, in normal cases, ἔνδειξις led to an ἀγὼν τιμητός, in which the *τίμημα* might be anything from death downwards (*μάλιστα μὲν αὐτῷ θανάτου τιμῆσαι, εἰ δὲ μή, τοσοῦτον ἀναθεῖναι τίμημα χρημάτων ὅσον μὴ δυνήσεται φέρειν* Dem. 25 § 92). So here the words of Crito refer plainly to the legal phrase *τιμᾶν ὅτι χρὴ παθεῖν ἢ ἀποτεῖσαι* (*Ap.* 36 b 5 *n.*).

45 a 1 ἔασον αὐτὸ χαίρειν, 'dismiss it from your mind'. Cf. *Phaed.* 63 e 3 Ἔα . . . χαίρειν αὐτόν, 'never mind him', 65 c 7 (ἡ ψυχὴ) ἐῶσα χαίρειν τὸ σῶμα, 'paying no attention to the body'. Literally, the phrase means 'let it depart', from χαῖρε, 'farewell'. So λέγων, εἰπὼν χαίρειν, 'saying good-bye to . . .', i. e. 'dismissing from one's thoughts'.

δίκαιοί ἐσμεν, 'we are bound'. This personal construction of δίκαιος may often be best represented by saying 'we are bound' or 'we are entitled', according to the context.

a 3 μὴ ἄλλως ποίει, 'do not say me nay', a standing colloquial phrase. Cf. below 46 a 8 καὶ μηδαμῶς ἄλλως ποίει, *Phaed.* 117 a 3 ἀλλ' ἴθι . . . πείθου καὶ μὴ ἄλλως ποίει, *Rep.* 328 a 9 ἀλλὰ μένετε καὶ μὴ ἄλλως ποιεῖτε. So Ar. *Birds* 133 (after an invitation to a wedding) καὶ μηδαμῶς ἄλλως ποιήσῃς, 'I'll take no refusal'.

a 6 Μήτε . . . ταῦτα φοβοῦ κτλ. This μήτε is resumed at b 6 ὅπερ λέγω, μήτε ταῦτα φοβούμενος after the long parenthesis a 6 καὶ γὰρ . . . b 5 πολλοὶ πάνυ. It is answered by b 7 μήτε . . . δυσχερές σοι γενέσθω. The involved sentence is part, I think, of the ἠθοποιία.

a 7 ὃ θέλουσι κτλ., 'which certain people are willing to take to save you'.

The form θέλω is hardly used in Plato except after εἰ or μή which absorb the following ἐ- (a fact which is conventionally represented by writing εἰ 'θέλεις, μὴ 'θέλων and the like), and in the standing phrases, θεοῦ θέλοντος, ἐὰν θεὸς θέλῃ, εἰ θεὸς θέλοι. There seems to be nothing to account for it here. Should it be printed οὐθέλουσι?

45 a 8　τούτους, *istos*. The depreciatory tone is kept up by εὐτελῶς, 'cheap', which suggests that they are for sale.

a 9　ἐπ' αὐτούς, 'to settle them'. If Xenophon's story is true (see Introductory Note), Crito had personal experience of this.

b 1　σοί ... ὑπάρχει, 'you have at your disposal'.

b 3　οὗτοι is used δεικτικῶς (cf. *Ap.* 33 e 3). Though they are not present at the moment, we know from the *Phaedo* that Socrates saw them every day during the month, and we are, no doubt, to suppose that they come in after the present dialogue is finished. They had no reason to fear the συκοφάνται, as they could be across the Boeotian frontier before the escape of Socrates was discovered.

b 4　Σιμμίας ... Κέβης ... These were Pythagoreans from Thebes who had been disciples of Philolaus (*Phaed.* 61 d 7) before he returned to Italy (E. Gr. Ph.³ § 138). At this time they were quite young (*Phaed.* 89 a 3 τῶν νεανίσκων). Xenophon includes them in his list of true disciples of Socrates (*Mem.* i. 2, 48). In another place (iii. 11, 17) he makes Socrates ask Theodote, the ἑταίρα, what had brought Simmias and Cebes to him from Thebes (διὰ τί δὲ καὶ Κέβητα καὶ Σιμμίαν Θήβηθεν παραγίγνεσθαι, sc. οἴει ;). They are the chief interlocutors in the *Phaedo*. It is important for a just appreciation of the historical Socrates to bear in mind that these two young Pythagoreans attached themselves to him after the departure of Philolaus from Thebes, even though Lysis (E. Gr. Ph.³ § 138) was still there to carry on the Pythagorean tradition. From the *Phaedo* we learn that there was a third Theban present, Phaedondas, of whom nothing is otherwise known. The *rapprochement* between Athens and Thebes after Aegospotami will account for the ἐπιδημία of these young Pythagoreans. Diogenes Laertius (ii. 124) gives the titles of twenty-three dialogues ascribed to Simmias, which must have been short, as they were contained in a single roll (βιβλίον). Whether they were genuine or not is another question. He also mentions three dialogues by Cebes entitled Πίναξ, Ἑβδόμη, and Φρύνιχος, and a work entitled Κέβητος Πίναξ (*Cebetis Tabula*) is still extant, though it cannot be genuine.

The name Σιμμίας doubtless comes, like the Athenian names Σίμων, Σιμύλος, from σιμός, 'snub-nosed', and Cobet (followed by Schanz) wrote it Σιμίας. Cf. *M.C.*, p. 221 *ut ex* πυρρός *et* ξανθός *formantur nomina propria* Πυρρίας, Ξανθίας, *sic* Σιμίας *ex* σιμός *proaucebatur.* We have to do, however, with a Boeotian name, since Simmias was a Theban, and the μμ is 'Aeolic'. Moreover, the form Σιμμίας is actually found on a Theban inscription (Collitz, *Dial.-Inschr.* i. 706, 1). Cf. also Ditt. *Syll.* 140, 155 (from a Delphic inscription), where we have a Thessalian called Σιμμίας Ὁμολιεύς. I must, therefore, withdraw the remark at the end of my note on *Phaed.* 59 c 1 and be thankful that some 'divine sign' kept me from introducing Σιμίας into my text.

45 b 5   ἄλλοι πολλοὶ πάνυ. Socrates had many foreign friends besides the Theban Pythagoreans. From the *Phaedo* 57 a sqq. we know that neither Echecrates of Phlius nor any of his associates were able to be at Athens, though they were deeply interested and eager to get a trustworthy account of everything that took place, an account which they get from Phaedo of Elis. Echecrates speaks of Socrates with the greatest enthusiasm and respect (58 d 7, 88 c 8). Now we know that Echecrates and his ἑταῖροι at Phlius were Pythagoreans like Simmias and Cebes. Cf. Diogenes Laertius viii. 46 Τελευταῖοι γὰρ ἐγένοντο τῶν Πυθαγορείων οὓς καὶ Ἀριστόξενος εἶδε, Ξενόφιλός τε ὁ Χαλκιδεὺς ἀπὸ Θράκης καὶ Φάντων ὁ Φλιάσιος καὶ Ἐχεκράτης καὶ Διοκλῆς καὶ Πολύμναστος Φλιάσιοι καὶ αὐτοί. ἦσαν δὲ ἀκροαταὶ Φιλολάου καὶ Εὐρύτου τῶν Ταραντίνων. It is clear from this testimony of Aristoxenus, who knew the men personally, that Phlius, like Thebes, was an important seat of the Pythagorean dispersion, and it follows that the Pythagoreans of Phlius must have sought the acquaintance of Socrates before the beginning of the Peloponnesian War (Phlius took the side of Sparta), and that he must have made a deep and lasting impression on them when he was comparatively young. From the *Phaedo* (59 c 2) we learn that Euclides and Terpsion from Megara were present at the death of Socrates. They were Eleatics. Cf. Diog. Laert. ii. 106 οὗτος (Εὐκλείδης) καὶ τὰ Παρμενίδεια μετεχείριζετο. In the *Parmenides* Socrates, who is then σφόδρα νέος, is represented as holding a conversation with Parmenides and Zeno themselves, so there is nothing surprising in the fact that he kept up relations with their followers at Megara. In the *Theaetetus* Euclides is represented as having a dialogue read aloud to Terpsion of which he had taken notes at the time (just before the trial), and which he had corrected by asking questions of Socrates himself when he went to Athens (apparently during the month which

elapsed between the sentence and its execution). That may be fiction, of course, but it presupposes certain facts. Moreover, we know that the ἑταῖροι of Socrates retired to Megara after their Master's death. We learn also from the *Phaedo* (*loc. cit.*) that Aristippus of Cyrene was expected, though he did not appear. He was in Aegina at the time. According to Aeschines of Sphettos (ap. Diog. Laert. ii. 65) he had come all the way from Cyrene to Athens κατὰ κλέος Σωκράτους. It is quite clear then that, before the Peloponnesian War, that is, when he was still in the thirties, Socrates had a reputation all over the Greek world, and especially in Pythagorean and Eleatic circles. During the war Thebes, Megara, and Phlius were cut off from Athens, but the admirers of Socrates did not forget him, and those of them who could do so came to Athens to see him again when peace was concluded. No account of Socrates can claim to be historical which does not take these things into consideration. It may be added that the doubts of the loyalty of Socrates to the δῆμος which moved Anytus would only be confirmed by the way in which men who had recently been enemy aliens flocked to Athens to see him as soon as they safely could.

45 b 6   μήτε . . . ἀποκάμῃς, 'do not shirk the task of saving yourself' (cf. d 6 τὰ ῥᾳθυμότατα αἱρεῖσθαι). Socrates has said nothing so far to suggest that his refusal to escape is based on principle, and Crito thinks it is only due to consideration for his friends.

Not perceiving this, Jacobs propounded the reading ἀποκνῇς, which is not even Greek, and Schanz adopted it in his *editio maior*. Cobet (*Mnem.* 1875, p. 286) pointed out that it was *soloecum*, and Schanz restored ἀποκάμῃς in his school edition (1893) without mentioning that he had ever adopted ἀποκνῇς. He only says that Jacobs, who had doubted ἀποκάμῃς, afterwards defended it (1828). The construction of ἀποκάμνω with the infinitive is very rare. K.-G. only quote one other instance, Eur. *Ion* 134 πόνους | μοχθεῖν οὐκ ἀποκάμνω. Generally it is either absolute or takes a participle. The distinction of meaning is doubtless that, while ἀποκάμνω *c. ptcp.* means 'I am tired of doing so-and-so', ἀποκάμνω *c. inf.* means 'I am (too) tired to do it'. See G.M.T. § 903.

b 7   ὃ ἔλεγες ἐν τῷ δικαστηρίῳ, 'as you said in court'. This may be a reference to *Ap.* 37 c 4 sqq., or it may just as well be an independent piece of evidence that Socrates did say something of the sort.

b 8   ἐξελθών, 'if you went into exile' is the meaning required here as in *Ap.* 37 d 4, e 4.

5 C 1 ἄλλοσε is certainly strange with πολλαχοῦ, which requires ἄλλοθι. We can only say that the influence of ὅποι makes itself felt. As ἄλλοσέ ποι is so common a phrase, Crito slips into saying ἄλλοσε ὅποι.

If the text is sound, Soph. *O. C.* 1226 βῆναι κεῖθεν ὅθενπερ ἥκει would be a much more violent expression, as Jebb points out.

ἀγαπήσουσί σε, 'will make much of you'.

C 2 εἰς Θετταλίαν. We learn from Aristotle (*Rhet*. B. 23, 1398 a 24) that Socrates had already declined an invitation to the court of Archelaus of Macedon (another instance of his wide reputation). There may, therefore, be some truth in the statement of Diog. Laert. (ii. 25) that he also refused offers from Scopas of Crannon and Eurylochus of Larisa. His friendship with the Thessalian Meno is also in point here.

C 5 Ἔτι δέ ... οὐδὲ δίκαιον, 'in the next place what you propose is not even right', apart from what people may think of it. Cf. *Ap*. 35 b 9 Χωρὶς δὲ τῆς δόξης ... οὐδὲ δίκαιόν μοι δοκεῖ εἶναι κτλ.

ἐπιχειρεῖν πρᾶγμα. For the acc. cf. Isocr. 1 § 3 καλὸν ... ἔργον ἐπιχειροῦσιν.

C 9 τοὺς ὑεῖς: cf. *Ap*. 34 d 6 *n*.

d 1 ἐκθρέψαι καὶ ἐκπαιδεῦσαι. Note that γένεσις, τροφή, παιδεία form a regular series in Greek. So below d 5 τρέφοντα καὶ παιδεύοντα, 50 e 2 ἐπειδὴ δὲ ἐγένου τε καὶ ἐξετράφης καὶ ἐπαιδεύθης.

d 2 τὸ σὸν μέρος, 'for your part', i.e. 'so far as you are concerned' (so below 50 b 2 and 54 c 8).

ὅτι ἂν τύχωσι τοῦτο πράξουσιν, 'they will fare as best they may', 'it is all one what becomes of them'. The phrase is meant to characterize the indifference of Socrates. Cf. 44 d 9 *n*.

d 8 ἀρετῆς ... ἐπιμελεῖσθαι: the doctrine of ψυχῆς ἐπιμέλεια once more. Cf. *Ap*. 29 e 1 *n*.

e 3 ἡ εἴσοδος ... ὡς εἰσῆλθεν. The noun εἴσοδος corresponds to εἰσάγειν, 'to bring into court' (*Ap*. 24 d 5 *n*.), which has for its virtual passive εἰσιέναι. The suggestion of Cornarius that the words are chosen so as to suggest the idea of a play being brought on the stage, leading up to an ἀγών and ending in a κατάγελως, though approved by most editors, seems to me extremely fanciful and quite out of keeping with the character of Crito. We should have to suppose that he regarded the trial of Socrates as a comedy.

I have kept εἰσῆλθεν, the reading of B, but of course εἰσῆλθες (TW) is possible, though more likely to be due to correction. For εἰσέρχεται ἡ δίκη cf. Dem. 21 § 78 μελλουσῶν εἰσιέναι τῶν δικῶν, 34 § 18 μελλούσης δὲ τῆς δίκης εἰσιέναι εἰς τὸ δικαστήριον.

45 e 4 ἐξὸν μὴ εἰσελθεῖν, 'when it need not have been brought into court'. No doubt Anytus would have been quite satisfied if Socrates had left Athens. If he had done so at any time before the conclusion of the ἀνάκρισις, the case might have been quietly dropped. Such things certainly happened, though strictly speaking they were illegal and involved a penalty.

ὁ ἀγὼν ... ὡς ἐγένετο. This doubtless refers to the refusal of Socrates to defend himself seriously and to his ἀντιτίμησις, which was a mere defiance of the court. Crito thinks, or affects to think, that all this was only because he would not take the trouble to make a satisfactory defence (observe ὑπὲρ σοῦ ... αἰσχύνομαι). He is as much puzzled by the μεγαληγορία Σωκράτους as Xenophon was (cf. p. 65).

e 5 καὶ τὸ τελευταῖον δὴ τουτί, 'and now, to crown all'. It is surely more natural to take τὸ τελευταῖον adverbially than to make it the subject of the infinitive which follows, as most editors do. Adam, however, says 'last of all'.

In Demosthenes τὸ τελευταῖον νυνί occurs more than once. In 25 § 50 we have τὰ τελευταῖα δὲ ταυτί.

ὥσπερ κατάγελως τῆς πράξεως, 'the scandal of the whole business', 'a *reductio ad absurdum* as one might say of the whole affair' (Adam).

e 6 διαπεφευγέναι ἡμᾶς δοκεῖν, 'that it should be thought that the opportunity has escaped us' (*effugisse nos* Ficinus), i.e. that we have allowed it to give us the slip. In this use (and in many others, e.g. διαπέφευγεν ἡμᾶς ὁ λόγος) the verb διαφεύγειν is a metaphor from hunting, though ἐκφεύγειν is more commonly so used, especially by Demosthenes (cf. Sandys on 3 § 3). There is no difficulty in supplying τὸ πρᾶγμα from e 2 as the subject of the infinitive διαπεφευγέναι, since it is recalled by κακίᾳ τινὶ καὶ ἀνανδρίᾳ τῇ ἡμετέρᾳ, which repeats ἀνανδρίᾳ τινὶ τῇ ἡμετέρᾳ from the earlier clause. Nor is it necessary to assume the harsh construction μὴ δόξῃ ... δοκεῖν, since it is simpler to suppose that αἰσχύνομαι μὴ δόξῃ is resumed by the exclamatory infinitive δοκεῖν (G.M.T. § 187).

Forman says: 'But δόξῃ is now left so far behind that it is resumed in δοκεῖν though the *syntax* that is resumed is that of πεπρᾶχθαι which is dependent upon δόξῃ—anacoluthic, but entirely clear.' I think my suggestion is simpler. I cannot believe with Adam that we are to supply σε as the subject of διαπεφευγέναι and to render 'that you should be thought to have given us the slip'.

46 a 1 οἵτινες κτλ., *quippe qui...*, 'in that we did not...'.

οὐδὲ σὺ σαυτόν is necessary because τῇ ἡμετέρᾳ includes Socrates as well as his friends. Cf. 45 d 8 καὶ ὑπὲρ σοῦ καὶ ὑπὲρ ἡμῶν. It is quite normal for the relative sentence to become independent in the second clause.

a 2 εἴ τι καὶ μικρὸν ἡμῶν ὄφελος ἦν: cf. *Euth.* 4 e 9 *n.*, *Ap.* 28 b 7 *n.*

a 3 ἅμα τῷ κακῷ, i. e. ἅμα τῷ κακὰ εἶναι. For this compendious way of speaking cf. *Symp.* 195 c 6 νέος μὲν οὖν ἐστι, πρὸς δὲ τῷ νέῳ ἁπαλός, *Theaet.* 185 e 3 Καλὸς γὰρ εἶ... πρὸς δὲ τῷ καλῷ εὖ ἐποίησάς με, Thuc. ii. 15, 2 Θησεὺς... γενόμενος μετὰ τοῦ ξυνετοῦ καὶ δυνατός.

a 4 βουλεύεσθαι... βεβουλεῦσθαι: cf. *Charm.* 176 c 5 Οὗτοι... τί βουλεύεσθον ποιεῖν ;—Οὐδέν... ἀλλὰ βεβουλεύμεθα.

a 5 τῆς... ἐπιούσης νυκτός. Crito still thinks, in spite of the dream, that the ship will arrive to-day; for ἡ ἐπιοῦσα νύξ is the night which will begin at sunset.

a 6 εἰ δ' ἔτι περιμενοῦμεν, future indicative in 'monitory' protasis.

a 8 καὶ μηδαμῶς ἄλλως ποίει: cf. 45 a 3 *n.*

The Reply of Socrates (46 b 1–54 e 2).

The reply falls into two sections. (1) Socrates deals with Crito's argument from public opinion (ἡ τῶν πολλῶν δόξα) by appealing to a doctrine on which the friends of Socrates were formerly agreed, namely, that it is not the opinion of the many which must be regarded, but only that of the man who knows (46 c 6–48 a 10). (2) He then answers Crito's argument from the power of the many (ἡ τῶν πολλῶν δύναμις), by appealing to another doctrine similarly agreed to, namely, that it is living well and not mere life which is to be prized. As living well (εὖ) means living righteously (δικαίως), it follows that we must never do wrong, even in return for a wrong done to us (48 a 10–50 a 5).

b 1 ὦ φίλε Κρίτων. The unusual position of the vocative expresses remonstrance. Cf. *Euth.* 3 c 6 *n.*

267

46 b 1   ἡ προθυμία σου: cf. 44 c 5 ἡμῶν προθυμουμένων.

b 4   οὐ νῦν πρῶτον ἀλλὰ καὶ ἀεί. Cf. Soph. *Philoct.* 966 οὐ νῦν πρῶτον ἀλλὰ καὶ πάλαι, Eur. *Med.* 292 and *Hel.* 957 οὐ νῦν πρῶτον ἀλλὰ πολλάκις. Cf. also below 49 e 1 ἐμοὶ μὲν γὰρ καὶ πάλαι οὕτω καὶ νῦν ἔτι δοκεῖ. So Lysias 27 § 3 οὐ νῦν πρῶτον ... ἀλλὰ καὶ πρότερον ἤδη ...

For οὐ νῦν πρῶτον all the MSS. and Eusebius have οὐ μόνον νῦν. The reading in the text has been restored from a bust of Socrates, on which this sentence has been inscribed as a motto (C.I.G. iii. 6115), and it would be hard to find a better for the purpose. The alteration of the text is easily explained if we remember that the archetype would write οὐ νῦν ᾱ for οὐ νῦν πρῶτον. The ᾱ would easily be lost before ἀλλά, and the insertion of μόνον would be almost inevitable. This way of writing εἷς, πρῶτος, &c., has led to a good many of the early corruptions in the text of Plato.

b 5   τῶν ἐμῶν, neuter, not masculine. ,Cf. 47 c 5 εἰς τί τῶν τοῦ ἀπειθοῦντος; 47 e 8 ὅτι ποτ' ἐστὶ τῶν ἡμετέρων. The soul, with its thoughts and feelings, as well as the body and its appurtenances, are all included in a man's 'belongings'.

τᾳ̂ λόγῳ, 'the rule'. We see from the words which follow that this does not mean 'reason' (a sense which λόγος never has in Plato). It is, in the first place, the conclusion of a process of reasoning (λογισμός), and, in this case, as it is a result of reasoning on a matter of practice (cf. b 3 εἴτε ταῦτα πρακτέον εἴτε μή) it is really a 'rule' of conduct. The word λόγος easily acquires this shade of meaning, as the verb λέγω often means to 'tell' or 'bid' a person to do something. Accordingly, when the λόγος referred to is specified, it contains the word δεῖ (d 1). This way of looking at questions of practice corresponds exactly to the method of ὑπόθεσις described in *Phaed.* 100 a 3 ὑποθέμενος ἑκάστοτε λόγον ὃν ἂν κρίνω ἐρρωμενέστατον εἶναι, ἃ μὲν ἂν μοι δοκῇ τούτῳ συμφωνεῖν τίθημι ὡς ἀληθῆ ὄντα ... ἃ δ' ἂν μή, ὡς οὐκ ἀληθῆ. Adam points this out quite correctly, but adds the perverse remark ' Plato uses the phraseology of the Socratic method to describe his own procedure'. It is surely more natural to hold that, if the phraseology is Socratic, the procedure is Socratic too.

b 7   ἐκβαλεῖν, 'to throw overboard', 'jettison', *iacturam facere.* Socrates uses the same metaphor in the *Republic.* Cf. 412 e 6 μήτε γοητευόμενοι μήτε βιαζόμενοι ἐκβάλλουσιν δόξαν ... τὴν τοῦ ποιεῖν δεῖν

ἃ τῇ πόλει βέλτιστα, 503 a 2 τὸ δόγμα τοῦτο μήτ' ἐν πόνοις μήτ' ἐν φόβοις
... φαίνεσθαι ἐκβάλλοντας.

46 b 8   σχεδόν τι ὅμοιοι φαίνονταί μοι, 'they strike me in much the same way as they did'.

Adam suggests that ὅμοιοι (sc. λόγοι) is the subject not the predicate, but the meaning is settled by d 5 εἴ τί μοι ἀλλοιότερος φανεῖται (sc. ὁ λόγος).

c 1   πρεσβεύω, 'I give the place of honour to'. Cf. *Symp.* 186 b 3 ἵνα καὶ πρεσβεύωμεν τὴν τέχνην, 188 c 3 ἐὰν μὴ ... τιμᾷ τε αὐτὸν καὶ πρεσβεύῃ, *Rep.* 591 c 7 οὐδὲ πρὸς ὑγίειαν βλέπων, οὐδὲ τοῦτο πρεσβεύων. In this transitive sense (= πρεσβύτερόν τι ἔχω) the verb is mainly tragic.

c 3   οὐ μή σοι συγχωρήσω: cf. 44 b 8 *n*. In this case, however, we have the normal aor. subj.; for Plato regularly uses συγχωρήσομαι as the future of συγχωρῶ.

οὐδ' ἂν πλείω ... μορμολύττηται, 'not even if the power of the many scares us like children with more bugbears than it does at present'. Μορμώ (whose full name was Μορμολύκη) was a she-goblin used, like Ἀκκώ, Ἔμπουσα, and Λάμια, to frighten naughty children. Cf. Theocritus xv. 40 οὐκ ἀξῶ τυ, τέκνον. Μορμώ, δάκνει ἵππος, Xen. *Hell.* iv. 4, 17 φοβεῖσθαι τοὺς πελταστάς, ὥσπερ μορμόνας παιδάρια, Lucian, *Philops.* 2 παίδων ... ἔτι τὴν Μορμὼ καὶ τὴν Λάμιαν δεδιότων. In *Phaed.* 77 e 6 we have μὴ δεδιέναι τὸν θάνατον ὥσπερ τὰ μορμολύκεια. The verb μορμολύττεσθαι occurs also in *Gorg.* 473 d 3. So Ar. *Birds* 1244 πότερα Λυδὸν ἢ Φρύγα | ταυτὶ λέγουσα μορμολύττεσθαι δοκεῖς;

c 5   δεσμούς, 'imprisonments', dist. δεσμά, 'bonds'. Cf. *Euth.* 4 d 3 *n*. With θανάτους and χρημάτων ἀφαιρέσεις it sums up the possibilities of ὅτι χρὴ παθεῖν ἢ ἀποτεῖσαι.

ἐπιπέμπουσα, *immittens*, 'setting upon us', 'letting loose upon us'. In this sense too the verb is generally used of the gods (cf. *Ap.* 31 a 6 *n*.), and is almost technical of divine 'visitations'. Cf. Eur. *Phoen.* 810 (the Sphinx) ἂν ὁ κατὰ χθονὸς Ἄιδας | Καδμείοις ἐπιπέμπει, [Lysias] 6 § 20 δέῃ πολλὰ καὶ κινδύνους ὁ θεὸς ἐπιπέμπει τοῖς ἀδικοῦσιν. So *Phaedr.* 245 b 5 ὡς οὐκ ἐπ' ὠφελίᾳ ὁ ἔρως ... ἐκ θεῶν ἐπιπέμπεται. The effect of the word is, therefore, to suggest that ἡ τῶν πολλῶν δύναμις is something mysterious and of supernatural power. We may say of it, as Hesiod says of φήμη (*O. D. 764*) θεός νύ τίς ἐστι καὶ αὐτή.

This is at any rate less fanciful than Verrall's proposal to read ἐπέμπουσα (!) or Adam's idea that the word ἐπιπέμπουσα was chosen 'rather than ἐπιφέρουσα, let us say, because the ending is identical with ἔμπουσα'.

46 c 6   μετριώτατα, 'best' (for μετρίως is an urbane equivalent of εὖ, καλῶς).

εἰ πρῶτον μὲν ... ἀναλάβοιμεν κτλ., 'if we first of all take up once more the argument you use about what people will think'. He had used it twice, viz. 44 b 9 sqq. and 45 d 8 sqq. Socrates clearly distinguishes the two points urged by Crito, (1) ἡ τῶν πολλῶν δόξα, (2) ἡ τῶν πολλῶν δύναμις. At the end of the section dealing with (1) πρῶτον μέν is repeated (48 a 7), thus clearly marking it off from the section dealing with (2).

c 8   πότερον καλῶς ἐλέγετο ἑκάστοτε ἢ οὔ κτλ. This refers back to 46 b 6 τοὺς δὴ λόγους οὓς ἐν τῷ ἔμπροσθεν ἔλεγον.

I have put a full stop at δοξῶν and taken this as a direct question, not (as in previous editions) as dependent on ἀναλάβοιμεν. That is too ambiguous; for the reader inevitably refers πότερον καλῶς ἐλέγετο to the λόγος which Crito had used, and that makes nonsense, since Crito had said nothing of the sort.

d 2   ἢ ... μὲν ... νῦν δὲ ... ἄρα ... An *argumentum ex contrariis* (*Ap.* 34 c 1 *n.*) but in interrogative form. Cf. also 50 e 7.

d 3   ἄλλως, 'idly'. Cf. *Phaed.* 76 e 4 ἄλλως ἂν ὁ λόγος οὗτος εἰρημένος εἴη; 115 d 4 ταῦτά μοι δοκῶ αὐτῷ ἄλλως λέγειν, Ar. *Wasps* 85 ἄλλως φλυαρεῖτ'· οὐ γὰρ ἐξευρήσετε. This use is as old as Homer, e.g. *Od.* xiv. 124 ἄλλως ... ψεύδοντ(αι).

ἕνεκα λόγου, 'for the sake of speaking', 'just to say something', 'as a *façon de parler*'. Cf. *Lach.* 196 c 1 ὁρῶμεν μὴ Νικίας οἴεταί τι λέγειν καὶ οὐ λόγου ἕνεκα ταῦτα λέγει, *Euthyd.* 286 d 11 Λόγου ἕνεκα, ὦ Διονυσόδωρε, λέγεις τὸν λόγον, ἵνα δὴ ἄτοπον λέγῃς, ἢ ὡς ἀληθῶς δοκεῖ σοι κτλ.

There is no reason to suspect ἕνεκα λόγου of being a gloss on ἄλλως with Adam, as it may quite well be placed ἐκ παραλλήλου. Cf. Ar. *Wasps* 929 ἵνα μὴ κεκλάγγω διὰ κενῆς ἄλλως ἐγώ, where either διὰ κενῆς or ἄλλως would certainly have been suspected if the metre did not guarantee the text.

d 5   εἴ τί μοι ἀλλοιότερος φανεῖται. Cf. b 8 σχεδόν τι ὅμοιοι φαίνονταί μοι.

6 d 7 ἐάσομεν χαίρειν, 'shall we dismiss it from our minds?' Cf. 45 a 1 *n.*

d 8 ὑπὸ τῶν οἰομένων τι λέγειν, 'by those (of us) who thought they were speaking to the point'. Socrates always regards the λόγος as a joint production of the ἐρωτῶν and the ἀποκρινόμενος, not as an authoritative *dictum* of his own.

e 3 ὅσα γε τἀνθρώπεια, 'humanly speaking'. So *Ep.* vii. 350 e 2 ὅσα γε δὴ τἀνθρώπινα. For the use of ὅσα cf. below 54 d 5 ὅσα γε τὰ νῦν ἐμοὶ δοκοῦντα, *Rep.* 467 c 9 οἱ πατέρες, ὅσα ἄνθρωποι, οὐκ ἀμαθεῖς ἔσονται, Dem. 39 § 27 ὅσα ἐξ ὄψεως.

ἐκτός, lit. 'out of range' (ἐκτὸς βελῶν).

7 a 1 αὔριον. Crito believes the ship will arrive to-day (43 d 2 sqq.) and that Socrates will have to die to-morrow. It is true that Socrates thought otherwise, but it would not have been worth while to contradict him on the point once more.

To save Plato's consistency Schanz brackets αὔριον, with the result that he makes Socrates say that Crito, a man of seventy, is in no danger of dying!

οὐκ ἂν σὲ παρακρούοι, 'will not make you lose your wits'. The medical writers use παρακόπτειν, παρακρούειν, and παραπαίειν of what causes mental aberration, and Bekk. *Anecd.* p. 59 has παρακεκροῦσθαι τῶν φρενῶν. This gives a far better sense than to regard παρακρούοι as an exceptional use of the active for the normal παρακρούοιτο, which would mean 'will not cheat you' or 'will not dupe you'. We want something stronger than that.

If this is right it is quite unnecessary to read παρακρούοιθ' with Cobet. The verb παρακρούεσθαι occurs several times in Demosthenes, who couples it more than once with φενακίζειν. That seems to show that it is inappropriate here, though it is quite in place in *Crat.* 393 c 8 φύλαττε γάρ με μή πη παρακρούσωμαί σε.

a 2 ἱκανῶς ... λέγεσθαι. Cf. 48 e 5 ὅρα ... ἐάν σοι ἱκανῶς λέγηται, *Symp.* 177 e 4 ἐὰν οἱ πρόσθεν ἱκανῶς καὶ καλῶς εἴπωσιν, *Polit.* 284 d 2 καλῶς καὶ ἱκανῶς δείκνυται.

The conjecture οὐχὶ καλῶς for οὐχ ἱκανῶς is therefore unnecessary, though palaeographically easy.

a 4 οὐδὲ πάντων ... τῶν δ' οὔ; This is really the point on which the following argument turns.

As these words are found in TW and were read by Eusebius, their omission in B must be regarded as accidental. Homoeoteleuton is a sufficient explanation, and the first hand of B is prone to such errors.

47 b 1 καὶ τοῦτο πράττων, *et hoc agens*, 'and who makes this his business'. Cf. Xen. *Hell.* iv. 8, 22 ἀεὶ πρὸς ᾧ εἴη ἔργῳ, τοῦτο ἔπραττεν. See Shilleto on Dem. 19 § 323. The phrase implies specialization, and τοῦτο πραττόντων is therefore contrasted with πάρεργον . . . αὐτὸ . . . πράττειν in *Rep.* 498 a 4–6.

παντὸς ἀνδρός, ' of any and every man '.

b 3 ἰατρὸς ἢ παιδοτρίβης. In *Gorg.* 452 a 6 sqq. the ἰατρός claims that the ἔργον of his art is ὑγίεια, while the παιδοτρίβης says τὸ . . . ἔργον μού ἐστιν καλούς τε καὶ ἰσχυροὺς ποιεῖν τοὺς ἀνθρώπους τὰ σώματα. The arts of the doctor and the trainer are very often coupled in this way by Plato.

b 10 τῷ ἐπιστάτῃ καὶ ἐπαΐοντι. Properly, ἐπιστάτης means one who ἐφίσταται (the psilosis is Ionic), i. e. an ' overseer ' or ' director ', and Xenophon uses it in connexion with athletics (*Mem.* iii. 5, 18 ἐν τοῖς γυμνικοῖς ἀγῶσι πείθονται τοῖς ἐπιστάταις). As we have seen, however (*Ap.* 20 a 8 *n.*), Socrates uses it in a way of his own to suggest that the man who *knows* (ἐπίσταται) should rule. Cf. esp. *Prot.* 312 d 4 Ὁ δὲ σοφιστὴς τῶν τί σοφῶν ἐστιν ; . . . ποίας ἐργασίας ἐπιστάτης ;—Τί ἂν εἴποιμεν αὐτὸν εἶναι . . . ἢ ἐπιστάτην τοῦ ποιῆσαι δεινὸν λέγειν ; . . . —Εἶεν· ὁ δὲ δὴ σοφιστὴς περὶ τίνος δεινὸν ποιεῖ λέγειν ;—Δῆλον ὅτι περὶ οὗπερ καὶ ἐπίσταται ;—Εἰκός γε. τί δή ἐστιν τοῦτο περὶ οὗ αὐτός τε ἐπιστήμων ἐστὶν ὁ σοφιστὴς καὶ τὸν μαθητὴν ποιεῖ ;

c 1 ἀπειθήσας, a solemn word. Cf. *Ap.* 29 a 3 *n.*

c 2 τοὺς τῶν πολλῶν, sc. ἐπαίνους.

The λόγους which BW insert after τῶν πολλῶν is not very appropriate, and is better omitted with T and Eusebius. The full expression would be ἐπαίνους καὶ ψόγους, but Plato avoids pedantic symmetry. Some grammarian no doubt added λόγους because he was puzzled by the way in which τὴν δόξαν is ignored.

c 5 εἰς τί τῶν τοῦ ἀπειθοῦντος; cf. 46 b 5 τῶν ἐμῶν *n.*

d 3 εἰ μὴ ἀκολουθήσομεν, fut. ind. in ' monitory ' protasis.

d 4 ἐκεῖνο . . . ὃ . . . ἐγίγνετο κτλ., 'that which (as we agreed) was made better by right and destroyed by wrong' (i. e. the soul). The imperfect tense refers, like ἐλέγετο 46 c 8, 47 a 13, to previous discussions. As the doctrine is assumed to be familiar even to Crito,

Plato means us to understand that Socrates actually taught that the soul (ψυχή) was the seat of goodness and badness, a novel idea in the fifth century B. C. No doubt it is the novelty of the doctrine that makes him avoid the actual word ψυχή in this passage (cf. just below e 8 ὅτι ποτ' ἐστὶ τῶν ἡμετέρων κτλ.). In the fourth century B. C. it was quite familiar. Cf. B.A. 1915–1916, 252 sqq.

47 d 9 πειθόμενοι μὴ τῇ τῶν ἐπαϊόντων δόξῃ (sc. ἀλλὰ τῇ τῶν πολλῶν). The position of μή is intended to suggest the opposition, and gives quite a different force to the sentence than if it had run τῇ τῶν μὴ ἐπαϊόντων δόξῃ. Stallbaum compares Xen. *Mem.* iii. 9, 6 τὸ δὲ ἀγνοεῖν ἑαυτὸν καὶ μὴ ἃ οἶδε (so the MSS.: ἃ μὴ οἶδε Victorius) δοξάζειν τε καὶ οἴεσθαι γιγνώσκειν ἐγγυτάτω μανίας ἐλογίζετο εἶναι.

ἆρα βιωτὸν ἡμῖν ἐστιν; 'is our life worth living?' Cf. *Ap.* 38 a 5 sq., *Symp.* 216 a 1 ὥστε μοι δόξαι μὴ βιωτὸν εἶναι ἔχοντι ὡς ἔχω, and the passages quoted below e 6 *n.*

e 1 ἔστι δέ που τοῦτο σῶμα. BW have τὸ σῶμα, but Plato uses ψυχή and σῶμα with or without the article indifferently, and the MSS. often vary on the point. On the whole the article is more likely to be interpolated than wrongly omitted.

e 6 'Αλλὰ μετ' ἐκείνου κτλ. Plato ascribes exactly the same argument to Socrates elsewhere. Cf. *Gorg.* 512 a 2 λογίζεται οὖν ὅτι οὐκ, εἰ μέν τις μεγάλοις καὶ ἀνιάτοις νοσήμασιν κατὰ τὸ σῶμα συνεχόμενος μὴ ἀπεπνίγη, οὗτος μὲν ἄθλιός ἐστιν ὅτι οὐκ ἀπέθανεν, καὶ οὐδὲν ὑπ' αὐτοῦ ὠφέληται· εἰ δέ τις ἄρα ἐν τῷ τοῦ σώματος τιμωτέρῳ, τῇ ψυχῇ, πολλὰ νοσήματα ἔχει καὶ ἀνίατα, τούτῳ δὲ βιωτέον (βιωτόν?) ἐστιν καὶ τοῦτον ὀνήσει, ἄντε ἐκ θαλάττης ἄντε ἐκ δικαστηρίου ἐάντε ἄλλοθεν ὁποθενοῦν σώσῃ, ἀλλ' οἶδεν ὅτι οὐκ ἄμεινόν ἐστιν ζῆν τῷ μοχθηρῷ ἀνθρώπῳ· κακῶς γὰρ ἀνάγκη ἐστὶν ζῆν. So *Rep.* 445 a 5, where Glaucon sums up the argument of Socrates in these words, γελοῖον ἔμοιγε φαίνεται τὸ σκέμμα γίγνεσθαι ἤδη, εἰ τοῦ μὲν σώματος τῆς φύσεως διαφθειρομένης δοκεῖ οὐ βιωτὸν εἶναι . . . τῆς δὲ αὐτοῦ τούτου ᾧ ζῶμεν (i. e. τῆς ψυχῆς) φύσεως ταραττομένης καὶ διαφθειρομένης βιωτὸν ἄρα ἔσται κτλ. As the argument depends on the Socratic doctrine of the soul and its corollary, the need of ψυχῆς ἐπιμέλεια, we may confidently regard it as genuinely Socratic.

e 7 ᾧ τὸ ἄδικον μὲν λωβᾶται κτλ., 'that which wrong injures and right does good to'. For λωβᾶσθαι c. dat. cf. Phrynichus (Bekk. *Anecd.* p. 50) Λωβᾶσθαι τόνδε καὶ τῷδε, αἰτιατικῇ καὶ δοτικῇ. So Ar. *Knights*

1408 ἵν' ἴδωσιν αὐτὸν οἷς ἐλωβᾶθ' οἱ ξένοι. Then, as the relative understood as the object of ὀνίνησιν would be in a different case, it is omitted according to rule.

The alternative reading, ὅ for ᾧ, is ancient (pr. T, superscr. W, Eusebius) and would be more normal ; but, just for that reason, it is more likely to be a correction.

47 e 8   ὅτι ποτ' ἐστὶ τῶν ἡμετέρων : cf. d 4 for the intentional vagueness of the phrase.

48 a 1   περὶ ὅ ... ἐστίν, 'to which wickedness and righteousness belong'. This is really a case of περί c. acc. as a genitive equivalent.

a 6   τί ... ἀλλ' ὅτι ... For the variation of ἐρωτηματικά and ἀναφορικά cf. Lobeck, *Phrynichus* 57 *n.* The usage seems to have shocked later grammarians, which accounts for the change of τί to ὅτι in T and of ὅτι to τί in Eusebius.

a 8   εἰσηγῇ. The verb εἰσηγεῖσθαι is used generally of making formal proposals or recommendations. Cf. *Symp.* 176 e 6 τὸ μετὰ τοῦτο εἰσηγοῦμαι τὴν μὲν ἄρτι εἰσελθοῦσαν αὐλητρίδα χαίρειν ἐᾶν ... ἡμᾶς δὲ διὰ λόγων ἀλλήλοις συνεῖναι ... καὶ δι' οἵων λόγων, εἰ βούλεσθε, ἐθέλω ὑμῖν εἰσηγήσασθαι, *Lach.* 179 e 1 εἰσηγήσατο οὖν τις ἡμῖν καὶ τοῦτο τὸ μάθημα, ὅτι καλὸν εἴη τῷ νέῳ μαθεῖν ἐν ὅπλοις μάχεσθαι, *Laws* 684 e 1 γῆς ... ἀναδασμοὺς εἰσηγούμενον καὶ χρεῶν ἀποκοπάς. The sense of καινὰ δαιμόνια εἰσηγούμενος in the ἀντωμοσία of Meletus is much the same.

a 10   Ἀλλὰ μὲν δὴ κτλ. Socrates now turns to Crito's second point, ἡ τῶν πολλῶν δύναμις. We have seen that the rule of only attending to the opinions of the wise (b 3 οὗτος ... ὁ λόγος ὃν διεληλύθαμεν) still holds good. Now, in view of the suggestion that the many can put us to death, we must consider whether another rule of ours also holds good, namely, that we should value, not mere life, but a good life.

a 11   οἱοί τέ γ' εἰσίν (T) perhaps deserves the preference, as ἀλλὰ μὲν δή nearly always has γε following.

b 1   Δῆλα δή ... ἀληθῆ λέγεις. Editors have divided these words in various ways between Socrates and Crito, and Schanz brackets the words φαίη γὰρ ἄν. They may, perhaps, be an old alternative reading for δῆλα δὴ καὶ ταῦτα, but to me the threefold answer rather suggests the eagerness of Crito to catch at any straw.

b 3   οὗτός τε ὁ λόγος κτλ. sc. ὅτι οὐ πάσας χρὴ τὰς δόξας τῶν ἀνθρώπων τιμᾶν ἀλλὰ τὰς μέν, τὰς δ' οὔ, οὐδὲ πάντων ἀλλὰ τῶν μέν, τῶν δ' οὔ

(47 a 2 sqq.). The τε involves a slight anacoluthon, since the καί (b 4) introduces a changed construction.

48 b 4 δοκεῖ ἔτι ὅμοιος εἶναι καὶ πρότερον, 'seems to me still as true as it did before'. Cf. 46 b 8 σχεδόν τι ὅμοιοι φαίνονταί μοι (sc. οἱ λόγοι οὓς ἐν τῷ ἔμπροσθεν ἔλεγον). For the construction ὅμοιος καὶ ... cf. e. g. *Ion* 531 d 6 οὐχ ὁμοίως πεποιήκασι καὶ Ὅμηρος. In the same way we find ὁ αὐτὸς καί..., παραπλήσιος καί..., ἴσος καί ... (L. and S. s.v. καί A III).

The construction ὅμοιος ... καὶ πρότερον appears to have puzzled the scribes. The reading of W, τῷ πρότερον, is wrong; for no other λόγος has been discussed. That of B and the corrector of W, τῷ καὶ πρότερον, preserves a trace of the original reading combined with the 'emendation' τῷ. T has καὶ πρότερος. The true reading is preserved by Priscian (vol. iii, p. 333, 1 Keil), who uses this passage to explain the Latin *similis ac, atque*. As Buttmann justly pointed out, Priscian got his Greek examples from much older authorities, and we may infer that this passage of the *Crito* was used in the Alexandrian schools to illustrate the construction ὅμοιος καί ... That takes us back to a time long before our best MSS.

b 5 οὐ τὸ ζῆν ... ἀλλὰ τὸ εὖ ζῆν. The finest expression of this Socratic λόγος is in *Gorg.* 512 d 8 sqq. μὴ γὰρ τοῦτο μέν, τὸ ζῆν ὁποσονδὴ χρόνον ('a given length of time'), τόν γε ὡς ἀληθῶς ἄνδρα ἐατέον ἐστὶν καὶ οὐ φιλοψυχητέον, ἀλλ' ἐπιτρέψαντα περὶ τούτων τῷ θεῷ καὶ πιστεύσαντα ταῖς γυναιξὶν ὅτι τὴν εἱμαρμένην οὐδ' ἂν εἷς ἐκφύγοι, τὸ ἐπὶ τούτῳ σκεπτέον τίν' ἂν τρόπον τοῦτον ὃν μέλλοι χρόνον βιῶναι ὡς ἄριστα βιοίη.

b 8 καὶ δικαίως, 'and rightly'. This justifies us in going on to ask simply whether it is *right* (δίκαιον) for Socrates to escape or not. If it is not right, it is inconsistent with τὸ εὖ ζῆν. It is not helpful to say that Socrates makes a fallacious use of the ambiguous expressions εὖ ζῆν and εὖ πράττειν. His doctrine is just that there is no ambiguity, since the two senses are identical.

b 11 ἐκ τῶν ὁμολογουμένων, 'as a consequence of the admissions you now make', viz. (1) that to live well is to be valued and not merely to live, and (2) that to live well means to live rightly.

c 2 ἃς ... σὺ λέγεις τὰς σκέψεις κτλ. The relative clause with incorporated antecedent is treated as a noun-equivalent in the nominative case. Cf. *Phaed.* 88 d 2 ὡς γὰρ σφόδρα πιθανὸς ὤν, ὃν ὁ Σωκράτης ἔλεγε λόγον, νῦν εἰς ἀπιστίαν καταπέπτωκεν, *Meno* 81 e 4 ἣν καλοῦμεν μάθησιν ἀνάμνησίς ἐστιν. So with the article, as here, *Prot.* 342 b 2 ἵνα μὴ κατάδηλοι ὦσιν ὅτι σοφίᾳ τῶν Ἑλλήνων περίεισιν, ὥσπερ οὓς Πρωταγόρας ἔλεγε τοὺς σοφιστάς, *Rep.* 402 b 9 οὐδὲ μουσικοὶ ... ἐσόμεθα, οὔτε αὐτοὶ οὔτε οὓς φαμεν ἡμῖν παιδευτέον εἶναι τοὺς φύλακας.

48 c 4　　μὴ ... ᾖ ..., 'I suspect these are'. Here we have three instances in rapid succession of the 'presumptive use' of μή c. subj., for which see *Ap.* 39 a 6 *n.*

ῥᾳδίως, 'lightly', 'recklessly'. Cf. *Ap.* 24 c 6 *n.*

c 5　　καὶ ἀναβιωσκομένων γ' ἄν, 'aye, and who would bring them to life again (just as light-heartedly) if they could'. The verb ἀναβιώσκε-σθαι means both 'to come to life again' and 'bring to life again'; but, in the former sense, it has the aorist ἀναβιῶναι, in the latter, ἀναβιώσασθαι (*Phaed.* 89 b 10).

Cf. Photius (*Anf.* 128, 16) ἀνεβιωσάμην· ἀντὶ τοῦ ἀναβιῶναι ἐποίησα. Κράτης.

c 6　　οὐδενὶ ξὺν νῷ. So Ar. *Clouds* 580 μηδενὶ ξὺν νῷ.

The metre guarantees ξύν for σύν in the passage quoted from Aristophanes (as it does in the phrase ξὺν ὅπλοις *Wasps* 359, where see Starkie's note). I have allowed it to stand, as we have clearly to do with a traditional formula. Otherwise, I cannot believe that Plato ever wrote ξύν, which was all but obsolete in his day. The MSS. write ξύν or σύν on no ascertainable principle, but the oldest Plato papyri are quite innocent of ξύν. It seems to be a piece of hyper-Atticism.

τούτων, *istorum*.

ὁ λόγος ... αἱρεῖ, *ratio evincit*, lit. 'the reckoning proves'. For the use of αἱρεῖν ('catch', 'convict') in the sense of 'prove' cf. *Theaet.* 179 c 4 χαλεπώτερον ἑλεῖν ὡς οὐκ ἀληθεῖς (αἰσθήσεις καὶ δόξαι).

That λόγος in this phrase originally meant 'reckoning', 'calculation' is clear from Aeschines 3 § 59 ὅταν περὶ χρημάτων ἀνηλωμένων διὰ πολλοῦ χρόνου καθεζώμεθα ἐπὶ τοὺς λογισμούς ... ἐπειδὰν ὁ λογισμὸς συγκεφαλαιωθῇ, οὐδεὶς ... ὅστις οὐκ ἀπέρχεται ... ἐπινεύσας ἀληθῆ εἶναι ὅτι ἂν αὐτὸς ὁ λογισμὸς αἱρῇ. Dealing with this in his reply, Demosthenes says (18 § 227) ὥσπερ δ' ὅταν οἰόμενοι περιεῖναι χρήματά τῳ ('that he has a balance') λογίζησθε, ἂν καθαιρῶσιν αἱ ψῆφοι καὶ μηδὲν περιῇ, συγχωρεῖτε (for the compound cf. ἡ καθαιροῦσα ψῆφος of a vote for conviction and Dion. Hal. *Ant. Rom.* vii. 36 ὅτι δ' ἂν αἱ πλείους ψῆφοι καθαιρῶσι, τοῦτο ποιεῖν). Herodotus has καὶ δὴ καὶ ὁ λόγος οὕτω αἱρέει (ii. 33) and οὐδὲ λόγος αἱρέει c. inf. (iii. 45, vi. 124). He also uses the phrase with a personal accusative, χρᾶται ὅτι μιν λόγος αἱρέει (i. 132), ὅκως μιν λόγος αἱρέοι (vii. 41), ἢν μὴ ἡμέας λόγος αἱρέῃ (iv. 127), where the meaning is 'as it suits him', 'if it does not suit him', cf. *il y trouve son compte*, 'it suits his book'. For examples in Plato cf. *Rep.* 440 b 5, 604 c 7, 607 b 3, *Parm.* 141 d 6, *Phil.* 35 d 6, and *Laws* 663 d 6 εἰ καὶ μὴ τοῦτο ἦν οὕτως ἔχον, ὡς καὶ νῦν αὐτὸ ᾔρηχ' ὁ λόγος ἔχειν, which refers to d 5 κατά γε τὸν νῦν λόγον and shows that ὁ λόγος does not mean 'reason' in this phrase.

8 d 1   αὐτοὶ ἐξάγοντές τε καὶ ἐξαγόμενοι, i. e. σύ τε ἐξάγων καὶ ἐγὼ ἐξαγόμενος, the participles being attached to both parties conjointly, instead of to each severally. Riddell (*Dig.* § 261) compares Isocr. 6 § 47 Ἀπείποιμεν δ' ἂν ἀκούοντές τε καὶ λέγοντες, i. e. ὑμεῖς τε ἀκούοντες καὶ ἐγὼ λέγων.

d 4   παραμένοντας, opp. ἀποδιδράσκοντας, used especially of soldiers, slaves (cf. the name Παρμένων), and prisoners, as here.

d 5   πρὸ τοῦ ἀδικεῖν, 'in comparison with wrongdoing'. Cf. *Ap.* 28 d 9 μηδὲν ὑπολογιζόμενον μήτε θάνατον μήτε ἄλλο μηδὲν πρὸ τοῦ αἰσχροῦ, and below 54 b 4.

e 4   πείσας σε ... ἀλλὰ μὴ ἄκοντος (sc. σοῦ), 'to act as I am going to act with your approval and not against your will'.

The MSS. have πεῖσαι, but Ficino renders *multi facio, persuaso te hoc agere, non autem invito*, which suggested to Buttmann that we should read πείσας. It was easy for a scribe to think he saw πεῖσαί σε ταῦτα πράττειν, but that yields no acceptable sense in the context.

e 5   τῆς σκέψεως τὴν ἀρχήν, 'the starting-point of the inquiry'. The terminology of dialectic is represented as already familiar, even to Crito.

49 a 1   ᾗ ἂν μάλιστα οἴῃ. Socrates is always anxious that the ἀποκρινόμενος should not answer παρὰ δόξαν, since that would destroy the value of his ὁμολογίαι. Cf. below d 1, *Meno* 83 d 2 τὸ γάρ σοι δοκοῦν τοῦτο ἀποκρίνου, *Rep.* 346 a 3 καί, ὦ μακάριε, μὴ παρὰ δόξαν ἀποκρίνου, ἵνα τι καὶ περαίνωμεν.

a 7   [ὅπερ καὶ ἄρτι ἐλέγετο]. No such statement has yet been made, and the words are probably a marginal note on the next clause, which refers back to 46 b 7.

The words were first suspected by Thomas Burgess. Meiser proposed to transpose them by putting them after ἤ instead of before it, but it is more likely that they are an accidental interpolation.

a 9   ἐκκεχυμέναι εἰσίν, 'have they been thrown over?' lit. 'have they been spilt?' The meaning of ἐκχεῖν (*effundere*) is not very different from that of ἐκβάλλειν (*iacturam facere*) at 46 b 7. Cf. *Rep.* 553 b 1 πταίσαντα ὥσπερ πρὸς ἔρματι (a submerged rock) τῇ πόλει καὶ ἐκχέαντα τά τε αὑτοῦ καὶ ἑαυτόν, Aesch. *Pers.* 824 μηδέ τις | ὑπερφρονήσας τὸν παρόντα δαίμονα | ἄλλων ἐρασθεὶς ὄλβον ἐκχέῃ μέγαν.

49ᵃ10   **τηλικοίδε ... ἄνδρες κτλ.**   From the *Apology* (17 d 2 and 33 d 9) we know that they were both seventy.

Thomas Burgess wished to delete γέροντες ἄνδρες, and it certainly seems difficult to defend γέροντες. On the other hand, ἄνδρες serves to mark the contrast with παίδων, and is quite grammatical. Cf. *Ap.* 37 d 4 τηλικῷδε ἀνθρώπῳ.

b 3   **εἴτε φασὶν κτλ.**   This clause is in apposition to οὕτως ἔχει κτλ.

οἱ πολλοί.   Once more Socrates alludes to the two points in Crito's argument, viz. (1) ἡ τῶν πολλῶν δόξα, (2) ἡ τῶν πολλῶν δύναμις.

b 4   **εἴτε καὶ πρᾳότερα** does not seem much to the point, but this is an instance of 'polar' expression. Cf. *Ap.* 28 b 6 εἰ οἴει δεῖν κίνδυνον ὑπολογίζεσθαι τοῦ ζῆν ἢ τεθνάναι.

Cobet (*Mnem.* 1875, p. 286) wished to delete the words, but here, as in some other places, he failed to appreciate a characteristic Greek form of expression.

ὅμως τό γε ἀδικεῖν κτλ: cf. *Gorg.* 469 b 12 Σὺ ἄρα βούλοιο ἂν ἀδικεῖσθαι μᾶλλον ἢ ἀδικεῖν; — Βουλοίμην μὲν ἂν ἔγωγε οὐδέτερα· εἰ δ' ἀναγκαῖον εἴη ἀδικεῖν ἢ ἀδικεῖσθαι, ἑλοίμην ἂν μᾶλλον ἀδικεῖσθαι ἢ ἀδικεῖν, 508 e 4 τὸ ... ἀδικεῖν ... τῷ ἀδικοῦντι καὶ κάκιον καὶ αἴσχιον εἶναι ἢ ἐμοὶ τῷ ἀδικουμένῳ.

b 6   **φαμὲν ἢ οὔ;** 'yes or no?' Socrates insists on a ὁμολογία from the reluctant Crito.

b 10   **ὡς οἱ πολλοὶ οἴονται,** e.g. Archilochus fr. 61 (48) ἐν δ' ἐπίσταμαι μέγα, | τὸν κακῶς ⟨με⟩ δρῶντα δέννοισ' ἀνταμείβεσθαι κακοῖς. Xenophon makes Socrates say in one place (*Mem.* ii. 3, 14) καὶ μὴν πλείστου γε δοκεῖ ἀνὴρ ἐπαίνου ἄξιος εἶναι, ὃς ἂν φθάνῃ τοὺς μὲν πολεμίους κακῶς ποιῶν, τοὺς δὲ φίλους εὐεργετῶν. That, however, is an appeal to the opinion of οἱ πολλοί (note δοκεῖ), and is only introduced at all to show that Chaerecrates would do well to take the first step in doing a service to his brother Chaerepho with whom he had quarrelled. The emphasis is entirely on ὃς ἂν φθάνῃ ... τοὺς φίλους εὐεργετῶν. In another passage (*Mem.* ii. 6, 35) Socrates is explaining how he can assist Critobulus in winning friends, and he asks permission to say of him among other things ὅτι ἔγνωκας ἀνδρὸς ἀρετὴν εἶναι νικᾶν τοὺς μὲν φίλους εὖ ποιοῦντα, τοὺς δ' ἐχθροὺς κακῶς, where the emphasis is again entirely on doing good to friends. I do not think Plato would have made such a slip as to represent Socrates speaking in this way even in passing, though he makes Meno (*Meno* 71 e 4) give the same account of ἀνδρὸς ἀρετή, but it is certainly making too much of a *façon de parler* into which Xenophon drops twice to cite it as evidence that Socrates held such a view himself.. I agree with Adam (*Introd.* p. xii) that *Mem.* iii. 9, 8 'proves nothing either way'. And, in any case, Xenophon is no authority on a matter of this kind. Plato distinctly makes Socrates hold the view that wrongdoing is worse than being wronged, and that too in dialogues of which the main purpose is to defend the memory of Socrates rather than to urge novel doctrines of his own. That consideration ought to be decisive.

49 c 2 κακουργεῖν, i. e. κακῶς ποιεῖν, 'to injure', which is substituted below c 10.

c 10 οὔτε κακῶς ποιεῖν κτλ. Here ποιεῖν represents ἀντιποιεῖν, the ἀντί of ἀνταδικεῖν being carried on in accordance with Greek idiom. Cf. Soph. *Ant.* 537 καὶ ξυμμετίσχω καὶ φέρω τῆς αἰτίας, Dem. 2 § 9 καὶ συμπονεῖν καὶ φέρειν τὰς συμφορὰς ... ἐθέλουσιν ἄνθρωποι.

Cobet (*Mnem.* 1875, p. 287) proposed to read οὔτε ἀντὶ κακῶς ποιεῖν, observing *dicebant omnes pro* ἀντευεργετεῖν *ἀντ'* εὖ ποιεῖν *et passive* ἀντ' εὖ πάσχειν *similiterque* ἀντὶ κακῶς ποιεῖν *et* ἀντὶ κακῶς πάσχειν. That is true, but it makes it all the easier to carry on the ἀντί of ἀνταδικεῖν. It is on the same principle that a compound verb is repeated by the simple verb.

d 1 παρὰ δόξαν, 'against your (real) belief'. Cf. a 1 *n*.

d 9 τῆς ἀρχῆς, sc. τῆς σκέψεως (48 e 5). Cf. d 6 ἀρχώμεθα ἐντεῦθεν βουλευόμενοι.

e 6 δίκαια ὄντα, 'if they are right'. Socrates is always represented as making this reservation. So in the first book of the *Republic* (331 c 5 sqq.) he insists that it is not right to give back a sword to a friend if he has gone mad when he asks it back, or to tell the truth to a friend in such a state.

The Dialogue between Socrates and the Laws of Athens
(50 a 6–54 d 1).

The personification of the Laws (who are of course to be pictured as august *male* figures) allows Socrates to invest the declaration of his principles with a certain emotion. It thus fulfils the same function as the myths of the more elaborate dialogues.

The προσωποποιία of the Laws was all the easier, as the Athenian idiom said ὁ νόμος διαλέγεται (cf. e. g. Dem. 43 § 59, Aeschines 1 § 18 (quoted in 51 d 3 *n.*)).

The style of this passage is very remarkable. Plato aims at representing the Laws as pleading earnestly with Socrates (in fact, of course, Socrates is pleading with himself), and he produces this effect by a free use of anacoluthia and changed constructions.

The argument of the Laws depends on the conception of Law as an agreement or contract (ὁμολογία, συνθήκη) between the State (τὸ κοινὸν τῆς πόλεως) and the individual. That is the view embodied in the famous definition of law given in the first speech against Aristogeiton (Dem. 25 § 16). Cf. especially the closing words πόλεως δὲ συνθήκη κοινή, καθ' ἣν πᾶσι προσήκει ζῆν τοῖς ἐν τῇ πόλει.

This definition was taken over almost *totidem verbis* by the Roman lawyers. Cf. *Dig.* i. 3, 2 and see Vinogradoff, *Historical Jurisprudence*, ii. 18 sq.

50 a 7 εἶθ' ὅπως δεῖ ὀνομάσαι τοῦτο. The suggestion is that words like ἀπιέναι, ἐξιέναι are mere euphemisms, though Crito may use them if he likes. The real name of the thing is ἀποδιδράσκειν, the proper word for runaway slaves, prisoners, and deserters.

Cf. Dem. 22 § 56 δημοσίᾳ δεθέντ' ἐπὶ χρήμασιν ἐν τῷ δεσμωτηρίῳ, μήτ' ἀποδόντα ταῦτα μήτε κριθέντ' ἀποδρᾶναι, 25 § 56 τὸ δεσμωτήριον διορύξας ἀπέδρα.

ἐλθόντες ... ἐπιστάντες ἔροιντο, 'came and appeared to me and asked me' (the first participle subordinate to the second). From Homer downwards ἐπιστῆναι is used of dreams and visions. Cf. *Il.* x. 496 κακὸν γὰρ ὄναρ κεφαλῆφιν ἐπέστη, Herod. i. 34, 1 αὐτίκα δέ οἱ εὕδοντι ἐπέστη ὄνειρος, ii. 139, vii. 14 νυκτὸς δὲ γενομένης αὖτις τωὐτὸ ὄνειρον τῷ Ξέρξῃ κατυπνωμένῳ ἔλεγε ἐπιστάν. So *Symp.* 192 d 2 εἰ αὐτοῖς ... ἐπιστὰς ὁ Ἥφαιστος ... ἔροιτο.

a 8 τὸ κοινὸν τῆς πόλεως, 'the State', 'the Commonwealth'. The phrase marks at least the beginning of the idea that the State as such was a juristic personality or corporation, a view not as a rule clearly grasped by the Athenians or the Greeks generally. Cf. Vinogradoff, *Hist. Jur.* ii. 105 sqq. In Lysias 16 § 18 τὸ κοινὸν τῆς πόλεως is opposed to ἰδιῶται, 'private citizens'.

b 2 τὸ σὸν μέρος, 'so far as in you lies'. Cf. 45 d 2 *n.*

50 b 3 ἔτι ... εἶναι, 'to continue to exist'.

If we take ἔτι closely with εἶναι, there is no difficulty here. Buttmann needlessly proposed τὴν πόλιν ⟨πόλιν⟩ εἶναι. ·

ἀνατετράφθαι, 'to be subverted'. The *vox propria* for the 'capsizing' of a vessel is ἀνατρέπω, and hence it is applied to the Ship of State. *Rep.* 389 d 4 ἐπιτήδευμα... πόλεως ὥσπερ νεὼς ἀνατρεπτικόν. This shows that the metaphor was still felt. Cf. *Euth.* 14 b 6.

b 7 ἄλλως τε καὶ ῥήτωρ. This refers to the practice of appointing public advocates (σύνδικοι or συνήγοροι) to defend laws which it was proposed to abrogate. Cf. the law quoted in Dem. 24 § 23 αἱρεῖσθαι δὲ καὶ τοὺς συναπολογησομένους τὸν δῆμον τοῖς νόμοις οἳ ἂν ἐν (*coram*) τοῖς νομοθέταις λύωνται. See Dict. Ant. s. v. *Syndicus*.

b 8 τὰς δίκας ... κυρίας εἶναι. The law (passed after the Amnesty, and quoted by Andocides 1 § 87), τὰς δὲ δίκας καὶ τὰς διαίτας κυρίας εἶναι, ὁπόσαι ἐν δημοκρατουμένῃ τῇ πόλει ἐγένοντο, would apply *a fortiori* to δίκαι decided after the democracy was restored.

c 1 Ἠδίκει ... ἡμᾶς ... Here ἠδίκει is a virtual pluperfect (G.M.T. § 37) to the virtual perfect ἀδικεῖ (ib. § 27).

Heindorf proposed to read ἀδικεῖ and took ἔκρινεν as aorist. In any case, it will not do to say with Adam that 'Socrates speaks as one who had outlived the sense of injury', since he does not in fact adopt the plea.

c 4 ἦ καὶ ταῦτα κτλ., 'was that too in the agreement?' sc. that the justice of the decision should be open to question.

c 5 ἐμμενεῖν. B has ἐμμένειν, but T has no accent at all. MS. authority is of hardly any weight in such matters, and the balance of evidence is strongly in favour of the future infinitive after ὁμολογεῖν all through this passage. See 51 e 6 *n.*

c 9 τῷ ἐρωτᾶν τε καὶ ἀποκρίνεσθαι, i.e. τῷ διαλέγεσθαι, the regular Socratic method. Cf. *Prot.* 336 c 4 διαλεγέσθω ἐρωτῶν τε καὶ ἀποκρινόμενος, *Phaed.* 75 d 2 ἐν ταῖς ἐρωτήσεσιν ἐρωτῶντες καὶ ἐν ταῖς ἀποκρίσεσιν ἀποκρινόμενοι, *Rep.* 534 d 8 ταύτης ... τῆς παιδείας (sc. τῆς διαλεκτικῆς) ... ἐξ ἧς ἐρωτᾶν τε καὶ ἀποκρίνεσθαι ἐπιστημονέστατα οἷοί τ' ἔσονται.

d 1 πρῶτον μέν σε ἐγεννήσαμεν κτλ. The series γένεσις, τροφή, παιδεία appears here once more (cf. 45 d 1 *n.*). So *Alc.* 122 b 5 τῆς δὲ σῆς γενέσεως ... καὶ τροφῆς καὶ παιδείας, *Laws* 920 a 8 ὅσοι γενέσει καὶ τροφαῖς εὖ πεπαίδευνται. The meaning appears from the next clause, and is simply that Socrates was 'lawfully begotten'.

50 d 3   τούτοις ἡμῶν, ' those of us here '.

If τούτοις is used δεικτικῶς, there is no need to bracket τοῖς νόμοις with Stallbaum and others, but it will be well to make the construction clear by adding a comma after ἡμῶν.

d 8   παραγγέλλοντες τῷ πατρὶ κτλ. We cannot safely infer that there was any direct *compulsion* for parents to educate their sons in μουσική and γυμναστική. We do know, however, from Aeschines I § 7 sqq. that the laws of Solon contained minute regulations about school discipline and that they expressly (διαρρήδην) laid down ἃ χρὴ τὸν παῖδα τὸν ἐλεύθερον ἐπιτηδεύειν, καὶ ὡς δεῖ αὐτὸν τραφῆναι.

e 2   ἐγένου . . . ἐξετράφης . . . ἐπαιδεύθης : cf. d I *n.*

e 5   ἆρ' ἐξ ἴσου κτλ., ' do you think you and we are equally justified?' For ἐξ ἴσου (lit. ' on a level ') with two datives cf. Lysias 12 § 81 ὁ . . . ἀγὼν οὐκ ἐξ ἴσου (' on equal terms ') τῇ πόλει καὶ 'Ερατοσθένει.

e 6   σοί is governed by δίκαιον. Cf. *Rep*. 334 c 12 δίκαιον τότε τούτοις τοὺς μὲν πονηροὺς ὠφελεῖν, τοὺς δὲ ἀγαθοὺς βλάπτειν ;

e 7   πρὸς μὲν ἄρα . . . 51 a 2 πρὸς δὲ . . . ἄρα . . . is a typical *argumentum ex contrariis* (cf. *Ap*. 20 c 6 *n*.) in interrogative form (cf. 46 d 2) with ἄρα in *both* clauses, as in *Prot*. 325 b 6 τὰ μὲν ἄλλα ἄρα τοὺς ὑεῖς διδάσκονται, ἐφ' οἷς οὐκ ἔστι θάνατος ἡ ζημία ἐὰν μὴ ἐπίστωνται, ἐφ' ᾧ δὲ ἤ τε ζημία θάνατος . . . μὴ μαθοῦσι . . . ταῦτα δ' ἄρα οὐ διδάσκονται ;

51 a 3   ἐξέσται σοι, sc. ἅπερ πάσχεις ταῦτα καὶ ἀντιποιεῖν.

Schanz needlessly reads ἔσται, sc. ἐξ ἴσου. There is no reason why the form of expression should not be varied.

a 4   καὶ σὺ δὲ κτλ. A striking instance of δέ *in apodosi* with anacoluthic effect, the construction reverting to the independent form (ἐπιχειρήσεις). This change of construction appears to express eagerness and earnestness.

BTW all have the reading in the text. Schanz adopts καὶ σύ γε from Par. 1808 (which is a copy of T). It is easy enough to restore grammatical symmetry by such devices ; but they sacrifice the rhetorical effect, which seems plainly intended.

a 6   ὁ . . . ἐπιμελόμενος, a scornful reference to the Socratic doctrine of ψυχῆς ἐπιμέλεια. Cf. *Ap*. 29 e I *n*.

b I   ἐν μείζονι μοίρᾳ is an Ionicism natural in the mouth of the Laws. Cf. Herod. ii. 172, 2 τὰ μὲν δὴ πρῶτα κατώνοντο τὸν "Αμασιν Αἰγύπτιοι καὶ ἐν οὐδεμιῇ μοίρῃ μεγάλῃ ἦγον. So *Laws* 923 b 5 πρὸς πᾶν τοῦτο

βλέπων νομοθετήσω, τὸ ἑνὸς ἑκάστου κατατιθεὶς ἐν μοίραις ἐλάττοσι
δικαίως.

1 b 3 ἡ πείθειν is bracketed by Schanz on the ground that it is repeated
below c 1. But it is very awkward to make the second ἢ πείθειν
depend on δεῖ, and its construction can be otherwise explained (see
next note). What is repeated, with some amplification, is really
ἢ ποιεῖν ἢ πείθειν, and such a repetition is characteristic of Plato's
style (a b a).

c 1 πείθειν, as if δεῖ had preceded instead οt verbals in -τέον. Cf.
Gorg. 492 d 5 τὰς μὲν ἐπιθυμίας φῇς οὐ κολαστέον ... ἐῶντα δὲ αὐτὰς ὡς
μεγίστας πλήρωσιν αὐταῖς ἁμόθεν γέ ποθεν ἑτοιμάζειν.

c 8 γεννήσαντες, ἐκθρέψαντες, παιδεύσαντες : cf. 50 d 1 n.

d 1 προαγορεύομεν τῷ ἐξουσίαν πεποιηκέναι ... ἐξεῖναι, 'we give public
notice by giving permission ... that it is permitted'. The expres-
sion is redundant, but ἐξεῖναι is required to complete the construc-
tion of προαγορεύομεν, and τῷ ἐξουσίαν πεποιηκέναι is required to
explain the nature of the πρόρρησις. (Note the distinction between
προαγορεύειν, ' to give public notice', and προλέγειν, ' to foretell').

d 3 ἐπειδὰν δοκιμασθῇ, 'as soon as he has reached man's estate'
(Church). Cf. Lysias 10 § 31 ἐπειδὴ τάχιστα ἐδοκιμάσθην. This
refers to the δοκιμασία εἰς ἄνδρας of young citizens at the age of
eighteen when they became ἔφηβοι, and were enrolled in the register
of their deme. Cf. Aeschines 1 § 18 ἐπειδὰν δ' ἐγγραφῇ τις εἰς τὸ
ληξιαρχικὸν γραμματεῖον, καὶ τοὺς νόμους εἰδῇ τοὺς τῆς πόλεως ... οὐκέτι
ἑτέρῳ διαλέγεται (ὁ νομοθέτης), ἀλλ' ἤδη αὐτῷ.

d 4 λαβόντα (though τῷ βουλομένῳ precedes) under the influence of
the inf. ἐξεῖναι (cf. Euth. 5 a 5 n.). This in itself shows that ἐξεῖναι
is not an interpolation.

d 5 καὶ οὐδείς ... d 6 βούληται was accidentally omitted by B and
supplied by B². This is an instructive case ; for it seems to imply
that B missed 3 lines of the archetype (49 letters) owing to the
repetition of βούληται.

d 7 εἰς ἀποικίαν ἰέναι. Socrates might very well have gone to Thurii
in 444 B. C., when he was about twenty-five years old. This is to be
distinguished from μετοικεῖν in the next line, which means to settle
in a city which had no connexion with Athens.

e 5 γεννηταῖς, 'begetters'. We must distinguish γεννηταί in this
sense from γεννῆται, which means members of the same γένος
(γέννα), and is co-ordinate with δημότης and φυλέτης. Cf. Laws

717 e 1 ὧν οἱ προπάτορες τοὺς ἑαυτῶν γεννητὰς ἐτίθεσαν, 869 b 3 τὴν τοῦ γεννητοῦ ψυχὴν συλήσας, 928 d 6 παίδων (διαφορὰς) πρὸς γεννητάς. On the other hand, *Laws* 878 d 7 τοὺς γεννήτας καὶ τοὺς συγγενεῖς.

51 e 6   πείσεσθαι is the reading of W, and is to be preferred to πείθεσθαι (BT). Cf. above e 3 ὡμολογηκέναι ... ποιήσειν, 52 c 2 ὡμολόγεις ... πολιτεύεσθαι, d 4 ὡμολογηκέναι πολιτεύεσθαι (T : πολιτεύεσθαι B). See also note on ἐμμενεῖν 50 c 5. The present infinitive would properly mean ' having agreed that he is obeying us '. In view of the complete MS. evidence now available, Adam's defence of πείθεσθαι is not required, even if it were permissible to treat ὁμολογεῖν as anything else than a verb of saying. The reading of T ἦ μὴν for ἡμῖν would make it almost necessary to change ὁμολογήσας into ὁμόσας with M. Schmidt (the words are often confused). There is, however, no implication of an oath, but only of a tacit contract.

52 a 1   προτιθέντων ἡμῶν, ' though we set before you (an alternative) '. Cf. *Theaet.* 196 c 9 ῎Απορον αἵρεσιν προτίθῃς. The real object of προτιθέντων is δυοῖν θάτερα, but after the intervening words the participle is resumed by ἐφιέντων, which expresses the same idea in a slightly different way. The words ποιεῖν ἃ ἂν κελεύωμεν depend on ἐπιταττόντων, not (as Adam says) on προτιθέντων.

a 3   ταύταις ... ταῖς αἰτίαις ἐνέξεσθαι, ' that you will be liable to these charges '. For ἐνέχεσθαι, *teneri, obnoxius esse,* cf. Dem. 51 § 11 τοῖς ἐσχάτοις ἐπιτιμίοις ἐνέξεται. Compounds of ἔχω very frequently have the same forms in the aorist and future middle and passive. The adjective of ἐνέχομαι is ἔνοχος, cf. *Theaet.* 148 b 4 ἔνοχος τοῖς ψευδομαρτυρίοις. Both verb and adjective are frequent in the *Laws.*

   ὦ Σώκρατες. So T. B omits ὦ, but this would be rather peremptory.

a 4   εἴπερ ποιήσεις, fut. ind. in monitory protasis.

a 5   ἐν τοῖς μάλιστα : cf. 43 c 7 *n.*

a 6   ἄν ... καθάπτοιντο, ' they would upbraid me ' (not ' retort ', Church, Fowler). In Homer we have καθάπτεσθαι ... ἐπέεσσι c. acc. in a neutral sense ; it is simply ' to accost ', whether in a friendly spirit or otherwise. In later Greek, however, it always implies censure and takes a genitive.

b 2   τῶν ἄλλων ᾿Αθηναίων ... διαφερόντως, lit. ' in a surpassing degree compared with all other Athenians '. The verb διαφέρειν and its derivatives can take the construction of the comparative degree (so διαφέρειν ἤ ...). Cf. *Phaed.* 65 a 2 διαφερόντως τῶν ἄλλων ἀνθρώπων.

52 b 2 οὐ γὰρ ἄν ... ἐν αὐτῇ ἐπεδήμεις, 'or else you would not have stayed at home in it'. Here ἐπιδημεῖν is the opposite of ἀποδημεῖν, 'to go on a journey abroad'. More often it is used of foreigners visiting Athens. Cf. *Ap.* 20 a 3.

b 4 ἐπὶ θεωρίαν, 'to see the sights', a thing of which the Greeks were passionately fond. In *Rep.* 579 b 6 it is counted as one of the miseries of a tyrant that μόνῳ τῶν ἐν τῇ πόλει οὔτε ἀποδημῆσαι ἔξεστιν οὐδαμόσε οὔτε θεωρῆσαι ὅσων δὴ καὶ οἱ ἄλλοι ἐλεύθεροι ἐπιθυμηταί εἰσιν.

b 5 ὅτι μὴ ἅπαξ εἰς Ἰσθμόν. The mention of a single exception adds to the force of the statement. Diogenes Laertius (ii. 23) says καὶ Πυθῶδε ἐλθεῖν Ἀριστοτέλης φησίν· ἀλλὰ καὶ εἰς Ἰσθμόν, ὡς Φαβωρῖνος ἐν τῷ πρώτῳ τῶν ἀπομνημονευμάτων. If Aristotle really said that Socrates visited Delphi, that was no doubt a slip.

The words ὅτι μὴ ἅπαξ εἰς Ἰσθμόν are in the text of T and the margin of W from the first hand. Their omission in B and in the text of W is therefore accidental. They contain 18 letters, and may have formed a single line in the archetype. Athenaeus (or rather Herodicus whom he follows) certainly read them where they stand ; for he tries to make out that they are inconsistent with the statement of the *Apology* (28 e 2) that Socrates had served at Potidaea, Amphipolis, and Delium. Cf. Athen. 216 b ἐν δὲ τῷ Κρίτωνι ... Πλάτων οὐδὲ ποιήσασθαι πώποτε ἀποδημίαν τὸν Σωκράτη ἔξω τῆς εἰς Ἰσθμὸν θεωρίας εἴρηκε. He failed to notice the words εἰ μή ποι στρατευσόμενος.

The source of Aristotle's statement, fr. 2 (if he made it), is obviously *Phaedr.* 229 e 5 ; but, as Taylor suggests (*Var. Soc.* p. 65) Diogenes (or his source) is only drawing an inference from the fact that Aristotle had spoken of the influence of the Delphic inscription γνῶθι σεαυτόν on Socrates, as we know that he did (ἐν τοῖς Πλατωνικοῖς) from fr. 1 (Plut. *adv. Col.* 1118 c). Taylor's suggestion is adopted by H. Maier, *Sokrates*, p. 82, *n.*

b 6 εἰ μή ποι στρατευσόμενος, 'except to go on military service'. In *Ap.* 28 e 2 sq. we hear of Socrates serving at Potidaea, Amphipolis and Delium (see notes *in loc.*). These campaigns are mentioned there as he is speaking of battles, but there is good ground for holding that Socrates also served at the siege of Samos (440 B. C.) in his thirtieth year. Cf. Diog. Laert. ii. 23 Ἴων δὲ ὁ Χῖος καὶ νέον ὄντα (Σωκράτη) εἰς Σάμον σὺν Ἀρχελάῳ ἀποδημῆσαι. If that is so, Socrates served against a force commanded by Melissus (E. Gr. Ph.³ § 164). See also my article *Socrates* in E.R.E. xi.

οὔτε ἄλλην ἀποδημίαν ἐποιήσω κτλ. Cf. *Phaedr.* 230 c 7, where

Phaedrus says to Socrates ἀτεχνῶς γάρ . . . ξεναγουμένῳ τινὶ ('a stranger in the hands of a guide') καὶ οὐκ ἐπιχωρίῳ ἔοικας· οὕτως ἐκ τοῦ ἄστεος οὔτ' εἰς τὴν ὑπερορίαν ἀποδημεῖς, οὔτ' ἔξω τείχους ἔμοιγε δοκεῖς τὸ παράπαν ἐξιέναι. This passage is not really inconsistent with the single journey to the Isthmus. Phaedrus is speaking quite generally, but the Laws are bound to be accurate in detail.

52 b 7 ἐπιθυμία . . . ἄλλης πόλεως . . . εἰδέναι. The object of εἰδέναι is accommodated to the governing word ἐπιθυμία. This is a characteristic Platonic idiom. Cf. *Gorg.* 513 e 5 ἐπιχειρητέον ἡμῖν ἐστιν τῇ πόλει καὶ τοῖς πολίταις θεραπεύειν (for τὴν πόλιν καὶ τοὺς πολίτας), *Rep.* 443 b 8 ἀρχόμενοι τῆς πόλεως οἰκίζειν (for τὴν πόλιν), *Tim.* 33 c 4 οὐδ' αὖ τινος ἐπιδεὲς ἦν ὀργάνου σχεῖν.

c 2 τά τε ἄλλα καί, 'and in particular' (Adam), has become purely phraseological, and it is therefore superfluous to ask what verb it goes with.

c 7 ὡς ἔφησθα: cf. *Apol.* 37 c 4–38 a 6. Here again, I think, we may take this reference in the *Crito* as testimony to the historical truth of the *Apology* (cf. 45 b 7 *n.*). It would hardly have been fitting for Plato to make the Laws argue with Socrates from a figment of his own. He must have counted on his readers' memory of the trial.

c 8 οὔτ' . . . αἰσχύνῃ, 'you are not ashamed before these words'. As Adam says, the λόγοι are personified here, and the construction is the same as in *Charm.* 169 c 7 ᾐσχύνετο τοὺς παρόντας.

c 9 οὔτε ἡμῶν . . . ἐντρέπῃ, 'nor have you any regard for us, the Laws'. Cf. *Phaedr.* 254 a 3 οὔτε μάστιγος ἔτι ἐντρέπεται. The verb originally meant 'turn back' (much like 'respect', 'regard'. Cf. Herod. vii. 211 ὅκως ἐντρέψειαν τὰ νῶτα) and, in this sense, takes the construction of verbs of caring like ἐπιμελεῖσθαι, φροντίζειν. So already in Homer, *Il.* xv. 553 οὐδέ νυ σοί περ | ἐντρέπεται φίλον ἦτορ ἀνεψιοῦ κταμένοιο ; (cf. *Od.* i. 59), though μετατρέπομαι is more common in this sense. The word ἐντρέπομαι is mainly Ionic and Tragic. Sophocles has it fairly often, and it is used by Xenophon (*Hell.* ii. 3, 33). In Hellenistic Greek it is common, and acquires the meaning, 'to be ashamed of'. In N.T. ἐντροπή is 'shame'.

d 5 ἔργῳ ἀλλ' οὐ λόγῳ, closely with ὡμολογηκέναι (cf. 51 e 3 ὡμολογη-κέναι ἔργῳ).

Some would bracket ἀλλ' οὐ λόγῳ here, but the phrase ἔργῳ ἀλλ' οὐ λόγῳ is a standing formula, and must not be too closely analysed.

52 d 8 ἂν φαῖεν is a mere parenthesis, and so ἄν is not felt as heading its clause. Cf. *Phaed.* 87 a 7 τί οὖν, ἂν φαίη ὁ λόγος, ἔτι ἀπιστεῖς ; Dem. i. §§ 14 and 19 τί οὖν, ἄν τις εἴποι . . . ;
πρὸς ἡμᾶς αὐτούς, 'with us ourselves' (not reflexive). 'Are you not breaking your contract and agreement with us in person?'

e 1 παραβαίνεις. There was an action for breach of contract (συνθήκης παραβάσεως δίκη Pollux vi. 153, viii. 31) in answer to which, as we gather from this passage, it was possible to plead that the contract was void as entered into under duress (ὑπὸ ἀνάγκης) or in consequence of misrepresentation (ἀπατηθείς).

e 2 ἐν ὀλίγῳ χρόνῳ . . . ἐν ἔτεσιν ἑβδομήκοντα . . . The preposition ἐν is used of the time anything takes. Cf. *Phaed.* 58 b 7 τοῦτο δ' ἐνίοτε ἐν πολλῷ χρόνῳ γίγνεται, 'this sometimes takes a long time'. The meaning is therefore, as Church gives it, 'you had not to make up your mind in a hurry. You had seventy years &c.'

e 5 οὔτε Λακεδαίμονα .. . οὔτε Κρήτην κτλ. This would be pointless unless the 'historical' Socrates had actually praised the laws of Sparta and Crete. So far as Sparta is concerned, this is confirmed by Aristophanes, *Birds* 1281 ἐλακωνομάνουν ἅπαντες ἄνθρωποι τότε, | ἐκόμων, ἐπείνων, ἐρρύπων, ἐσωκράτουν.

53 a 1 τῶν Ἑλληνίδων πόλεων, not τῶν Ἑλληνικῶν πόλεων, represents the normal Attic idiom. The ἐθνικόν, not the κτητικόν, is used of cities (as here), and of ships (Φοίνισσα, Κίλισσα ναῦς, Μεγαρίδες νῆες, ἡ στρατηγίς, 'the flagship'). This amounts to personification like our use of 'she' in similar cases. So also of hounds, Λάκαιναι, not Λακωνικαί, σκύλακες.

Perhaps, then, we should read βαρβάρων with T rather than βαρβαρικῶν with BW. Cf. *Theag.* 126 c 7 καὶ Ἑλληνίσιν προσομιλοῦντας πόλεσιν καὶ βαρβάροις.

a 2 ἐλάττω ἐξ αὐτῆς ἀπεδήμησας κτλ. : cf. 52 b 3 διαφερόντως ἐν αὐτῇ ἐπεδήμεις. For ἐλάττω (lit. 'in fewer instances') cf. *Gorg.* 512 b 5 οὔτε ἄλλου οὐδενὸς ἐλάττω ἐνίοτε δύναται σῴζειν, *Rep.* 396 d 1 ἐλάττω δὲ καὶ ἧττον (μιμούμενος). For the home-keeping ways of Socrates cf. *Phaedr.* 230 c 7 (quoted 52 b 6 n.).

a 4 καὶ ἡμεῖς οἱ νόμοι δῆλον ὅτι, 'and presumably we, the Laws'. This draws the inference from the city to the laws, an inference justified in the next clause, τίν γὰρ ἂν κτλ.

Stephanus already suspected that καὶ ἡμεῖς . . . δῆλον ὅτι was an interpolation, but the next clause would be meaningless without these words ; and so, if we bracket the first clause, we must go on to bracket the second with Heusde and Schanz. Both, however, are necessary to the argument. They are intended to anticipate the objection that Socrates was induced to remain at Athens by some other attraction than its laws, and that there was no tacit contract to obey them at all.

53 a 6 ἐὰν ἡμῖν γε πείθῃ κτλ., 'yes, you will, if you take our advice, and you will not make yourself ridiculous by leaving Athens'. The particular ways in which he would make himself ridiculous are specified in the next paragraph.

a 8 καὶ ἐξαμαρτάνων κτλ., 'and offending in any of these respects'. The present participle is used because a continuing state is meant, as with ἀδικῶ.

b 1 καὶ αὐτοὶ φεύγειν, 'to be exiles as well as you'.

b 3 πρῶτον μὲν κτλ. answered by d 1 ἀλλ' ἐκ μὲν κτλ.

b 5 εὐνομοῦνται γὰρ ἀμφότεραι. Socrates had friends both at Thebes and Megara. We have seen that some of the Theban Pythagoreans were devoted to him (45 b 4 n.), and there is direct evidence that the good government of Thebes at this time was ascribed to the Pythagoreans who were the teachers of Epaminondas. Cf. E. Gr. Ph.³ p. 278, n. 1.

b 7 ὑποβλέψονταί σε, 'will look askance at you'. Cf. Symp. 220 b 7 οἱ δὲ στρατιῶται ὑπέβλεπον αὐτὸν ὡς καταφρονοῦντα σφῶν.

βεβαιώσεις τοῖς δικασταῖς τὴν δόξαν, 'you will confirm the judges in their opinion'. The words might equally well mean 'you will do the judges the service of confirming other people's opinion about them ', and Schanz thinks that the following sentence (ὅστις γὰρ κτλ.) makes this more appropriate. I cannot see why, and prefer the more obvious interpretation. The judges will feel assured that they were right in finding Socrates guilty of corrupting the young, since one who corrupts the laws will *a fortiori* be in all probability a corrupter of youth.

c 8 καὶ οὐκ οἴει κτλ., 'don't you think it would seem indecent on the part of Socrates?' Cf. Hipp. ma. 286 e 8 φαῦλον γὰρ ἂν εἴη τὸ ἐμὸν πρᾶγμα καὶ ἰδιωτικόν.

[ἂν] φανεῖσθαι. The ἂν is in BW, but not in T or Eusebius, so the tradition is not decisive on the question of ἂν c. fut. Cf. Ap. 29 c 4 n.

53 d 1 οἴεσθαί γε χρή, 'I should think so!' This formula is used when the speaker answers himself. Cf. 54 b 1, *Phaed.* 68 b 2, *Prot.* 325 c 4.

d 2 ἀπαρεῖς; 'will you take your departure?' Cf. *Ep.* vii. 328 c 4 ἀπῆρα οἴκοθεν. The opposite is καταίρειν. It is better to explain αἴρω and its compounds in their intransitive senses as objectless than to suppose any definite ellipse. We can use 'lift' intransitively in English.

The future of αἴρω with its compounds (which has a long α, being contracted from ἀερῶ) is a constant source of trouble to scribes. In the present passage BTW have preserved ἀπαρεῖς safely.

d 3 πλείστη ἀταξία καὶ ἀκολασία: cf. what Xenophon says of the effect produced on Critias by his stay in Thessaly (*Mem.* i. 2, 24) Κριτίας ... φυγὼν εἰς Θετταλίαν ἐκεῖ συνῆν ἀνθρώποις ἀνομίᾳ μᾶλλον ἢ δικαιοσύνῃ χρωμένοις.

d 5 σκευήν, 'costume', 'disguise'. Cf. *Rep.* 577 b 1 γυμνὸς ... τῆς τραγικῆς σκευῆς, *Laws* 947 c 5 τὴν πολεμικὴν σκευὴν ἐνδεδυκότας, Xen. *Anab.* iv. 7, 27 σκευὴν Περσικήν.

d 6 ἐνσκευάζεσθαι: cf. Ar. *Ach.* 384 ἐνσκευάσασθαί μ' οἷον ἀθλιώτατον, *Frogs* 523 σε παίζων Ἡρακλέα 'νεσκεύασα.

e 1 οὕτω γλίσχρως, 'so greedily'. The literal meaning of γλίσχρος is 'glutinous', from which the metaphorical sense of 'importunate', 'greedy' is easily derived (cf. the verb γλίχομαι in *Phaed.* 117 a 2 γλιχόμενος τοῦ ζῆν). It also came to mean 'penurious', 'paltry', 'shabby'.

The reading is guaranteed by the agreement of T and Eusebius. BW have οὕτως αἰσχρῶς, the latter with οὕτω γλίσχρως in the margin by the first hand. In B a late hand (*not* B²) has written γλι in the margin. The mistake is due to the common confusion of uncial A and Λ. It is found also in Isocr. 5 § 142, where the Urbinas has οὐ γλίσχρως and other MSS. οὐκ αἰσχρῶς (cf. Cobet, *Coll. Crit.* 510).

e 3 εἰ δὲ μή, 'otherwise', i.e. 'if you do annoy any one'. The phrase has become stereotyped, and is used even after negative conditions, regardless of its literal meaning.

e 4 ὑπερχόμενος, 'fawning upon', 'cringing to'. It is only in this compound, and only when it has this metaphorical sense, that Attic writers carry the stem ἐρχο- through the imperfect, the moods of the present, and the present participle.

The facts about the conjugation of ἔρχομαι and its compounds were first stated by Elmsley (on Eur. *Heraclid.* 210). Cobet (*V.L.* p. 34) supplemented them by the observation *notandum est verbum* ὑπέρχομαι, *ubi significat* θωπεύειν, πρὸς χάριν ὁμιλεῖν, *ea lege non teneri.* *Exempla sunt apud Platonem, Demosthenem, alios.* Rutherford (*New Phryn.*, p. 110) quotes, in addition to the present passage, Dem. 23 § 8 ὑμᾶς . . . ὑπέρχεσθαι καὶ θεραπεύειν, Andoc. 4 § 21 ὑπέρχεσθαι Ἀλκιβιάδην, [Xen.] *Rep. Ath.* 2, 14 οἱ γεωργοῦντες καὶ οἱ πλούσιοι . . . ὑπέρχονται τοὺς πολεμίους μᾶλλον, ὁ δὲ δῆμος . . . ἀδεῶς ζῇ καὶ οὐχ ὑπερχόμενος αὐτούς.

53 e 5   εὐωχούμενος. So Aristophanes says (*Frogs* 85) of Agathon who had gone to the court of Archelaus of Macedon, that he had departed ἐς μακάρων εὐωχίαν. The semi-barbarous hospitality of the Thessalian chiefs was notorious. Euripides makes a point of it in his *Alcestis.* Cf. Xen. *Hell.* vi. 1, 3 (of Polydamas of Pharsalus) ἦν δὲ καὶ ἄλλως φιλόξενός τε καὶ μεγαλοπρεπὴς τὸν Θετταλικὸν τρόπον.

54 a 4   ἵνα καὶ τοῦτο ἀπολαύσωσιν, 'that they may get this advantage too'. For the ironical use of ἀπολαύω cf. *Laws* 910 b 5 (ἵνα μὴ) πᾶσα . . . ἡ πόλις ἀπολαύῃ τῶν ἀσεβῶν, Isocr. 8 § 81.

     W has τοῦτό σου for τοῦτο BT, which makes good sense.

a 5   ἢ τοῦτο μὲν οὔ, 'or, if you won't do that', i. e. take them to Thessaly to bring them up, but leave them behind to be brought up here at Athens (αὐτοῦ). In that case, the Laws ask, will they be any the better brought up because you are alive (σοῦ ζῶντος), seeing that you are away in Thessaly and not associating with them (μὴ συνόντος σοῦ αὐτοῖς)?

a 6   θρέψονται καὶ παιδεύσονται, passive. Cf. 52 a 4 ἐνέξεσθαι.

     οἱ γὰρ ἐπιτήδειοι κτλ., 'yes, for your friends will look after them'. The Laws suggest a possible answer to the preceding question.

a 7   πότερον ἐὰν μὲν κτλ., i. e. Does it depend on your being in Thessaly rather than in the other world, whether your friends will look after them or not?

a 9   εἴπερ γέ τι ὄφελος κτλ., 'if they are good for anything'. Cf 46 a 2 n., *Euth.* 4 e 9 n.

b 1   οἴεσθαί γε χρή, 'to be sure they will'. The phrase (for which cf. 53 d 1 n.) has become stereotyped, and is used (like εἰ δὲ μή, 53 e 3 n.) even after a negative statement.

b 4   πρὸ τοῦ δικαίου, i.q. ἢ τὸ δίκαιον, but stronger. Cf. *Phaed.* 99 a 2

*εἰ μὴ δικαιότερον ᾤμην καὶ κάλλιον εἶναι πρὸ τοῦ φεύγειν τε καὶ ἀποδι-
δράσκειν ὑπέχειν τῇ πόλει δίκην ἥντιν' ἂν τάττῃ.*

54 b 5 **τοῖς ἐκεῖ ἄρχουσιν.** The Orphic doctrine of judgement after death
is assumed here, as it may well be. With Crito there is no need
for the reserve which was appropriate before the judges. Cf. *Ap.*
40 c 6 sqq. and notes. For ἐκεῖ, 'in the other world', opp. ἐνθάδε,
'in this world', cf. *Phaed.* 61 e 1 *n.*

b 8 **νῦν μέν,** 'as it is', answered by ἐὰν δὲ ἐξέλθῃς κτλ.

d 2 **Ταῦτα, ὦ φίλε ἑταῖρε κτλ.** Cobet, *Mnem.* 1875, p. 287, defends
his excisions thus : *Quae auris ter repetitum ἀκούειν tolerare possit ?
Reliqua deleverunt iam alii, sed retinent omnes αὕτη ἡ ἠχὴ τούτων
τῶν λόγων, sed vel unum αὕτη additum facit ut fraudem mani-
festam teneamus.*

d 3 **οἱ κορυβαντιῶντες,** 'those affected by Corybantic enthusiasm' (the
form of the verb κορυβαντιᾶν indicates a morbid condition, cf.
Rutherford, *New Phryn.*, p. 153), Tim. *Lex.* Κορυβαντιᾶν· παρεμ-
μαίνεσθαι καὶ ἐνθουσιαστικῶς κινεῖσθαι. So Ar. *Wasps* 8 ἀλλ' ἢ παρα-
φρονεῖς ἐτεὸν ἢ κορυβαντιᾷς ; The reference is specially to the
homoeopathic treatment of nervous and hysterical patients by wild
pipe and drum music. The patients were thus excited to the pitch
of exhaustion, which was followed by a sleep from which they
awoke purged and cured. What we are told of Tarantism in the
Middle Ages throws great light on this (cf. *Enc. Brit.*[11] s.v.
Tarantula). Plato refers to this form of psychotherapy more than
once. Cf. *Euthyd.* 277 d 6 sqq., *Symp.* 215 e 1 ὅταν γὰρ ἀκούω, πολύ
μοι μᾶλλον ἢ τῶν κορυβαντιώντων ἥ τε καρδία πηδᾷ καὶ δάκρυα ἐκχεῖται
ὑπὸ τῶν λόγων τῶν τούτου, *Laws* 790 e 1 (of nurses putting children
to sleep by motion) καὶ ἀτεχνῶς οἷον καταυλοῦσι τῶν παιδίων, καθάπερ
ἡ τῶν ἐκφρόνων βακχειῶν ἰάσεις (sc. καταυλοῦσα). So Ar. *Pol.*
1342 a 7 (of ἐνθουσιασμός) καὶ γὰρ ὑπὸ ταύτης τῆς κινήσεως κατακώχιμοί
τινές εἰσιν· ἐκ τῶν δ' ἱερῶν μελῶν ὁρῶμεν τούτους, ὅταν χρήσωνται τοῖς
ἐξοργιάζουσι τὴν ψυχὴν μέλεσι, καθισταμένους ὥσπερ ἰατρείας τυχόντας
καὶ καθάρσεως ('purgation'). I cannot doubt the connexion of this
with the Pythagorean use of music as a soul-purge (*Phaed.* 67 c 5 *n.*),
or that it is the ultimate source of the κάθαρσις doctrine in Aristotle's
Poetics. In its context the passage quoted from the *Politics* seems
to settle that.

τῶν αὐλῶν δοκοῦσιν ἀκούειν, 'think they hear the pipes', even

when they have stopped playing. This is the origin of the meta
phorical use of the adjective ἔναυλος of what 'rings in the ears'.
Cf. *Menex.* 235 C 1 οὕτως ἔναυλος ὁ λόγος τε καὶ ὁ φθόγγος παρὰ τοῦ
λέγοντος ἐνδύεται εἰς τὰ ὦτα, Aeschines 3 § 191 ἔναυλον γὰρ ἦν ἔτι τότε
πᾶσιν ὅτι . . . ὁ δῆμος κατελύθη.

54 e 1   Ἔα τοίνυν, 'Let it be!' Cf. *Charm.* 163 e 6 Ἔα, ἦν δ' ἐγώ, *Euthyd.*
302 c 2 Ἔα . . . ὦ Διονυσόδωρε.

e 2   ταύτῃ ὁ θεὸς ὑφηγεῖται, 'God leads the way'. Here there can be
no question of any particular god. The words are definitely
monotheistic.

INDEX TO THE NOTES

The numbers refer to the pagination at the bottom of the page.

I. PROPER NAMES.

Achilles 198 sq.
Adeimantus 223
Aeacus 228
Aeschines Orator 164
Aeschines Socraticus 86 sq., 171, 220 sq., 253, 258
Aeschylus 172
Alcibiades 171, 199 sq., 217 sq.
Ameipsias 156
Amphipolis 200
Anaxagoras 155, 184
Anaxagoreans 156, 191 sq., 193 sq.
Andocides 89 sq., 180 sq., 215
Antipho (sophist) 163, 165
Anytus 87, 154, 164, 172, 179, 181, 182, 187, 202
Apollodorus 223
Archelaus 94, 155, 162, 171, 285
Arethas 90, 169
Aristo 223
Arginusae 211 sqq.
Aristotle, *Eudemus* 258

Callias 166
Cebes 262
Chaerecrates 171
Chaerepho 169 sq., 171
Charites 131
Charmides 216
Crete and Sparta 287
Critias 216, 217 sq.
Crito 252
Critobulus 220
Cypria 133, 249

Daedalus 130
Delium 200
Delos 241, 253 sq.
Delphic Oracle 170 sq., 172, 219
Demodocus 222
Diagoras 184, 190
Diocles 91
Diogenes of Apollonia 156
Dionysus 120
Diopeithes, psephism of 98, 156, 158, 180, 184
Dracontides, psephism of 253

Eleatics 263 sq.
Eleusis, Eleusinia 91, 246 sq.
Empedocles 157
Epicharmus 120
Epigenes 221
Eucleides (archon) 180 sq.
Eucleides of Megara 263
Eudemus of Cyprus 258
Eumolpidae 89 sq.
Eumolpus 91, 249
Euripides 169, 172, 175
Euthyphro 83 sq.
Evenus 166

Glauco 223
Gorgias 165, 167

Hephaestus 120
Hera 120
Hermogenes 145
Hestia 93
Hippias 165

INDEX TO NOTES

Homer 88, 240, 248
Homeric Hymn to Demeter 91

Idomeneus 153
Ion of Chios 171, 285
Isocrates 114 sq., 201, 203 sq.,
217 sq.
Isthmus 285

Lamprocles 225
Laws, personification of the 279
sq.
Leon of Salamis 215 sqq., 253
Lyceum 87
Lyco 231
Lysias 145, [Lysias] *or.* vi, 89 sq.,
227

Megara 288
Meletus 87, 89 sq., 179, 217
Menexenus 225
Minos 248
Musaeus 91

Naxos 85, 105

Odysseus 250
Olympia 235 sq.
Orpheus 249
Orphics 86, 246 sq., 249, 250 sq.

Palamedes 249 sq.
Panathenaea 116
Paralius (Paralus) 222
Parmenides 115 sq., 171
Paros 85 sq., 166
Patroclides, psephism of 180
Phavorinus 182
Phthia 257 sq.
Pindar 248, 250 sq.
Plato 223, 241
Polycrates 114, 217 sq.

Potidaea 171, 199 sq.
Prodicus 164 sq.
Protagoras 157, 165, 167, 184
Proteus 141
Pythagoreans, Pythagorists 85
sq., 115 sq., 170, 262 sq., 288

Rhadamanthys 173, 248

Samos, siege of 171, 285
Simmias 262
Sisyphus 250
Sophroniscus 225
Sparta and Crete 287
Sunium 256

Tantalus 132
Telauges 86, 220
Theages 222
Thebes 262, 288
Theodotus 122
Theozotides 122
Thessaly 265, 289
Thetis 198
Thymaridas 86
Tisamenus, psephism of 180
Triptolemus 249

Xanthippe 225 sq.
Xenaenetus (archon) 105, 180
Xenophon 95 sq.
Memorabilia 162 sq., 163 sq.,
165, 213, 252
Apology 145 sq., 154, 171, 172,
240, 242, 243 sq., 249, 253
Hellenica 111 sqq., *Cyropaedia*
244

Zacorus 91
Zeno of Elea 167, 171
Zeus, Kronos and Ouranos 113
sq.

INDEX TO NOTES

II. GREEK WORDS.

ἀγεννής 92
ἀγνώς 89
ἀγορά 151
ἄγος 83
ἄγραφος νόμος 113
ἄγροικος 216
ἀγών 100, εἰς ἀγῶνα καθιστάναι 186, τιμητὸς ἀγών 229 sq.
ἀγωνίζομαι 100
ἀδικῶ c. pcp. 112, 161; ἀδικεῖν)(ἀδικεῖσθαι 278
ἀήρ 94 sq.
αἰδώς 134
αἰνίττομαι, αἴνιγμα 172
αἶνος 172
αἱρῶ 100, 276
αἰσχύνη 134
αἰτίαν ἔχω 242, al. ὑπέχω 219
ἀλίσκομαι ἐν 256
ἄλλος 233, ἄλλος καὶ ἄλλος 194, ἄλλην ἐξ ἄλλης 239
ἀλλότριος)(οἰκεῖος 102
ἀλλ᾽ οὖν ... γε ... 195
ἄλλως 270, ἄλλως τε πάντως καὶ ... 229
ἀμαθής, -ία 92
ἀμήχανον c. gen. 250
ἄν c. fut. (?) 202, 205, 219, 288
ἀναβαίνω 152, 207, 246
ἀναβιβάζομαι 159, 225
ἀναβιώσκομαι 276
ἀναιρεῖσθαι (νεκρούς) 212
ἀνάκρισις 82
ἀναπίμπλημι 216
ἀναπνοή 94
ἀνατρέπω 138 sq., 281
ἀνέλπιστος 230
ἀνεψιαδῶν, μέχρι 102, 104, 123
ἀνθρώπινος 206
ἀντιγραφή 195
ἀντιτιμῶμαι 229 sq., 232
ἀντωμοσία 81, 161, 182 sqq.
ἀξιόχρεως 169, 241
ἀξιῶ 160
ἀπαγωγή 214 sqq.
ἀπαίρω 283

ἀπαναισχυντῶ 207
ἅπαντα ποιεῖν καὶ λέγειν 242
ἀπαυθαδίζομαι 236
ἀπειθῶ 201 sq., 239, 272
ἀπιστῶ 201
ἁπλῶς)(ἀκριβῶς 138
ἀποβαίνω 100
ἀποβλέπω εἰς 117
ἀποδέχομαι 114, 127
ἀποδημία 285, 287
ἀποδημῶ 248
ἀποδιδράσκω 280
ἀποικία 283
ἀποκάμνω 264
ἀπολαύω 290
ἀπολύομαι 237
ἀπορία τοῦ μή ... 242
ἀποσφάττω 106
ἀποφεύγω 100
ἄρα 224
ἄρτιος 135
ἀρχή ' magistracy' 210; 'starting-point' 277, 279
ἀρχήν, τὴν 202
ἀσέβεια 82, 88, 183 sqq.
ἀσπάζομαι καὶ φιλῶ 203
ἀστός)(ξένος 177, 204
ἀσχολία 177 sq.
ἀτεχνῶς 93
ἀτιμῶ (-όω) 205 sq.
αὐθάδης, αὐθαδίζομαι 225, 226
αὐτόματος 178
αὐτός, sponte 178, 239
αὐτοσχεδιάζω 109, 168
ἀφίημι 125
ἀφοσιῶ 103

βάναυσος 175 sq.
βασίλειος στοά 82 sq.
βασιλεύς 82 sq.
βασιλική 83
βιάζομαι)(πείθω 229
βιωτός 240, 273
βλάστη 93
βουλεύω 210, -ομαι 211
βουλή 210 sq.

γένεσις, τροφή, παιδεία 165, 281 sq.,
283
γεννητής)(γεννήτης 283
γῆ, τὰ ὑπὸ γῆς 157
γίγνομαι)(πάσχω 128; of answer to
sum 230
γλίσχρως 289
γραφή 83, 88

δαιμόνια (πράγματα) 194 sq., καινὰ
δαιμόνια 185 sq., 190 sq.
δαιμόνιον, τὸ 107 sq.
δαιμόνιον σημεῖον, δαιμόνιόν τι (τὸ
δαιμόνιον)95 sq., 96 sq., 107, 185,
207 sqq., 245 sq.
δαίμων 96, 195
δέ in apodosi 282
δεσμός 107, 120, 237 sq., 269
δημηγορίαι 233
δῆμος, τῶν δήμων 91
δημοσιεύω 209
διαβάλλω 98, 259
διαβολή 78
διακρίνομαι 118
διαμυθολογῶ 244 sq.
διατριβή 87, 221, 238
διατρίβω 87
διαφερόντως c. gen. 284
διαφεύγω 266
διαφθορὰ τῶν νέων 92, 182 sqq., 187
sqq.
διδάσκω, νουθετῶ. κολάζω 109, 190
δίκη 88: ἐν δίκῃ, iure 102; in iudicio
243; τὴν δίκην = τὸ δίκην διδόναι
121; v. φονικαὶ δ.
δίνη, δῖνος 94
διόμνυμαι 195
διώκω 100
δοκιμάζω 283
δοκῶ 117; οὐ δοκῶ 110; in narrating
dreams 257
δ' οὖν)(γοῦν 148
δραχμή 192
δρῦς, ἀπὸ δρυός 225
δυσχερής, -ῶς 114

ἔγκλημα 101
ἐθέλω ? 245
εἰ c. fut. ind. 220
εἰ ὅτι μάλιστα 107, 127
εἰ πάνυ πολλοῦ 192

εἶδος 111 sq.
εἰκῇ 150
εἰρωνεία, -εύομαι 147, 162, 239
εἰς, coram 150 sq.; of time looked
forward to 116
εἰσάγω 187, 190, 228, 265
εἰσαγγελία 180sq.
εἰσέρχομαι 202, 265 sq.
εἰσηγοῦμαι 182, 274
εἴσοδος 265
εἶτα mirantis 255
ἕκαστοι 119
ἐκβάλλω 268
ἐκεῖ 247, 291
ἐκεῖνος of the dead 222; ἐκεῖνος ὁ
ἀνήρ 132
ἐκκαθαίρω 93
ἐκκεχυμένως 99
ἐκκλησιασταί 188
ἐκχέω 277 sq.
ἐλαύνω, πόρρω c. gen. 101 sq.
Ἑλληνίδες πόλεις 287
ἐλπίς 250 sq.
ἐμμελής, -ῶς 167
ἐμμένω 205
ἐμπορική 140
ἐν, coram 88, 259; of time taken 160,
174, 233, 287; ἐν τοῖς c. superl.
256, 284
ἐναργής 258
ἔναυλος 287
ἔνδειξις 214 sq., 261
ἕνδεκα, οἱ 237, 257
ἐνέχομαι 284
ἐνθάδε)(ἐκεῖ 247
ἐνθουσιάζω 175
ἐννοῶ 91
ἐνσκευάζομαι 289
ἐνταῦθα 'thither' 234
ἐντρέπομαι 286
ἐνύπνιον 219
ἐξελέσθαι 160
ἐξέρχομαι 239, 264
ἐξέτασις 176
ἐξηγηταί 106
ἐπαΐω 162; ὁ ἐπαΐων 238, 272
ἐπανορθοῦμαι 125,
ἐπεί ... γε ... 104, 123
ἔπειτα 166
ἐπεκδιδάσκω 117
ἐπεξέρχομαι 102, 123

ἐπίγρυπος 92
ἐπιδημῶ 285
ἐπιεικης 174, 234
ἐπιεικῶς 255
ἐπιλύομαι 256
ἐπιμέλεια ψυχῆς v. ψυχή
ἐπιοῦσα, ἡ v. ἡμέρα
ἐπιπέμπω 206, 269
ἐπὶ πλέον 134
ἐπὶ πόσῳ 249
ἐπισκήπτομαι 123
ἐπιστάτης 166, 272
ἐπίτηδες 255
ἐπιτρέπω 113
ἐπιτυχών, ὁ 101
ἐπιχειρῶ c. acc. 265
ἐρήμη (δίκη) 158
ἔρχομαι ἐπί 234
ἐρῶν)(ἐρώμενος 139
ἐρωτᾶν καὶ ἀποκρίνεσθαι 281
ἐρώτησις 186 sqq.
ἑστία (ἀφ' ἑστίας) 93 sq.
ἑταῖρος 170
εὐαρίθμητος 247
εὐδαιμονίζω c. gen. 256
εὐδιάβολος 98
εὔελπις 250
εὐεργέτης 290
εὐωχοῦμαι 290
ἐφίσταμαι 280
ἐῶ 292

ζεῦγος 236
ζῶ, τὸ ζῆν)(τὸ εὖ ζῆν 275

ἤδη, οὐκέτι, οὔπω 100
ἥλιος 191
ἡμέρα, ἡ ἐπιοῦσα, ἡ ἑτέρα 257
ἡμίθεοι 196
ἡμίονοι 196
ἥρωες 196 sq.
ἤ τι ἢ οὐδέν 149

θαυμάζω c. gen. 250
θαυμάσια ἐργάζομαι 226
θεία μοῖρα 219
θεῖα, τὰ 97 sq., 156
θεῖον, τὸ 107, 185
θέλω 262

θεμιτόν 205
θεός, θεοί 94, 190; τὸ τοῦ θεοῦ 173
θεραπεια 135 sq.
θεωρία 285
θής, θητεύω 104
θόλος 211
θορυβῶ 152

ἰατρός 272
ἰδέα 111 sq.
ἰδίᾳ ἕκαστος 234
ἰδιωτεύω 209
ἰδιώτης 215
ἱερῶν κλοπή 112
ἵνα 'where' 151; ut (ironical) 174; ἵνα τί; 191
ἴσος, ἐξ ἴσου 282
ἰσοσκελής 135
ἵσταμαι 'stop' 198
ἴσως 100

καθάπτομαι 284
κάθαρσις 88
κάθημαι 228
καινοτομῶ 97, 109
καὶ ταῦτα 225, 235
καί τι καὶ . . . 255
καίτοι . . . ἀλλ' ὅμως 98
καταβάλλω 142
κατάγελως 266
καταγιγνώσκω 89, 188
καταδέομαι 222
καταπίνω 114
κατασκεδάννυμι 157
καταχαρίζομαι 228
κεφάλαιον, τὸ 122, 137
κεχαρισμένον 138
κληρουχίαι 105
κοινόν, τὸ 280
κολάζω 109
κομψός 132
κορυβαντιῶ 291
κοσμῶ 150
κτείνω 102 sq.
κύριος 281
κύων, νὴ τὸν κύνα 173
κωμῳδοποιός 158 sq.

λαγχάνω δίκην 109
λεγόμενα, τὰ 246 sq., 250

λογισμός 118
λογιστική 118
λόγος 'rule' 268; λόγον ἔχω 203,
224; ἕνεκα λόγου 270; τὸν ἥττω
λόγον κρείττω ποιεῖν 157; ὁ λόγος
αἱρεῖ 276
λωβῶμαι c. dat. 273

μάλιστα μὲν ... 223
μᾶλλον οὐδέν 155
μανθάνω· ὅτι ... 95, 123
μαρτυρίαι 171 sq., 217, 223
μέγα λέγειν 169
μεγαληγορία 145 sq.
μειράκιον)(παῖς 150, 158
μέν solitarium 125
μέντοι νὴ Δία 102, 229
μέρος 133; τὸ σὸν μέρος 265, 280
μετάρσια, τὰ 156
μετέωρα, τὰ 156
μετοίκησις 247
μετρητική 118
μή c. pres. imp. 109; μὴ ἄλλως ποίει
261; μή presumptive 243, 276;
μὴ ὅτι ... 247
μίασμα 83, 103
μνᾶ 240 sq.
μοῖρα, θεία μοῖρα, ἐν μείζονι μοίρᾳ
282 sq.
μόριον 133 sq.
μορμολύττομαι 269
μουσικὴ καὶ γυμναστική 282
μύωψ 206

νομίζω θεούς 95, 109, 158, 184, 229;
dist. νομίζω εἶναι 191, 195
νόμοι, οἱ 187, 279 sq.; divine and
human 113; νόμος as συνθήκη 280
νοῦς, κατὰ νοῦν, νῷ ἔχω 91; ξὺν νῷ·
276
νύμφαι 195 sq.
νυνδή 100

ξύν 276

οἰκεῖος)(ἀλλότριος 102
οἰκία)(οἶκος 138
οἴομαι, οἶμαι, οἴεσθαί γε χρή 289,
290; οἶμαι δὲ καὶ ... 100; οἶμαι
δὲ οὐδὲ ... 189
οἷος c. superl. 177

ὀλίγου 174
ὅμοιος καὶ ... 275
ὁμοίωσις θεῷ 137, 251
ὁμόσε 99
ὁμόσπονδος 103
ὁμοτράπεζος 103
ὁμωρόφιος 103
ὄνομα 149 sq.; ὄνομα λέγεσθαι =
ὀνομάζεσθαι 177
ὀνομάζομαι εἶναι 177
ὅπῃ 100
ὁπηοῦν, ὁπῃτιοῦν 228
ὅπως ἄν 132
ὄρθρος βαθύς 254 sq.
ὀρθῶς 'in the true sense of the word'
245; ὀρθῶς ἔχει 101, 123; elliptical
use 93
ὀρχήστρα 192 sq.
ὅσα γε 271
ὅτι 'to show that' 113; 'to account
for' 87
ὅτι μαθών 232 sqq.
οὐδὲν δεινὸν μὴ ... 98
οὐδέτερα ἢ ἀμφότερα 126
οὐ κατά 149
οὐ μή c. fut. ind. 259
οὐσία 129 sq.
οὗτος, iste 232; deictic 262
οὕτως 127
ὄφελος 108, 198, 267, 290
ὀφλισκάνω 243

πάγκαλος 137
παθεῖν ἢ ἀποτεῖσαι 232
πάθος)(οὐσία 129 sq.
παιδοτρίβης 272
πᾶν, πάντα ποιεῖν 121, 243
πάντως 220
παράδειγμα 117; παράδειγμα ποιεῖσθαι
177
παραιτοῦμαι 151
παρακρούω 271
παραλαμβάνω 154
παραμένω 276
παράσιτος 235 sq.
παραχωρῶ 224
πάρειμι as verb of motion 220
παρέχω ἐμαυτὸν ἐρωτᾶν 218 sq.
παρίεμαι 151
παροινῶ 106
παρ' ὀλίγον 230

INDEX TO NOTES

πάσχω 121
πελάτης 104
πέπλος 116
περιάπτω 226 sq.
περιεργάζομαι 161
περιττός 135, 168
πετόμενον διώκειν 101
πηνίκα 254
Πι(τ)θεύς 88
πλάττω 150
πλὴν ἤ ... 251
ποιητής 94
πολιτικός 166; πολιτικοί, οἱ 179; πολιτικά, τὰ 92
πόρρω ἐλαύνω v. ἐλαύνω
πρᾶγμα 'occupation' 167 sq.; 'lot' 251; οὐδὲν πρᾶγμα 99, 100, 107
πράττω 'fare' 246; τοῦτο πράττω 272
πρεσβεύω 269
πρό 290
προαγορεύω dist. προλέγω 102, 283
προκαλεῖσθαι 108
προκρίνω, πρόκρισις 227
πρόρρησις 102, 104
πρός, coram 88; πρὸς ταῦτα 204 sq.
πρόσκλησις 82
προστίθημι 99
προτίθημι 284; προτίθεμαι 130
πρόχειρος 119, 178
πρυτανεῖον 235 sq.
πρυτανεύω 211

ῥᾳδίως 186, 206, 276
ῥῆμα 149 sq.

σαθρός 110
σελήνη 191
σκαληνός 135
σκευή 289
σκιαμαχῶ 159 sq.
σοφός 155
σπουδῇ 186
στατική 118
συκοφάντης 260
συμβάλλομαι 230
σύνδικος 281
συνέστιος 103
συνήγορος 281
σύνοιδα 103
συνουσιασταί 170

συντείνω 133
συντεταμένως 178 sq.
συνωμοσίαι 233
συνωρίς 236

τὰ ἐμά, τὰ ἡμέτερα 268, 274
ταῦτ' οὖν ... 107, 177
τεθνάναι 205
τεκμήριον 113
τελευταῖον, τὸ 266
τετανόθριξ 91 sq.
τηνικάδε 254
τιμητὸς ἀγών v. ἀγών
τιμῶ, τιμῶμαι 229 sq., 232
τὸ δὲ ... 177, 236
τράπεζα 151
τρέφω 289
τρυφῶ 132
τυγχάνω 113 sq., 116, 119; ὅτι ἂν τύχω 260, 265
τύχῃ ἀγαθῇ 257

ὑπακούω 256
ὑπέρ = περί 244
ὑπέρχομαι 289
ὑπέχω 219
ὑπηρετική 130
ὑποβλέπω 288
ὑπόθεσις 131, 268
ὑποθῆκαι 126
ὑπολογίζομαι 198, 199
ὑποτίθεμαι 126
ὑποστέλλομαι 179 sq.
ὑστεραία, τῇ ὑστεραίᾳ ἤ ᾗ ... 257
ὑφηγοῦμαι 292

φαῦλος 92
φεύγω 100, 121, 198
φίλιος, πρὸς Φιλίου 115
φιλόπολις 181 sq.
φιλόσοφος, -ῶ 201
φιλοψυχία 238
φονικαὶ δίκαι 102, 103, 104
φόνος 83, 88, 102
φορτικός 210
φρόνησις 92
φροντίς, -ίζω 156
φροντιστής 155 sq.
φύσις 175
φωνή 153

299

INDEX TO NOTES

χαίρειν ἐῶ 262, 271
χαμαὶ πίπτειν 140
χαριεντίζομαι 186
χρῆν 148 sq.
χρησμῳδεῖν 243 sq.

ψεῦδος 226
ψυχή, ψυχῆς ἐπιμέλεια 103. 137, 251;
   Homeric sense 246; subconscious
   soul 244; tripartite soul 225; soul

as seat of goodness and badness
   272 sq.

ὦ ἄνδρες Ἀθηναῖοι 148
ὦ ἄνδρες δικασταί 192
ὦ πρὸς Διός 189
ὦ τάν 189
ὡς c. inf. 93, 94; ὡς = ᾗ 204
ὡς ἔπος εἰπεῖν 148